宣教心视野

第4册
策略视野

温 德
贺思德 —— 编著

PERSPECTIVES

圣经视野・文化视野・策略视野・历史视野

ON THE WORLD CHRISTIAN MOVEMENT

天国志愿军
第一版序

神在我们的时代正兴起一支全新的天国志愿军！世界各大洲都涌现出"胸怀普世宣教的基督徒"——就是一群有普世眼光的新一代男男女女，决心过一种"离开埃及·进到迦南"属灵新领地般的生活方式，委身于使万民作主耶稣基督门徒的使命。

最近在韩国举行的一次大会，有十万名年轻人决意花一年的时间，到海外去播撒福音的种子！在欧洲定期举行的宣教大会同样吸引了数千名有心参与宣教的年轻人。在北美，尔班拿宣道大会（Urbana Convention）、学园传道会、基督教导航会、校园学生基督徒团契、青年使命团以及其他许多组织和宗派举办的培训，都成为这宣教浪潮的一分子。就像巨鹰盘旋在鸟巢之上搅动幼鹰一样，神也如此向祂的子民展开双翅，激励他们将永恒的福音带到万邦。

在惠顿学院葛培理中心的落成典礼上，惠顿学院的学生会主席向在场的听众发出感人的呼召，激励大家成为"胸怀普世宣教的基督徒"，献身于寻找失丧的人，喂饱灵里饥饿的族群。有一些学校的基督徒学生小组，也热心于传福音和宣教，其数量似乎将超过一些基督徒学校！我的儿子和女儿所在的那间大学就是一例；因着基督徒热心传福音，不到十年，基督徒小组从原来的七个增长到七百个，很多学生都渴望自己的生活不只停留在追求世上的成功。

或许，一波可与二十世纪初学生志愿宣教运动相媲美的福音浪潮即将兴起！若是如此，《宣教心视野》将成为重要的工具书。本书集结了当今与宣教相关的文章，出类拔萃、无出其右。编者由宣教元老温德博士与宣教动员大将贺思德领军，在编辑工作上互相配搭，可以说不是经验丰富的宣教前辈、就是充满异象的年轻人，实为团队事奉的表率。

我推荐这套书，因为它正确地将普世福音化的使命摆在第一顺序，这正摸着了神的心意，因为按照圣经启示，祂是宣教的上帝；而这理当列为我们身为宣教子民最重要、最优先的工作。

此外，本书肯定了普世福音化的可能性。我们不需要因错误的罪疚感而产生不符圣经的基督教悲观主义，也没有必要为假基督所恫吓，失去"荣耀的异象"。耶稣曾说："这天国的福音要传遍天下，向万民作见证，然后结局才来到。"（太24:14）本书态度不卑不亢，亦不刻意辩护，认定耶稣所说的必定成就，并且要我们参与其中。

正如书名所示，本书为普世宣教提供知识性的观点。今日有志宣教者首先需要清楚圣经的使命，然后需要了解历史、文化和策略。了解宣教历史和跨文化事奉的挑战，一

方面可以帮助我们排除恐惧，另一方面还可以避免犯不必要的错误。上个世纪四〇年代末，葛培理所任教的大学有这样一个口号："追求知识·如火热情"（"Knowledge on Fire"），这也正是本书的信念，我们相信宣教士蒙召不仅要**思考**，还要**去爱**、**去付出**和**传讲信仰**！另外如约翰·卫斯理曾对一个轻看自己学识的批评者说："神可能不需要我的学问，但祂绝不需要你的无知。"

此外，《宣教心视野》可以帮助有渴慕心志的门徒从热情、能力和参与三方面透视普世福音化的重任。先要有热情，才有事工，传福音尤其如此。宣教大业的关键始终可以总结为这样一句话："耶稣是无价至宝。"只有当一批批视耶稣为珍宝、又被圣灵的无限应许紧紧吸引的宣教者汇为巨流时，才能真正地为主作见证"直到地极"。

神只有一位独生爱子，却使祂成为宣教士。我祈求天父使用这本书，从每一个族群中兴起祂的儿女来，装备他们，带领他们进入自己的族群，直到神的名传遍万邦，万民都齐来颂赞神的圣名。

莱顿·福特
Leighton Ford
前洛桑普世宣教委员会主席
1981年十月于北卡罗莱纳州

整全的福音
第四版序

"全教会把整全的福音带到全世界"（"The whole Church taking the whole gospel to the whole world"）是洛桑运动提出的异象，但全世界福音化更是宣教的神和祂的子民心中挂念的大事。每一个时代都需要思考一个问题，即我们如何可以更加有效地向万民宣讲福音的真理。

虽然福音的信息永不改变，但从初代教会到今天，世界变得越来越复杂多端。随着交通工具的革新、移民的大量流动、大众传媒的持续演变以及通讯方式的不断进步，我们的生活中充斥着各自不相称的信息和思想。要在这样言论无限鸣放的世界中更好地传扬福音真理，始终是教会面临的挑战。另外，我们也必须重视南半球国家对当今世界的卓越贡献；今天，我们的确生活在一个全球化的世界里。每一天，这些国家在地缘政治、经济、金融、教育、体育以及时尚等方面都没有自绝于外，而是对整个世界产生影响。

要以福音有效影响这个复杂世界，合作和伙伴关系显得非常重要，我们必须充分又具体而微地了解圣经的使命、宣教历史以及跨文化交流的挑战。为此，本书的修订版对于普世教会来说是一个重要的工具，较之旧版，我们可以从本书中听到更多来自年轻领袖、女性和南半球国家的声音。此外，我们还可以了解到当前跨文化参与者，对普世福音化面临的挑战带来的新思想和新启发。

历史告诉我们，就算充满活力的福音运动，若是忽略从芸芸大众中培养新的、年轻的领袖，最终必然销声匿迹。每一次的复兴浪潮都需要有经验的前辈、当前委身事工的同工，以及拥有领导力、热情、活力和充满希望的新生代共同参与。我们希望把过去的智慧、现在的力量以及将来的盼望和热情都汇聚起来。

普世教会必须致力于一个新的平衡，就是让基督的全体教会能够发挥创意、全面整体、能量十足地传扬福音。基督教的重心已经大规模地由西方国家转移到非西方国家，从上一代转移到年轻的一代；但在资源、影响力以及伙伴合作的关系上仍旧相当失衡不均。有鉴于此，我们必须致力于寻找新的平衡，让普世教会能够在共同的呼召、异象、需要、资源以及互敬的基础上相互配合。

的确，我们全教会要将整全的福音带到全世界！

道格拉斯·伯索尔
S. Douglas Birdsall
洛桑普世宣教委员会主席
2009年一月于麻萨诸塞州

华人的瑰宝
中文版序

《宣教心视野》一书能顺利翻译出版，实在是天父上帝赐给华人教会的一份礼物。从1974年作为宣教学习课程，1976年扩充为文献读本第一次出版，到2009年第四版；四十年来，这本书对全球宣教浪潮的影响，无论是动员教会关心宣教、鼓励信徒参与、训练准宣教士，可以说是无出其右。而今能以中文译本分享给全球华人读者，我们相信是神要兴起华人与普世教会同担普世宣教使命的契机。

中文版是以英文 Perspectives on the World Christian Movement 2009年第四版全书为翻译的基础，所用经文采用环球圣经公会出版的新译本，特此致谢。这部巨著，英文版长达千页，中文版依原版四个部分，分四册出版，方便读者使用，即：第一册"圣经视野"、第二册"历史视野"、第三册"文化视野"、第四册"策略视野"；重现这套最全面、最经典、最悠久的宣教文献。

翻译的过程中有赖众肢体的鼓励和支持，包括海内外教牧同工多方面的肯定，主内弟兄姐妹牺牲的奉献，译者和编辑不辞劳苦，在各种压力下全力摆上；可以说是两岸三地众同工携手合作的成果，也是教会之间合作的美好见证。

我们深切期盼本书能令华人教会在普世宣教上，在新的时代再度向前迈进，激起另一波浪潮。愿荣耀归于父神！

宣教心视野研习课程中文编译团队
2015年三月

目录

	天国志愿军	莱顿·福特 Leighton Ford	3
	整全的福音	道格拉斯·伯索尔 S. Douglas Birdsall	5
	华人的瑰宝	宣教心视野研习课程中文编译团队	6
	目 录		7
	本书简介	温德 Ralph D. Winter	12
	主编简介		17

Part 1 普世宣教策略

84	完成重任——未得之民的挑战	温德、葛博西 Ralph D. Winter, Bruce A. Koch	20
85	复盖全球	庄斯顿 Patrick Johnstone	38
	神亲自奏响"万民皆有教会"的凯歌	葛博西、马凯歌 Bruce A. Koch, Krikor Markarian	51
86	城市宣教的挑战	罗渣坚尼 Roger S. Greenway	52
87	各方各语	芭芭拉·格兰姆斯 Barbara F. Grimes	59
88	克里威廉，何许人也？	维沙尔·曼格尔迪、露丝·曼格尔迪 Vishal Mangalwadi, Ruth Mangalwadi	62
89	神国使命	温德 Ralph D. Winter	67
90	站在宣教策略的前沿	彼得·魏格纳 C. Peter Wagner	70

7

91	在印度教世界开展归主运动	理查德 H. L. Richard	81

Part 2 社区转化变革的策略

92	世界基本需要现况	世援社 World Relief	86
93	传福音居首——两者取其重	撒母耳·莫菲特 Samuel Hugh Moffett	93
94	变革性发展——转化人心与社区	撒母耳·沃里斯 Samuel J. Voorhies	96
95	到底什么是贫穷？	布莱恩特·迈尔斯 Bryant L. Myers	103
96	城市贫民——什么样的人？	葛维侬 Viv Grigg	107
97	城市和盐——维护公义、抗衡文化	蒂姆·凯勒 Tim Keller	113
98	消灭爱滋病	华凯、华理克 Kay Warren, Rick Warren	119
	教会：地上最强大的力量	华理克 Rick Warren	121
99	医治世界的创伤	约翰·道森 John Dawson	122

Part 3 教会拓展运动的策略

100	浅谈族群教会的建立	马盖文 Donald A. McGavran	130
101	教会繁衍倍增	乔治·派特森 George Patterson	136
102	生机勃勃的教会	尼尔·高尔 Neil Cole	149
103	教会倍增运动	大卫·加理森 David Garrison	153
104	返乡宣教	安德鲁·钟斯 Andrew Jones	157
105	全家传道，整家归主	蔡伟贤 Wee Hian Chua	163
106	依赖性	敬思活 Glenn Schwartz	167
107	彰显神荣耀的融渗式植堂	吉姆·蒙哥马利 Jim Montgomery	170
	神的展示橱窗	沃尔夫冈·西姆森 Wolfgang Simson	172

	108	过头了？	帕谢 Phil Parshall	174
		C 尺规	约翰·特拉维斯 John J. Travis	176
	109	穆斯林跟随耶稣一定要离开"伊斯兰"吗？	约翰·特拉维斯 John J. Travis	180
		过犹不及？	温德 Ralph D. Winter	182
	110	内传福音运动 ——保留原有身分，保持群体关系	利百加·刘易斯 Rebecca Lewis	187
		三种归主运动	里克·布朗、贺思德 Rick Brown, Steven C. Hawthorne	188

Part 4 真实故事——个案集锦

	111	非洲赞比亚的拓荒队伍	菲力普·埃尔金 Phillip Elkins	194
	112	草原神鹰传奇 ——蒙古大地教会的兴起	布莱恩·霍根 Brian Hogan	200
	113	萨拉班的突破	肯·哈金、泰德·莫尔 Ken Harkin, Ted Moore	206
	114	建立教会，不简单？	蒂姆·刘易斯、利百加·刘易斯 Tim Lewis, Rebecca Lewis	211
	115	猪场、池塘与福音	詹姆斯·古斯塔夫森 James W. Gustafson	216
	116	印度北部波埔里教会倍增纪实	大卫·沃森、保罗·沃森 David L. Watson, Paul D. Watson	220
	117	甘心服事 ——拉丁美洲福音工人在中东	安德列斯·古斯曼、安吉莉卡·古斯曼 Andres Guzman, Angelica Guzman	224
	118	印度的归主运动	迪安·哈伯德 Dean Hubbard	228
	119	穆斯林归主运动	里克·布朗 Rick Brown	232
	120	上流社会的群体归主浪潮	克莱德·泰勒 Clyde W. Taylor	235

121	福音广播在教会倍增运动中的影响	威廉·米亚 William Mial	238
122	波斯教会的复苏	吉伯特·霍夫斯潘、克里克·马卡里安 Gilbert Hovsepian, Krikor Markarian	240
123	南亚——蔬菜、鱼和弥赛亚清真寺	沙赫·阿里、达德利·伍德伯理 Shah Ali, J. Dudley Woodberry	244

Part 5 胸怀普世宣教的门徒

124	神爱圣子——岂只神爱世人?	大卫·布莱恩特 David Bryant	248
125	再度献上自己——如同战时共体时艰	温德 Ralph D. Winter	253
126	使命人生	克劳德·希克曼、贺思德、陶德·阿伦 Claude Hickman, Steven C. Hawthorne, Todd Ahrend	257

Part 6 立志完成神的旨意

127	投身普世宣教运动	温德 Ralph D. Winter	266
128	用心的人生	卡洛琳·鲍尔、琳妮·艾理斯 Caroline D. Bower, Lynne Ellis	273
129	只要愿意	凯西·摩根 Casey Morgan	277
	一试定终身?	葛雷格·李文斯顿 Greg Livingstone	278
130	宣教之途的十步锦囊	史蒂夫·霍克、比尔·泰勒 Steve Hoke, Bill Taylor	280
131	教会惊人的宣教潜力	乔治·米利 George Miley	285
	与教会恳切低语	拉瑞·沃克 Larry Walker	288
132	打开家门,迎接万族	道格拉斯·肖、鲍勃·诺斯沃西 Douglas Shaw, Bob Norsworthy	290

133	神的使命还是"我的宣教"？——短宣在普世宣教中的作用与定位	罗格·彼得森 Roger Peterson	292
134	营商宣教，正本清源	史蒂夫·朗德尔 Steve Rundle	298
	祝福万民——另类宣教	尼可儿·傅希尔 Nicole Forcier	300
	带职事奉——工作与见证的巧妙结合	路得·西门斯 Ruth E. Siemens	302
135	洛桑信约	洛桑世界福音委员会 The Lausanne Committee for World Evangelization	307
136	华福宣言	世界华人福音事工联络中心 Chinese Coordination Centre of World Evangelism	313

本书简介

这样一本书的出版，很少见，是吧？怎么来的，且听我一一道来。

首先，看看你手上的这本书，够厚吧？你要花多少时间来挖掘其中的智慧呢？我们大家几乎每时每刻都感到心烦意乱：越来越多的人给我们压力，能得到的新鲜空气却越来越少，个人空间也变小了，却还要求我们去获得更多的知识！比起以往任何时代，我们现在的年轻人出门旅行的次数最多，人们好像在这一个波涛汹涌的世界里拍浪行舟。

自从1981年本书第一版出版以来，各样变化实在太多了！

- 当时接下编辑重任，我们感到承接的任务太大，而现在好像走过千重山，惊觉任务相对小得多了！
- 再说，当时能够参与的同工主要来自西方，但现在来自非洲、拉丁美洲和亚洲的同工越来越多。
- 更没想到，从那时至今，愿意认真阅读圣经的信徒人数几乎翻了三倍，今天更是以"难以抑制"的速度迅速增长，令人瞠目结舌。

让我们停下来思考一个问题，人类究竟是什么？除了人类以外，没有任何其他生物会认真地探究且知晓肉眼看不见的东西，例如银河星团和原子。然而，在浩瀚神秘的宇宙里，无论我们设想测度银河系还是线粒体，我们都像是一个无知的孩子。我们对现实中的大多数情况仍然未加觉察，就像丝毫没有注意到每一个枕头里无数被称为尘螨的小蜘蛛一样。是啊，我们可以放弃，如动物一般只要存活，就像奶牛，只在视力范围内吃草；我们也可以撇开眼前的现实。但对于喜欢本书的人来说，这个世界呈现给我们的是和过去的时代完全一样的问题。若说现在有什么不同之处，那就是问题更大——战争规模更大、细菌抵抗力更强、城市膨胀更大、邪恶和危险更猖狂，还有在前所未有、却又无法预见之间摇摆的经济效益问题等等。

恕我啰嗦，我们言归正传吧！或许你有以下一些紧迫的问题要问：

- **关于本书**。本书现为第四版，与之前有什么不同呢？
- **课程学习**。如何才能让本书的见解最有效地丰富你的生命？
- **衍生课程**。本课程如何推动其他课程，并多多地向全世界传播？
- **宣教视野**。这个对于世界的观点有何不同寻常之处？
- **使命紧迫**。为何这一切如此迫切和重要？

关于本书

本书共有一百卅六章和廿六篇附文，其中大约有25%的篇幅是从第三版新增的，或经过大量修订。如果说1981年的第一版像一束玫瑰花蕾，那么这一版就是盛开的玫瑰花，且添了更多的花蕾。本书由贺思德先生所召集的一个聪慧勤勉的团队编辑而成。

本书有一百五十多位作者，他们先后在世界各地活跃事奉（这些作者服事的时间合起来大约有五千年）。一个人是不可能去过他们所到过的所有地方，也无法经历到他们经历过的所有事情；然而，任何人若是熟读此书，就可以因着本书广纳了这些作者的非凡睿智，而避免弯路和死路，也无需耗时耗力才能寻找准确的宣教视野。

许多前辈在回顾从前走过的弯路时，十分后悔当初没有早点做出深入的反省。你想避免这样的悲剧重演吗？希望本书对你有帮助吗？那就仔细品读这本《宣教心视野》，囫囵吞枣或把书束之高阁就一点益处也没有。

课程学习

单凭一己之力真的不容易消化书中丰富的内容，最好和其他人一起学习，不仅更有意思，而且听听他人的想法，讲讲自己的心得，你就能学到更多。

在北美，有四百六十多位课程负责人协调"宣教心视野"课程的学习，开办总共十五节课的研习班，每周都有不同的"讲师"现场授课。这样的研习班越来越多，单在2008年就开了一百八十三个班。"宣教心视野"课程也举行一到三周的密集式研习班（详情请见www.perspectives.org）。

然而这只是冰山一角。在美国，我们的研习班培养了八万多名毕业生。另外，本书还有十八万册用于其他场合，有一百多所基督教大学和神学院使用本书作教材。

无论你所在之处是否开设这一课程，我们都建议你每周有规律地花一定时间来学习。如果愿意，你还可以取得大学本科或研究生学分，即便你以自学的方式学习教材，也同样可以取得学分，如果你属于第二种情况，请来信告诉我们。许许多多无法到现场参加每周一次的正式课程的学生，都以函授或上网的方式学习。

我们非常鼓励将"宣教心视野"课程的文献读本和研习课本配搭起来使用。研习课本共有十五课。研习课本的目的是为各种不同的学生，归纳和整合文献读本中的阅读材料。对于想自己开课的教师，我们建议以研习课本的内容为构架和资料（请登录www.perspectives.org 联系"宣教心视野"研习课程〔Study Guide〕组，获取设计测验问题的指南）。除非和"宣教心视野"课程有合作关系，任何人不得擅自使用"宣教心视野"、"Perspectives"或"Perspectives on the Christian Movement"的名称或以该名义做相关宣传。

宣教心视野
第四册：策略视野

衍生课程

"宣教心视野"研习课程的影响力超越其课程本身。这套课程已经衍生了许多相关课程。我们欣见其他人也找到参与并延伸这一推展宣教运动的合适方式，在这当中我们就是神在这一时代奇妙作为的目击者。以下几个例子代表了人们在受到"宣教心视野"课程影响后，为拓荒宣教扩展深入不同的受众和文化处境所做的努力。

约拿单·刘易士设计了一门稍短的课程，节选了原课程的部分阅读材料，自行制作成另一套研习手册。这门课程称为"普世宣教"（英文版 World Mission，西班牙语版 Mision Mundial）。

菲律宾南部的宣教士在此基础上制作了"普世宣教"的精简版。几年后，该课程的名字改为"把握时机"（Kairos），传播到至少廿五个亚洲、南太平洋以及欧洲国家。梅格·克罗斯曼也参考"宣教心视野"课程，设计了一门为期十三周的类似课程，现名为"了解世界的路径"（Path Ways to Global Understanding）。

新西兰的鲍勃·霍尔编排了自己的读本，他所改编的研习手册在新西兰和澳大利亚均有使用。英文读本在英国、加拿大、印度、尼日利亚、阿联酋、南非以及印尼的大学生中广为使用。《宣教心视野》读本已有中文（根据英文第三版摘要编译的《普世宣教面面观》，大使命出版）、韩文、葡萄牙语的译本，诸如法语、西班牙语、阿拉伯语、匈牙利语以及印尼语等其他语言的译本正在筹划之中。

随后，我们的团队设计了一门名为"普世异象"（Vision for the Nations）的成人主日学课程，该课程为期十三周，每课四十五分钟，使用视频和该课程的研习手册。另外一套精简版本叫"NVision"，是为期一天的讲座，已在几个国家举办过，目的是为下一步学习完整版热身。"神对万邦的心意"（God's Heart for the Nations）则是一个归纳法查经课程。

像"宣教心视野"这类的课程不断地涌现，例如《走进伊斯兰世界》（Encountering the World of Islam），目前已有三种语言的译本。最近，一门为孩子制作的名为《赛场之外》（Outside the Lines）的多媒体课程已经出版。

这些以及其他资源都是这一课程带出波澜壮阔的宣教运动的涟漪。为了支持和推动这一连串课程能余波荡漾，各自发挥特长、课程有好评价、品质得到认可，我们开发了"宣教心视野"家族系列评量指数，希望各种课程的设计能与原初标准的"宣教心视野"课程的核心理念保持一致（详情请见 www.perspectivesfamily.org）。

并非所有的课程都是缩减版。六年来，我们团队的成员就专门致力于推行两门每学期卅二个课时的延伸课程。第一门是为大学一年级学生设计的，称作"透视全球年"（Global Year of Insight，详情请见 www.uscwm.org/insight）。第二门课程更为进深扩大，是为取得硕士学位而设计的，我们将这一版本的教程称为"胸怀普世宣教基础"（World

Christian Foundations）课程，但每一所学院或大学对此各有自己的名称。

这些延伸课程使用的教科书有一百二十本之多，可以构成一间很棒的基础图书资料馆呢！此外还有其他"文献读本"，其中包括取自其他书籍和期刊的一千多篇节选和文章。这些内容经过缜密的组织编排，安排成每次四个小时，总数为三百二十个学习时段的课程，专为业余和自学的学生打造，两年就可完成该课程。

该课程可以作为攻读博士学位的基础，不过它更可能作为重要的基督徒事工的平台，因为不仅融合了神学学位的内容，还包含了普世宣教更为细密的蓝图（欲了解详情，请登录我们的网站 www.worldchristianfoundations.org）。我们把所有这些课程称为"基础"教育，对每一个有心服事的基督徒来说十分重要。但对于专职事奉的人，如在工场宣教或后方推动宣教工作，则还需要有后续的"专职"训练。

作为资深编辑，由于大家对该课程的兴趣日益增加，此次版本我参与的时间就逐渐减少。这并不是什么新鲜事，其实第一版基本上也是由年轻的推动者编辑而成，他们本身就是该课程的硕果。这不只是一门课程，更是一场运动！

宣教视野

本书及研习课程的内容对绝大部分的学生来说会是一个冲击，原因何在？首先，书中充满了太多的乐观精神，而且都是可以得到证实的！

这一乐观看法的主要原因在于课程将大使命追溯至亚伯拉罕，并将人类历史作为单一的故事展开。虽然人们还未普遍认识到创世记十二章1-3节亚伯拉罕所领受的使命，与马太福音二十八章18-20节的大使命有相同的基本功用，但事实的确如此。谈到耶稣诞生前犹太人中相信神的人，两千年来对全球历史的影响，以及认为神从亚伯拉罕开始就已信实地彰显祂的心意，扩张祂的国度，这可能是对传统基督教观点的一大扭转。

同样，在这世上，今天绝大多数信徒甚少能以一脉相承的视角，来看待接下来的两千年。这从普世层面也是同一个故事吗？我们相信如此，只是不寻常。

不过，我们明白神的国度坚决抵御现今世代的黑暗，它并"不属这世界"；我们也不是要征服"所有族群"。神正在召唤一个全新的百姓、成为新造的人，归向祂；但我们不认为祂要废除那些独具民族特色的文化。所有的族群（即圣经中的"万民"）与神的恩典都必须同等距离，可以接近祂、领受生命之主的祝福，并在敬拜中彰显祂的荣耀。

当然，今天要非常详尽或全面地掌握普世宣教的发展几乎是不可能的，这是因为积极参与普世宣教事业的人数太少了吗？恐怕不是，目前可能有五十万基督徒，远离家乡和亲朋好友，全职全心地为大使命尽心竭力。还是因为这一天国事业太小，或是已经失败了呢？恐怕也不是。你能举出联合国的一个非洲或亚洲的国家，它进入联合国的原因与宣教没有显著关系吗？事实上，联合国本身的成立都与宣教运动所产生的关键人物有着你想不到的关系。或是因为宣教工作正在减弱，或是已经过时了呢？显然不是。今天美国的海外宣教力量比历史上任何时候都拥有更多的人力和财力，而且你很快就会看

到，天国事业并没有过时。最不可能的原因是，宣教这一运动太新了而没被纳入学习系统。恰恰相反，宣教，实际上是人类历史上最大、最持久不变的活动，当然也是最具影响力的活动！

那么，为什么你搜遍美国的所有图书馆，查遍学院和大学的目录，或是详查公立学校甚至是私立的基督教学校课程表，仍然无法找到一个专门讲述基督教普世宣教重任的性质、目的、成就、现状及待完成任务的课程呢？

使命紧迫

如前所述，自本书初版以来，发生了翻天覆地的变化。而其中最重要的转变发生于从1974年在瑞士洛桑举行的国际福音大会至上世纪末这段时期。洛桑会议参与的人数和代表的国家多过之前任何的人类聚集。本书五十四章〈新马其顿——普世宣教新纪元〉（中文版见第二册：历史视野）便是本人在全体大会中的发言。同年，我们意识到需要尽快开设"宣教心视野"的学习课程，因为在1973年十二月举行的尔班拿宣教大会上，出乎意料地有大约五千名学生复兴起来愿意面对全球宣教的挑战。同年夏天，我们在惠顿大学为这些学生开设了这门课程的前身，名为"国际研究夏季研讨会"。仅仅两年后，即1976年，我们出版了《普世宣教关键维度》（*Crucial Dimensions in World Evangelization*）这一读本。

但卅四年后的今天，全球完全出乎意料地、爆炸性的全新发展，一方面带来对事物更乐观的看法，另一方面也揭示了我们需要克服的新障碍。

例如，在非洲、印度和中国这些国家，或许，有一群耶稣的跟随者不称自己为"基督徒"，但真诚地阅读圣经。他们的人数甚至超过那些在同一国家中称自己为"基督徒"的群体。是的，这种基于圣经的信仰现在正"势如破竹"，可是同时蕴含着重大的意义以及危险。虽然圣经带给他们惊人的活力泉源，但是他们当中还是有不少仍然没有适当管道获得圣经。

欢迎加入这场涵蕴无穷、教人枕戈待旦，又迫在眉睫的探索！

温德
2008年十月于加州

主编简介

温德（Ralph D. Winter）(1924-2009)

作为多年宣教士、宣教学教授以及"宣教工程师"的温德，成就卓著。他坚信，基督徒组织只有以富有策略的方式合作才能事半功倍。他在加州理工学院取得土木工程学士学位，继而在哥伦比亚大学获得作为第二语言的英语教学硕士学位，后前往康乃尔大学攻读结构语言学博士学位，同时辅修文化人类学和数理统计学。他在普林斯顿神学院学习期间，曾在新泽西州一间乡村教会担任牧师。

在康乃尔大学攻读博士期间，他与萝勃塔·赫姆结为连理。自那时起，萝勃塔就以她在研究、写作及编辑等其他方面的恩赐，给予丈夫专业上的帮助，成为他极其宝贵的同工伙伴。

在1956年被按立为牧师后，温德与妻子加入长老会海外宣教差会。他们在危地马拉的土著玛雅人当中工作了十年。在为带职事奉的教牧学生发展小型企业的同时，温德联合其他人开创了一套无需住校的教牧神学教育方法，称为延伸神学教育，简称TEE。这一套神学教育方法已在世界上无数的宣教地区中广泛使用。

1966年，富勒神学院创办普世宣教学院，马盖文敦请温德任教。1966年至1976年间，温德在课堂内外从一千多名宣教士中学到许多宝贵经验。在这些年间，他创办了克里威廉图书馆，专门出版和提供宣教资料；协助成立美国宣教学协会，参与建立"教会宣教事工推广"网络，并启动了"宣教心视野"学习课程，即当时的国际研究夏季研讨会。后来，大卫·布莱恩、布鲁斯和克里斯蒂·格雷厄姆夫妇、杰伊和欧婕·加理夫妇，以及贺思德和芭芭拉夫妇等年轻同工加入了这个团队。

1974年，温德在瑞士洛桑的大会上，向世界福音大会递交了一份报告，强调超越现有宣教工作范围的拓荒宣教这一特殊需要。为了推进这一目标，他于1976年建立了美国普世宣教中心（U.S. Center for World Mission；www.uscwm.org），几个月后又创办了克里威廉国际大学（www.wciu.edu）。同工团队人数在过去的三十二年里不断增长，就是现在的"前线差传团契"（简称，FMF）的前身。从1976年到1990年，温德担任该中心的总干事，并于1976年至1997年担任克里威廉国际大学校长，后又担任前线差传团契的总干事。

2001年，夫人萝勃塔·温德经过与癌症的长期搏斗之后安息主怀。萝勃塔·温德研究所继承她的遗愿，加强福音派在神学上对魔鬼作为的关注，包括致命的微生物在内。温德有四个女儿，她们每个家庭都参与全时间宣教服事。

贺思德（Steven C. Hawthorne）

1976年，贺思德偷偷地溜进了校园学生基督徒团契三年一届的尔班拿宣教大会，只是为了听斯托得牧师的解经讲道。由于大会的门票已经售罄，他只好睡在宿舍的地板上，靠自动售货机里的食物填饱肚子，靠他人的奉献付清了报名费。斯托得的开幕词"宣教的神"（现为本书的第一章）彻底改变了他的生命。次日，他见到了温德。温德带领他认识到普世福音化深具战略性，而且使命必成。贺思德当天就立即报名参加一门函授课程，名叫"认识普世宣教"，其内容被编入后来的"宣教心视野"课程。

在富勒宣教学院攻读跨文化研究的硕士学位时，贺思德担任国际研究夏季研讨会的助教。1981年，他和美国普世宣教中心的其他同工一道与温德共同编辑了"宣教心视野"课程的文献读本。

二十世纪八〇年代早期，贺思德担任《大使命基督徒》杂志的执行主编。在这些年间，他酝酿并启动一项名叫"约书亚计划"（Joshua Project）的研究和推动事工。招募和训练几个团队之外，还与他们一起到亚洲和中东的世界级大城市，进行民族结构学的实地考察，识别出其中的未得之民。之后，又带领"迦勒计划"（Caleb Project），这是一项学生宣教动员事工。

贺思德现任"拓路者"（WayMakers）的总干事，这是一项宣教推动事工，专注于为世界的某些地区祷告，期待基督的荣耀在这些地区更大地彰显出来。贺思德帮助教会和差会提升在未得之民和美国许多城市中进行代祷、研究和植堂方面的能力。

他与葛理翰·坎德（Graham Kendrick）合著了《行军祷告：如何洞察现场》（*Prayer Walking: Praying On-Site with Insight*）一书，也编辑了一本广为使用的短宣服事手册《跨步：短宣指南》（*Stepping Out: A Guide to Short Term Missions*）。

贺思德和妻子芭芭拉现居德州奥斯丁，有三个女儿，分别是萨拉、艾蜜莉以及索菲娅。论到自己的写作和演讲，他如是说："我喜欢在人们内心点燃大火！"

Part 1
普世宣教策略

第84章 完成重任
——未得之民的挑战

温德（Ralph D. Winter）、葛博西（Bruce A. Koch）

> 你们当看列国，要定睛观看，就会大大惊奇，因为在你们的日子，我要作一件事，即使有人说了出来，你们也不会相信。（哈1:5）

四千年前，神就应许亚伯拉罕将来要祝福"地上的万族"，而事实证明，此应许正以"超乎想像"的速度成就。虽然有部分人士发出异议，但整体趋势就是如此。今日，根植于圣经的信仰正快速成长，传播直至地极，前所未见。

福音广传令人惊叹

目前，全世界平均每八个人当中就有一位是积极实践信仰的基督徒。往日被称为"宣教工场"的国家，其信徒人数已超越过去那些宣教差派国的信徒人数；而且，他们差派出来的宣教士数量，已

温德，本书主编，简介见十九页。

葛博西自1988年起在前线差传团契服事，是"宣教心视野"课程第三和第四版的副主编。1991年，他参与了在某个尚未福音化的大城市进行民族结构调查。目前，他担任"宣教心视野"全球网国际推动的工作。

二十世纪实践信仰的基督徒占世界总人口的百分比

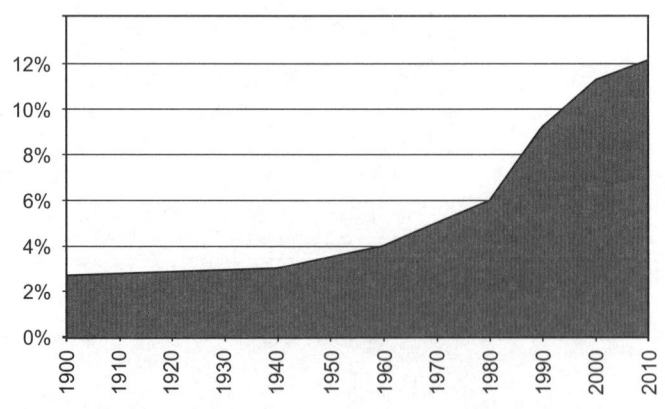

经历了十八个世纪的增长后，到1900年，实践信仰的基督徒[1]人数仅占世界人口的2.5%；但七十年后，该比例于1970年增长到5%；截至2010年，仅四十年间，又由5%增长到12%。今日，世界上每八个人中，就有七个名义上的基督徒或非信徒，以及一个实践信仰的基督徒。

经超越西方国家!

拉丁美洲地区更正教徒的增长率是国家人口增长率的三倍多。在中国，更正教信徒人数在过去不到五十年的时间里，由原来的一百万上升到八千多万。二十世纪八〇年代，尼泊尔仍是一个笃信印度教的国家，当时全国仅有一间饱受逼迫的小教会；如今，已有成千上万的人归信基督，并且已经有一百多个族群建立了自己的教会。

可悲的事实：仍有廿亿人与福音隔绝

福音的迅速广传固然令人欣喜，但这个现象却也使人忽略了一个可悲的现实；也就是，福音如今往往只在社群内部传播，却无法"跨越"族群之间的文化藩篱，特别是那些因仇恨或偏见所造成的藩篱。怎会如此？信徒影响"近邻"容易，因为语言和文化比较相近；但宗教信仰从一个族群传到另一个族群就非常困难，因为宗教通常与文化身分紧密相联。

如左下图E尺规所示（见图84-2），E1表示信徒向朋友、亲人或其他同属于他们自身文化系统的人们分享福音，这是最有效的福音传播方式！可是，就算世界上每一间教会中的每一位信徒，都能够带领身边的全部亲朋好友归信基督，而这些人又能继而带领所有的亲朋好友信主……即或如此，无论再花多少时间，世界上仍然将有几十亿的人口无法听闻福音！由于种种的偏见和文化障碍，他们被隔绝在福音的大门外，因此，若教会处在与她没有什么关连的人群中，就很难成长。

全球有四成的人属于尚未有教会存在的族群之中，从属灵的角度来说，他们和我们身旁那些从不去教会的亲友一样，都是"失丧"的灵魂；但不同的是，他们周

E 尺规

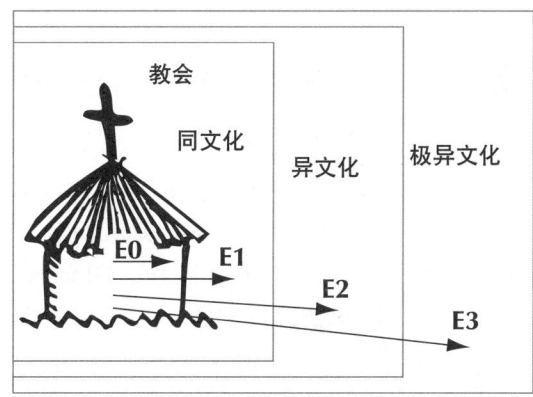

E 尺规用来表示布道者向非信徒传播福音时所要跨越的不同文化距离。E0（教会）表示向已经参加教会聚会的非信徒或名义上的信徒传福音。E1（同文化）表示向文化相同，但在教会以外的人传福音。E2（异文化）表示向文化不同但相近的人传福音。E3（极异文化）表示向与自己文化差异很大的人传福音。

P 尺规

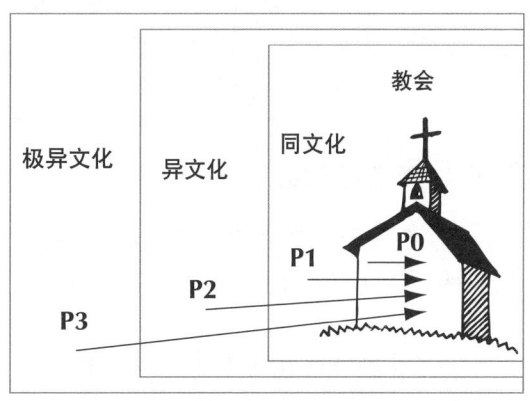

P 尺规用来表示福音对象加入最适宜教会时所要跨越的不同文化距离。P1（同文化）表示该群体中有同文化的本土性教会。P2（异文化）表示该群体与近文化的教会有接触，在这文化中有同文化的教会。P3（极异文化）表示该群体中没有教会，只能和与之文化差异极大的群体的教会接触。

遭没有一个与自身文化背景相似的人组成的教会，使他们有可能与其中的信徒交往（P2、P3类型）。这些人生活在"未得之民"当中，福音尚未有效地触及他们所属的族群。

因此，尽管仍有无数的人从未听过"耶稣"之名，却有其他的亿万人已耳闻耶稣，甚至成为慕道友，却不知道该如何成为祂的门徒，结果仍然留在自己原有的群体中。摆在他们面前的种种障碍，有些比较容易克服，有些难以逾越，甚至超出福音所要求的。

例如，在使徒行传第十章中，哥尼流若想被当时的犹太信徒接受，他就必须要付出代价，克服成人割礼这个障碍。今天，如果一个土耳其穆斯林想要成为"基督徒"，也必须要面对相似的障碍，因为他自小就被灌输这样的思想："一个土耳其人就应该是一个穆斯林，这是天经地义的事情！"在他看来，基督教就是十字军的始作俑者，曾野蛮无情地践踏土耳其领土和人民（包括穆斯林和基督徒）的"外族"宗教；成为基督徒等于变成叛徒，背叛了自己的家庭、民族和祖国。

"向万民作见证"

"这天国的福音要传遍天下，向万民作见证，然后结局才来到。"（太 24:14）

若是仔细查考这节经文的后半节，就会发现我们有许多需要着手和儆醒观望的事情，因为耶稣说在结局来临前，我们要"向万民作见证"。

耶稣所说的"万民"不是指政治意义上的国家或民族国家。该词的希腊文是 *ethne*，指组成世界列族的各个民族、语言和家族。

那万民指的是谁呢？耶稣没有为我们列出一份详细的名单，也没有作出确切的定义。但最要紧的不是界定概念或者弄清数目（counted），而是神托付给我们一个必定能够完成（completed）的重任。

耶稣所说的"见证"的意思是，"天国的福音"必将在每一个社群中公开地宣讲。所谓天国的福音，就是基督制服恶者，释放被囚的人，使他们能够顺服在基督的主权与祝福之下，活得自由。神希望天国的得胜在每个族群中得到彰显，还有什么比一群生活在基督权柄之下的子民更能彰显神的国度呢？因此，我们应该专注在每一个族群中培养顺服且跟随耶稣基督的门徒。尽管这并不是荣耀神的唯一途径，但顺服基督，击退黑暗势力的群体最能彰显基督的掌权。

马太福音第二十四章这里清楚表明，我们的首要任务就是在每个族群中兴起见证天国福音的人。

壹、认识"族群"的四个角度

宣教领袖多次群策群力，为"族群"这一概念寻找最适切的定义，好衡量出大使命的整体进度。他们提出四个认识"族群"的角度：**族群版块**（Blocs of Peoples）、**民族语言性群体**（Ethnolinguistic Peoples）、**社会性群体**（SocioPeoples）和**极同群体**（UnimaxPeoples）。前面两个角度有利于概括大使命的内容，制定策略以及建立伙伴关系以便切入已知的群体；后面两个角度则对于正在宣教工场建立教会的宣教士更为实用。总的来说，各个角度都有其重要价值，并适用于不同的策略思路；但是，其中只有一个角度能够用来界定基本的宣教任务已经完成，即每个人都有适当的机会回应福音。

1. 全球性的角度和策略：族群版块

族群版块是指将人群划分为特定的几大类别，然后加以研究。

（1）**主流文化版块**：我们以族群来划分不同的群体，尤其是在"未得"之民版块内可按照其主要宗教为文化界限。未得之民所属的主流文化版块有穆斯林、印度教、佛教、部落宗教、无神论以及其他。这样的划分有助于我们将未完成的工作与宣教潜力进行比较分析。

（2）**类同族群版块**：庄斯顿（Johnstone）提出另一种模式，即把民族语言接近的族类分别合成"民族集群"（People Clusters），再根据语言、历史和文化等因素，将各民族集群分别合成"类同族群版块"（Affinity Blocs）。鲜闻福音的族群主要属于以下十一个类同族群版块：非洲撒哈拉以南地区的民族、库西特人、阿拉伯人、伊朗人、土耳其人、南亚人、藏人、东亚人、东南亚人、马来人、欧亚人。这样的分类方式有助于宣教机构为接触这些相互关联的群体，探索出建立战略性伙伴关系的方法。

2. 推动及预备：民族语言性群体

民族语言性群体是指一个按共同血缘、历

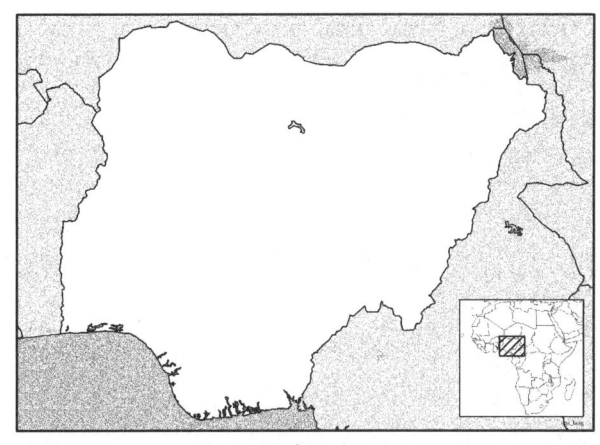
政治版图：尼日利亚及周边国家

尼日利亚民族语言性群体分布图

史、风俗和语言来确定其独特身分的民族群体。

生活在土耳其黑海地区的拉齐（Laz）人是一个典型的例子。其他土耳其人根据拉齐人的面部特征和他们独特且"感情丰富"的土耳其语发音方式，就可以很容易地把他们辨认出来。

有时，某些群体起初看似一个统一的民族语言性群体，但实际上可以细分成不同的亚群体。金纶汤逊（W. Cameron Townsend）是威克理夫圣经翻译会的创始人，他的工作始于为危地马拉的加支告（Cakchiquel）族人翻译圣经。但是后来

的翻译人员发现，单单一种圣经译本无法满足所有加支告族人的需要；事实上，他们需要六种不同方言的圣经译本。若要制作福音录音带而非书面翻译材料，他们面临的方言难题就会更多。即便书面文字相同，但发音的差异经常让人们不愿意听相近民族的信息。

最近，宣教研究学者同心努力汇编出一些相当完整的民族语言性群体名录，这对推动拓荒宣教的工作算是跨出了一大步。其中的大量内容已制作成简介或其他相关形式的资料，并透过文字媒介和互联网广传到世界各地。[2]

族群版块和民族语言性群体的名录能够帮助我们识别这些群体，让更多教会知道他们的存在以及传福音给他们的必要性。这两个概念激发教会为特定的族群祷告，制定初期的计划，然后才能产生积极有效的战略性计划行动。

3. 初步福音工作：社会性群体

社会性群体是指兴趣、活动或职业类同而关系紧密的人所组成的小规模团体。

宣教士一旦受差长驻某个拓荒宣教工场，就必须展开各方面的学习，才能与福音对象一起生活、交流，并深入了解他们。

在这些社会群体中，我们发现查经班或祷告小组的方式，对于带领个人信主相当有效。这些群体可能是在河边洗衣的妇女、出租车司机、住宿舍的大学生，也可能是刚从乡下进城打工的农民。在今天的世界中，我们有很多向这样的群体传福音的机会。从宣教的目的来看，可以先尝试在这些社会性群体中做初步的福音工作，为建立教会的长远目标作预备。

因此，在一个复杂多元的社会中，接触社会性群体具有战略意义，有些类型的群体对建立教会特别有帮助，但有些则会

思考族群的四个角度

群体类型	主流文化版块	民族语言性群体	社会性群体	极同群体
成员组成	族群大类	常为广同群体的集群	同辈交往	有共同身分的家族网
定义族群的依据	宗教-文化范畴	语言、民族、政治疆界	活动或兴趣	社会及文化成见
如何确认	已发布的数据	已发布的数据	实地发现	实地发现
战略意义	全球概观	宣教推动；策略制定	小组布道	建立教会
数量	七个	约四千五百个鲜闻之民	未知	约八千个未得之民

阻碍福音工作的进展。例如我们比较容易从商人或教师族群中发掘出教会未来的领袖和圣经教师，又如佛教的僧侣和穆斯林毛拉（mullah，伊斯兰教神职人员）一旦归信基督，便很有可能成为关键人物，因为他们本身就是当地公认的灵性领袖。倒过来，也可能因为选错群体而招致麻烦，例如一开始就在未得之民中开展儿童福音事工，常会被当地人视为对家庭的威胁。

4. 群体归主：极同群体

极同（Unimax）群体是指在最大规模（Maximum）的单一（Unified）群体中，形成群体一致性归主的浪潮。所谓"一致"，是指无论在了解或接纳方面，均无拦阻福音广传的重大障碍。

1982年，从传福音的角度而言，宣教领袖为"族群"一词斟酌出一个切实有用的定义："福音在其中没有遭遇理解和接纳的障碍，并且能够以教会倍增的形式传播的最大群体"（参下页"宣教领袖对策略性专词的定义"一文）。

如今，"未得之民"一词被广泛用来指民族语言性群体，其依据的标准不同，规模也比1982年所界定的更大。一方面为避免混淆，另一方面为厘清摆在我们面前的宣教重任，在此可以用"极同群体"来确认1982年所定义的"族群"这个概念。

丛林部落以及其他处于偏远地区的小型族群，几乎都是单一的极同群体。但在错综复杂的社会里，若是要在较大的民族语言性群体中找出极同群体，这个任务颇具挑战。

语言通常是一个人理解自己文化身分的主要工具，但我们还要清楚其他使得不同族群产生隔离的因素。在由多个极同群体组成的民族语言性群体中，宗教、阶级、教育、政治、意识形态、部族宿怨、风俗以及行为等等，都有可能衍生出牢不可破的社会文化藩篱。单单这个现象，就可以理解为何人们对"未得之民"的数量出现不同估计。

例如，不能单从民族语言性群体的角度来考虑在印度这个国家的宣教任务。印度有一千六百多种主要语言和方言；除此之外，这个国家还被宗教、种姓制度和其他各种社会文化藩篱所分隔。1991年的一项社会学调查表明，单单印度就有4,635个民族。[3]

不幸的是，近邻族群长期彼此仇恨、互相戒惧；因此，在福音工作的早期，这些近邻族群可能会拒绝与彼此交往。索马里（Somali）穆斯林主要部落之间的争斗尤为激烈，几乎毁掉了整个国家！鉴于这种激烈的敌对形势，在福音工作和建立教会的初期，我们可能就必须分别向各个部落传福音，才能最有效地接触这类族群；当然，在这种互相争斗的环境下，随着一波波跟随基督的行动，将带来化解民族仇恨的美好盼望。

历史证明，一旦相互仇视的各个小群体开始跟随基督，他们就会逐渐联合成一些较大的群体。例如，基督信仰一开始进入斯堪地纳维亚时，当地居住着数百个彼此敌对的部落，但是今天挪威、瑞典和丹麦地区的人们和平共处，都是这些历史上曾经彼此攻伐的小部落，在接受了基督信仰之后开始不断整合的结果。

前三种思考族群的角度，即族群版块、民族语言性群体和社会性群体，对于理解和回应基督托付给我们的大使命都极为有益。但这三种角度均只是以各自的方式指明了起点，唯有第四种角度（极同群体）与"完成"大使命更为相关。这并非指无工可作，而是指福音在某个族群得以兴旺的至关重要的第一步已经得以完成；极同群体的角度，有助于推动我们同心协力地完成基督托付给我们的宣教大使命。

这就是极同群体概念的价值，识别阻碍福音传播的藩篱，同时也激发基督徒委身，跨越民族偏见的藩篱去传福音，确保大族群中任何一个小族群都不至于失落。

极同群体能数清吗？

在一些外界看来似乎统一的族群里，其实存在着微妙却极具影响力的**社会文化隔阂**。但由于社会文化偏见所造成的藩篱不易界定，也无法精确地量化；故此，有些人摒弃了极同群体这一极为有用的概念。

定义极同群体的本意，并非要精确地量化尚未完成的拓荒宣教任务，而是让我们能够敏锐地面对文化现实性。"族群意识"有助于宣教士确认哪些族群被忽略，尚未开始造就门徒。如果我们真的想完成大使命，就要重视这个方法。

划分族群需谨慎

这四种划分不同族群的思路各有其应用价值。**族群版块**可以帮助我们概括任务；**民族语言性群体**可以帮助我们推动宣教工作；**社会性群体**可以帮助我们传道。但必须留意的是，不可过分强调民族语言性群体列表，这些列表可以为宣教士有策略地建立教会提供良好的切入点，但跨文化的宣教士应作好准备，以面对宣教工场上那些出乎意料的文化现实问题。

有时，同一群体在列表内出现两次，因为该群体分布在毗邻的两个国家，但实际上是同一个族群。例如，据报导，除了乌兹别克国境内，乌兹别克人还散居在其他二十多个国家中。也许，只需要一番教会增长的行动就能跨越政治边界而使该族群福音化。

可是，乌兹别克境内却有五十六个族群不说乌兹别克语，只有一个拥有一千五百万人口的大族群说这种语言！因此，几乎可以肯定的是，这"一"个大民

宣教领袖对策略性专词的定义

1982年三月，一群宣教领袖齐聚芝加哥，参加由洛桑策略工作组（Lausanne Strategy Working Group）和福音派宣教机构（Evangelical Fellowship of Mission Agenices）联合主办的会议，其目的是厘清并界定余下的宣教任务。该会议的规模之大，前所未有。经过两天严谨专注的讨论，终于给接触未得之民的重要策略确定了两个基本的定义：

1. **族群**是指"由许多个体所组成的一个大群体，他们彼此有相同的语言、宗教、种族、住所、职业、阶层或社会地位、处境等等，或是这一切的组合。"从传福音的角度来看，这是"福音在其中没有遇到理解和接纳的障碍，且能够以教会倍增的形式传播的最大群体"。

2. **未得之民**是指"一个尚未建立起能向内部的人民传福音的本土化基督徒团体的群体"。

族还代表着许多不同的极同群体，需要分别向他们传福音。

以政治边界来划分族群，就如同用切饼机切饼干一样，只是在地理分布图上人为地切割成一个个生面团，然后称每一小块为一个群体。当然，有很多群体在与原群体长期分离后（尤其是没有新移民加入的群体），的确变得明显不同，但他们并不总是相互敌对。在大多数发展中国家里，政治分离的观念只是人为的，因为边境之间常有往来。

让我们来看看库尔德人（Kurds）所面临的挑战。这个相当独立的民族生活在至少五个国家的土地上：土耳其、伊朗、伊拉克、叙利亚和阿塞拜疆（Azeri）。从宣教策略的角度来看，他们明显不只是单一群体，甚至不止五个族群。除了四大语言子群体，传统上的争斗也使他们彼此为仇，甚至在外人以为他们会联手反抗非库尔德人、一同保卫自己的家园时，他们仍在彼此争斗。

宣教士需要留意这种可能性，就如库尔德人的情形，即便数百万人生活在同一个国家里，各族群之间并不一定都团结一致。然而，在库尔德斯坦境外，还有不少的库尔德人散居在十三个国家，那些侨居在外的人一旦接受基督，他们很有潜力成为策略性"桥梁"，把福音传回祖国；而且，因为他们远离故乡，对福音也较为开放，可以更有果效。政治边界通常限制不了福音的传播！当然，所有这些根据国家和地理来整理的资料，将大大有利于我们制定策略，建立伙伴关系，将福音广传到特定族群中散居在外的侨民。

随着时代开放和全球移民潮高涨，越来越多的族群散居到世界各地，宣教专家将这一现象称为"散居宣教学"（Diaspora Missiology）；然而，很少有差传机构注意到向这些更为容易接近的"地球村民"（global peoples）传福音的战略价值。新近成立的"宣教构架国际网"（www.gnms.net）即旨在帮助宣教机构参与这一事工。

运用族群概念需要谨慎的另一个原因在于，现今城市化、人口流动、趋同化和全球化等现象都在无以复加地改变着族群的组成结构和身分定位。由于全球人口分布复杂，所以不能以静态的思维模式简单地认为，世界总是由单一的、非重迭的固定人群所组成，也不能认为各群体的疆界永不改变，群体之间互不影响。任何社群成员之间的关系都很复杂，还可能拥有多重身分和国籍，而身分和国籍都可以随时变动。

当个体对某个群体有极强的归属感，且其日常生活受到特定共有文化的约束时，族群概念的思维模式就相当具有战略意义和特殊价值。

贰、基本的宣教任务

每个族群所需的，是让充满生命力的福音大能进入族群中，在部分的人们信服之后，进而建立教会，这教会自身又能够继续把福音传给族群中的其他人。

有些目标固然美好，但却次要，甚至有可能会分散我们的注意力。像传福音给街头小贩或学生，可能带出个人的成长、甚至具有布道性的门徒培训小组；但是，倘若可以推动一个强调全家归主的增长运动，何乐而不为呢？神大有能力，为何不

期待祂透过一个重大的作为，能够迅速和自发地席卷整个族群，把他们吸引到祂独生爱子的面前呢？

基本的宣教任务就是，兴起**可以独立发展的本土教会植堂运动**，如此一来即具有潜力去更新整个家族和改造整个社会。所谓**可独立发展**是指能独立成长；**本土化**意指非外国的；**教会植堂运动**是指建立持续一代又一代的信仰团契，并能够向该族群中的其他人分享福音。许多人称这一本土教会植堂运动的成果为"宣教突破"。

只有当这社会里的人（包括教会以外的人）承认这个福音运动是属于他们的社会时，宣教的基本工作才算完成；也只有实现了这一层次的文化融合后，耶稣那充满活力且能改变生命的爱才能自由地在整个族群中运行。马盖文（D. A. McGavran）称这种形式的宣教突破为"群体归主浪潮"（People Movement to Christ）。让群体中的每个人都有机会以"我信"来回应耶稣和祂的国度，不在福音的属灵高要求之外增加额外的文化障碍，我们可以视之为在一个族群中宣教所取得的最基本成果。既然耶稣托付我们完成这一基本使命，我们绝不能降低这个标准。

宣教意义上的结束任务——在每一个族群中取得突破

简单来说，"结束"（closure）任务一词指的是工作"完毕"（finishing）。在二十世纪七○年代，神开始让许多人看见，在每一个族群中都实现宣教的突破，是最起码且基本的任务，也是一项必定能够完成的任务。事实上，在神托付给祂子民的任务中，只有这一项是他们必定能够完成的使命。

当时，世界上仍有半数以上的民众属于未得之民。即便如此，一小群积极推动宣教的基督徒依然坚信，如果可以掀起一场专注于未得之民（有段时间曾被称作"隐蔽之民"〔hidden peoples〕）的宣教运动，那么，基本的宣教任务在数十年内就能完成。他们凭着信心，共同提出了实现"到公元2000年，每个族群均有教会"的目标，以此诠释宣教使命至终可以完成的精髓意涵。尽管从未有人预测2000年底之前这个目标将会完成，但他们确信这是可能的；这个目标点燃了无数基督徒心中的热情，他们渴望看到基督在每一个族群中得到尊崇、敬拜和顺服。神同样在更多人心中动工，于是，一场专注于未得之民的全球宣教运动展开了。二十年前只有少数人敢追求的异象，如今，正在逐步实现。

由于每天都有数以万计的婴孩出生，所以向每个人传福音的说法几乎是天方夜谭。相比之下，"每个族群均有教会"则是一个可行而适当的目标。我们可以满怀信心地宣告，对未得之民的宣教已近尾声。1976年，全球仍约有一万七千个未得族群，如今则剩下约八千个未得族群（极同群体）。现今一波波充满活力的全球宣教运动，正横扫各族群，使基督的名得到敬拜和尊崇。

已得之民或未得之民？——确认可独立发展的教会运动

兴起可独立发展的本土教会倍增运动需要一个过程。过去是未得之民的群体，到了某个时候可能突然成为"已得之民"。为了衡量福音在某个群体中传播的进程，庄斯顿研发出一套教会倍增运动的指标：

0– 无信徒

1– 有一些信徒，无教会

2– 有一个教会

3– 有一些教会

4– 出现教会倍增循环现象

5– 广布培训门徒的教会

要得到可靠的第一手资料，来证实教会在某个群体中建立的情况并不容易；即便如此，我们仍可从已有的资料中，推测出教会倍增运动是否存在。约书亚计划从众多资料中汇总整理，制定了一种分类法，将群体划分为以下四大类：

未得之民／鲜闻福音之民

已成形或挂名的教会

成形中的教会

成长中的教会

尽管这些资料和分类对福音工作很有

一般宣教和拓荒宣教

E 尺规：布道者与福音群体之间的文化差异

P 尺规			未得之民 / 已得之民		
	该群体中没有教会，且与已有教会群体的文化差距很大。	P3	未得之民	III. 拓荒宣教	
	该群体中没有教会，但文化与已有教会群体的差距不大。	P2			
	该群体中已有同文化的本土性教会。	P1	已得之民	I. 布道	II. 一般宣教
	福音对象已参加本地同文化的教会。	P0			

单一文化 / 跨文化

E0	E1	E2	E3
带领已参加教会聚会的非信徒或名义上的信徒归主。	带领没有和任何教会联系的非基督徒归主建立。	带领文化不同但相近的非基督徒归主。	带领文化差异极大的群体归主。

E 尺规

P 尺规：福音群体与最适宜的教会之间的文化差异

I. **布道**：在已有宣教突破的一个可独立发展的教会中，福音工人向同文化人群布道。

II. **一般宣教**：在已有宣教突破的地区，福音工人尽可能与同文化的福音工人同工，进行跨文化布道。

III. **拓荒宣教**：在未有宣教突破的地区，进行跨文化布道。

帮助，然而，它主要还是从民族语言性群体的层面来收集的，并不能全然反映极同群体的真实情况。

倘若某个民族语言性群体实际上是由好多个极同群体组成，其中有的正如火如荼地经历教会倍增，而其他群体则只有少许变化或是毫无变化，那当怎样来看待这个群体接受福音的程度呢？因为一些历史的仇恨问题，那些尚未接触福音的极同群体，可能更为强烈地反对该群体中的大量归主现象。极同群体中的某个群体出现增长时，也可能转移宣教士的注意力，以至忽略了这整个极同群体当中还有其他群体的福音需求。

参、神的托付不仅"结束"宣教使命

神所要成就的事总是远超过他给我们的托付。祂要我们完成的事既清楚又简单，就是使基督在万民中得到敬拜和尊崇，这是基本的宣教任务。我们必须全心专注、全力以赴，直到完成重任；不仅于此，宣教突破只不过是神对每个族群计划的开端，祂的应许会继续实现，摧毁撒但的工作，将祂赐给亚伯拉罕的福分带给万民。

万民传扬神的荣耀

耶稣在世上时教导他的门徒如何祷告？"**愿祢的国降临；愿祢的旨意成就在地上，如同在天上一样。**"神渴望贴近万族万民的心，这显然是祂的国何以降临的其中一个目的。其他经文也说到，神甚愿祂的荣耀早早传扬在世界万国万邦（赛66:19）。

因此，我们满怀信心期盼那一时刻到来。那时，"世上的国成了我们的主和祂所立的基督的国，祂要作王，直到永永远远"（启11:15）。神必败坏"管辖这黑暗世界的和天上的邪灵"（弗6:12）。

每一个族群的属灵突破都是福音在世上广传的先兆，在不久的将来，"世上的国"要高举尊荣祂的名！撒但将全人类囚禁，若我们不挑战它在某个群体中的权势，那么我们很难将这个群体中的每个灵魂，从它的邪恶势力下解救出来。在任何尚未出现真正属灵突破的族群，神国阵营和黑暗权势之间势必有一场"权能较量"；要征服"世上的国"，神的荣耀就必须首先进入每个族群。

使徒保罗被差往非犹太族群，特别要"开他们的眼睛，使他们从黑暗中归向光明，从撒但的权下归向神，使他们的罪恶得到赦免，并且在那些因信我而成圣的人中同得基业。"（徒26:18）我们是否过于注重对布道、社会改革和经济增长的评估，却忽略了神的首要目的？

要知道，神的主要工作乃是扩展祂的国度、击溃撒但。这是一场属灵争战，但并不表示我们可以不用精心筹谋计划、训练拓荒先锋和拓植建立教会。我们不能静坐不动，只祷告等神自己来做事。

"因为我们的争战，对抗的不是有血有肉的人，而是执政的、掌权的、管辖这黑暗世界的和天上的邪灵。"（弗6:12）

我们知道，这不仅是属神的争战，也是我们的战役；我们和神一同与那恶者争战。我们也清楚，在每个地方的福音工作，靠的不只是我们的智慧和努力，还要依靠神的大能，击破仇敌的营垒，将神的荣耀传到地极。

耶稣已经给了我们一个明确的使命，就是依靠祂的独特权柄去"使万民作祂的门徒"。我们应该去，也必须去，完全顺服；当然要认真评估福音事工的进展情况，但我们不能视之为神计划的终极指标。在奋力前行的同时，也要知道神可能以我们无法完全理解的标准来衡量事工的果效，因为神的意念高过我们的意念。

虽然我们无法运筹帷幄、胸有成竹，但还是要尽最大的努力去筹划，运用创意、不计代价。我们知道，所有对群体和个人的衡量和评估都只是实现目的的方法，更重要的是与神同行，有神与我们同在。在这宣教旅途中，唯靠信心和顺服，跟随神带领我们去完成祂所托付给我们的使命。

肆、宣教进程图象化

虽然世界如此广大复杂，还是有一些衡量宣教进度的方法。现代研究人员善于运用电脑技术来搜集、管理和汇总庞大的资料。我们衷心感谢这些同工，竭力寻索神如何步步实现给万民的应许。[4] 本文所有的全球性图表资料，都是采用他人的研究成果；只有当缺乏确凿的资料时，我们才自行估算。然而，世事千变万化，资料充其量只能接近现实。

读者参看本章的图表时，需要知道，我们是把一个群体中具有主导地位的宗教作为一种文化特征来标注该群体。这不表示所有属于该群体的人，都信仰那个宗教；因此，即便一个族群的主流宗教仍然是伊斯兰教，但只要其中已有教会倍增运动发生，那么这个穆斯林族群就算是福音"已得之民"了。

本章所有图表均摘自《向全人类宣教》（*All Humanity in Mission Perspective*, p. 541）。

巨大的失衡

"环球一瞥"（参下页）清楚表明，大部分住在福音未得之地（白色部分）的人都生活在穆斯林、部落宗教、印度教和佛教族群版块中。我们若要彻底执行大使命，那么就要先向这些族群版块宣教。

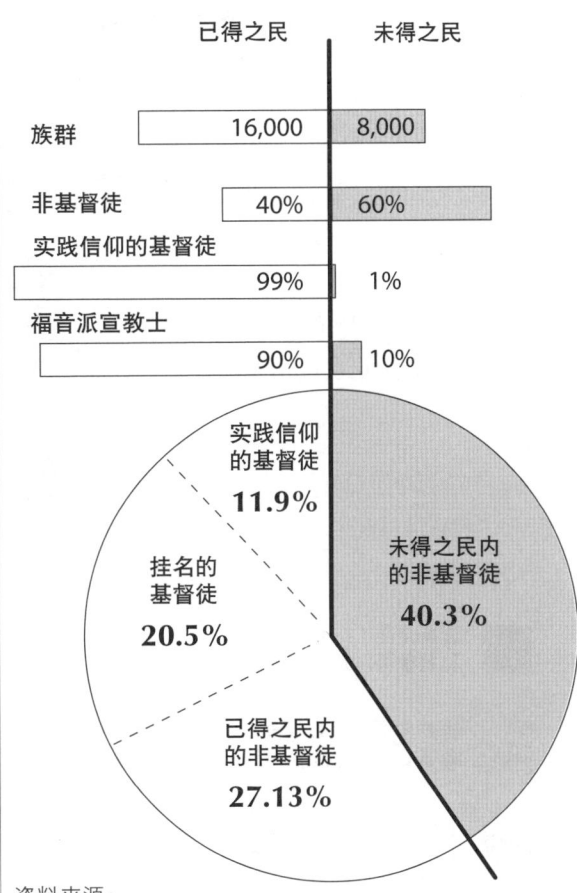

资料来源：
葛博西，摘自《向全人类宣教》的图表，2008 年

环球一瞥

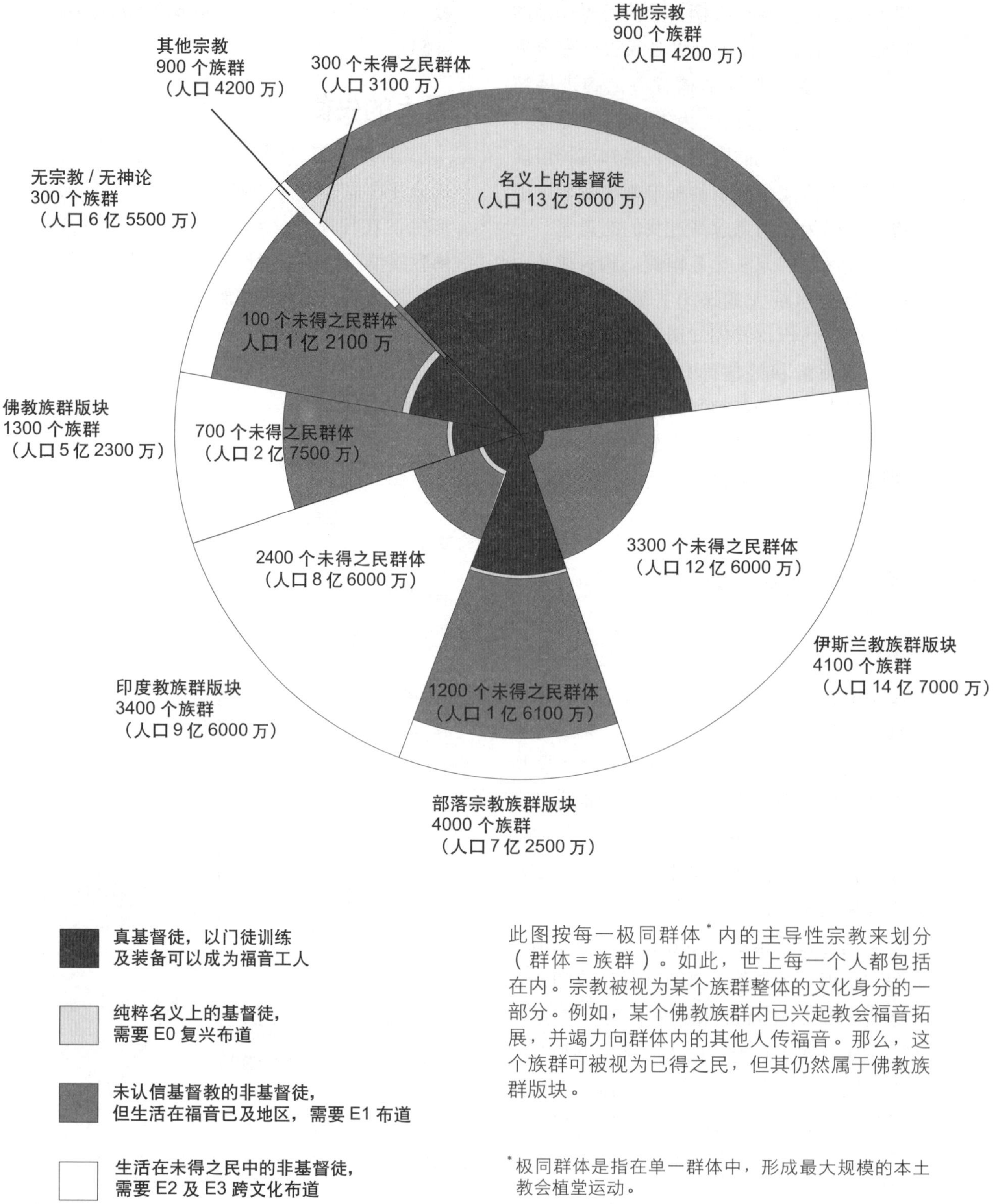

其他宗教
900 个族群
（人口 4200 万）

其他宗教
900 个族群
（人口 4200 万）

300 个未得之民群体
（人口 3100 万）

名义上的基督徒
（人口 13 亿 5000 万）

无宗教 / 无神论
300 个族群
（人口 6 亿 5500 万）

100 个未得之民群体
人口 1 亿 2100 万

佛教族群版块
1300 个族群
（人口 5 亿 2300 万）

700 个未得之民群体
（人口 2 亿 7500 万）

3300 个未得之民群体
（人口 12 亿 6000 万）

2400 个未得之民群体
（人口 8 亿 6000 万）

伊斯兰教族群版块
4100 个族群
（人口 14 亿 7000 万）

印度教族群版块
3400 个族群
（人口 9 亿 6000 万）

1200 个未得之民群体
（人口 1 亿 6100 万）

部落宗教族群版块
4000 个族群
（人口 7 亿 2500 万）

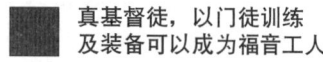

- 真基督徒，以门徒训练及装备可以成为福音工人
- 纯粹名义上的基督徒，需要 E0 复兴布道
- 未认信基督教的非基督徒，但生活在福音已及地区，需要 E1 布道
- 生活在未得之民中的非基督徒，需要 E2 及 E3 跨文化布道

此图按每一极同群体*内的主导性宗教来划分（群体 = 族群）。如此，世上每一个人都包括在内。宗教被视为某个族群整体的文化身分的一部分。例如，某个佛教族群内已兴起教会福音拓展，并竭力向群体内的其他人传福音。那么，这个族群可被视为已得之民，但其仍然属于佛教族群版块。

*极同群体是指在单一群体中，形成最大规模的本土教会植堂运动。

2008年普世宣教概况

				在不同文化群体内的主导宗教						
			总计	基督教	佛教	部族	印度教	伊斯兰教	无宗教	其他宗教
鲜闻之民和未得之民	约书亚计划资料库（JPD）		4,253	—	227	704	1,843	1,344	15	120
	未得之广同群体		8,000	—	700	1,200	2,400	3,300	100	300
	个人（单位：百万）	实践信仰的基督徒	5.3	—	0.4	1.2	0.4	1	2	0.3
		非基督徒（P2）：E2-E3	1,551	—	122	68	783	432	119	27
		非基督徒（P2.5）：E2.5-E3	1,077	—	135	70	60	808	0	4
		非基督徒（P3）：E3	71	—	18	22	17	14	0	0
		总计	2,704	—	275	161	860	1,255	121	31
	全球福音派宣教士		24,300	—	3,700	9,600	1,600	7,500	1,400	500	拓荒宣教
近乎福音化和已得之民	约书亚计划资料库（JPD）		5,725	3,543	35	1,652	146	317	18	14
	未得之广同群体		16,000	10,000	600	2,800	1,000	800	200	600
	个人（单位：百万）	实践信仰的基督徒	796	570	20	120	12	5	65	4
		名义上的基督徒（P0, P.5）：E0-E3	1,372	1,350	3	6	3	1	9	0
		非基督徒（P1）：E1-E3	1,830	410	225	438	85	205	460	7
		总计	3,998	2,330	248	564	100	211	534	11
	全球福音派宣教士		228,700	185,000	3,700	18,000	3,400	7,500	8,600	2,500	布道及本地宣教
全球总计	约书亚计划资料库（JPD）		9,978	3,543	262	2,356	1,989	1,661	33	134
	广同群体		24,000	10,000	1,300	4,000	3,400	4,100	300	900
	总计（单位：百万）		6,702	2,330	523	725	960	1,466	655	42
	宣教士总计		253,000	185,000	7,400	27,600	5,000	15,000	10,000	3,000

以上表格由美国大使命宣教中心研究部制作，资料取自世界宣教资料库，约书亚计划资料库（www.joshuaproject.org）和世界基督徒资料库（www.worldchristiandatabase.org）。约书亚计划资料库的族群：指约书亚计划资料库的本土福音化教会的极同群体（1982年定义），其概述没有根据政治地理的分界。未得之民：指尚未出现可独立发展的本土教会增殖运动，或一个有生命力的本土福音化教会的极同群体（1982年定义）的数目为估计值。依据语言及社会因素，依据语系种族姓）探索而得。已经建立独立发展的教会的极同群体（1982年定义），包括所有以基督教为主导宗教的群体。实践信仰的基督徒：持福音派信仰的基督徒，现有或具有潜力接受培训以顺服大使命。全球福音派宣教士包括在海外宣教士、本土宣教士（跨文化和近邻文化），以及专职支持工场上的宣教士的母会同工。

近年来，在印度教、佛教和穆斯林族群版块中出现一些鼓舞人心的宣教突破。通常，这三大族群版块看似最抗拒福音，但是，当一个族群"抗拒"福音时，真正应当检讨的是我们的传讲方式是否有效。我们真的把未得之民列入优先考虑的对象了吗？在全球总共二十五万三千多名**福音派宣教士**中，[5] 只有两万四千多人专注于八千个左右的未得之民群体。这意味着，针对已有教会的族群的宣教士人数，是在福音工作更难开展的未得之民中的宣教士人数的九倍，也就是说，目前只有一成的宣教力量用于未得之民中的拓荒宣教，失衡现象何等严重（参31页图"巨大的失衡"）！

大使命已经颁布快两千年了，但在二十七亿人口的八千多个极同群体中，仍未建立起本土教会！我们还能指望神祝福万民的应许能够很快实现吗？

势不可挡

数十亿的庞大人口看似吓人，但宣教进展同样令人赞叹。我们得知的实况令人震惊，在1974年，每五个非基督徒里居然有四个仍是同文化布道所未曾接触到的；但三十年之后，这一数字从四降低到三。在"巨大的失衡"图表中，有一种新的见解一目了然，就是把世界人口大致分为三个部分；有三分之一的人至少会自称是基督徒，三分之一的人是生活在已得之民中的非基督徒，余下的三分之一是未得之民中的非基督徒。1974年，世界上超过六成的人口生活在未得之民中。如今，这一比例已降至四成，这是数十年来，众多宣教士努力在数千个未得之群体中推动教会拓植倍增的结果。宣教事业取得了巨大的进展，但还有许多工作尚待完成。

目前，我们已经进入拓荒宣教的最后阶段。如果坚定信念，专注于基本的宣教任务，那么我们有望在有生之年，亲眼看到基督的教会在世界上每个族群的语言和社会结构中得以建立和发展。

神正推动全球教会去实现祂给万民的应许，所采用的方式可能是在二十五年前我们无法想像的！数以千计的宣教新兵，不仅来自西方，更有来自亚洲、非洲和拉丁美洲等地区，这些宣教行动的果子，现在正全心全意地承接使万民作门徒的大挑

任务逐渐减少

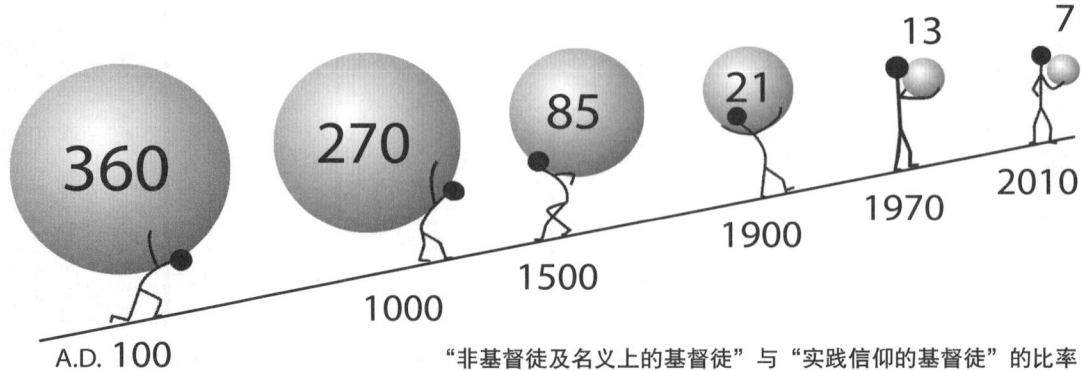

"非基督徒及名义上的基督徒"与"实践信仰的基督徒"的比率

以下第一幅图表清晰地列出了福音派宣教士在全球已得之民与未得之民中的分布情况。《向全人类宣教》（541页）一表显示，在二十五万三千多名宣教士中，只有两万四千三百多（9.6%）名宣教士在未得之民中开拓工场。第二幅图表显示，大约有一千间教会可以针对全球一个未闻福音的极同群体工作，是1000:1。教会有足够的资源来完成万民归主的重任。当务之急是普及宣教意识和推动宣教！

宣教士在全球人口中的分布情况

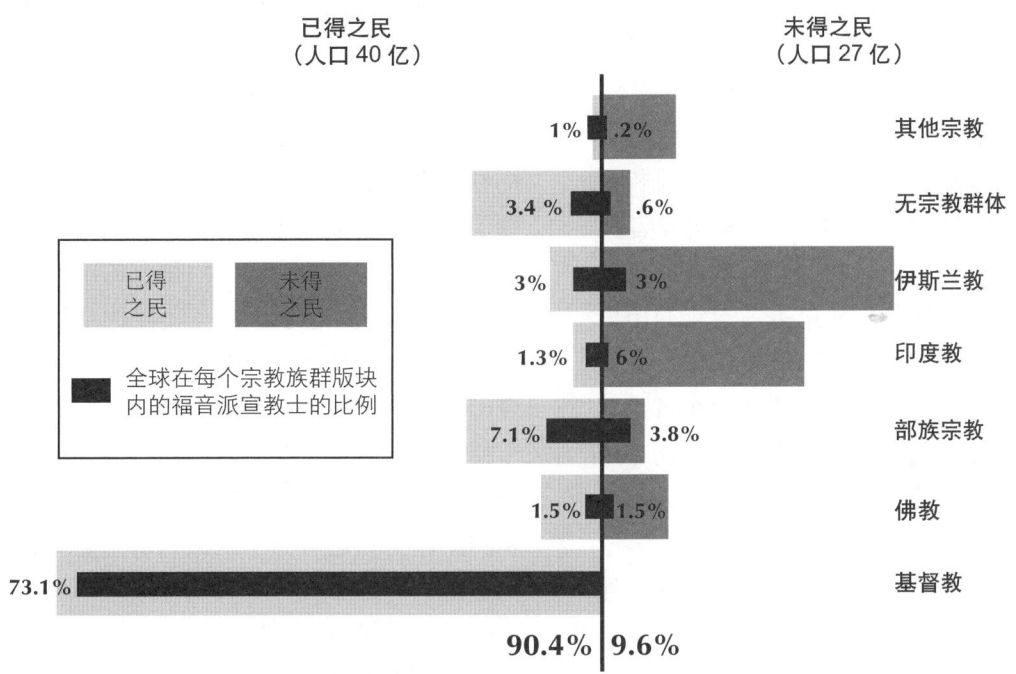

教会与族群的比率增长表

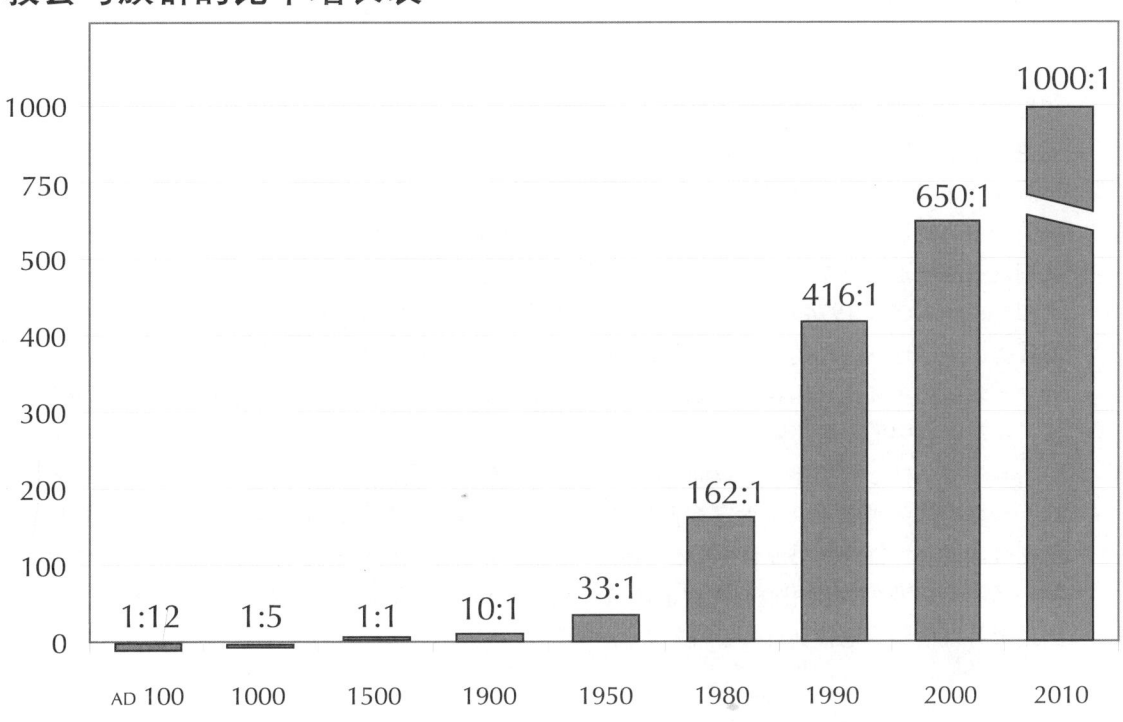

战。前所未见地，宣教俨然成为一种全球子民群策群力的福音运动。我们必须预备与非西方宣教组织建立新的合作关系，迎接全新的见解和思路；同时，我们也需要了解到，西方宣教史拥有丰富的经验宝藏，在非西方国家飞速发展的同时，可用以截长补短。

摆在我们面前的任务依然艰巨，但如果普世的主内肢体一同分担，担子就相对轻省。放眼全球，平均一个未闻福音的极同群体，应该可分得一千间教会的宣教资源（页35下图）！从过去三十年的历史看来，虽然只有一小群信徒受到动员和装备，但他们带来的宣教结果非同小可；与我们前辈当时所面临的严峻形势相比，以现有的宣教潜力来看，余下的任务并不艰巨，离大功告成也指日可待。

此外，也要注意到，集中力量深入族群的宣教方法使得宣教成为一个更加可行的任务。向四十亿尚未得救的人传福音，可能显得好高骛远，但在大约四千五百个**鲜闻福音**的民族语言群体中**开始**工作，总是可以放手一搏。在这个过程中，我们发现他们之间有显著的文化偏见，但**最终**也不过是八千个左右**未闻福音**的极同群体；事实上，一些差会已经针对三千多个鲜闻福音的民族语言群体展开宣教工作了。识别他们，并使福音深入那些未闻福音的极同群体，这一"使万民作门徒"的重任，依然摆在面前；但我们坚信圣经的话语，必会有"许多的人、没有人能数过来，从各国各族各民各方来"敬拜神。我们正处于使福音深入世上各个族群的时期，这是千载难逢的契机；让我们进到列国去宣告神的荣耀，一起有分于这深具历史意义的伟业吧！

附注

1. 积极实践信仰的基督徒指所有不是名义上的基督徒，不管来自基督教的哪种类型和背景，例如天主教、东正教、更正教、圣公会、独立教派和边缘教派等等。
2. 可从 www.joshuaproject.net 网站搜索，或是在网上搜索"未得之民概况"。
3. 有关印度的概述，见《普世宣教手册》（*Operation World*）二十一世纪版。
4. 我们现在能清晰看见余下任务的情况，这是史无前例的。第一批未得之民的清单大约是三十年前拟定的，参考了1974年洛桑大会上的初步估计。这是历史上首次从族群的眼光来总结余下的任务，不过这些初期的清单充其量也只能算是零碎不全的。但自那时起，人们投入了许多研究。宣教研究者在语言因素的基础之上，还开始记录其他限制人们接触到福音的文化和社会现况。宣教资料中的差距不断缩短。

　　与过去一样，我们绘制的《向全人类宣教》一表中的数目和估计主要依靠各种专家资料。这个表格对从各种融入"普世宣教资料库"（Global Mission Database）的资料所获得的资料进行比较和说明。因为约书亚计划确保他们的资料尽量能够与在宣教工场上实际观察到的情况保持一致，所以我们就使用他们列出的民族文化群体作为我们的资料来源。在JoshuaProject.net网站上可以很容易地找到有关族群的大量信息。

《向全人类宣教》之前的版本（主后2000年）相比，现在有些改变：（1）诸如犹太教、华人民间宗教、拜火教和部落精灵主义等主要带有民族色彩的宗教现在归入一个新的类别，称为"民族性宗教"。（2）原来摘自"世界基督徒资料库"（World Christian Database）的民族语言性统计资料，现在由约书亚计划资料库的资料取代，因为后者既从民族语言的角度，又从民族文化的角度来收集资料。约书亚计划资料库的总数不包括对某个族群在地缘政治上的划分，也就是说，如果一个族群分布在不同国家，他们仍然只算作一个族群。（3）宣教士总数现在包括对福音派宣教士数目的估计，并且包括国内的县级市。以前的版本只限于统计外国宣教士，并且包括所有的基督教传统。宣教士在未得之民和已得之民中的分布是从世界基督徒资料库的其他资料中推算而得的。

5. 全球福音派基督徒包括外国宣教士、在国内跨文化或在相近文化中事奉的宣教士、带职事奉的宣教士、支持工场上的福音派宣教士的国内同工。"福音派"一词指强调以下各方面的基督徒群体：

a. 主耶稣基督是人借着信得到救恩的唯一源泉。
b. 有着圣灵赐给个人的信心和重生的经历。
c. 认定神所默示的话语是基督徒的信仰和生活的唯一准则。
d. 委身于合乎圣经的见证、传福音和宣教，带领人归信基督。

研习问题

1. 极同群体的定义是什么？这个定义有何重要性？
2. 作者认为基本的宣教任务是什么？

第85章　覆盖全球

庄斯顿（Patrick Johnstone）

作者从1980至2004年担任环球福音会（WEC International）的研究主任。在非洲多年宣教期间，他开始整理材料，推动基督徒为普世宣教祷告，结果出版了《普世宣教手册》（Operation World）一书。该书成为在全球广泛使用的为未得之民祷告的工具书。现居英国，从事写作、演讲和辅导其他领袖的工作。本文摘自The Church Is Bigger Than You Think（1998年）。版权使用承蒙Christian Focus Publications (Scotland, UK) 许可。

我们有充分的理由为神现今在世界各地所行的事欢欣鼓舞，但同时也须面对一个严峻的事实——我们仍有很多未竟之工，还要面对强大的敌对势力。普世宣教的完成指日可待，不过在耶稣再临之前，我们仍有巨大的障碍要跨越，有坚固的营垒要攻破。以赛亚早已预言到，神应许将有大规模的属灵丰收："因为你要向南向北扩展，你的后裔必占有列国[1]之地，又使荒废了的城镇有人居住。"（赛54:3）

这节经文中的三个词指出我们完成大使命将面临的三大挑战：地域层面（进入世界上各个有人居住的角落）、民族层面（接触每一个族群）以及城市层面（进入所有城市）。

1. 地域层面的挑战

这应许提到，神的百姓要向左向右扩展（同样也可以说是向南向北、向东向西）。一切有人居住的地方，都要向主耶稣的福音敞开。我们通常以为地域上的挑战仅指看得见的障碍，但对宣教使命而言，还有以下几种挑战：

- 再荒僻的山谷也要去——哪怕是位于尼泊尔北部偏远边境上未闻福音的木斯塘（Mustang）王国！

- 再遥远的海岛也要去——哪怕是印度洋上未闻福音的马尔代夫（Maldive）群岛！

- 再稠密的丛林也要去——哪怕是矮小的俾格米（Pygmy）人所住的刚果丛林！

- 再难攀越的高山也要去——哪怕是亚洲中部环境恶劣、遗世独立的西藏高原！

- 再牢不可破的城市也要去——哪怕是严禁基督徒涉足的麦加！

- 再敌对的硬土也要去——哪怕是阿尔及利亚穆札卜柏柏尔人（Mzab Berber）所住的撒哈拉沙漠中的绿洲！

10/40 之窗

自1990年开始，另一地域上的挑战临到教会。打开世界地图，大片大片的陆地上仍然没有本土基督徒的见证显出来。从以下的地图看出福音未及之地的范围，主要分布在北非及亚洲；这些地区的主流宗教基本上是伊斯兰教、印度教和佛教，地图上特别标识出这些极富挑战的地区。在未来的十年或更长的时间内，这里必然成为宣教的主要拓荒点；然而直到近日，这些地区仍最受人们忽视。

多年以来，我一直将此地区称为"抗拒（福音）地带"（Resistant Belt）。自1990年以来，主后两千福音遍传运动[2]的创办人刘易斯·布什（Luis Bush）所提出的"10/40之窗"（the 10/40 Window）已经广为人知。10/40之窗指的是在大西洋和太平洋之间，北纬十度至四十度所在的地区。这个概念很好，产生了非凡的宣传效应——这个长方窗形只能大概表示这个属灵挑战最大的地区。[3] 位于10/40之窗内或附近不够福音化的国家的面积只占世界陆地的三成五，但其人口却占到六成五。以下地图囊括了长方形的10/40之窗，以及用阴影标注的抗拒福音地带。

生活于10/40之窗的人数多得惊人。2008年，在全世界六十七亿人口中，我估计仍有十二至十四亿人从未有机会听闻

抗拒福音地带与10/40之窗
（大多数人信奉伊斯兰教、印度教或佛教的国家）

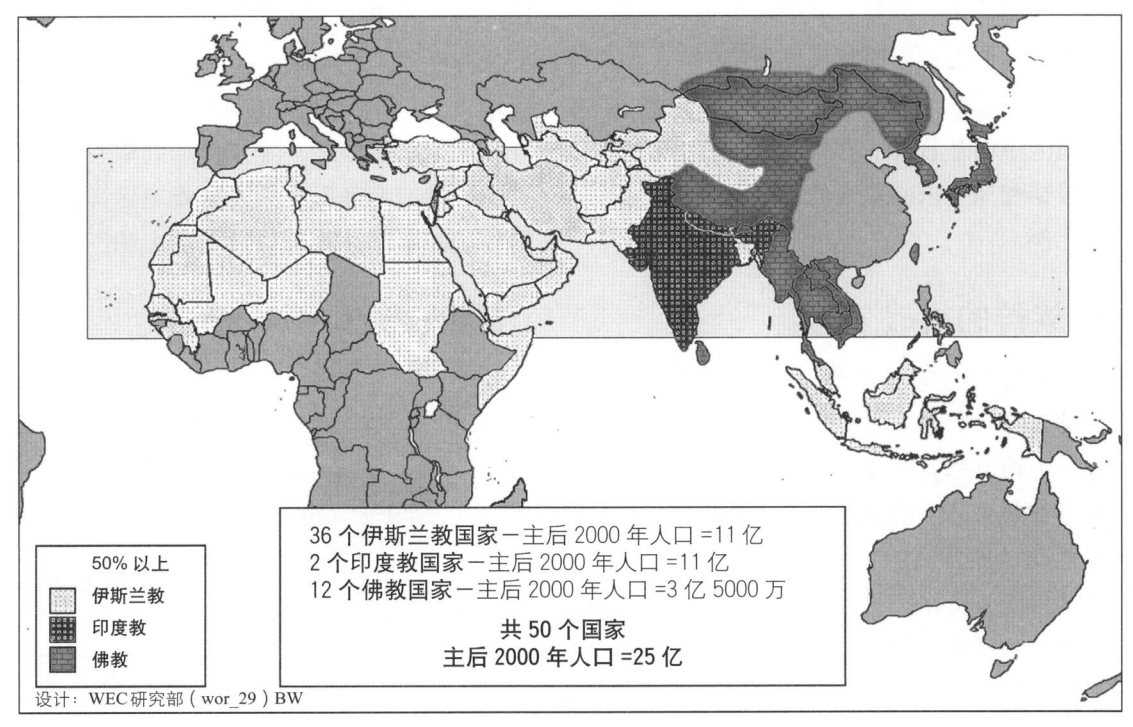

36个伊斯兰教国家－主后2000年人口=11亿
2个印度教国家－主后2000年人口=11亿
12个佛教国家－主后2000年人口=3亿5000万

共50个国家
主后2000年人口=25亿

50% 以上
伊斯兰教
印度教
佛教

设计：WEC研究部（wor_29）BW

福音，其中超过九成五的人居住于窗形地区内。我们怎能沾沾自喜，忽略这偌大的人群呢？他们没有机会听到福音，更无法经历到神在主耶稣里的爱，以至将来与基督永远隔绝。这是对信心、代祷和行动何等巨大的挑战！对此，我们义不容辞，因为基督的爱催逼着我们（林后 5:14-15）。

雪上加霜的是，世界上最贫穷和受剥削程度最严重的人口中，有九成以上居住在这个地带，同时这里还是世界上儿童受虐最严重、文盲最多的地区；爱滋病、肺结核、疟疾肆虐，大部分未得到预防和治疗。由于敌对的政治和宗教体系、地理环境与生活形态等诸多因素，这里是最难公开宣教的地区。比如，几乎世界上所有的游牧民族都居住于此，普世福音化在这里面临最严峻的挑战。不过，福音浪潮已经高涨，漫过世界三分之二的土地，如今正拍打着余下的三分之一，即将攻破撒但之国最后的营垒和要塞。我们不可低估余下的工作，但也不要因其艰巨而气馁。

右下图显示，在 10/40 之窗和世界其余地区中的基督徒、有机会听到福音的非基督徒和完全未闻福音的非基督徒的数目和比例。

2. 族群的挑战

耶稣在马太福音第二十八章 19 节中清楚说道，我们要去使万民作祂的门徒。每一个**地方**都有基督徒还不够，每一个**族群**里都要有耶稣的跟随者。前面探讨了福音触及世界万民的惊人进展，[4] 我们不只是梦想使万民作门徒，而且还要盼望在有生之年看到梦想实现；可是，若要使这一工作有效和持久，就尚需加强多项重要事工。哪些事工呢？

作研究

要使每一个族群都成为基督的门徒，就必须掌握相关资料，所以研究工作非常重要。整个二十世纪一直都有学者开展相关的研究工作，尤其过去二十年间对全球族群的研究更有长足的进展；我们需要知道哪些是未得之民，他们所处的地域，以及福音化的程度。1997 年六月在南非首都比勒陀利亚（Pretoria）召开的全球福音遍传咨商会议（GCOWE）上，学者提出了颇为全面的二十世纪末未得之民的概览。

在会议开始前几个月，就投入了大量工作制作这份世界族群列表；甚至在会议举行前几年，学者就决定在 2000 年到来之前用几年时间，从战略上考虑对世界族群名单作一些界定，只列进那些人口超过一万，但基督徒人数低于 5% 或福音派信徒少于 2% 的族群，同时还限制以民族或语言为标准来界定的族群。[5] 这样的划分合理但稍嫌偏颇，主要考虑到取得人口较少群体的准确资料相当困难。这样，鲜闻福音的策略性族群数目就由大约三千个

普世福音宣教与 10/40 窗口

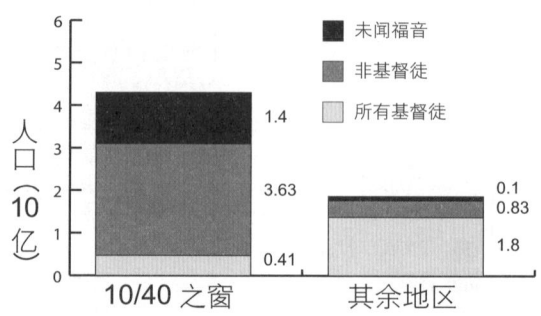

下降到一千五百个。宣教机构对第二份名单所列的族群进一步调查后发现，这一千五百个族群中只有五百个尚未有差会在其中开展福音活动；这一数目不包括一些有宣教活动但我们并未收到其调查问卷回覆的族群。

我们也意识到，要有效解读、理解这一份长长的族群列表并且展开行动，挑战很大。因此，我们将族群分为两大类：**类同族群版块**（Affinity Blocs）和**民族集群**（People Clusters）。

类同族群版块

我们界定了十二个类同族群版块，将名单上一千五百个族群都纳入其中。第42页的地图显示其中的十一个族群版块。[6]第十二个族群版块是指散居全球的犹太人，难以在地图上显示出来。所谓的第十三个群体其实算不上是一个版块，只是世界上不属于以上任何一族群版块、又互不相干的民族的总合。这十一个地区性的族群版块是依其相近的语言、历史和文化等因素来划分的，且全部都在10/40之窗以内或附近。值得关注的是，现居欧洲、美洲和大洋洲的鲜闻福音族群，几乎都来自这十一个族群版块。

民族集群

每一个类同族群版块内均有其他较小的民族集群，通常有统一的名称或特征，但因政治疆界、方言差别等因素而分开。我们已找出一百五十个这样的民族集群，几乎占约书亚计划名单上的一千五百个群体的八成。[7]此页上是各种的类同族群版块中五十个较为有名的鲜闻福音的民族集群。

1997年十月出版、由庄斯顿等人所编的《为窗内之民祷告III》，[8]简单地介绍了128个民族集群及其代祷事项，[9]带动大家为族群祷告。据估计，当月全球就有五千万基督徒参照这份材料来祷告，这很可能是迄今最大的世界性祷告运动。我们深信，神会在这些看似实难触及的族群中动工，突破困境！

这是有史以来，首次列出的一份颇为完整的全球族群及其福音化状况清单，使得下一阶段建立教会的事工成为可能。

建立教会

在我们这一代，能看见"在所有族群内建立教会的事工"顺利启程吗？有人对此怀有疑问。我想以1997年的全球福音遍传咨商会议上的讨论来回答这个问题。

在这次大会上，主后两千福音遍传运动的主任刘易斯·布什，极力鼓励与会的差会和各国代表，向余下的五百个族群展开宣教事工。当会议接近尾声时，仅剩172个群体没有在场代表认领。然而，我们需要留意，这五百个族群并未包括一些人口少于一万人（甚至一千人）的较小群体。但这些群体同样值得注意，因为他们也属于耶稣颁布的大使命的一部分。

这委实意义重大，令人振奋，因为这表示尚未开始拓荒、甚至尚未列入拓荒计划的群体已经为数不多了。待这一目标达成，必然是宣教史上一个特殊的时刻！但这也催促我们要明智地彼此联络和配搭，采用最有效的方式达到这个目标。

我们的目标是每一个族群里至少要有一间教会，但这只是起点。的确，在一

主要的类同族群版块及 10/40 之窗

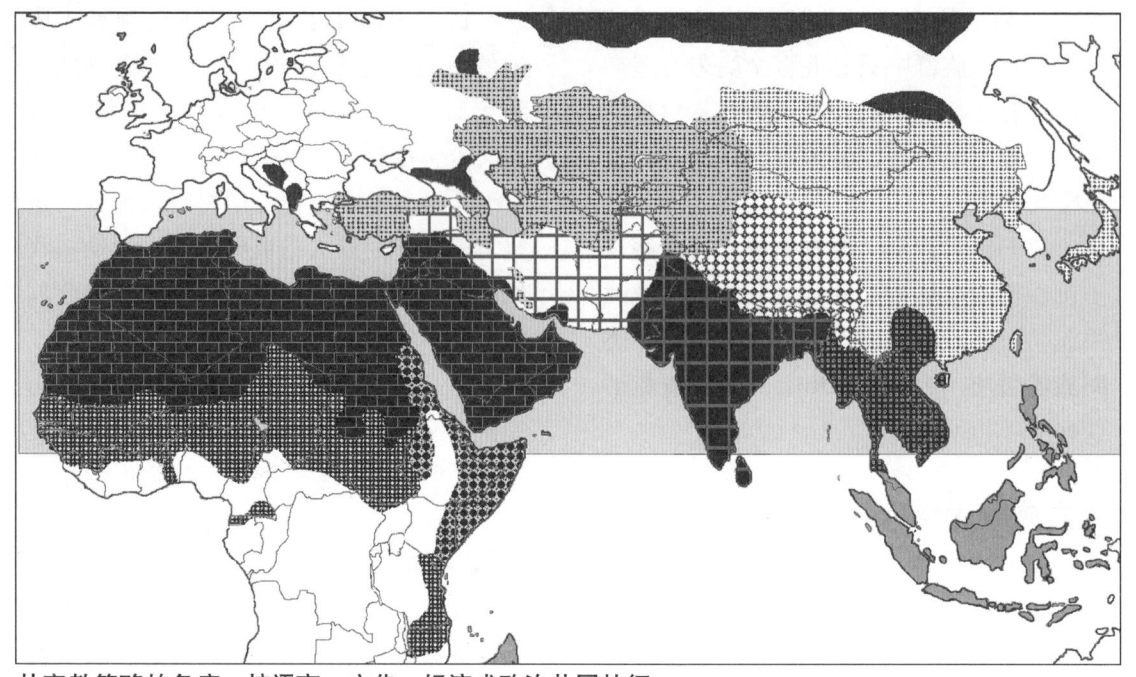

从宣教策略的角度，按语言、文化、经济或政治共同特征，全球鲜闻福音族群可以归为十一个类同族群版块。

- 阿拉伯民族（280 个族群）
- 非洲之角（40 个族群）
- 撒哈拉沙漠以南（400 个族群）
- 突厥人（260 个族群）
- 印度 - 伊朗（180 个族群）
- 印度 - 亚利安（450 个族群）
- 泰 / 傣（130 个族群）
- 西藏（80 个族群）
- 汉语言民族（60 个族群）
- 马来西亚（180 个族群）
- 欧 - 亚（100 个族群）

设计：WEC 研究部（Wor_35）资料来源：庄斯顿，《主后 2000 年普世福音遍传运动》，GMI

个一千人的小部落里建立起一个教会深具意义！但试想，如果六百万藏民中只有一间教会、或是两亿孟加拉人中仅有几间教会，只不过是杯水车薪，算得了什么？在这方面，吉姆・蒙哥马利"使全国成为门徒"（Discipling A Whole Nation，DAWN，或称晨曦运动）的异象有充分的根据。我们要确保，全世界的男女老少都能就近接触到一群有生命力的、敬拜神的信徒。我估计现今世上有三千两百万间各类堂会。蒙哥马利写了一本富有挑战性的书《晨曦来到》指明了我们前头的工作。[10] 为实现这一异象，蒙哥马利建立晨曦运动机构，推动不同宗派在全国有目标地建立教会，对全世界许多国家产生了重大影响。

许多具有族群和语言意识的援助事工和传媒事工，大大推动了教会倍增运动。大量人力正投入这些事工，各个事工都有几乎完全覆盖全球人口和族群的潜力。以下笔者将对这类大型事工的潜力及目标加以简要介绍。

圣经翻译

没有当地语言的圣经，却想在一个民族中建立健康的教会，实是缘木求鱼。北非柏柏尔语（Berber）教会曾一度兴旺，但从主后 698 年伊斯兰教传入至十二世纪，这个教会突然销声匿迹了！其中一个重要原因，就是他们没有属于自己的圣经。尼罗河上游的努比亚（Nubian）族也是如此，他们持守基督教信仰长达一千五百多年，最终还是屈从了伊斯兰教；个中原因，就是他们没有自己的努比亚语圣经。

克里威廉看到圣经翻译的重要性，就把它列为自己宣教事工的首要工作，他的后继者也承继他的方向，为印度教会立下坚固的根基。圣经的影响力，从伦敦传道会在马达加斯加的拓荒工作中可见一斑，他们优先把圣经译成当地马尔加什语（Malagasy）；不久，娜拉瓦鲁纳（Ranavalona）女王开始残酷地逼迫基督徒，并驱逐宣教士；尽管如此，当地教会却得以存留下来，甚至倍增。[12]

圣经公会在全球开展了卓有成效的事工，制作越来越多各种语言的圣经，我们为此向神献上赞美！近期，神又兴起威克里夫圣经翻译会（Wycliffe Bible Translators），赐下特别的异象，为每一种尚无圣经的语言出版他们的新约圣经。如今，该会已是世界上最大的跨文化宣教机构之一；至2008年，他们的团队已经完成了796种语言的圣经翻译，另有1,953种语言的翻译仍在进行中。从下页图可以看到，新语种圣经的译本增加神速。

世界上总共约有6,912种语言，其中仍有约2,251种语言需要新约圣经译本。这其中的大部分是分布在非洲撒哈拉以南地区和非洲之角、伊朗、中亚、高加索、中国以及印度。为了加速完成这项重任，我们必须快马加鞭招募更多愿意投身且有天赋的圣经译者。在接下来的时代中，仍有大量翻译工作需要一支翻译大军的参与。

类同族群版块中的民族集群

类同族群版块名称	民族集群数目	族群版块内的族群数目
非洲萨赫勒	19	395
库希特	4	37
阿拉伯世界	19	271
伊朗	12	181
突厥	12	256
印度 - 亚利安（南亚）	30	449
西藏	5	197
东亚	6	70
东南亚	14	93
马来	18	175
欧亚	5	44
犹太人	1	56
总数（估计）[10]	**145**	**2,224**

非洲萨赫勒： 富拉、曼丁哥、沃洛夫、豪萨、卡努里
库希特： 努比亚、索马里、贝贾
阿拉伯世界： 阿尔及利亚阿拉伯人、卡比尔、里夫、利比亚阿拉伯人
伊朗： 库尔德、波斯、塔吉克、帕坦、俾路支、卢里
突厥： 土耳其、阿塞拜疆、哈萨克、鞑靼、乌兹别克、维吾尔
南亚： 孟加拉、比哈尔、印地语系民族、乌尔都、冈德
西藏： 卫藏、安多、不丹、康巴
东亚： 回族、蒙古、日本
东南亚： 缅甸、泰、壮、老挝、达尔
马来： 米南卡保、亚齐、巽他、马都拉
欧 - 亚： 车臣、切尔克斯、波斯尼亚、西伯利亚族群
这些民族都列在以上的表格中。

1600年至2000年有圣经的语言

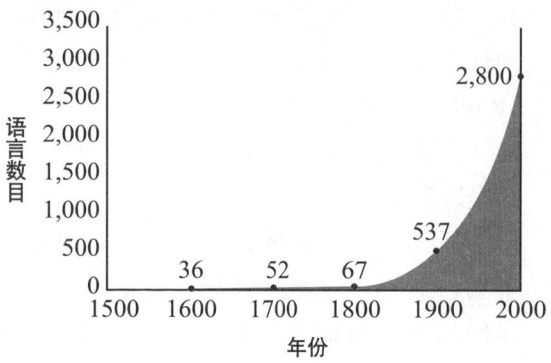

文字出版

众所周知，非基督信仰的作品腐蚀了无数人的心灵，其中极具破坏力的当属希特勒所著、充满种族歧视的《我的奋斗》（Mein Kampf）、马克思所发表的《资本论》（Das Kapital），其他一些无神论的理论和作品亦扭曲和毒害了多少生灵的思想。

基督教作品的力量不可低估。有人估计，有一半多的福音派基督徒是受到基督教著作影响而信主的。

今日，基督教出版品的印制及派赠的数量相当庞大，圣经联盟（Bible League）、赠经会（Scripture Gift Mission）、基甸会（Gideons）、袖珍圣经联盟（Pocket Testament League）及诸多类似机构，与圣经公会的工作相辅相成。

接下来，笔者将简略地介绍"逐家文字布道会"（Every Home for Christ, EHC），据我所见，这是最具全球性异象的文字事工，异象简单明了，但工作所涵盖的范围和影响力却相当大。

这间机构的异象是以祷告的心，将一份简单的福音作品，派送到世界上每一个国家的每一个家庭和机构团体中。逐家文字布道会有系统、有规划地向全球各地赠送文字材料，已经将近廿亿份，都是用全球95%的人口所说的各种语言写成的福音信息，还附有决志卡；另针对文盲群体制作录音带，失明者有盲文版本。该会全球九十五个办事处，至今已经收到了六千三百万份决志卡；他们继而为每个决志者提供一套分为四部分的圣经函授课程，目标是把决志者介绍给一群敬拜神的信徒。

其他统计资料同样显著。2008年，该会在九十五个国家内拥有超过三千五百名本地的全职同工，统筹安排每周在各地一万六千名义务派送员的工作。平均来看，每周有一千两百万个家庭（每天将近十七万个家庭）收到送上门来的福音资料。如以平均每家庭有五·二个人来计算，那么，每天有八十八万人透过该会接收到救恩信息。

在逐家文字布道会的活动地区内，若无任何形式的信仰圣经的教会，他们便会鼓励决志信主的人们组成"基督小组"，一起聚会、研经及敬拜。这些小组甚至可能发展成为成熟的堂会；迄今，全世界大约有十一万五千个基督小组被建立，大部分在印度、印尼、尼泊尔、非洲、南太平洋以及前苏联地区。根据近期来自非洲的报导称，刚果民主共和国金沙萨（Kinshasa）附近一个基督小组，仅仅两年之内就发展成为一个拥有两千多名会众的成熟教会；在乌克兰某个城市里的一个基督小组的人数，在仅仅十八个月之内就增长到三千多人。

逐家文字布道会自1953年在日本启

动以来，现已在超过198个国家内系统性地向每家每户派送福音材料。以全国为范围至少派送一轮的，已有七十五个国家；有些国家或地区如新加坡、香港、台湾等地，甚至派送了好几轮。另一些国家，如印度和菲律宾已完成两次派送，且正在进行第三次派送。目前，这一事工在九十五个国家都很活跃，其中包括许多新开始的工作，如在前苏联、非洲的法语国家、亚洲以及太平洋岛国。

2008年的统计，逐家文字布道会总计在全球派送出数百种语言的福音材料，数量超过二十六亿四千份。

哪怕这些庞大的资料背后仍可能有失败和令人沮丧的地方，我们仍然不得不佩服这异象的广度及成果，难以置信的是像在印度这个地域辽阔又族群复杂、有全球最多未闻福音人口的国家，几乎所有家庭都已经得到了两次探访，真令人惊叹！

录音事工

乔伊·里德霍夫（Joy Ridderhof）和她所创立的福音录音差会（Gospel Recordings）的故事，是二十世纪另一个伟大的宣教传奇。[13] 这是一个绝妙的创新。他们把简单的福音信息，一点一点地录进唱片，再后来是制作成录音带和光碟等等；他们甚至还用尚未有信徒或宣教士的地区的语言来制作福音信息。这样的做法可以很快制作成多种语言和方言的福音信息，只要操作简易卡式播放机或手动式磁带播放机，就可以反覆播放福音内容。针对一些识字率低、缺乏本地信徒，又没有能讲本地语言的宣教士的地方，语言隔阂不再成为传福音的障碍。这一工具已成为向完全未闻福音的群体传福音的首选。

福音录音差会已经发展为国际性的网络，以"全球录音网络"的名称在三十五个国家设有宣教总部，制作和派送以世界各国使用的多种语言制作的福音信息资料。在1997年，全球录音网络成功制作了第五千种语言的福音信息。[14] 到2008年，这个数字上升到5,750。

运用录音带传福音的一个好处是所需要的资源和时间相对较少，不似广播节目或圣经翻译，所花的时间较长，甚至数以年计。面对一种仅有三百人使用的语言，圣经译者作决定之前需要慎重考虑，因为单单翻译这个语言的新约圣经，就需要投入十到十五年的时间。但为人数哪怕只有五十人的群体，制作一卷录音带或复制许多列录音带则轻而易举。

全球录音网络有一个计划名为"遗忘之族"（Tail-enders），主要针对那些从未、甚至**不会**得到服事的群体。全球录音网络决意要找出被遗忘和忽略的人群，向他们供应福音性节目。该组织最终的目标是为每一个仍在使用的语言和方言制作一套录音带，总数可能是一万六千套左右。[15]

限于篇幅，笔者未能一一列举其他专门制作布道及门徒训练录音材料的优秀机构。在此，我想指出，以这种方式为世界上鲜闻福音群体的福音化作出的贡献相当可观，特别是那些因为人口少或与外界较少往来而被大多数宣教机构忽略的族群，而且进一步增加了我们在有生之年，把福音带入每一种族、部落、族群和语言的可能性。

《耶稣传》电影和录影带

根据路加福音的记录所制作的影片《耶稣传》(The Jesus Film)，真实地展现了耶稣的生平，已成为目前最有力的布道工具之一，也可能是历史上观看人数最多的影片。[16]

在二十世纪九〇年代，制作《耶稣传》影片的计划，目标是要让人口超过一百万的群体都能拥有他们自己语言的《耶稣传》电影，中期目标完成271种语言版本，已在1993年底达到。至1997年八月，总计已经完成417种语言的翻译，另外226种正在制作中。到2008年，这部影片已经翻译成1,050种语言，尚有146种语言正在翻译过程中。

制作这么多不同语言版本的电影需要大量的人力、费时的筹划和不菲的资源。许多机构的同工正在竭力预备这套电影的新语言版本，扩大播映的事工。这部电影为普世宣教带来重大贡献。

福音广播

福音广播有其独到之处，可以逐步攻破人们对福音长久以来的偏见。同时，在培训基督徒及领袖方面，特别是在没有其他教导资源的地区，可以发挥重大的影响。

适合当地文化的定期广播，能够打进大部分无法公开宣教的地区，其布道成果非常激励我们。全球福音运动机构（Global Evangelization Movement）的札斯廷・朗（Justin Long）致力于《环球基督教百科全书》(World Christian Encyclopedia) 的制作，据他估计，大约有三百万人是通过广播电台和电视节目归信基督的；其中，可能有四十万人是在没有教会的地区暗暗信主的。这些数字基本上无从考证，但是在俄罗斯、中国、印度及中东各地，奇妙的故事不断涌现，其中有许多教会几乎完全是通过广播得以建立和牧养。在厄瓜多尔的HCJB电台、环球广播电台（Trans World Radio）、远东广播公司（Far East Brodcasting Company & Association）、IBRA电台及许多其他机构，都有良好的工作成果，远远超出早期对广播事工抱持不乐观看法之人的预料。

近年来，许多这类大型的全球福音机构联合组成了"播传世界电台联盟"（World by Radio），旨在每日用半小时，通过广播向每一个大语种（使用人数超过一百万）的群体传福音。也就是说，全世界超过99.5%的人口都有机会听到用他们能懂的语言传讲的福音广播；这种做法假设那些使用人口不足一百万的语言的人们中或许有部分人能说两种语言，或者至少能够理解以某种使用范围更为广泛的语言所传的福音信息。当然，有的地方听众少，有的地方听众多；例如，数年前曾做过估计，在伊斯兰教国家也门的南部，有一成五的人口听过远东广播公司发自印度洋上塞舌耳（Seychelles）群岛的广播。

十多年前，当播传世界电台联盟决定每天至少用半小时向每一种超过一百万人的语言广播时，当时全球约有一百四十种大语种已有基督教广播，也就是说，仍有一百六十种语言的节目尚待开发。自那以后，播传世界电台联盟增加了一百多种新语言，余下的尚有约五十一种语言，这些语种均已列入开发计划。[17]

看到这些进展实在令人惊叹！可是，

要使余下的族群都听到福音广播，摆在面前的困难看起来几乎无法逾越；需要投入大量的专业技能和资金，也需要开发跟进事工，这是当前较为缺乏、甚至根本没有的。同时，制作节目本身还需要一批能讲当地语言的成熟基督徒。下面简单地列出一些挑战：

- 伊朗的三百万卢里（Luri）人属于鲜闻福音之民。在伊朗几乎没有任何基督徒直接向他们传福音，而在其他对福音比较开放的国家里，卢里人的社群又很少。试想，如果只有少许基督徒可以在电台播音，那如何能够向这个族群提供常规性的广播节目呢？

- 苏丹联合差会（SUM）、国际事工差会（SIM）及其他差会在尼日尔、尼日利亚及乍得共四百万的卡努里（Kanuri）人中已经耕耘数十载。但是在这个穆斯林群体中的基督徒人数仍然屈指可数，电台找不到活跃的教会和基督徒领袖来做广播事工；即便有，他们也需要放下原来的重要事奉才能参与广播。制作一段每天三十分钟的广播节目并非易事，且为确保节目的内容和品质，需要一个委身的团队；不仅是广播，他们还需要做基本的跟进事工。

卫星通信

卫星广播电视的飞速发展及小型接收器的广泛使用，对这个世界造成了根本性的影响；但可惜大多是不好的影响，多数节目只是在迎合人类最堕落的本性。不论如何，这种媒介显然已经成为向迄今仍然封闭的地区传播福音的有效工具。

> **科技减轻了我们对近距离个人接触的依赖，但并未贬低这个价值。**

对某些国家来说，卫星技术的诞生是一大福泽，因为可以免除铺设电话线路系统及地面电视传送电缆的昂贵成本；即便发展中国家也能借此快速跃进二十一世纪的科技世界，贫穷不再是阻碍人们接触到高科技通讯的主要因素。我们期望能够以祷告、用智慧善加利用基督教电视广播，广泛推行，使福音进入并大大影响那些很难接触到福音的群体。

不少穆斯林国家已经注意到，这些他们无法控制并且容易收视到的节目，对现有的道德伦理及宗教信仰带来怎样的颠覆和破坏；一些国家试图限制卫星电视的接收，但收效甚微，因为接受器体越来越小，易于隐藏。据估计，到1997年，沙特阿拉伯约有八成的家庭有卫星接收器；而在伊朗首都德黑兰，接收器的月安装量超过十万个。

基督教在这项媒体的投资也已急速增加。在1997年，基督教的广播机构如赛普路斯的SAT-7、英国的圣经频道和挪威的神迹网络（Miracle Network）都开始使用覆盖整个中东地区的AMOS卫星。

正在迅速推广的宽频技术，推进了互动式门徒训练节目的效果。借助电脑和卫星传送电子邮件、音讯、电视影像，开辟出一条新的途径，可以给说不同语言的人作个别的门徒培训；如此，封闭的疆界变得越来越形同虚设，以至无法拦阻任何事工的进入。十年后可能发生的变化更让我们难以想像——以德国为基地的差会可以训练西伯利亚北部的曼特西（Mantsi）信徒；韩国首尔可以为说阿拉伯语的毛里塔尼亚开设延伸神学课程；在法属圭亚那的一群苗族（Hmong）难民可以与老挝的苗族同胞团契交通！卫星通讯科技可以说把本地教会的各种潜力和功能通通发挥出来，实践直到地极的重要宣教工作。

然而，我们切不可被这些高科技的奇迹冲昏了头，以为不需要强而有力的代祷，遗忘了十架和苦难，或者轻视外国宣教士道成肉身式的事奉、融入当地文化的重要性。科技减轻了我们对近距离个人接触的依赖，但并未降低这个价值。我们要让世上每一个族群都听到福音，使他们成为门徒；所使用的工具可以灵活多样，但要思想用在什么地方才恰当。

每一种媒介都在某一个层面覆盖全球，却不会在每一层面对每个人都有相同的影响。但综合运用这些不同的媒介，我们就更有盼望；如果我们调动教会所有资源，大使命的重任就能完成。

3. 城市的挑战

大城市是二十一世纪宣教遭遇最大挑战的地方，而我们忽略城市的程度已经无以复加。世界上大多数财富和痛苦、智慧和堕落、创新和罪恶都源自大城市。城市能启动社会变革，若能智慧地加以运用，就可以成为国度扩展的动力。

二十一世纪必然是城市化的世界，正如在前二十个世纪，基督教都在乡村世界。第二个千年的终结，也是乡村时代的终结，全球超过一半的人口居住在城市。两个世纪前，世界是乡村的天下，城市化程度只有4%，当时只有一个大型城市（megacity），那就是拥有一百一十万人口的北京。[18] 到1900年，城市化已增到14%，有十八个大型城市和两个超级都市（supercity）——伦敦和纽约。到2000年，城市化已达51%，约有二十个巨型都会（supergiant，此类城市在北美和欧洲只各有一个），七十九个超级都市，以及433个大型城市。这个趋势将会持续下去，到2100年，农村人口可能只占全球人口的一成。城市在保罗时期的宣教策略中非常重要，今日的情形是有过之而无不及。

二十世纪拓荒宣教的特点是向未得之民传福音，这个任务的完成是指日可待的；但二十一世纪的特征则是针对全球大城市的拓荒宣教，面对的需要有如万花筒般复杂、多层多面。

二十世纪的拓荒宣教主要集中在乡村，但我们必须转换思维，因为未来的宣教工场将会在城市，因为如今大量乡村人口正涌向城市。我们有个迷思，以为到丛林、高山、沙漠、偏远海岛很有魅力、很浪漫，似乎这才像"真正"的宣教工作。而住在混凝土"丛林"当中、或是肮脏的贫民窟的人群，哪有这样的吸引力，哪像是拓展事工的理想地方？

葛维依（Viv Grigg，编注：他的亲身经历见96章〈城市贫民——什么样的人？〉）是相当关注、支援城市贫民需要的人；我第一次见到他，那时他正住在马尼拉一个肮脏的贫民窟里。有一次，我们前往他的住处，沿途简直臭气熏天、喧闹嘈杂，我们得先爬上扶梯，钻出活动天窗后才能坐下来喝杯茶。他身上没有任何值钱的东西,简单的物品散落在闷热、不通风的小屋里。这让我相信,他确实有资格代表穷人说话。

面对宣教工作的挑战,他毫不讳言地指出:

> 我们必须差派像十二世纪时边行乞边传道的托钵僧,或第五到第九世纪之间四处游行传道、使北欧人悔改的爱尔兰修道士……今天我们必须派出愿意成为贫民的男男女女、夫妇和单身者,住在贫民中间,传扬天国的福音,并在这些巨大的贫民窟中建立教会……

神已给予西方差会机会,回到圣经对穷人的关注,向穷人传福音,以及道成肉身式的宣教模式。城市福音的需要十分迫切:几千名宣教士进入许许多多第三世界城市的贫民窟中去传福音,就能在每一个城市中掀起福音的浪潮。二十亿穷人的灵魂正在呐喊。[19]

福音荒凉的城市是巨大的挑战,但城市宣教工作的时代已经露出曙光。主应许我们,这些城市必将充满属祂的子民。

附注

1. 几乎所有英文圣经版本都把这个词译作"nation"(国、邦)。这样的译法对今天的人来说传递了一个错误的信息,因为现代人都是以政治上的邦国来理解这个词,但以赛亚说的是民族群体或族群,而不是政治实体。许多英文版本不使用possess(拥有),而是用dispossess(夺取),结果不幸地把这节经文的应用局限于旧约圣经中夺取应许之地的事件。我确信这节经文的应用范围更为宽广,并且也可以应用到我们现在所生活的时代。
2. "主后两千福音遍传运动"(AD2000 and Beyond Movement)的出版物。
3. 印尼、蒙古、斯里兰卡、马尔代夫、索马里以及一些中亚地区的穆斯林共和政权本来也应当归入这一类国家,但其地理位置处于这个方窗之外。这个方窗内也有基督徒人口占相当数量的国家,或许应该省略掉,这些国家包括韩国、菲律宾、厄立特里亚和地中海地区的许多欧洲国家。
4. 见庄斯顿,《教会比你所想像的更大》(*The Church is Bigger Than You Think: Structures and Strategies for the Church in the 21st Century*)(Ross-shire, Great Britain: Christian Focus Publications/WEC, 1998)。
5. 进一步的研究和工场的回馈表明这一千五百个族群中有一些并不是民族语言性的,而是民族文化性的。这一发现与同一时期印度基督徒领袖发出的呼求不谋而合,这些领袖发现民族语言性的划分,并不符合在印度种姓制度中建立教会实际遇到的民族文化性情况。结果我们不得不拟定一个平行的清单,制定一些类别,能够适用于建立教会所遇到的实际情况。
6. 有关这些同类族群版块的彩色地图已由 Global Mapping International (15435 Gleneagle Dr., Suite 100, Colorado Springs, CO, 80921. Email: info@gmi.org; Web: www.gmi.org) 出版,非常出色。
7. 约书亚计划现在有一个相对完整的清单,列出了所有福音传播较少的族群,包括那些人口数目

低于一万的族群。见 www.joshuaproject.net。

8. 庄斯顿、韩约翰（John Hanna）、史马提（Marti Smith），*Praying Through The Window III* (Seattle, WA: YWAM Publishing, 1996)。

9. "主后两千福音遍传运动"从1982年起每年都列出全球祷告重点，每次都针对世界人口中一个特别的类别祷告。

10. 吉姆·蒙哥马利，*DAWN 2000: 7 Million Churches to Go* (Pasadena, CA: William Carey Library, 1989)。蒙哥马利挑战进行更多的教会倍增，不仅可以应用到福音尚未传及的地区，还可以应用到福音已经传入、但接触到教会的机会仍然有限的地区。

11. 这些数字只能当做近似值。进一步的研究发现，某些族群接触福音的程度超过起初的了解，因此可以略去，但有些族群则应该添加进来。这通常是由于在其他地区发现了较大族群的移民群体。

12. 史蒂芬·尼尔（Stephen Neill），《基督教宣教历史》(*A History of Christian Missions*) (Hasmondworth, Middlesex: Penguin Books Ltd, 1964), pp. 269-70。

13. S. M. Barlow, *Mountains Singing: The Story of Gospel Recordings in the Philippines* (Chicago: Moody Press, 1952); Phyllis Thompson, *Count it all Joy: The Story of Joy Ridderhof*, (Gospel Recordings, 1978)。

14. 全球录音网络（Global Recordings Network，GRN）有一个网站，见 www.globalrecordings.net。

15. 威克里夫圣经翻译会最新的《民族语言网》(*Ethnologue*) 表示实际上已知的语言共有6,912种，但它也把这些语言已知的方言列举出来，方言的数目就有一万多种。语言和方言之间的差异难以决定，一般是基于语言学和历史、文化以及社会等因素而决定的。如果一个群体厌恶讲同样语言的相邻群体，那么一些词语会有不同，或是发音会有一些差异，这些因素逐渐会使一个方言变成另一种语言，结果他们就会喜欢另外一种语言的新约译本！

16. Paul Eshleman, *The Touch of Jesus* (Orlando: New Life Publications, 1995)。该书讲述了《耶稣传》这部电影的历史、困难、胜利和成果。

17. 播传世界电台联盟（World by Radio）的网站提供了已有广播节目的语言，以及尚需广播节目的语言清单。见 www.wbradio.net。

18. Barrett的定义如下：一百万人口以上的为大城市；四百万以上的为超大都市；而一千万人口以上的则为巨型城市。David Barrett, *Cities and World Evangelization* (Birmingham, AL: New Hope, 1986)。

19. 葛维依，*The Cry of the Urban Poor: Reaching the Slums of Today's Megacities* (Monrovia, CA: MARC Publications, 1992)。

附篇
85-1 神亲自奏响"万民皆有教会"的凯歌

葛博西（Bruce A. Koch）、马凯歌（Krikor Markarian）

	工具[1]	全部任务[2]	−	进展[3]	=	余下工作！
1	卫星电视	7 世界性的语种	−	7 世界性的语种	=	0 可能会增加语种
2	福音广播	372 超过一百万人说的语种	−	238 现今广播主要使用的语种	=	64 还需广播的语种
3	《耶稣传》电影	1,330 超过十万人说的语种	−	1,000 已译制的语种（大约值）	=	330 还需配音的语种
4	文字版圣经	6,912 "可见"的语种	−	1,596 至少新约	=	4,458 没有圣经或只有一小部分
5	录音带	10,000 口语／方言	−	5,724 现有语种	=	4,276 还需要录制的语种
6	族群名单	16,453 民族政治语言性群体	−	9,600 初期宣教浪潮开始	=	6,853 鲜闻福音群体
7	建立教会	24,000 尚需教会倍增浪潮	−	16,000 目前已有教会倍增浪潮	=	8,000 尚需教会倍增浪潮

[1] 评估的工具包括：广播（播传世界电台联盟）；文字版圣经（威克里夫圣经翻译会及其他机构）；录音带（全球录音网络）；族群名单（约书亚计划）；教会倍增运动（USCWM）。[2] 由所使用的工具确定。[3] 截至2008年11月。

以上七种思考方式都很有价值。然而，不可将任何一种方式当作完成未竟之工的唯一方法。

在最后一栏（余下的工作！）里的数字并不是绝对的，只是某些人的估计。

所有统计资料都属保守数据。举例来说，只有真正进入某个未闻福音的族群，我们才能获知其中有多少个子群。因此，在第七行（建立教会）中，我们把尚需教会倍增运动的族定为八千个，就是为了确保不低估余下的工作。

单靠某一通信工具或方式是不可能独立完成所有工作的。神使用所有这些工具和方式，如亲自奏响了交响乐般，各地各方响彻"万民皆有教会"的凯歌。

第86章 城市宣教的挑战

罗渣坚尼（Roger S. Greenway）

城市是基督教宣教的新前线。城市之庞大规模、多样性、影响力和各种需求，如今成为基督徒拓荒宣教的巨大挑战！城市的走向决定当今世界的去向，忽略城市将会是宣教策略的重大失误。城市是政治力量、经济活动、文化交流、科学研究、学术指导、道德行为及宗教影响的中心，因此，城市的动态在在影响整个国家。同样，当神的国在城市不断推进时，敬拜和服事真神的人也将成倍增加。二十世纪的世界是步向城市化的世界。在世纪之初，全世界只有13%的人口居住在城市；但到了世纪末，世界上一半的人口已经居住在城市里了。

1950年，拥有八百万以上居民的城市只有伦敦和纽约两个，而到2000年，世界上已经有二十五个这样的大型城市。估计到2015年，世界将会出现三十三个八百万人以上的大型城市，其中有十九个会出现在亚洲地区。城市人口倍增的原因，一半是由于农村人口向各城市中心迁移，另一半则是因为内部增长，主要是由于人口出生率高于死亡率。众所周知，在过去的二十年里，有十亿多人涌向城市，是迄今历史上最大规模的人口迁移。

农村人口向城市迁移的原因

基本上，大量人口向城市迁移是由于全球人口的普遍增长。通常而言，由于医疗技术的发展，过去无法治愈的疾病，在今天可以得到医治；因此人类的寿命延长，婴儿死亡率下降。伴随着人口增长而来的是工作量增加，使得无数的人不得不离开世代居住的乡村老家，迁移到城市来谋求生计。

除此之外，其他一些因素也加快了城市化的进程。城市所提供的教育机会、医疗设施以及特殊医疗服务等等，都是小城镇和农村无法提供的。而城市的娱乐设施和令人兴奋的新机遇，则吸引着无数梦想致富和过舒适生活的人，其中尤以年轻人为甚；然而，残酷而又现实的都市生活让梦想破灭，却是他们始料未及的。

作者任加尔文神学院普世宣教学系教授及威斯敏斯特神学院宣教学和福音传播学教授。他先后在斯里兰卡和拉丁美洲宣教二十四年，后担任Christian Reformed World Ministries 执行董事。

城市的贫困与苦楚

初来者往往遭受到最艰难的苦楚。刚刚从乡村到城市找工作的农民，往往没有预备好面对在城市里遇到的困难。他们不具备相应的工作技能，买不起房子，也付不起高额的房租。于是他们被迫住在工棚中，住在用废弃的木头、铁皮以及沥青油毡所搭起来的窝棚里，通常都在城市的边缘。

刚进城打工的人住在工棚中，缺水少电，没有下水道，也没有正常的街巷；因为窝棚多半是私自占地搭建，他们随时都会被人赶逐，顷刻之间便"家园"尽失。

找到工作的人就算万幸了，但每天上班都得花上好几个钟头走路或坐公车，真可谓疲于奔命；但无论老少，凡能找到活计，就一周七天没日没夜地拼命工作，完全顾不得家庭生活。

对于城市贫民来说，单单要糊口就非常艰难，犯罪盛行、社会治安差、基本生活得不到保障；虽然如此，还是有无数的人前仆后继地从农村涌入城市，好像被无形的磁石吸引到城市。尽管贫穷艰难交迫，他们还是对未来充满乐观，坚信只要努力打拚，即使自己享受不到成果，他们的下一代也会在城市享受到更好的生活。

未来的大型城市（人口单位：百万）

亚洲		非洲		欧洲和中东		北美洲		南美洲	
孟加拉		**埃及**		**法国**		**墨西哥**		**阿根廷**	
达卡	19.0	开罗	14.5	巴黎	9.6	墨西哥城	18.8	布宜诺斯艾利斯	12.4
中国		**尼日利亚**		**伊朗**		**美国**		**巴西**	
北京	19.4	拉各斯	24.4	德黑兰	14.6	纽约	17.6	圣保罗	20.8
上海	15.1	**刚果**		**俄罗斯**		洛杉矶	14.3	里约热内卢	11.6
天津	10.4	金沙萨	13.9	莫斯科	9.2			**秘鲁**	
沈阳	9.4			**土耳其**				利马	12.1
日本				伊斯坦布尔	12.3				
东京	28.7								
大阪	11.6								
韩国									
首尔	13.1								
泰国									
曼谷	13.9								
印度									
孟买	27.4								
新德里	17.6								
加尔各答	17.6								
海德拉巴	10.4								
马德拉斯	8.4								
印尼									
雅加达	21.2								
巴基斯坦									
卡拉奇	20.6								
拉合尔	10.6								
菲律宾									
马尼拉	14.7								

分析者预计，到2015年，世界某些最大型城市的人口将达到以上数值（单位：百万）。切记，这些人都是按着神的形象被造的人类。每个人都有许多需要，但最重要的是需要耶稣基督以及借着耶稣基督而得的救恩。多么巨大的城市宣教挑战在等待着我们！

* 以上资料仅包含城市之内。若把城市加上归附城市的广阔周边地区合在一起，人口数量将更大。

向福音敞开的门

一般而言,刚刚迁移居处、生活有重大转变的人,他们的心对福音比较敞开。根据我的经验来看,刚迁入城市的人也是这样。初到城市的人容易对新思想持有开放的态度,对神和宗教的观念也是;所以,我渐渐相信,是神促使人口大规模向城市迁移的,祂这是在创造机会,要让福音在那些来自偏远城镇和乡村的未得之民中传开。而我们的任务就是把握住这个契机,遵行基督托付的宣教命令!

在墨西哥城的那几年里,我和学生在棚户区和其他低收入的区域开展宣教和建立教会的工作。起初,我们给不是工人、低收入的一般城市居民传福音;但后来却发现,向来到城市不到十年的人群传福音效果最大。

我们用最简单的办法、最少的开支,挨家挨户上门拜访,个别地向他们家中的人作见证,为有疾病的祷告,并开始建立查经"细胞小组"和家庭式教会,其中不少发展成为成熟的堂会。这使我看到,全球人口大量迁移到城市可能出于神主权的带领,是普世宣教的关键。借由城市化,神把不同种族、部落和语言的人,吸引到他们可以接触福音的地方。

城市宣教的现实问题

城市宣教事工有五个方面要注意:

1. 同理贫穷

在许多城市中,贫困人口的比例大约在三成至五成之间,而其中大多数是一贫如洗;部分情况下,城市宣教工作需要周全的策略,并用实际的方式来宣扬福音拯

救的大爱。所以,解决日常社会生活中的不公和经济差距,就成为城市宣教的现实问题。

2. 种族、民族和文化的多样性

大部分国家,城市人口都由不同背景的人群组成,他们说不同的语言,代表不同的部落、种姓、种族和社会阶层。这无疑直接影响到宣教策略和教会发展,做宣教工作的人也要乐于与众多不同的民族来往。

3. 多元化的宗教

在乡村,大多数人都信奉某种特定的宗教,而城市居民的宗教信仰和仪式则林林总总。城市的宣教士也许着重关注某一群体,但同时也要愿意传福音给其他群体。福音使者也一定要有所准备,知道如何回应那些拒绝所有宗教、或是认为所有宗教都殊途同归的人。

4. 厌恶城市的心理

在过去,由于大多数人口都住在乡村地区,所以大多宣教工作也在乡村地区进行;然而,现在宣教的最大挑战是在城市,而城市缺少福音工人。许多宣教士受不了城市的嘈杂、交通、污染、社会问题、犯罪和拥挤的住所,而更喜欢在乡村传道。虽然未闻福音的乡村需要听到福音,但城市里大量尚未得救且无教会的人群更需要得到宣教士的关注。

5. 高额的花费

差会在城市宣教所要面对的另一个现实问题是高昂的成本。首先,居住在城市房费极高;就如盖教堂,在乡村不用花太多钱,甚至不用花钱,当地信徒就可以自

> **借由城市化,神把不同种族、部落和语言的人,吸引到他们可以接触福音的地方。**

己建造敬拜场所;但城市的房产费用却非常高昂,不但要遵守建筑法规、与工会打交道,还需要支付更高的工资。鉴于这些及其他因素,宣教士更乐于到乡村传道。

神对城市所说的话

我们的宣教事工必须源于神的话。要了解神对城市的旨意,我们不能只看圣经中的零星片段,而是要从创世、堕落到救赎之大功告成,来思考如何将神的总体计划应用于城市宣教。鉴于此,我们来思考以下几点圣经的教导:

1. **所有的人都是神按着自己的形象样式造的,却堕落在罪中,但神在基督里救赎的恩典福音是为所有人预备的。** 福音可以满足所有种族、国籍、部落和社会阶层的属灵需要。我们或许很希奇城市是这么样复杂、多民族、多文化及多宗教;但是圣经教导我们,福音只有一个,是从独一的神而来,透过独一的救主赐给城市里的所有人,这是认识城市宣教的基本真理。

2. **人的各种需要纵然因人因地而异,但有一些终极需要是人人都有、都需要去面对的。** 城里人的诉求各不相同,比如更好的房子、医疗护理、教育和工作,这

些需要实际且合理；那么，全面的城市宣教事工就应当涉及这些方面。然而，我们有可能过于关注他们的切身需要，却忽略了圣经所说的人类最急迫、最关键的终极需要。事实是，人人都需要悔改信主，与神和好，并且借着相信基督获得永恒的生命。

3. **神的心意是使城市福音化。或许我们有上文所提厌恶城市的偏见，但我们必须了解并重视城市福音化是神的心意。**旧约圣经中已有城市宣教的先例，神差派先知约拿前往罪恶之城尼尼微去宣教。然而多年以来，许多人与约拿一样逃避去城市传福音的呼召；但约拿最终发现，神顾念尼尼微人、孩童甚至动物，定意要把好消息带到那里（拿4:11）。基督给我们的大使命是"去使万民作门徒"（太28:19），城市里的各民各族不容忽视。保罗明白神的心意是使城市福音化，所以，无论在城市里遇到多大的敌对势力，他的宣教策略仍瞄准城市。

4. **活跃传福音的教会是所有城市的盼望，建立这样的教会是城市宣教的关键。**新约圣经视教会为在基督里的"新盟约"团体，其任务是传扬福音，让教会成为基督之国度的灯塔和标志。城市教会是基督使城市革新的使者。保罗宣教的策略是先传道、再植堂，透过教导、书信和榜样，装备教会成为光和盐，潜移默化来影响社群。如果不这样行，城市教会则无多大意义。

5. **城市是基督之国和撒但之国展开属灵争战的战场。**圣奥古斯丁曾写到，每个城市里都有**两座**城，一座是上帝之城，另一座则是撒但之城，两城争战不断。城市本身并不邪恶，但无可否认地，城市中有撒但权势的营垒，敌挡福音和社会公义。确切地说，善恶在城市中各自挥洒淋漓，一方面，城市不乏美善之事：城市里的学校、医院和生产力大大提高了人们的生活品质；另一方面，邪恶的势力也很明显：罪不仅显在个人过失上，也在剥削和压迫人的制度和政策、城市体制的滥用上表露无疑。属灵争战是真实的，一个城市福音工作者必须保持合乎圣经的警惕性，当有好成果时，不必过分乐观；遭遇挫败时，也不要灰心沮丧。

6. **将神国的平安带到民族、文化、宗教繁多的城市，需要整全的事工。**事工应从以下几个方面展开：（a）带领人成为耶稣基督的门徒；（b）使每个族群中的教会倍增；（c）好怜悯、行公义；（d）爱护神所造的环境；（e）不断祷告，求神击败撒但，使基督的名在城市的各个角落得到高举。在城市中，人们的语言和文化林林总总，因此有必要在不同的群体中建立有活力的教会，好叫每个人都能听到并明白福音。呵护神的创造，基督徒有义不容辞的责任。因此，各城市的基督门徒应当站在保护土地、空气和水源的前线；因为，污染不单伤害到人，也亵渎了神的名。为城市祷告是宣教行动，无论是撒但势力、还是城市问题，都挡不住祷告的力量。正如耶利米告诉神住在巴比伦的百姓："**为那城祷告**，为她求**平安**。"（参耶29:7）

7. 新耶路撒冷的末世观可以激励城市里的福音工人，努力进行宣教计划。那就是圣经的历史始于人类在伊甸园堕落，直到最后在神为我们预备的新耶路撒冷完结。无论你相信与否，神所有的儿女最终都将是圣城中的一员！摆在我们前头的将是城市生活，那将是一座真理和公义之城，在那城唯独基督的名得到尊崇（启21:10-27）！这一异象如今就应使我们干劲十足，勇往直前，不畏前方有何拦阻。因为，正如亚伯拉罕那样，我们总是面朝"那座有根基的城，就是神所设计所建造的"（来11:10），坚定迈进。

参与城市宣教的几个步骤

所有体贴神的心意，并为基督的缘故去接触那失丧之人的宣教士，我恳求你们认真思考随着全球快速城市化而不断增加的挑战。亿万人们移居城市，其中一定有神的作为和救赎美意。我们该如何回应这样的挑战呢？

喜欢不喜欢居住在城市，不可以成为我们选择宣教地点的理由；而要效法约拿和保罗，到需要福音工人的地方，去神希望我们去的地方。对于那些愿意探寻主对自己的心意的人，我有以下几个建议：

1. 美好灵性（Grow）

最重要的是，灵命要成长。城市事工需要你"穿戴神所赐的全副军装"（弗6:11），不是一时半会儿，而是天天穿戴。因此，要拓展你的属灵眼界；除了关注个人的发展成长外，还要为教会想想，关心教会的事工，付上代价，好能够坚固他人。

2. 实务经验（Get involved）

参与有组织的城市宣教工作，累积宝贵的经验，发现自己的事奉恩赐。另外，向灵命成熟的城市牧师、传道人或宣教士学习，仔细观察主如何使用祂的工人，并学习如何向不同的人传福音，满足他们的各种需要。

3. 学术装备（Learn）

阅读有关城市宣教工作的书籍和期刊，尽量了解不同的城市宣教模式。若可能，可以到神学院选修一门有关城市事工的课程，有些学校甚至开设了城市宣教的高等学术课程。

4. 资讯搜集（Explore）

从研究城市地图入手，熟悉各个区域，如商业区、工业区和住宅区。仔细观察各个区域人口的增长情况，并了解其中有哪些群体和文化。然后，选定一个区域，研究其中居住的群体，考察他们的宗教、文化、语言及社会情况。另外，了解他们的属灵、社会及物质需要，调查该区域中的所有语言群体是否都有活跃的教会。接着思索有哪些途径可以使基督的国度进驻到特定的社群中。

5. 持续祷告（Pray）

祷告也是一种宣教行动，所以要开展祷告事工，持续为城市祷告。列出世界上的某些城市，作为你城市宣教的第一步，尽力了解这些城市的居民及其需要，然后恒切祷告，求神在这些城市中建立祂的国度。

宣教心视野
第四册：策略视野

按照以上的步骤来做，一定会对城市宣教的具体情况有更深刻的了解。神会加添你心里对城市的负担，也会指明祂希望你扮演的角色。神若呼召你与祂同工，一起在世界各个城市建立祂的国，这是多大的荣幸啊！

研习问题

1. 为何城市对现今的宣教具有如此重要的战略意义？
2. 为何大量人口迁入城市？
3. 宣教士当如何预备好从事城市的宣教工作？
4. 在乡村和城市之间的人事分配上，差会应当考虑哪些因素？

第87章　各方各语

芭芭拉·格兰姆斯（Barbara F. Grimes）

> 这些事以后，我观看，见有一大群人，没有人能数得过来，是从各邦国、各支派、各民族、各方言来的。他们都站在宝座和羊羔面前，身穿白袍，手里拿着棕树枝。（启7:9）

我们奉命使万民作主的门徒。为此，每一个传讲福音的人，无论是传道人、教师，还是社区开发、建立教会的同工，都需决定选择用哪种语言开展事工。大多数情况下，传讲者都是选择自己最擅长的语言，而非倾听者最容易听懂的语言。

显然，使用听众的母语会使传道工作更有效。而对于真正专注未得之民的事工来说，母语事工不仅富有价值，而且十分关键。我们若从将要带领的门徒和建造的教会着眼，母语事工的必要性和使用母语圣经的重要性更是不言而喻。

培养讲母语的门徒

训练有使命的门徒要做的很多事都和语言有关。成为耶稣基督的门徒当然要亲自认识祂，因此人需要充分理解福音、明白神的话语；圣经多次强调明白与认识的重要性，使徒保罗也说，他有责任将神的信息传讲清楚（西4:4）。但成为门徒不只是领受教导、得些知识。主命令门徒要作见证、赞美、祷告、感谢、歌唱、铭记神的话语、默想神的话语、教导自己的儿女、劝导年轻人、鼓励其他基督徒、彼此劝诫勉励。门徒运用某些属灵恩赐时，需要口头表达，例如传讲智慧的话语、传授知识、说预言、翻方言、履行神话语的职责，作传道者、牧师和教师。有些人还需要在公开场合（教会）诵读圣经、教导、讲道及翻译教会中用到的外语。

所谓母语，就是人自小从妈妈口中学到的第一种语言，用以思考和谈论世事、与身边亲近的人沟通、获取信息、表达观点。这个语言逐渐塑造人们的特质和身分认同，进而代表种族特征、形成同胞团结。人们可以用母语流利地表达，充分理解福音，发挥门徒的见证，这我们都明白；问题是，他们用第二语言还能不能做到这些事？

作者自1951年起一直是威克里夫圣经翻译会（Wycliffe Bible Translators）成员。她和丈夫在墨西哥惠考尔（Huichol）印第安人当中工作，并翻译出惠考尔语新约圣经，以及其他著作。自1988年起，她和丈夫从事夏威夷洋泾滨（Pidgin）语的圣经翻译工作。本文摘自 *Ethnologue: Languages of the World* 的编辑。本文摘自 "'Reached' Without Scripture?" *International Journal of Frontier Missions*, 7:2, pp. 41–47。本文使用经作者及*IJFM*许可。

建立能持久的教会

我们可以建立非母语教会，但绝对不理想。没有母语圣经，教会就无法将深刻的属灵资产留传给下一代，并且难以应对错误的教导、进行属灵争战，也难以避免掺杂不同宗教信仰的混合主义。那么，不论教会内外，很多人就认识不到神是所有世人的主宰、掌管宇宙万物的创造者；这样，教会不仅无法向所属群体的人传讲福音，更谈不上有异地宣教的异象。

培养母语门徒是一项更加困难的工作，需要更持久的努力。传讲福音的人未能专注这个目标的原因有二：第一，在多

圣经翻译：还有多少种语言需要翻译？

1951年，为了寻找尚需翻译圣经的地区，学者展开"世界语言大全"这个研究计划。至1974年，研究调查有相当的进展，将所有已知的语言都囊括了。

那么，到2008年，有多少语言仍需圣经翻译呢？这个问题只有在调查近两千五百种语言后才能找到答案。从过去的调查经验看出，每六种语言中就有五种需要圣经翻译；此外，调查过程中经常发现之前没有承认或包括的语言。

仅有一卷或部分圣经显然不足以使人们成为长进和成熟的门徒。目前，全球超过五千种语言还没有整本圣经或新约圣经译本，尚有极多未竟的翻译之工等待我们去完成，如此才能让万民都接触到神的话语。

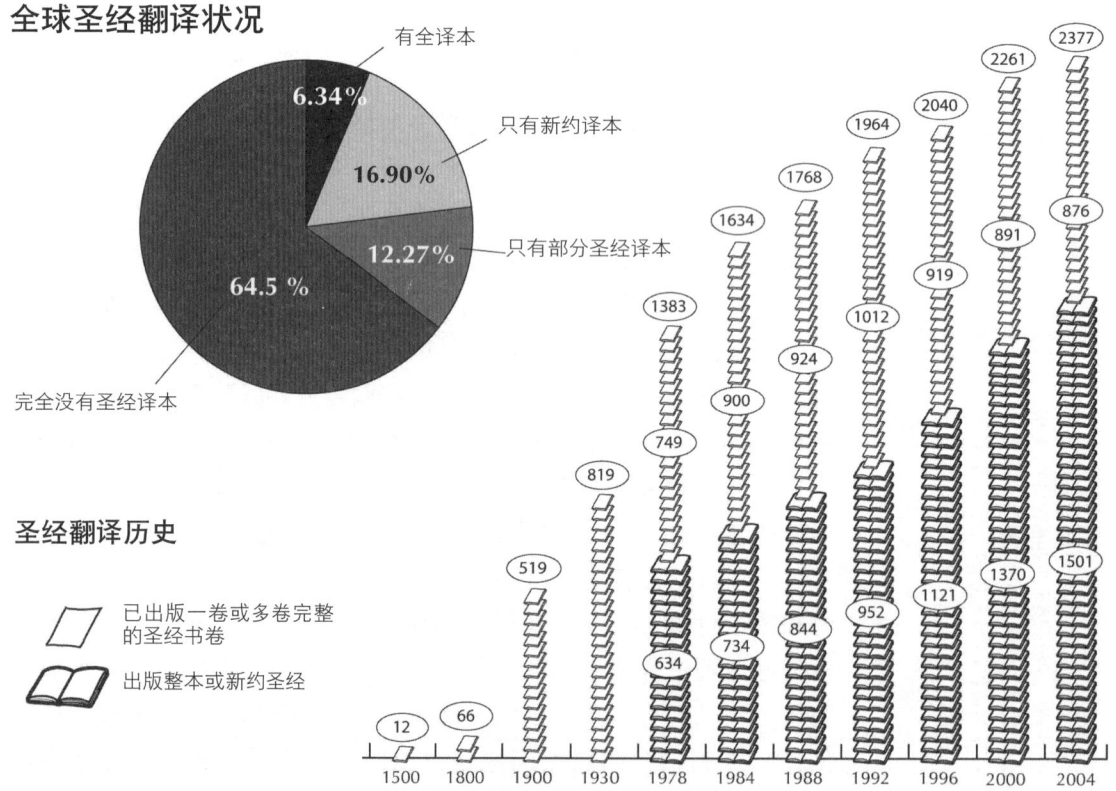

资料来源：Access to the Scriptures - Wycliffe Bible Translators, Office of Language Information Systems Scripture Translations Completed Through History - International. Lupas, Liana, and Erroll F. Rhodes, eds. 1996. *Scriptures of the World*. Reading, England: United Bible Societies. Updated from United Bible Society *2004 Scripture Language Report*.

语言的环境中，人们觉得用第二语言也能完整地传讲福音。第二，人们相信靠双语传译者同样能够把福音信息带给自己群体中的人。我们来看这两方面的问题：

1. 会多种语言的群体

近几十年来，社会语言学家对多语言社会中的语言使用情况进行研究，获得了一些重要的发现。讲多种语言的人，在不同情况下，用不同的语言与不同的人谈论不同的话题，基于他们表达能力、理解程度以及心理状况的不同，他们的沟通会有不同的效果。

凡是想要传讲世上最重要信息的人，都应当留意这些因素，以免使传讲者以及他所传的信息被人误解或拒绝。

通常，人们是在一些特定的情况下学习第二语言。同时，学习的成效取决于学习者用此语言与人交流频率之多寡、交流层次之深浅，以及他们需要和渴望学习这种语言的动力如何。因此，人们的语言流利程度各不相同，不能根据其中一小部分的成员来判断整个群体双语的流利程度；所以，有必要调查目标群体的文化背景，了解不同年龄、性别、区域及受教育程度的人是如何使用语言的，并研究其他影响他们接触第二语言的因素。此外，把基督带给每一个人，包括妇女、老人、文盲以及偏僻地区的群体也同样重要，这在在说明，我们需要把握时间，准确地调查不同人群的特性。

2. 与双语人士同工

为了尽快看到果效，宣教士常想透过懂双语的人传递信息，这一方式被称为"语言代理模式"（the language broker model），虽然在宣教中应用广泛，但效果常常令人质疑。因为懂双语的人毕竟是用他们的第二语言来听福音或看圣经，然后把信息的含义转化成自己的母语，再转述给不懂第二语言的人；但若他们没有受过足够的训练，又缺乏经验，就无法把信息传递清楚。很不幸，少数民族中大多懂双语的人是靠课堂外的直接对话学习外语，而没有接受过正规的语言翻译训练。

可以使用第二语言的教会，通常比较容易拥有圣经，他们虽然避免了将圣经翻译到第一语言（即母语）的麻烦，但只能过于理想地认为翻译者的临场表现能准确转述圣经。但经过不同的讲员在不同情形下的临场转述，内容的准确性根本无从保证；再说，语言代理模式通常在教会内造就了双语的人才，并随之把他们视为唯一符合领袖资格的人选。这样一来，另一些信徒虽然有神所赐的教导、讲道和其他语言应用方面的恩赐，却因为不精通第二语言而难以成为领袖。

各方各语

明智的传道者总是看得长远，因此肯下功夫接受语言评测和翻译圣经的挑战。他们心念福音对象，不畏语言学习的艰难，希冀在传福音时能用清晰的话语使对方明白，带领他们在基督里长进成熟、建立教会、传福音、敬拜神，而不能只有少数人听懂福音信息，甚至一知半解。神的心意是要教会用"各种语言"来赞美祂，从而真正地活泼兴旺。故此，传讲福音的人当义不容辞地以各种语言将神的话语带进各族的家中、万民的心灵中。

第88章 克里威廉，何许人也？

维沙尔·曼格尔迪（Vishal Mangalwadi）、露丝·曼格尔迪（Ruth Mangalwadi）

维沙尔和露丝在印度中部的贫困乡村开展社区发展、政治维权、福音布道以及领导培训工作。维沙尔单独和与他人共同著书颇丰。目前他们准备制作一部关于圣经是"西方文明的精髓"(The Soul of Western Civilization) 的纪录片。本文摘自 Legacy of William Carey: A Model for Transforming a Culture (1993)。版权使用承蒙 Good News Publishers (Wheaton, IL) 许可。

想像一个全印度大学联合问答比赛的决赛中，主持人向那些最杰出的印度学生提问："克里威廉（William Carey）是谁？"这时所有学生都举手抢答，于是主持人决定让每个人轮流回答这个问题。

请问克里威廉是一个什么样的人物？

他是植物学家

一个科学背景的学生回答道："克里威廉是一位植物学家，大叶桉树（*Careya herbacea*）就是以他的名字命名的，这种桉树是印度的特产，属于三个桉树品种中的一种。克里把英国的雏菊及林奈园艺系统引进印度。他还在印度出版了第一批有关科学和大自然历史的书籍，如《印度植物全书》（*Flora Indica*）。因为他坚信圣经的观点：'耶和华啊！祢一切所造都要称谢祢！'克里相信，自然界的创造者宣称，这是'好'的。自然界不是人类要逃避的幻影（maya），而是值得人类去研究的主题。他时常讲解科学，努力将基本的科学概念注入印度人的思想中，让他们知道低等昆虫并不是受束缚的灵魂，而是值得我们关心的生物。"

他是工业家

"克里威廉是第一个把蒸汽机引入印度的英国人，也是为印刷业提供本地制造纸张的第一人。"一个机械工程系的学生大声说道，"克里鼓励印度铁匠用本地的材料和技术仿造他进口的机器。"

他是经济学家

"克里威廉是一位宣教士，"一个经济专业的学生说，"他引进储蓄银行的理念，以对付当时肆虐印度的高利贷恶魔，因为他相信公义的神必定厌恶高利贷。他认为印度的投资、工业、商业与经济发展不可能承受36-72%的贷款利率。"

这位学生继续说："克里在经济上的成就还体现在道德方面，

而这恰恰是印度特别需要的；因为银行家既贪婪又败坏，借着社会主义的名义，使银行成为国有。但储蓄银行的信誉受到质疑，贿赂成风，利率高达百分之百，使诚实的创业者借贷无门。为了把欧洲的资金吸引至印度，促使印度实现农业、经济和工业现代化，克里宣导了一项允许欧洲人在印度购置土地的政策。最初，由于这个作法在美国推行效果不佳，英国政府反对在印度推行这一政策；但到克里去世，英国政府已经承认他的经济主张确有远见。同样，我们印度政府，经过一个半世纪毁灭性的仇外后，又对西方资金和工业开放了。"

他是医疗人道主义者

一名医学生说："克里威廉是第一个宣导人道救治麻疯病患者的人。在他到来之前，麻疯病人通常被活埋或被活活烧死。印度人相信，以残暴方式结束一个人的生命，可以使死者得到洁净的身体，确保来世有健康的新生命；因病而死的人，经过连续四次轮回后，到第五次便投生为麻疯病人。但克里相信耶稣爱麻疯病人，因此他们应当得到照顾。"

他是媒体先锋

接着，一个学习印刷技术的学生站起来，说："克里威廉博士是印度印刷技术之父，他将现代印刷和出版科技引入印度，并传授和发展这些技术。他建造了当时全印度最大的印刷厂，印度大部分的印刷厂都需要从他在塞兰坡（Serampore）的宣教印刷厂那里购买铅字。"

"克里威廉是一位基督教宣教士，"一个主修大众传播的学生回应道，"他创办了第一份用东方语言出版的报纸，因为他相信基督教提倡讨论真理与信仰的自由。他创办的英文期刊《印度之友》（Friend of India），在十九世纪的前半期是引发印度社会改革运动的原动力。"

他是农业家

一个农业系的研究生说："克里威廉在十九世纪二〇年代创办了农艺学会，甚至比英格兰的英国皇家农业学会还早三十年。他曾对印度的农业作过一次有系统的调查，在《亚洲研究》（Asiatic Researches）刊物上发表改革农业的文章，在靛蓝科植物种植制度崩溃的两个世纪以前，他就已指出该制度的邪恶性了。"

"克里并非受雇才做这些事，"他继续说，"而是因为他看到我们这个国家拥有世界上少有的肥沃耕地，且住满了勤劳的百姓，却有五分之三的土地沦为荒林，任由野兽和蛇类恣意糟蹋。他为此深感忧心。"

他是翻译家与教育家

"克里是第一个把印度伟大的古代宗教经典《罗摩衍那》（Ramayana）及哲学著作《数论》（Samkhya）等翻译成英文的人！"一个文学系的学生说，"他把人们曾经认为只适用于魔鬼和女人的孟加拉语变成了印度一流的文学语言，并用孟加拉语写过一些福音歌谣，把印度人对音乐吟诵的喜爱带入基督教的礼拜中。他还为学者编写了第一部梵语字典。"

"克里原是一个英国鞋匠，"一个教

育系的学生也加入到讨论中，"却成为加尔各答培训公务员的威廉堡学院（Fort William College）的教授，讲授孟加拉语、梵语和马拉地语。他为印度各个种姓的儿童开办了数十所学校，并在加尔各答附近的塞兰坡创办了亚洲第一所现代大学，希望透过教育开化人们的思想，把印度人从迷信的黑暗中解放出来。印度的宗教文化剥夺了大部分印度人民求知的自由差不多三千年之久，印度教、莫卧儿（Mughal）及英国统治者同这种上层种姓策略一道，把人民奴役在无知之中；克里以无比的精神勇气，强烈反对那些为既得利益而剥夺人民自由认识真理的祭司。"

他是天文学家

"克里威廉把天文学带到我们印度次大陆，"一个数学系的学生说，"他十分关切占星术在文化方面所衍生的破坏性影响，就是宿命论、因迷信而产生的恐惧以及人对时间安排和管理的无能等等。克里想把天文学的科学文化引进印度，他不相信天体是管制我们生命的神明。他知道，人类受造是为了管理自然界，而太阳、月亮和行星被造，则是为了协助我们管理。克里认为，人类需要认真研究天体，因为造物主创造日月星宿的目的是为了作记号或标记，把单调的宇宙空间分为东、西、南、北；为时间定日期、季节和年岁，使我们能够编纂年历、学习地理和历史，且能为我们的生活、工作和社会制定计划。天文学知识使我们得自由，成为宇宙的管理者，而占星术却使我们屈服于星宿的掌控。"

他是图书馆创办者

一位图书管理学的研究生随即站了起来，说："克里威廉是次大陆设立公共图书馆的先驱。"

"东印度公司的船舰满载弹药和军队来镇压印度时，克里请求他浸信会宣教差会的朋友把教科书籍与种子送到这些船上。他相信这样做可以使印度的土壤再生，而且可以鼓励印度人民接受新的理念和自由的思想。他的目标是促成当地语言的本土文学；但在这种文学成型之前，印度人需要从世界各地吸收知识和智慧，好迅速赶上其他文化。所以他建立公共图书馆，使印度人获得世界各地的资讯。"

他是森林资源保护者

"克里威廉是一位传道人，"一名印度林业研究院的学生补充道，"他认为，若福音在印度兴旺，则无论在哪一方面，荒野都将会变为沃土。他也是在印度撰写森林相关文章的第一人，比政府首次在马拉巴尔实行森林保育工作还早五十年左右。克里大力宣导植树造林，并且亲身践行，他还从环境、农业及商业等角度，提出植树造林的实用建议。他之所以这么做，是因为他相信：神造人，是为了让人来管理地球。为回应克里的《印度之友》期刊所载的建议，政府首次任命来自波恩的布兰迪斯（Brandis of Bonn）博士管理缅甸的森林，并安排克莱格翰（Clegham）博士监管南印度的森林。"

他是女性权利宣导者

"克里威廉是第一个反对残忍杀害与普遍压制妇女的男性。"一位社会科学院的女学生提出,"杀害与普遍压制妇女的恶习,简直就是十八和十九世纪印度教的代名词。当时的印度男人压迫女性,表现在一夫多妻、残杀女婴、童婚、焚烧寡妇、给妇女安乐死及禁止妇女识字等等,这些恶行都是宗教所允许的;但懦弱的英国政府却接受这些恶行,认为这是印度宗教的固有风俗,是不能改变的。于是,克里开始有系统地进行社会学和圣经研究,并出版、发行自己的研究报告,借此带动孟加拉和英国引起舆论和抗议。他影响了整整一代公务员,威廉堡学院的学生强烈抵制这些恶行。克里甚至为女孩开办学校,不许人活埋寡妇,在她们改信基督教后,为她们安排婚事。正是由于克里二十五年之久不懈地与活焚殉夫这一酷刑斗争,最终促使本廷克(Bentinck)勋爵于1829年颁布著名的法令,禁止焚烧寡妇这个世界上最可憎的宗教律例之一。"

他是公仆

"克里威廉是英国宣教士,"一位公共管理学系的学生发表意见说,"但东印度公司反对向印度异教徒传道,所以不准他进入英属印度殖民地;于是,克里转到隶属丹麦的殖民地塞兰坡工作。因为该公司无法为威廉堡学院找到合适的孟加拉语教授,才邀请克里威廉到该校任教。他在三十年的执教生涯中,转变了英国殖民政府行政机构的道德意识,使曾经冷漠的帝国剥削者转而服务'民众'了。"

他是道德改革家

一个哲学专业的学生这样说:"克里威廉是一个传道人,他振兴了一个古老的观念,即伦理与道德不能和宗教分开,这也是吠陀(Vedic)的一个重要假设。但《奥义书》(Upanishadic)的教师却把伦理与灵性分开,他们认为人性的自我(Atman)即是神性的梵(Brahma);因此,我们的灵不会犯罪,只是我们的大我受到蒙骗后才开始想像自己与神有别而已。我们所需要的不是从罪中得拯救,而是开悟,即直接经验我们的神性。这种对人的罪性的否定,以及注重我们神性的神秘经历,使我们在印度可以极其'虔诚',但同时也极无耻无德。"

"克里明确指出人是罪人,不仅需要赦免,还需要从罪的权势下得释放;使我们与神分隔的是罪,不是无知,非圣洁就不能得神的喜悦。按他所说,真正的灵性始于我们为罪悔改之时。这一教导使十九世纪印度的宗教景况产生革命性的变化。例如,十九世纪最伟大的印度学者莫汉罗伊(Raja Ram Mohun Roy)在与克里及其他塞兰坡的宣教士接触之后,开始质疑当时盛行于印度的灵性论。"

"他得出这样的结论:'长期以来,我一直潜心研究宗教真理,结果发现,基督的教义比我所知晓的其他任何宗教,都更具道德原则,适于所有有理性的人。'"

他是文化改革者

最后,一个历史系学生站起来,发言道:"克里威廉博士是十九和二十世纪的印度文艺复兴之父。信奉印度教的印度在知识、艺术、建筑与文学上已在十一世纪时达到了巅峰。十二世纪,在哲学家商羯罗(Adi Shankaracharya)的绝对一元论风靡印度次大陆后，人们创作的泉源就干涸了，印度的大衰退就此开始，物质环境、人类理性以及所有丰富人类文化的事物都受到质疑；而禁欲主义、贱民身分、神秘主义、秘术、迷信、偶像、巫术、各种压制性的信仰和习俗却成了印度文化的印记。加上外国统治者的侵略、剥削以及随之而来的政治支配，每况愈下。"

"就在这种局面混乱之时，克里来到印度，启动了印度的改革。在他看来，印度不是一个可以任由外来者随意剥削的国家，而是天父的土地，理应得到爱护和照顾，应当是一个由真理而非无知掌管的社会；克里发起的运动最终导致印度民族主义的诞生，也带来之后的独立。克里相信人有神的形象，偶像没有，因此，被压迫的人类才应该得到服事。他相信，人类应当了解并掌管自然界，不需要对自然界感到恐惧，而去讨好或崇拜。他相信人类要发展个人的智力，不要像神秘主义者所教导的，去磨灭人的智力；他强调要喜爱文学与文化，这不是想像出来的东西，不需要回避。他注重今世的灵性观，重视公义，如爱神那样爱惜自己的同胞，这成为印度文化复兴的转折点，从败落转向提升。印度早期文艺复兴的领袖，如莫汉罗伊、柯沙布·昌德拉·森（Keshub Chandra Sen）等人，都从克里和与他同工的宣教士那里得到了启发。"

克里到底是怎么样的人？

他是集以上所有丰功伟业于一身、在印度现代化的历史进程中占有举足轻重地位的人物；他的的确确是更正教宣教伟业在印度的开路先锋；他是把圣经翻译成四十种不同印度语的翻译家；他是以一切可用的媒介，将真理之光照亮印度社会各个黑暗角落的传道人！

第89章　神国使命

温德 (Ralph D. Winter)

作者 (1924-2009) 任加州帕萨迪纳市前线差传团契总干事，曾在危地马拉高原的玛雅印第安人当中宣教十年，之后受邀担任富勒宣教学院的宣教学教授，又十年后，和妻子萝勃塔创办了前线差传团契，由此又成立了美国普世宣教中心及克里威廉国际大学，二者都服事那些从事前线宣教工作的人员。

克里威廉在印度的拓荒宣教事工所关注的宣教策略及其广度，在那个时代实在非比寻常，就是今天看来都令许多关心宣教的人叹为观止。我们不禁要问，如果在今天他会怎么"看"神关注的全面性宣教呢？这样的**看见**是我们的肉眼无法看到的，"心灵的眼睛"（弗 1:18）显然不是长在我们的头上。那么，克里事工的范畴到底有多少反映出**神国的使命**呢？

从他的慧眼来看，主祷文："愿祢的国降临，愿祢的旨意成就在地上，如同在天上一样"（太 6:10）显然有着不同寻常的新含义。"愿祢的国降临"指的是什么？请你仔细思考，这与传统的"引人归主"的布道活动有何不同？只有当我们说祂是救主，同时强调祂是主（Lord），加上了神权柄和统治的概念，才稍微接近神国的意涵。

圣经中有一个例子，提到有人控告耶稣所行的神迹无非是求助于撒但的能力；但事实恰恰相反，耶稣宣告的是神国的来临："我若靠神的能力赶鬼，这就是神的国临到你们了"（路 11:20）；显然，那国"不属于这世界"（约 18:36），却大有能力地**临到**，足以实实在在地驱逐魔鬼的势力。

之后，耶稣说："这**天国**的福音要传遍天下，向万民作见证，然后结局才来到。"（太 24:14）祂所讲的可能一直都是相同意义上的神国**降临**，即神的大能和同在将临到被撒但辖制的人类世界。

我们切不可以认为现代城市所代表的就是神国的最终形式，使一个国家升高的是公义，而非高楼大厦。克里威廉的事工种类如此之多，充分看出他的动机是出于对神公义和荣耀的重视，而非对什么世俗乌托邦的梦想。他关注的是公义恢复、是非观念厘清、神创造的美好、神大爱的表彰、神美名得重建，这不仅仅是表面上的城市建设、办学校、开医院，医疗宣教主要不是吸引人归向基督教的"诱饵"，而是借此把神爱的本性具体表达出来。

好了，福音派质疑人类靠自身的努力在地上成功"建立神国"的能力；另一些人，如希特勒之辈就曾宣称过能做到（事实上，纳粹分子首先发现吸烟与癌症之间的关系，并采取了一些补救措施）。不论如何，耶稣谈论撒但的营垒无法抵抗教会的迈进（太16:18），祂所指的不是使世界成为一个法西斯主义或民主主义的和平之地，也不是指取得社会成就或政治伟业这类的世俗成功；耶稣必是指福音战胜邪恶。

约翰说："神的儿子显现了，是要除灭魔鬼的作为。"（约一3:8）但我们不太去思考到底什么是**魔鬼的作为**。

根据格雷戈理·博伊德的说法（编注：参《宣教心视野第一册：圣经视野》第16章〈争战的神〉），一个原因是，在奥古斯丁时期，基督教传统吸收了一些有害的异教思想，把在这邪恶世代中作光作盐的基督徒使命，变得"非常消极被动"。从这种混合主义传统思路，我们才明白为何一个中世纪女修道院的院长，任由虫子在前额穴居，而不愿去碰它；一天，她弯下腰来，那只虫子也随之掉了出来，但她竟然又把虫子给放了回去。因为她的神学观是这样的：神在背后掌管着所有的苦难，她能做的只是顺应（resignation），而不是反抗（resistance）。更正教传道人也曾基于同样的思路反对天花疫苗，认为这会干预神的护理。某些印度教徒（和美国人）坚决不杀死任何生命，哪怕那些生命对其他生命多邪恶、多有害。但是，难道神的国不应该是活跃、进取、扩展和得胜的吗？难道我们只能消极忍耐邪恶的欺压，而不能主动去"除灭魔鬼的作为"吗？

既是如此，我们就必须好好思考所谓魔鬼的"作为"是指什么？这当然不容易立即视透，因为比起正面的属灵争战，魔鬼的伎俩更加形影无踪、不易察觉。

其实克里威廉对什么有益、有害的细菌都一无所知，他并没有如某人所说的是活在"充满无形捕猎者的世界"。那么克里现在还能给我们什么启发呢？之所以存在很大障碍，部分原因是早在知道到那凶猛有害的微生物世界之前，我们的神学传统已经形成了。那些是撒但的作为吗？现代基督徒终于敢去承认大自然揭示了"智慧设计"的事实。那么我们是否愿意承认恶者也有它的"慧黠设计"存在，因而冒险去根除那些有害的寄生虫，不要将数不清的人拖入可怕的苦难和死亡中？反过来说，**如果不这样做，是不是就没有如实地彰显神呢？**

爱德华兹（Jonathan Edwards）是在进行天花疫苗实验时去世的，他的先见之明是否也随之陪葬了呢？宣教士是否告诉人们（他们的行动胜过语言），神国没有力量战胜微小的邪恶势力？抑或我们只能给奄奄一息的人铺床，却无力从源头根除那些疾病？如果克里拥有现代的知识，他会对付微生物势力吗？

直到最近，我才开始仔细思考世界人口的增长与衰减，与撒但作祟兴起"战争与瘟疫"之间的关系。从亚伯拉罕到基督降世的两千年间，世界人口以每年0.1%的增长率，从两千七百万增加到两亿，**一定是可怕的战争与瘟疫将人口增长率压得如此之低！**

到将近公元2000年时，战争和瘟疫

虽未完全消失，但明显减少了。结果全球人口年均增长率达到1.7%，是古代的十七倍！按照这种情形，若要将全球人口增长率降至古代水准，那么除了种族屠杀、疾病和其他因素之外，每年势必再有九千六百万人丧命。确实，到公元2000年，以战争和瘟疫形式出现的"魔鬼的作为"大量减少了。那么我们要问，"完全根除邪恶细菌"与接触未得之民、赢得灵魂有关系吗？如果有，有多少的关系？**神国使命**如此广泛，也包含这些吗？若是，而我们的讲道和传统宣教学均未严肃探究这些，那岂非大事不妙？我们是否真的明白"除灭魔鬼的作为"指什么？这又是一个未曾涉足的宣教领域吗？

第90章 站在宣教策略的前沿

彼得·魏格纳（C. Peter Wagner）

作者是普世丰收事工（Global Harvest Ministries）的创办人兼主席，该组织通过会议、讲座、书籍以及其他媒体来装备教会。他也是魏格纳领导力学院（Wagner Leadership Institute）的创办人兼校长，所著书籍超过六十五本。1956年至1971年，他在玻利维亚服事，之后在富勒宣教学院教授教会增长学。2001年离任。

当今的宣教策略出现了一个新的侧重点。宣教士不仅要"忠心"，还要在普世宣教及使万民作门徒的使命上取得"成功"，圣经中按才受托的比喻极为清晰地表明了这一点。若传福音是我们宣教的当务之急，那么我们就需要清楚这一任务涉及哪些方面，并且认识到"权能较量"（power encounter）是当今宣教中一个极其重要的因素。

今天，宣教工作最成败攸关的议题分为三大类：

一、**宣教原则**——清楚思考我们的任务；

二、**宣教实践**——展开宣教前的周详策划；

三、**宣教能力**——遇到敌对势力，有圣灵超自然的能力与之较量。

行动大多来自思想，因此有必要先开始解释一些宣教学理论。我相信，重要的起步点是先了解宣教、何谓传福音、任务艰巨及工场需要。

一、宣教，别无选择！

一百多年来，关于宣教的定义一直备受争议，争论主要围绕的是所谓文化使命和福音使命两者之间的关系。有些人视文化使命为基督徒的社会责任，这可追溯到伊甸园时期。神造了亚当和夏娃后，对他们说："要繁衍增多，充满这地，征服它；也要管理海里的鱼、空中的鸟和地上所有走动的生物。"（创1:28）我们是按着神的形象样式受造的人，要对神的创造物负责任；后来新约还教导我们要爱人如己（太22:39），好撒玛利亚人的比喻告诉我们，邻舍的范围不仅包括自己的种族、文化或宗教团体，而是全人类。无论针对个人或对整个社会行善，都是圣经的教导，是神给我们的文化使命。

福音使命首次出现也是在伊甸园里。原先好一段时间，只要神进入伊甸园，亚当和夏娃总在等着祂，和神有美好团契关系；但自从罪出现以后，人与神的团契关系破裂，当神来到伊甸园，亚当和夏娃就躲藏起来。根据这些事件发生时神所说的第一句话，我们可以明白祂的属性；神呼唤亚当说："你在哪里？"（创3:9）可以看出祂立即寻找亚当。福音使命就是寻找因罪与神隔绝的人，罗马书十章告诉我们，凡呼求主名的人就必得救。

但若不相信就不会呼求，若没听到便不会相信，而没有传道的人也不能听见，"那些传佳音报喜讯的人，他们的脚踪多么美"（罗10:15），传扬那带人出黑暗入光明的福音，就是在履行福音使命。

文化使命和福音使命都是合乎圣经的宣教的重要部分，二者缺一不可。在福音派圈子里，越来越多的人对此形成共识，但这个共识也是直到最近才有的。1966年在柏林召开的普世宣教大会，完全没有提到文化使命，斯托得（John R. W. Stott）那时甚至将宣教仅仅定义为福音的使命，而未包括文化的使命，虽然他没有明确使用哪个专有名词。上个世纪六〇年代，社会动荡不安，使人产生了强烈的社会意识，开始关注文化使命；但直至1974年在洛桑召开的普世福音大会上，这一使命才得到重视。斯托得的观点此时也发生改变，他承认宣教包括文化和福音两大使命。《洛桑信约》的第五条强调文化使命，第六条则强调福音使命。

近期的争论主要涉及到四种立场：（1）文化使命较福音使命重要；（2）二者同等重要——有人甚至认为用这类术语来区分基督徒的使命是不合理的；（3）福音使命更重要；（4）坚持洛桑会议前的观点，认为宣教就只是传福音。

我认同《洛桑信约》，但丝毫不会和那些认为宣教等于传福音的人争辩；他们认为社会事工是基督徒的责任或宣教的结果，而非宣教本身的一部分。我认为这两个观念都较其他立场对普世福音化更有正面贡献，但不单是从实用的角度来看福音使命比其他更为优先。我认为传福音是最能反映新约有关宣教的教义：耶稣来，就是为寻找和拯救失丧的人（参路19:10），因此，我们当奉耶稣的名去做同样的事；虽然我们不可忽略基督徒的社会责任，但也切不可让它阻碍了拯救灵魂的福音使命。

传福音——训练门徒

如果传福音是宣教最首要的任务，那么，清楚了解何为福音工作就极其重要。当今基督教主要以三种方式来界定普世福音工作，即临在（presence）、宣告（proclamation）和劝服（persuasion）。主张临在的人认为，传福音就是伸出援助之手，满足人的需要，奉耶稣的名给人一杯凉水。主张宣告的人承认，临在虽然必要，但要更进一步，必须传讲耶稣的信息，使人听见且明白。从严格意义上来说，这种观点等于是只要人们听到福音信息，无论他们接受与否，他们就算福音化了。而主张劝服的人则认定，临在和宣告都需要，但圣经所教导的福音远超于此，还必须要训练门徒。

我的观点是，临在和宣告不可或缺，但这两者本身并不能完全表达宣教使命，因为只有当一个人成为不断长进的门徒，才能视之为已经福音化，这是根据耶稣所颁布的大使命观点。

四福音书及使徒行传均记载了大使命，其中马太福音的记述有最完整的上下文，将大使命的含义表达得最为清楚："所以，你们要去使万民作我的门徒，奉父子圣灵的名，给他们施洗，我吩咐你们的一切，都要教导他们遵守。"（太28:19-20）大使命中有四个动词，在希腊文原文中，三个是分词形式："去"、"施洗"及"教导"，表达祈使语气的主要动词是"作门徒"。若大使命是传福音所依据的主要经文，那么从解经的角度来看，它的目标就是使人作门徒。如果使人作门徒如此重要，那么，究竟何为门徒？从神学上而言，门徒是被圣灵重生，在耶稣基督里的新人（林后5:17）。以我的经验，从一个人结的果子就能辨认出他是否为真门徒；若一个人真正重生，就一定会结出可见的果子来。认同教会增长运动的人认为，重生之后自然会结出果子，最好辨认的标志就是成为基督的教会负责任的一分子。一个要成为耶稣基督门徒的人，不仅要忠于耶稣基督，还要委身于基督的身体：教会。

实地调查研究越来越清楚发现，在推动教会增长时，单单用临在和宣告的方式远远不如劝服的福音工作有效。

艰巨的任务——接触七成的圈外人

耶稣讲过一个好牧人的故事。那个牧人有一百只羊，发现其中一只不见了，便离开羊圈内安然无恙的那九十九只羊，去寻找另外那一只迷失的羊，直到找回来。这是表明另一个神所侧重的指标：我们必须花时间喂养现有的基督徒，努力建造健康的教会，质量兼顾；但同时我们也要作好牧人，只要世上还有失丧的灵魂，我们就不能停歇，因为基督为他们舍命，希望他们与天父和好。今天，我们的圈内顶多有三十只羊，圈外还有七十只；这与圈内有九十九只、圈外有一只的情况相差还远呢！

当今世界，有超过四十亿的圈外人，其中生活在特定文化环境内的有二十二亿，可用一般的福音方法去接触他们，这在宣教学上称为E-1；这已经是一项巨大的任务，需投入大量的人力、财力和技术资源。但还有更为紧迫的任务是，有二十亿人仍未能在自己的文化里找到有活力和注重传福音的教会；这二十亿人占圈外之民的48%，只能靠俗称的宣教才能接触到，要有人离开自己舒适的文化环境，学习新的语言，适应不同的饮食，过不同的生活，爱那些看上去不可爱的人，并与他们分享基督的福音。这就是跨文化的福音工作，即所谓E-2和E-3。温德在1974年的洛桑会议上指出，这些人是普世福音工作的首要对象！（编注：参《宣教心视野第二册：历史视野》第54章〈新马其顿——普世宣教新纪元〉）

工场——第三世界国家差出宣教士

当今我们欣逢基督教宣教工作的春天，福音的广传和基督教会的增长速度史无前例。自公元1800年左右由克里威廉前往印度开启了近代宣教，此后两个世纪里，归信基督的人数和建立教会的数目，比以往一千八百年的总和还多。

每天，全球估计增加七万八千名新基督徒，每周新增一千六百多间基督教会。限于篇幅，在这里我无法详述全球不同地区的教会增长情况。其中，增长快速的地区在中美洲、韩国、菲律宾、尼日利亚、巴西、埃塞俄比亚和中国等地。目前，基督徒占韩国人口的三成，并且其比例还在迅速增长。1950年，当中国政局发生变化的时候，全国有一百万左右的基督徒；接下来一波又一波的逼迫让局外人以为，基督教在中国势必荡然无存，但哪想到中国基督徒的人数，保守估计也已增长到五千多万，甚至更多。大幅增长现象大多出现于1970年后，据此我们可以相信中国很可能会继续成长为世界福音工场最大的丰收之地。

庄稼成熟了，神正呼召美国国内外的大批福音工人，随时前往收割这数量庞大的庄稼。除了在二战之后的十年里，历史上从未出现过年轻基督徒如此热衷于宣教的现象。亚洲、非洲、拉丁美洲三大洲的教会也差派福音工人参与跨文化宣教。1972年，第三世界国家差派了三千四百多名宣教士，至1980年，这个数字上升到一万三千多。根据基督教归主协会事工（O.C. Ministries）的赖理·凯思（Larry Keyes）等研究人员估计，这数字今天已增加了十倍，增长惊人难以估计！而且，在我们这个时代，来自非西方国家的宣教士很可能比西方国家的更多。首先，缜密地思考我们的任务是宣教策略的重要起点，这样才能奠定根基，让下一步走得稳当。

二、宣教实践：策略性计划

上世纪八○年代有关宣教工作的重要著作之一，是世界宣明会MARC中心的爱德华·戴顿（Edward Dayton）和大卫·弗雷泽（David Fraser）合著的《普世福音化事工策略》。他们指出："基督徒想

> **跨文化传道是预备普世福音化的首要工作。**

知道神渴望的是什么，又如何与神所渴望的未来步调一致？策略，促使我们寻求神的心意和圣灵的意思。"我同意戴顿和弗雷泽的观点，设立目标、再制定策略去达到目标也就是信心的表现。就如希伯来书第十一章1节说的，这是"所盼望的事的把握"；6节又说："没有信，就不能得到神的喜悦。"我认为按神的心意去筹划策略是神所喜悦的。

但筹划策略一定不能替代圣灵的工作。耶稣说："我要建立我的教会"，成事在乎强调祂这个"我"；神已建立了祂自己的教会有两千年之久，无论我们是否参与，祂仍会继续建立，一直到基督再来为止。但耶稣诚挚地邀请我们每个人加入到祂在普世建立教会的行动中，如果我们接受邀请，就成为耶稣手中完成此任务的器皿。在此，恳切奉劝大家竭力成为主的好仆人，被祂使用，完成主的工作。

因此，对恩主的顺服是对宣教策略应有的基本态度。大使命的命令清晰响彻，我们要走遍世界，向每个人传讲福音，并使万民（原文panta ta ethne）成为门徒。神不愿有一人沉沦（彼后3:9），我们是仆人，要对恩主的旨意坚信不疑。

新约圣经吩咐我们要像聪明的管家，忠心服事神。在当时，管家就是被主人委以重任的仆人；而神说得很清楚，我们乃是祂奥祕的管家（林前4:1），这奥祕就是指福音。那么，福音是什么呢？就是神

拯救的大能（罗1:16）！

对管家的要求就是要忠心（林前4:2）！但我们要明白这里所说的"忠心"是什么意思，这很重要。我听过有些人说："神啊，我感谢祢没有要求我成功，只要忠心就够了。"可是，马太福音第二十五章14-30节中按才受托的比喻，并没有将成功和忠心做明显的区分。这里说，听主人的话，把两千两和五千两银子分别变成了四千两和一万两银子的管家，都被看作是又良善又忠心的仆人；由此可见，成功和忠心密切相关。但那把钱埋藏起来没有赚钱，甚至连存款取利都没有赚得的仆人，被责备不忠心。

新约圣经对管家的基本要求是，管家接手主人所分配的资源，按主人的吩咐使用，把收益和荣耀归于主人。这个原则可直接运用到宣教策略。既然我们知道恩主的心意是使万民成为门徒，我们就应像好管家那样肩负责任，善用神分配给我们的资源，积极完成任务，直到成功，可被称为忠心的仆人。

制定普世福音化的目标，谋划完成这些目标的策略，多少要带有实用主义。实用主义可以是世俗的，但我所指的是圣化了的实用主义；我并非在教义或伦理方面推行实用主义，而是提倡以实用主义作为实用方法。若我们把时间、人力和财力等资源投入到训练门徒上，但实际上却没有果效，我们就需要重新考虑这些计划，若有必要，应该愿意改变。耶稣讲过这样一个比喻，若无花果树经过一段时间后仍不结果子，就应该把它砍掉，把土地留给其他更有生产力的树（路13:6-9）。

策略的重点

如果我们同意对普世宣教的策略性计划采取积极的态度，那么就要按部就班地有所行动。近年来，世界上很多地方都在进行研究，使我们对所定的目标有一个清晰的图景。以下列举三项目标：未得之民、城市和全国。

未得之民

未得之民成为宣教策略的对象这一概念，始于1974年瑞士洛桑的世界福音大会。爱德华·戴顿向所有与会者分发了首份"未得之民一览表"（Unreached Peoples Directory），然后美国普世宣教中心的主任温德在大会演说时，强调了族群的概念。

据估计，全球有48%的非基督徒身处未得之民中，这意味着超过二十亿人——基督为他们而死——却无法听闻神的爱，除非有人愿意顺服主的呼召，离开自己的文化环境去跟随神。简单说，这就是宣教！宣教时代结束还言之过早；不如说，为基督作跨文化服事的事工，是今天的基督徒最艰巨、却又最激动人心的挑战。

目前，世界上未得之民群体的确切数目仍然不甚清楚。多年来，大多数人都使用16,750这个数目，这是温德约于1980年作出的象征性估计。有些人认为未得之民群体的数目高达十万或更多，但总归时间会告诉我们具体有多少；自2008年起，估计有八千个未得之民群体。令人兴奋的是，有些原本被归类为未得之民的，经过几年，现在已变成已闻福音之民。但我要说的是，宣教学者已经达成共识，认同"族群"这个单位是构思宣教策略最有用的聚焦点。

城市世界

各大城市都有很多族群稠密地相邻而居。在我们的时代，尤其是二次世界大战后，一个重要的社会人口学现象是城市人口爆炸。在二次世界大战时期，只有纽约和伦敦的居民人数达八百万以上，今天却有二十多个这样的大型城市，而且数量还在继续上升。墨西哥城的人口于二战时不到三百万，但到二十世纪末，已有两千多万。东京是现今世界上最大的城市，拥有超过三千多万居民。

杰出的城市学家雷蒙德·巴克（Raymond Bakke），将两百五十多个城市划为"世界级城市"，他还逐一访问过大多数这样的城市。世界级城市是指人口在一百万以上（以形式或结构而言），且具有国际影响力（以功能和角色而言）的城市。巴克研究出未得之民和世界级城市这两个宣教重点之间的关系，把两者区分为（1）地理偏远的未得之民；（2）文化上疏远的未得之民。两者确实都有文化上的距离，但未得之民还有显著的地理阻隔。传统上，地理偏远的族群，是我们主要差派宣教士前往布道的对象；而在今天的城市，文化疏远的族群和我们也许仅有一墙或一区之隔，但却忽视他们的存在，没有将福音与这些具有战略性重要意义的族群分享。巴克说："除非现存的教会意识到要主动吸纳多元文化背景的会众，或者特别为特殊族群的人建立教会，要不就由他们建立适合自己族群的教会；否则，他们不会接触到福音。"

全国来看

尽管城市越来越成为重要的传道目标，但国家和国际性的媒体最关注的仍旧是政治概念上的国家，国际社会心理学亦是如此。我们为宣教制定策略性计划时，固然要重视族群和城市化的需要，但也不可忽略地缘政治国家。当今对这一观点最清楚又积极推动的领袖首推吉姆·蒙哥马利，他在八〇年代早期离开基督教归主协会后，开始建立新的宣教机构"使全国成为门徒"，简称晨曦事工会。

晨曦事工的目标是，推动一个国家当中所有基督的教会，努力实现在国内每个村落和城市各区域建立福音堂会的方式，来完成大使命。蒙哥马利认同族群的概念，但强调专注在特定国家内的族群，认为这才是使所有未得之民接触到福音的最实际方法。

三、宣教能力—在圣灵里服事

我们已简要探讨了如何清晰思考任务的宣教原则，也研究过能帮助我们比以往更能用在刀刃上的宣教方法。最后我们来思考"宣教能力"（mission power）。

我们大多不是五旬宗或灵恩派的信徒，所以对当今世界上的超自然力量和神迹没有足够的认识。但当代宣教策略中的一个关键议题，是圣灵在传统保守的福音派中有崭新的作为。在二十世纪八〇年代的十年中，我发现我在这方面扮演越来越活跃的角色，开始看到二十世纪出现的圣灵"第三波"运动，这一运动现今仍在继续。第一波是二十世纪初期的五旬节运动，第二波是中期的灵恩运动，这两个运动在二十世纪末还继续活跃扩展。

> 世界上还有三十多亿人在神国之外。我们是神手中的器皿，有责任将福音传给他们，使他们重生进入神的国。

第三波涉及我们（包括我自己在内）这些并不认为自己是五旬宗或灵恩派的人。我们关爱、尊重并钦佩那些参与这两个运动的朋友，也祈求神赐福他们所做的工作，承认他们是现今世界基督身体中增长最快的一部分，从他们那里学到不少东西，也期待学到更多。然而，我们彼此做事的风格有些不同，服事的方式彼此之间虽然十分相似，但都用不同的神学词汇解释所做的工作，因我们事奉同一位主，参与的是同一个普世宣教任务。我认为，我们福音派需要对超自然力量有一个新的看法，对世界观有一个崭新的认识，并对国度神学有全新的剖析。

对神超自然能力的全新看法

"耶稣叫了十二门徒来，赐给他们胜过污灵的权柄，可以赶出污灵和医治各种疾病、各种病症。"（太10:1）使徒保罗作证自己是"借着神迹和奇事的大能，以及圣灵的大能"（罗15:19）传福音给外邦人，从耶路撒冷一直传到以利哩古。希伯来书也记载，救恩是透过神"用神迹、奇事和各样异能，以及圣灵的恩赐"（来2:4）来见证而产生的。

诚然，我们不否认神的话语大有功效，但大多没有在个人的事工上经历过新约里讲的这种力量。例如，我在玻利维亚宣教有十六年之久，也从未见过；我曾经认为，神的大能就是去拯救灵魂，帮助我们过美善的基督徒生活，直到现在也还认为这种见解没错，但这只是神大能的一部分而已。我在富勒宣教学院的同事，从他们的宣教生涯中观察的心得都与我的看法类似，我着实感到欣慰。正如三一学院普世宣教和布道学系的提摩太·沃纳（Timothy Warner）说的："我能理解大部分教会都避免论及与魔鬼势力较量的这一议题，我这一生也都尽量避而远之。"

"但是，"他继续说道，"我们再也不可闭口不谈了。"沃纳认为，权能和权能较量是当今宣教的一个关键因素。他从观察未得之民中发现：

> 世上很多地方的人看重权能过于真理。我们可以按西方标准宣讲一段福音信息，极有逻辑也有说服力，但听者却无动于衷；然而，若让听者在令人恐惧战兢的灵界看到基督徒显出的权能，那么，他们就恍然明白所"听"到的"道"，胜过我们单用言语传讲的。

加尔文神学院的理查·棣里德在他的《使万民作门徒》一书中也表达了类似的关注。他回忆自己在斯里兰卡宣教的经历时，这样写道：

> 有件事令我刻骨铭心：传统的改革宗神学很少涉及这些群体和他们的处境，也很少切中他们真正的需要。

西方人对撒但、魔鬼、天使及符咒等问题不太关注，也缺乏兴趣；但这些都是当地基督徒实实在在面对的难题，因为他们长期受精灵信仰的困扰，生活在对灵界的恐惧中。我们在此所经历的最大喜悦，就是向人宣告基督战胜邪恶力量，看到祂解除鬼神奴役人的枷锁。向这里的人传讲"加尔文主义的五点要义"时，他们常常会问："这与我们有什么关系呢？"可见，宣教士和牧师所做的对他们来说搔不到痒处。

这样的呼声越来越大，很多在富勒神学院深造的宣教士和教会领袖提出同样的问题，而我们也开始尽力回答他们的问题，尽管目前能给的答案还不够深入。我有两位在拉丁美洲哥斯达黎加参与宣教的学生，最近在他们的事工通讯上，写到几次关于超自然力量的经历：

> 我们于一月份回到哥斯达黎加后，就一直经历过去六年从来不知的新的能力。我们服事一个原本被诊断为癫痫的病人，不料却借着赶鬼使她得了释放；这个人早年时曾用通灵板行过巫术，而且她母亲也一直与秘术有着密切关系，经过四十六年的折磨，她如今彻底自由了！

这些宣教士对当前的现状感到痛心，"基督教给人留下的印象常常是教科书中和人们头脑中的宗教"。但他们却看到，这与新约中的基督教相去甚远，新约的教会"崇拜充满活力与意义，祷告是渴望与神相遇，借着各种神迹和奇事引人归主"。

一位在新加坡海外基督使团（OMF）中服事的宣教士，引述当地一个人对他说过的话："成为基督徒有什么用？我的哥哥就是个牧师，但我妈生病时，他什么也帮不上；后来，我们把我妈带到庙里，结果她就好了。"另一个信印度教的妇女说："你们基督徒的问题就是你们没有能力！"我的朋友感慨说："人们认为基督教只是理性上的认识，只有宗教理论，却没有权能，多可悲啊！"

越来越多福音派神学院的教授和宣教机构的同工，开始提出灵界力量的课题。我深信，这是一个有待探讨的范畴，若要全面投入当代普世宣教工作，就需要开展新的研究以及察验实践。

对世界观的崭新认识

由于现今宣教研究普遍受到文化人类学的影响，世界观的概念受到明显的关注。我们可以比以前更自由和确切地谈论世界观，并了解它在日常生活中的意义；可是，我们开始发现一个令人困扰的事，就是在第三世界中，宣教士传讲的信息所产生的世俗化影响，大大超出了我们的想像。

我是在1982年阅读同事何保罗所著的〈中层缺失的反思〉一文时，才头一次认识到这一点。该文以施洗约翰所派的门徒问耶稣的问题开始："你就是那位要来的，还是我们要等别人呢？"（路7:20）。何保罗强调，耶稣并没有以严密的推理回覆他，而是以祂如何医病赶鬼来彰显能力回答这个问题。何保罗说："我以前在印度宣教时……读到这段话语，想要应用到

我当时的宣教事工中时，心里却有一种不自在。我是一个西方人，习惯用理性论证来传讲基督，而不是根据耶稣在有病的人、被鬼附的人和贫苦的人身上所彰显出的大能。"他继而指出，大多非西方人的世界观可分为三个层次。上面的是宇宙层，底部是生活层，广阔的中间层是上下两层不断互动的区域，也是主要受神灵、魔鬼、祖先、妖精、幽灵、魔法、偶像、巫师、灵媒、术士的力量所控制的区域。西方宣教士的世界观缺少了中间的一层，他们通常的反应是试图否定灵界的存在，而不是宣告基督的力量去胜过。因此，何保罗（引用纽毕真〔Lesslie Newbigin〕的话〔编注〕）结论道："其结果是西方的基督教宣教运动，已经成为历史上最大的世俗化力量之一。"

对国度神学的全新剖析

我们读到主祷文这句"愿祢的国降临，愿祢的旨意成就在地上，如同在天上一样"时，怎么想呢？我必须承认，直到最近，这些话语才开始对我产生较大的影响。以前我只是重复背诵，没有好好推敲、消化。因为我一直以为神国是未来的事，我的祷告就是祈求主的再来。与此相关的另一个观点，我认为，既然神掌管一切，祂的旨意今天正在地上成就，那么，我们就可以略微被动地把发生之事都看作是神直接或间接认可的。

现在，我对神国神学有了不一样的亮光，我相信耶稣降世时就把神的国引入到现在的世界。

这是直接对抗或进攻那称为"这世代的神"（林后4:4）的撒但所统治的黑暗王国，我比以往更重视撒但了！我了解到今天发生的一些事，乃出自敌人的搅扰，而非神的心意。在耶稣第一次和第二次降临之间的这个世代，是两个国度争战的时代，两股强大的力量占据着同一块土地。

但我要马上做一个补充，即我仍深信神的主权，因祂自己的旨意，允许这个属灵的争战持续到如今近两千年，其结果我们毋庸置疑。耶稣在十字架上流出的宝血，已经把撒但和它所有的邪恶势力击败；撒但的势力凶残暴虐、扭曲人性，但最多只是负隅顽抗罢了，神希望我们这些仆人主动抗击。

世事乖舛，有哪些明显不符合神的心意？彼得后书第三章9节告诉我们，神不愿有一人沉沦；然而，今天的世界满是沉沦的人，正如之前所提到的，世界上还有三十多亿人在神国之外。天堂里没有贫穷、争战、压迫、鬼附、疾病或失丧之人。我们这些福音派信徒，对失丧之人最为了解，我们是神手中的器皿，有责任将福音传给他们，使他们重生进入神的国（约3:3）。这是宣教的巨大挑战！

我们当竭力带领失丧之人归向基督，但根据圣经和经验可知，我们不会赢得所有人。哥林多后书第四章3-4节告诉我们，撒但弄瞎了他们的心眼，使他们看不见福音的真光。每年都有无数的人死去，落入那永远与基督隔绝的地方，但我们深知，他们的灭亡不是神的心意。即使我们知道有些人不回应福音，也不因此灰心。失丧之人的情形如此，那些身处贫穷、战争、压迫、鬼附和疾病的人亦然；只要撒但还在这个时代猖狂，这一切就会发生在我们的世界上。但同时，我们作为神国的公民，必须表现出神国公民身分的价值，竭尽全力与恶魔争战。比如，我们仍然必须医治病人，尽管知道不能治愈所有的人。

1982年召开的一个福音派高层会议对这一点予以肯定，为此深感欣慰；当时，洛桑委员会主办了一场关于福音和社会责任之间的关系的咨商会议。会后的报告确认，神国度的征兆是"使瞎眼看见、聋子听见、瘸子行走、病人痊愈、死人复活、平静风浪和五饼二鱼"。报告还提到 "鬼附是真实且恐怖的情况，只有透过呼求耶稣圣名的权能较量，才能使人脱离污鬼的辖制"。诸如像提摩太·沃纳的宣教学家也如此说。我同意柯瑞福（Charles H. Kraft）在一次教师会议上的发言：

> 我们若不先教导学生医病赶鬼，就不要把宣教士和本国的教会领袖差回他们的工场，或把年轻人差往宣教工场。

我们仍处于这个目标的初期阶段，目前做工的方式也不尽如人意，但相信神会继续教导我们，我们也可以如此教导其他人。我觉得神对我有个呼召，就是鼓励非五旬宗和非灵恩派的传统福音派机构，对宣教所需要的能力开始有一个新的看法——每当我们与仇敌较劲，一定要倚靠圣灵超自然的力量。

参考资料

雷蒙贝克（Bakke, Raymond J.）, "Evangelization of the World's Cities," *An Urban World: Churches Face the Future*. Nashville: Broadman.

Dayton, R. Edward. *Planning Strategies for World Evangelization*. Grand Rapids: Eerdmans, 1980, p. 16.

Richard R. Deridder, *Discipling The Nations*（曾家卫译，《使万民作门徒》，台北：中华福音神学院，1976）

Hiebert, Paul G. "The Flaw of the Excluded Middle," *Missiology: An International Review*, Vol.X:1, Jan. 1982, pp. 35-47.（何保罗，〈中层缺失的反思〉，《宣教心视野第三册：文化视野》，页32-42）

Hinton, Keith and Linnet. Singapore: May 20, 1985 Newsletter.

洛桑世界福音运动委员会及世界福音团契（World Evangelical Fellowship）, *Evangelism and Social Responsibility: An Evangelical Commitment*, 1982. p. 31.

Wagner, Doris M., ed. *Missiological Abstracts*. Pasadena, CA: Fuller School of World Mission, 1984.

Warner, Timothy "Power Encounter in Evangelism," *Trinity World Forum*, Winter 1985, pp. 1, 3.

Weinand, George and Gayle. San Jose, Costa Rica. May 1985 Newsletter.

温德, "Unreached Peoples: The Development of a Concept," *Reaching the Unreached*. Phillipsburg, New Jersey: Presbyterian and Reformed Publishing Company, 1984.

研习问题

1. 为何沃纳说好的普世福音化策略会将信心和忠心结合在一起?
2. 请再思"天国神学"如何影响以权能来事奉的宣教实践?

第91章　在印度教世界开展归主运动

理查德（H. L. Richard）

本文以考察印度境内的印度教徒归主运动为起点，研究教会增长运动及民族群体如何归向基督。在印度的社会系统中，有成千上万个不同社会学层面的群体（主要是各类印度种姓群体），这为福音在这些群体中的遍传架起了独特的桥梁，但同时也显出福音跨越多重群体界限存在的特殊难题。

印度教处境中的群体归主浪潮

群体归主浪潮所建立的印度教会，是从印度社会边缘的各种底层种姓和部族群体中得到发展。最早于十五世纪，在罗马天主教会中产生的第一波归主浪潮，明显含有政治动机，比如渔民群体向葡萄牙人寻求帮助就是一例。更正教影响下的一波归主浪潮则始于十八世纪。目前的印度与世界上大多数地方一样，正处于迅速变革的时期，达利特人（Dalit，过去被称作"贱民"）勇于表达异议、追求进步，就是变革的一个重要体现。达利特人这波变革一度起源于基督教的兴起，但现在也包括佛教徒和世俗论者，教会成为达利特人变革运动的一部分。

上个世纪八〇年代由印度政府赞助的调查指出，印度有4,693个群体，其中三成左右是达利特人和部族群体，在这些族群中，群体归主浪潮持续进行，而且几乎都发生在印度基督徒受到逼迫的情况下。在早期，西方宗派主义移植到印度，在教会生活中少有体现印度传统的情形；但到了二十世纪，在洞见新颖的宣教学和创新作法不断发展之下，已经逐渐被印度教会接纳和应用。现在，跨文化宣教和处境化原则在新发展的教会运动中十分明显，虽然还只是在达利特人当中。

非达利特印度教徒（占印度民族人口的七成）对福音少有回应的原因复杂多样。诚然有一个重要的原因，就是印度教会在向印度教世界作见证时带有双重的成见。其中一个就是，教会在许多功能

作者曾在印度从事基督教基层事工长达十年。在之后的十年中，他潜心研究印度教和在印度教徒中开展的基督教事工。他的研究硕果累累，包括无数有关印度宣教史的文章和书籍。作者也是反思论坛（Rethinking Forum）的创办者之一。

和形式上仍保留着西方色彩，尽管印度的西化势不可挡，但印度教徒仍然对外国宗教十分反感。而且另一方面，在教会结构上有浓厚的达利特色彩；因此一个印度人想要既参加教会，又想在家族中保有良好的社会地位，几乎不可能。印度教徒与基督徒对生命和灵界的看法和理解上鸿沟太大，很少有基督徒乐意认真了解印度教背景因素，好得着他们。

印度教处境下的多样性教义

想要理解印度教实非易事，学术界难以给"印度教"（Hinduism）下定义，这一术语本身并非源自印度本土，而是来自外界。"印度教"（Hindu-ism）这个词本来用以表达一种统一、完整的宗教，后来却发现根本没有这样的宗教存在！数不清的多样性正是印度宗教信仰的特色，因此，用任何"教"（ism）这样的概念加以概括，都射不中的。经常有人指出印度教既无教义，也没有任何精要的信仰系统；然而，印度教的各个支派的确有其独特的神学传统，例如，印度教最大的派别毗湿奴派（Vaishnavism）认为毗湿奴是至高之神，并敬拜他的转世罗摩和黑天。实际上，毗湿奴派中还包括许多教派，各有略为不同、独特的教义。

为了对种类繁多的印度教教义加以概括，学术界付出了很大的努力。印度教徒通常把通往救赎的途径分成三种：知识之路、善行之路、敬虔之路。基督徒试图把印度教总结为知识哲理性宗教和民间通俗性宗教，如此概括并无帮助，因为都是人为分析而得；其实大多数印度教徒都涉入印度教的这三种救赎之途，且在他们的信仰和实践中自然融合了哲理性和通俗性。

印度教中包含的哲学思想，多有著述，其中新纪元运动（New Age Movement）促使其中一些思想在全球风靡一时。这种"印度教"以深奥哲学取胜，引导人进到更高层次的自觉意识。但在以敬拜神明为生活中心的印度（通常有很多神像），却很难找到这样的印度教。

印度教处境的各种宗教修行法

最基本的印度教修行方式是**普加**（*Puja*）典礼或敬拜仪式，这不仅是家庭生活的中心，也是寺庙的第二大仪式。可见，印度教信仰和修行大多都以有神论为核心；是一个不断肯定最终只有一位神的动态一神论，但同时又有无数称号和外形装束各异的神。大多数印度教的敬拜中，都需要点灯和焚香，并在众神像前献上花果、念咒和歌唱，偶像崇拜成为多数印度教灵修的最基本仪式；此外加上种姓的问题，在印度教处境中，传扬基督变得极其复杂。很明显，合乎圣经的纯正信仰世界观绝不接受偶像崇拜；但对他们原先的宗教（即便是偶像崇拜）抱着敌对的态度也不合圣经，特别在受尊敬的父母和长辈坚持这种信仰时，更为困难。在这两个极端之间找出合理折衷的出路绝非易事。

印度教最高并最受看重的是**巴克提**（*bhakti*，意为对神明的虔诚、效忠）。仪式主义和迷信思想在印度教修行中（和其他宗教一样）极为普遍；然而，一颗对神明的虔诚之心，被视为理想的美德。的确，就是巴克提传统中也很看重超脱于世俗牵挂，某些哲学传统强调还要超脱于巴克提之上。但**巴克提**和**普加**典礼最能界定印度教生活的虔诚，所谓有灵性就是对神明有自觉意识，可促使印度教徒灵修和敬拜。

印度教传统的宗教虔诚和多元并存，使得印度教徒极为尊敬耶稣基督。可惜基督教的许多宗派并不重视敬拜和灵修，教会的信仰思辨也很少论到基督的位格，轻易就把灵性追求淡化为每周一次的教会生活，一般认为是基督教的国家似乎对耶稣的教导漠不关心，难怪印度教徒对基督教没有兴趣。

一直以来，进入印度的教会都是看重教义、看重体制、已定型的基督教会，并没有以印度人真正接纳的方式在他们当中播下福音的种子，然后按着印度人的方式和模式成长。印度人所说的**法**（*dharma*）和西方的**宗教**（religion）概念不同；法是支撑社会的责任、法律及公义。

而耶稣基督的教导在这方面有异曲同工之妙，也是让人谦卑、成为多有贡献的家庭和社会成员。

复杂的印度社会结构

在印度教处境中传福音时，把握不断变化的印度社会结构与印度宗教虔诚心态同等重要。随着城市化和现代化的发展，个人主义正波及印度；然而，深厚的亲情和人际关系仍是印度教家庭、家族和种姓群体的核心。种姓观念严重的分化性，以及善报恶报与生俱来的理论都是不可接受的！贱民种姓最受厌弃，如今虽然在法律上和哲学理念上都对此提出抗议，但要把贱民意识从印度社会铲除，仍然遥不可及。若种姓只作为个人身分认同和群体归属，从本质上讲还没什么、不能算

错，况且从来没有人成功地破除过种姓制度；反种姓的印度教改革运动（林伽派〔Lingayats〕的信徒就是一个突出的例子）最终仍因屈服于种姓制度而告终。

即便是基督教的各教派，也常常好像一个不与其他群体相合的新种姓，并没有在印度教社会发挥普遍的影响力。多数印度教徒属于"其他落后阶级"（Other Backward Caste，OBC，印度政府官方的一种指称），是在经济和政治上飞速发展的印度社会的一部分；但这种快速发展，往往以牺牲达利特人的利益为代价。无论是过去还是现在，在成千上万的种姓和社群中，总会有一小群人归向基督，他们就是属于"其他落后阶级"的人。

所谓的印度教高级种姓，几个世纪以来，一直主导着印度的社会经济和政治舞台。最近，其中一个高级种姓的反动派系控制了政治和社会，鼓动以印度教为印度唯一的合法宗教，宣扬并实施对其他信仰不包容的作法，还试图煽动更温和的传统印度教徒。现代印度教里面的混乱，是我们无法为印度教简单下定义和识别的另外一个原因。

印度教徒移民到世界各地，在当地的商业和教育领域多为翘楚，他们大多来自高级种姓，福音对他们的影响微乎其微。这些散居世界各地的印度教徒，靠着强大的经济力量，发挥异乎寻常的影响力，左右了印度的走向；因为他们人数少，又生活在其他民族中，所以他们对印度教的体验和理解受到环境的制约。现在，世界各地的基督徒都能在自己的社区和工作场所中见到印度教徒的身影，故而有很多潜在的机会，可以运用谨慎明智的方式，为基

督向这些印度教徒作见证；然而很可惜，基督徒还没有开始探索向他们传福音的途径。

期待道成肉身的宣教运动

对印度部落和达利特人产生影响的群体归主浪潮原则，同样适用于高种姓群体。福音需要靠神在种姓群体间架设的桥梁进入他们中间，而不是把一个单一的人带领信主，从家族和种姓当中抽离出来。应该以印度教徒能够接受的方式，传扬福音好消息的大能和基督里的恩典，不是一味地让他们变成西方基督教的成品。

在印度教世界中，以"道成肉身"的方式谦卑交流，仅能让殖民时代遗留下来对印度基督教的不良印象开始消去而已。我们有充分的理由可以这么期待，只要我们在印度教世界活出献身基督的谦卑生命，必会有越来越多的印度教徒看出，耶稣才是最配得**巴克提**（虔诚、效忠）的神。

纯正信仰的真实，对所有信奉印度教**法**的印度教群体同样也是真实的。"群体"归主运动和"内传"运动需要以一种与印度教文化模式和价值观产生共鸣的方式，在所有印度群体中推动。印度教文化和群体的多样性，期待着我们以道成肉身的方式，活出跟随耶稣的实质。

Part 2
社区转化变革的策略

第92章　世界基本需要现况

世援社（World Relief）

"当人子在祂的荣耀里，带着所有的使者降临的时候，祂要坐在荣耀的宝座上。万族要聚集在祂面前，祂要把他们彼此分开，好像牧羊人把绵羊和山羊分开一样：把绵羊放在右边，山羊放在左边。那时，王要对右边的说：'蒙我父赐福的，来承受创世以来为你们预备好的国吧。因为我饿了，你们给我吃；我渴了，你们给我喝；我作旅客，你们接待我；我赤身露体，你们给我衣服穿；我病了，你们看顾我；我在监里，你们来看我。'义人就回答：'主啊，我们什么时候见祢饿了就给祢吃，渴了就给祢喝呢？又什么时候见祢作旅客就接待祢，赤身露体就给祢衣服穿呢？或者什么时候见祢病了，或在监里就来看祢呢？'王要回答他们：'我实在告诉你们，你们所作的，只要是作在我一个最小的弟兄身上，就是作在我的身上了。'"（太25:31-40）

耶稣的一生和穷人密不可分，乞讨的、瞎眼的、瘸腿的、穷乏的和饥饿的人都聚集到他面前。新约有十次记载到耶稣"动了慈心"，每一次都亲自面对受苦的人，充分活出了以赛亚的信息：

"……要松开凶恶的锁链，解开轭上的绳索……要把你的食物分给饥饿的人，把流浪的穷困人接到你的家里……给他衣服蔽体……"（赛58:6-7）

"我饿了，你们给我吃。"

今天，差不多三个人中就有两人饱受饥寒，他们的饥饿不是偶尔饭前饥肠辘辘的感觉，而是一种生活常态。

- 七亿五千万人长期营养不良。

- 超过半数五岁以下的孩子死于营养不良，其中一成的死亡是由极度严重的营养不良直接造成的。

- 每天都有超过三万名的孩童死于饥饿，或因未能防治疾病而死；

六十多年以来，世援社与世界众教会共同服事贫困弱者。今天，世援社同二十多个国家的地方教会和社区合作，为妇幼保健、儿童成长、爱滋病预防和关怀、农业、难民再安置以及经济发展提供全面的服事。版权使用承蒙世援社许可。

换句话说，平均每一分钟就有二十四个孩童死去。这些都是有名有姓、有兄弟姐妹、有梦想的孩童，却永远没机会长大成人，因为他们无法与饥饿抗争。

贫穷是全球饥饿问题的症结。要厘清导致贫穷的各种原因，就必须分析许多错综复杂的因素，例如财富分配不均、气候局限、人心贪婪、缺少职业道德、人口过多、政治操控、技术落后以及失业等问题。单独解决其中一个成因，收效甚微，我们必须把这许多因子都看作是一个相互关联的整体。

而事实上，全球所生产的粮食足够供应所有的人，只是分配不公而已，这更令人愤慨。粮食的分配失衡是导致今天全球性饥饿问题的首要因素。发达国家几乎消耗了所有粮食，仅将剩余的零碎留给了发展中国家。

- 工业化国家人口只占世界人口的两成，却消耗了全球八成的粮食资源。
- 美国人每年用于减肥和降低摄入热量的费用达三百至五百亿美元，肥胖症和心血管疾病盛行。更有甚者，北美国家有许多人是因为饮食过量死的。

富裕的工业化国家应受到最大的谴责，但贫穷国家的富裕阶层也要承担部分责任。实际上，几乎所有贫穷国家经济增长的最大受益者是富裕公民；虽然国家经济有所发展，但穷人受益甚微。

但是，我们仍然看到了希望的曙光。自1970年起，发展中国家的饥饿人口在比例和实际人数上都有明显下降。

- 1970年，第三世界国家有35%的人口（九亿一千八百万人口）长期营养不良。到上个世纪九〇年代，这些数字下降至八亿四千一百万，占发展中国家总人口的两成。

- 小额信贷／微型贷款的出现成为抗击贫穷极有前景的途径。小额贷款（起步贷款为五十美元左右）使得穷人能够做一些小本生意，例如卖小吃或做手工艺品。从中得到的收益可以用于偿还初期贷款，又能在经济上满足个人和家庭的需要；许多人还扩大贷款力度，从而拓展经营范围，不仅为自己和家人带来更多的收益，也为当地社群提供更多的就业机会。偿还的贷款可以反复贷出，长此以往，初期的一笔投资就能多倍增值。研究证明，小额贷款可以减少贫穷带来的威胁，使孩童得到较丰富的食物，有更多机会进学校接受教育，并让家庭享受更好的医疗保健服务。

"我渴了，你们给我喝。"

水是生命之必需，也是众源之珍宝，人如果几天缺水便不能存活。我们的血液里九成是水分，水在大脑中所占的比例是八成，在肌肉中是七成五，在骨骼中则是二成五。

不仅人需要吸收水分，食品生产、加工及卫生都离不开水；没有水，想进行前述任何一种事，就好比指望链条断成两半的自行车还能平稳前进一般。试想一下，没有水，或者只有被寄生虫和废物污染过的水，怎么耕种、做饭、洗涤？这样的水，你宁可不用。

可悲的是，世界上有超过十亿的人口没有干净的水资源。在大多数发达国家里，只要你打开水龙头，就能轻而易举地得到充足且干净的水。而在发展中国家，人们常常需要走上好几公里，甚至花上半天的时间才能打到一桶水。还有些国家，即便艰难跋涉半天之久，也见不到水的踪影，因为那些地方根本就没有水！

发展中国家水荒的问题有两个方面：水量和水质。因为缺水，使得像非洲和印度这些气候本来就炎热干燥的国家更加燥热难当。在非洲萨赫勒（Sahel）这样的半干旱地区，沙漠以每年十五公里的速度向南部扩张，所到之地无不焦灼。

水质是水资源问题中的另一大难题。有些地方即便有足够的水，但由于其中含有有害物质，无法饮用；另外，受到污染的水会散播的病菌，可能致人残废甚至丧命。污水是传播伤寒、霍乱及痢疾杆菌的罪魁祸首，这些都是发展中国家的流行病。不良的卫生习惯也是造成水污染的部分原因，在世界许多地区，人们甚至连喝水、洗东西、洗澡都是用同一缸水。

农村地区的水污染问题比城市更为普遍，其中最为常见的污染源是人畜的粪便。水土流失、肥料径流及使用农药等等，也会造成水源污染。

更讽刺的是，一个国家的工业和商业越加发达，就会将越多化工废物排入河水和溪流中，造成越严重的污染。工业化和开发可以使国民生产总值增加，但却给本来就干渴难耐的穷人带来更多的污水！人口持续增长、工业化及粮食生产等都需要更多干净的水。

"我作旅客，你们接待我。"

所谓难民，就是受到压迫或被迫离开自己家园的人；他们要么无法回去，要么不愿意再回到家乡，于是许多人落在无家可归的困境中。据美国难民委员会的说法，他们是"战争和压迫的最终受害者，遭人遗忘，是意识形态分歧、政治镇压或外交政策失败的副产品。"

在大多数情况下，战争和内部冲突是他们逃难的原因。由于种族、宗教、民族血统或族群隶属关系而遭致迫害，使得避难事件不断发生；另一些人，可能由于新政府对人民的迫害，或软弱的政府无力保护他们，而逃离自己的国家。

世界各大洲都聚集了大量无国籍又无家可归的难民，他们是战争、专制和社会动荡的受害者。每年只有少量难民能够重回故乡，或者有能力留下来重新安顿；大量新的难民又不断涌现，全世界难民的情形不停地变化，所以有关难民以及背井离乡之人的调查资料并不准确，并且常有争议。因为一个国家的难民到了另一个国家，便成了那一个国家的非法移民；今天在本土流离失所的人，可能会成为明天的难民。据联合国难民署（UNHCR）2006年的估计，在3,290万需要救助的人当中，有990万是难民，另外74.4万是寻求庇护者。通常，难民的生活都极度艰难；若真要帮助他们，帮助到什么程度，要看他们为了什么原因避难？对他们受害情形了解多少？他们遭受暴力和剥削的程度如何？要花多少时间帮他们重新安置生活？大多数难民还处于健康欠佳、食物不足、无处安身、经济匮乏的痛苦之中；此外，加上文化冲突和其他挫折，又导致他们产生错综复杂的情绪问题。

但是我们眼前还是有希望的火花闪现。仁人家园（Habitat for Humanity）将很快成为世界上最大的私人住宅建造组织；目前，他们已经为世界各地的穷人建好六万套住房。世援社已妥当安置了21.5万难民，不仅帮助他们得以安居，还帮他们找到工作，让他们在一个安全的环境中开始新的生活。

"我赤身露体，你们给我衣服穿。"

试想一下，某天晚上，你刚坐下来吃饭时，一阵枪声和尖叫声掠过你的餐厅。向外一望，只见许多房子冒着大火，邻居血洒街头；接着，一帮愤怒的男人向你家冲来。这时，你唯一的选择是拔腿就跑，丢下一切——你的房屋、粮食和衣服，为求保命使劲狂奔！

战争这样的灾难，不知扰乱了世界上多少国家老百姓的正常生活。当今最为世人知晓的战场要数苏丹的达尔富尔（Darfur）地区，那里常常烟硝弥漫，许多村庄都付诸一炬，家家户户被迫逃生。

除了这些人为的灾难以外，自然灾害也让无数的人无家可归，四处求助。

在所有使人丧失生命，或使人的身心和生存环境遭到极大创伤的灾害性事件中，九成以上是由以下四种自然灾害造成：干旱、洪水、台风及地震；超过半数的自然灾害都是由异常气象而引起，如风暴、洪水、干旱和极端气候。

在灾害易发的发展中国家，以上灾难经常会大大阻碍经济发展，造成巨大的损失，有时甚至让得来不易的国民生产总值的增长一下子消耗掉。

据伤亡人数统计显示，自然灾害每年都造成无数的人丧命、饱受疾病和伤痛的苦害、流离失所。

重大的自然灾害之后，接踵而至的是粮食和饮水供应的短缺和污染。电力和汽油供应时常因为发生爆炸和火灾而不得不切断；医疗用品和医院可能遭到毁坏。自然灾害导致的后果还可能包括传染病通过水源蔓延开来，卫生设施受到严重破坏，人口大量死亡；财产、农作物和个人财物方面的经济损失，通常高达数百万美元，甚至无法估量。这对发展中国家的经济造成毁灭性的影响。

受灾地区得到及时的应急援助之后，通常都还需要外界的更多救助，才能完全从灾害中恢复过来。灾区重建的最基本目标是恢复到灾前的正常状态，然而营养不良、疾病和经济剥削等情形，已经是发展中国家灾前的"正常状态"。人们真正的需要，远不止处理好灾害所带来的后果就可解决；因此，重建工作的目标应做到比灾前生活更好的水准。

"我病了，你们看顾我。"

每一年，疟疾、肺结核及寄生虫传染病都夺去了数百万人的生命，无数的人死于可以预防的疾病。目前在发达国家中已经极为罕见的疾病，例如破伤风和麻疹，却仍然在那些缺乏免疫接种的国家中肆虐，夺去了许多人的生命。

人口的预期寿命是衡量一个国家健康状况的最可靠指标之一。发展中国家人口的预期寿命比发达国家少十五到二十五

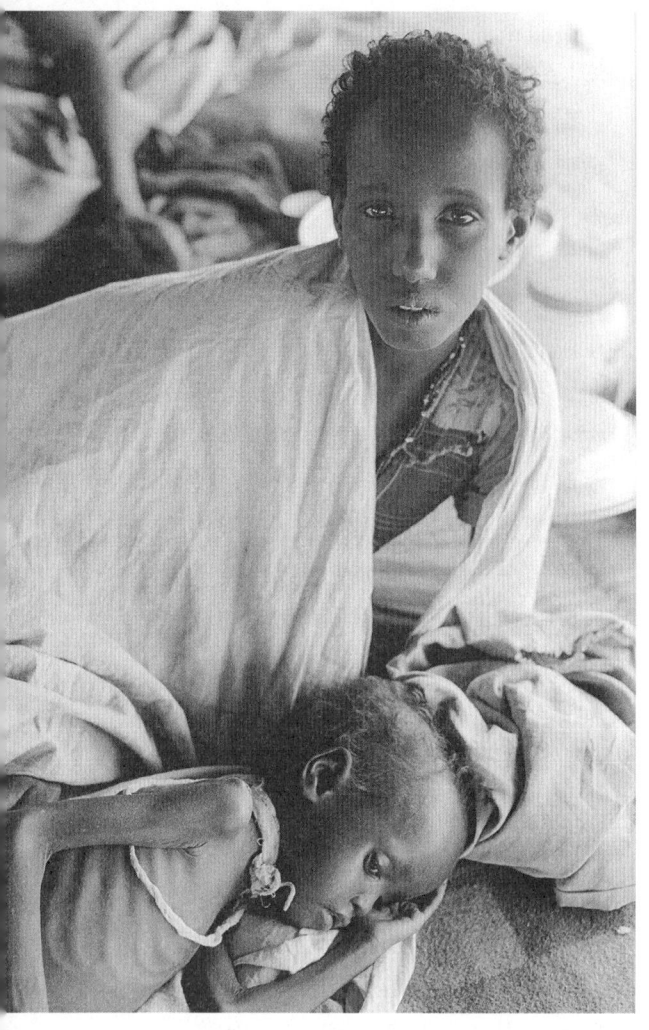

年。在发展中国家中，疾病的传播方式主要有三种：排泄物传播、空气传播以及病媒体传播。

其中疾病传播最快的方式是通过排泄物传播，即未经过卫生处理的人类粪便等排泄物传播疾病。这些疾病包括寄生虫病和腹泻类疾病，例如伤寒和霍乱。

空气是第二大传播疾病的途径，就是通过吸入感染者的飞沫传播疾病，例如肺结核、肺炎、白喉、支气管炎、百日咳、脑膜炎、流感、麻疹、天花及水痘。虽然大多数疾病都是可以预防的，但是在缺乏药物和医生的国家却成了致命的疾病。

第三种传播疾病的方式相对不那么普遍，即病媒体传播，可是在发展中国家，这仍是一个严峻和致命的现实。这种疾病是通过昆虫传播的，例如疟疾、瞌睡虫病和盘尾丝虫病。各种性病也属于可以预防的疾病，而携带这些疾病的载体就是人，其中爱滋病（HIV/AIDS）是最广为人知的疾病；每天大概有六千八百人感染爱滋病病毒，五千七百多人死于爱滋病。据统计，到2007年底，爱滋病病例高达3,320万。大多数病人居住在撒哈拉以南的非洲地区（人数为2,250万，占总病例的68%）。在全球年龄介于15-59岁之间的人口中，爱滋病是导致人类过早死亡的最主要的流行病（资料取自联合国爱滋病规划署〔UNAIDS〕）。

导致排泄物传播、空气传播和病媒体传播疾病蔓延的一个共同根源是贫穷。拥挤和卫生状况极差的生活条件，导致了这些疾病的生发和传播。这些人群的生活用水中滋生了大量的寄生虫，一家五口甚至十口挤在一个狭小的铁皮屋里，粮食不足，忽视营养和卫生，缺乏疫苗和预防保健。在发展中国家，大多数没有受过教育的人都不知道不合乎卫生标准的废物处理方式会导致并发疾病。

即便我们能够除去这些危害健康的不利条件，但是对于八成以上的农村地区和城市贫民而言，连简单的卫生保健服务也是遥不可及的梦想；因为种种消除疾病的资源往往集中在主要的城市地区，大医院也都建在离贫困农村很遥远的地方。今天，每四个人当中就有一人无法得到基本的医疗服务。尽管如此，疾病仍有预防的可能：

- 1981年，在非洲的某些地区，盘尾丝虫病导致四成的成年人未到四十岁就失明了。在那时，想要恢复视力是不可能的，但现在默克（Merck）公司已经开发出一种可以治愈该病的药物，由卡特（Carter）中心派发。1997年，有2,200万人接受了这种药物的治疗。

- 过去痢疾一直是儿童的头号杀手。在过去十年中，受过培训的母亲学会运用简单的口服补液方法，无数儿童得以存活下来。

- 1980年，发展中国家只有两成的孩子接种典型的儿科疾病疫苗。2008年联合国儿童基金会（UNICEF）报导："最新的统计显示，全球接种白喉、破伤风和百日咳疫苗的人口比率现在已经超过75%。"

"我在监里，你们来看我。"

在巴基斯坦的一座监狱里关着一个十几岁少女，名叫赛丽麦（Saleema）。几个月前，她把自己的圣经给她一个穆斯林朋友莱希拉（Raheela）看，后来莱希拉信了基督，但是因为害怕家人在恼怒之下会杀害自己，便躲了起来。于是赛丽麦被指控帮助莱希拉逃跑，就被囚禁起来，多次受到鞭打和强奸。最终，信奉伊斯兰教的当局还是找到了莱希拉，但她拒绝背弃基督，因此被公开处以死刑。伊斯兰当局趁机指控赛丽麦犯有谋杀之罪。以什么理由呢？他们认为，如果赛丽麦没有把圣经给莱希拉看，莱希拉就不会相信基督，也不会因背叛伊斯兰教而被处死。如果赛丽麦的罪名成立，她也会被处以死刑。

诸如赛丽麦和莱希拉这样的案例越来越多。由于一般良心犯时常被指控犯有政治或刑事罪，所以我们几乎无法估计有多少基督徒因此受到监禁。据国际基督教关怀机构（International Christian Concern）报导："二十世纪为信仰受到逼迫或殉道的基督徒，比过去几个世纪加起来的总人数还多。在当今世界，几乎三分之二的基督徒遭受到不同程度的逼迫，例如失去自由、遭到歧视、囚禁、奴役和折磨。"

我们能做什么？

在这个充满迫切需要的世界中，我们要问自己："面对如此艰巨棘手的种种问题，我们能做什么呢？"好像孩子们希望把自己吃不完的食物送到非洲，大人们却报之一笑，回答说："得了吧！世界上苦难这么多，我们做不了什么呀！"

我们很容易认定自己没有能力解决如此巨大的难题，因而不愿采取任何行动。无论贫富，人真正的需要都不仅仅是身体和心理层面，他们还有属灵的需要；最有成效的发展规划都是针对全人的需要的，然而这样的规划谈何容易？遑论受苦的人成千上万，问题重重，真是罄竹难书。

当今世界的难题不是靠一两个人的力量就可以解决，但是，如果有心人能同心合意地联合起来，就能对此作出有力的回击。当然我们还要顺服神的命令，靠着耶稣的名去做。正如罗恩·赛德尔（Ron Sider）所说："没有一个人可以做完所有的事，但倘若每一个人都做一点，世界就会被改变。"

任何一个生活无忧的信徒，怎能忍心

宣教心视野
第四册：策略视野

> 面对这个凄凉黯淡的世界，耶稣的话激励我们付诸行动："只要是作在我一个最小的弟兄身上，就是作在我的身上了。"

眼睁睁地看着孩子就因为缺少了那么一杯牛奶、一勺米而饿死？只要拿出我们财富的一丁点，都足以挽救数以百万计的孩童不因饥饿而死亡啊！

发达地区的人眼中的一点小钱，就足以让他们有个栖身之所，我们又岂忍袖手旁观，任凭他们流离失所，无视他们毫无希望的空洞眼神？

那些难民千辛万苦才逃出枪林弹雨，我们又岂能狠着心，坐视不理？可知，他们不只是"战争不可避免的受害者"，还是按神形象所造的人，是神呼召我们去服事的人群！总而言之，我们应当行出我们的信仰，否则只不过是宗教空谈。神的心意从来不是要基督徒高枕无忧，任凭穷人为生计挣扎，疲于奔命；当然我们也不可只关心他们的生存问题，而不为他们的永生考虑。

今天，基督徒的年总收入有十多万亿美元，而根据联合国的评估，每年只需三百到四百亿美元（等于每年花在高尔夫球场上的费用），就足够为所有发展中国家提供基本的教育和卫生保健，以及干净的饮用水。

这些问题是全球性的，但每个基督徒的回应却具有永恒的意义。捐出一块面包、一杯清水和一间屋子给那些饥饿、干渴及无家可归的人，福音就这样活出来和传讲出来了！对饥饿、干渴、无家可归的人而言，这些举动何其珍贵！面对这个凄凉黯淡的世界，耶稣的话激励我们付诸行动："只要是作在我一个最小的弟兄身上，就是作在我的身上了。"

研习问题

1. 本文指出全球有哪六大基本需要？
2. 本文如何挑战富裕国家来回应这几个全球性的重大难题？以一己之力？也要同心协力？

第93章 传福音居首
——两者取其重

撒母耳·莫菲特（Samuel Hugh Moffett）

新约圣经单看"传福音"（evangelize）这个词所指的内涵似乎很窄，但实际上，新约圣经还用了许多别的动词来描述传福音的工作（evangelism）："传扬福音真道"（徒8:4）、"宣讲神的国"（路9:2）及"宣扬神国的福音"（路4:18, 8:1）。这些词本质上，所描述的都是将"好消息"（即福音）告诉人，也就是将弥赛亚耶稣是那位施行救恩的君王这好消息告诉人。传福音的实质是宣告神的国，然而又不仅只是宣告，更是一个请人以信心和悔改进入天国的邀约。

传福音"不是"……

因此，传福音不是基督徒使命的全部，而是其中的一部分。耶稣和门徒除了宣讲神的国和呼召人接受神的国以外，还做了许多别的事。传福音也不是敬拜和举行圣礼。保罗说过："基督差遣我，不是要我去施洗，而是去传福音。"（林前1:17）

传福音不等于教会增长或建立教会，虽然这无疑都是传福音的目标和期待，但是传福音并不一定能产生教会或给教会带来更多的会友。传福音更不局限于护教。保罗说："我们……劝勉众人"（林后5:11），但他坚信他被差遣出去传好消息，"不是靠着智慧的言论去"（林前1:17, 20）。

最后一点，新约中的传福音不能与基督徒的事奉、行动和对抗世界的不公等混为一谈。使徒行传中记载了一个令人匪夷所思，但却引人深思的事件——讲希腊话的犹太基督徒在早期教会中属于少数派，他们抱怨在财物分配上受到歧视。可是，使徒近乎狭隘得冷漠，说："要我们放下神的道，去管理伙食，是不合适的。"（徒6:1-2）当然，他们确实很快就处理好了这件有失公允的事情，但是他们没有把这样的事情称为传福音。

在国度的处境中

然而，放在整个国度的处境中来看，宣讲福音从来不应狭隘到

作者是新泽西普林斯顿神学院普世宣教学和宣教学"路思义（Henry Winters Luce）"讲座荣休教授。他出生于朝鲜平壤，父母皆是宣教士，他本人是服务中韩两国的宣教士。所著有关宣教、神学以及历史的文章和书籍不胜枚举。

> 这时代的布道者似乎要我们接受基督这位君王，却忽略了祂的国度；所谓这时代的先知人物也同样狭隘，似乎试图建立一个没有救主的国度。

与贫穷的、被囚的、瞎眼的和受逼迫之人的迫切需要分割开来。在此，我想起了韩国人的福音工作。有一次，我询问费城地区的一位韩裔牧师，为何他的教会人数增长得那么快。他这样回答说："当我接待刚来美国的韩国人时，会先帮他们找工作，教他们学习英语，如果他们和主管发生冲突，我会帮他们处理，再邀请他们来教会，然后向他们传福音。"

这就是在一个处境中传福音。把福音与其所在的处境隔离开来的做法不可取，但是只顾处境，忽略福音更不可取。基督的救恩从未脱离人们真实而又迫切的需要，但是也从来不与人们当下的需要混为一谈。耶稣引用旧约有关"传好消息给贫穷人"和"释放受压迫之人"的经文时，祂自有定见；祂的救恩不是旧约所说的平安（shalom），祂的国也不是指以色列国。

在定义上混淆传福音和社会关怀，或者在实践上使这二者疏离，都是极其有害的。有时候，这时代的布道者似乎要我们接受基督**这位君王**，却忽略了**祂的国度**；所谓这时代的先知人物也同样狭隘，似乎试图建立一个没有救主的国度。

兼而有之还不够

有很长一段时间，大多数基督徒认为传福音是唯一要务；之后发现不对，于是教会又摇摆到另外一个极端，有些基督徒认为以社会重建来实现社会公义才是至关重要的。然而，实现社会公义固然重要，却并非是唯一重要的。一旦教会把宣讲福音当作唯一使命，就不堪设想，奋力与这个世界理论公义的结果，甚至使教会差点遭遇灭顶之灾。

还有一些人指出："基督成为新约的中保，同时拯救和服务人群……基督徒也蒙召，参与到传福音和社会关怀活动之中。"他们设法恢复二者之间的平衡。但这还不够！因为，教会在未来的宣教使命中所需要的不仅是两者兼顾，还要看情势去拿捏轻重；就好像信心与行为之间，应当不是紧张对立的关系，而是鱼帮水、水帮鱼的伙伴关系。

而要切实建立伙伴关系（partnership），通常两者必定有一个领头的，也就是为首的，否则必一事无成。既然如此，在基督徒的使命中，哪一个应为首呢？是传福音？还是社会关怀？

在这里，我想提出的是，相较于其他种种试图使人类生存境况更为美好的真诚努力，基督教的宣教应该有所不同；我们看重人与神的垂直关系，这是首要的！与邻舍的平行关系也很重要（"其次也相仿"），是不可推卸的责任，但仍是其次的。这两个伙伴取其重（the leading partner）的，当是传福音。

这并非是要高举传福音而轻视基督徒的社会关怀活动，其实这两样相辅相成。

但要强调的是，没有好行为的福音就没有说服力；但是没有神的话，福音甚至令人无法理解！况且，真正的福音不是我们对别人做了什么好事，而是神在基督里为我们所做的一切。有人说得好，传福音好比"一个乞丐告诉另一个乞丐到哪里可以找到食物"。

那么，无论是过去、现在还是将来，教会的第一要务都是传福音。这是新约教会的首要任务，也是今天教会所面临的最大挑战。

全世界半数人口未闻福音

我认为，制订福音策略时，要确保福音工作朝着未得之民推进，这是决定性的因素。"福音工作必须聚焦于那些尚未听闻福音的人。"世界上一半以上的人仍然没有听到神爱世人甚至差祂的独生子耶稣基督拯救世人的好消息。在宣教中，没有什么事工比传福音更具挑战性了！基督徒担心世界财富、粮食及自由的严重失衡等问题是对的；但最具摧毁性的失衡不均，不是这些，而是对耶稣基督乃人类之光的认识没有普及，不是吗？

我不是对统计资料很热衷的人，但是"把福音传到六大洲"这种粗略大分的说法，我持保留态度。因为我发现教会的大多数宣教资金，仍用于第六大洲，即北美洲的事工，那里至少有七到八成的人是挂名的基督徒；非洲大约也有四成的人是基督徒；可是，拥有世界半数以上人口的亚洲，就算加上挂名的基督徒，充其量也只有3-4%的人是基督徒。

在过去的十年里，亚洲新增的非基督徒人口（四亿五千万）比美国目前的总人口（三亿）还多。因此，均等地部署六大洲的传福音策略，其实是自私地扭曲了世界对福音需求的实况。

最后要说的是，若将传福音的定义简单化，会得到意想不到的收获，因为那表示每个人都可以参与传福音的工作。我上过最愉快的一次传福音课，教我的老师不是专业的布道家，而是一个卖西瓜的小贩。

那时我和妻子在一个韩国村庄。我妻子用韩语询问那个小贩西瓜卖多少钱？这让那个小贩吓了一跳，一时间竟哑口无言——这一个大鼻子的外国人怎么会说韩国话！他甚至忘记讲西瓜多少钱，他有更重要的话要说——突然，小贩问道："你是基督徒吗？"当我妻子回答说："是啊！"他满脸笑容，"噢，我真开心。"他说："如果你还没信耶稣的话，我就会告诉你不信主有多可惜。"

若我们都已经在主耶稣基督里找到无穷的喜乐，迫不及待地告诉别人若没有信耶稣是多么可惜，那么，我们就再也用不着为传福音的前景担忧了！

研习问题

1. 作者用哪些方式提出，传福音是基督徒在穷人中服事的"首要任务"？你是否同意？
2. 财富和粮食分配不均，与世人对耶稣的真光的认识未能普及有什么关系？针对人类基本需要分配不均以及传讲好消息的力度不均，作者提出的主要理由是什么？

第94章 变革性发展
——转化人心与社区

撒母耳・沃里斯（Samuel J. Voorhies）

作者在过去的二十七年里，参加世界宣明会（World Vision International）从事国际援助和发展工作，特别是在非洲地区。他最近在七十个国家为四百多个领袖提供领导学和管理学培训。他也曾担任过富勒神学院国际发展系的兼职教授。

我们在非洲大陆驱车飞驰，虽然在四个小时前就离开了首都，但看来要到天黑之后才能到达一个小镇。我们打算在那个小镇过夜，因为第二天还要在崎岖不平、不像路的"路"上再颠簸三个小时才能赶到目的地。在小镇上，我们遇到了想见的人：一个项目发展计划的负责人，我们想来了解这个项目。这项目的地点太偏远，就在这小镇设立了一间小小的办公室，因为离那里最近，也有水电、电话等等。

第二天早上，我们又见到了参与该发展项目的其他员工，他们向我们说明了项目的原委：项目所在地曾是禁猎区，但因为过于偏僻而被政府忽略；并且，这里没有任何基本的公共服务系统，例如教育、供水和医疗保健。当初人们被迫安置在这个地区时，前政府口口声声承诺会提供这些服务，但是从未兑现过。

虽然一些非政府组织和基督教救助机构曾来这里开展宣教活动，但几乎都没有什么助益。最后，还是这个机构探索出该地区的发展方法：第一步是与社区领导和相关人士确定社区有哪些资源，了解情况之后，他们一起思考如何运用这些资源来解决社区问题。找出社区存在的问题并不难：

- 缺乏干净的水资源。
- 缺乏卫生服务。
- 缺乏教学设施。
- 所产粮食不足，常常青黄不接。
- 还没有教会。
- 被政府和非政府组织忽略。

但他们向我们保证，熬过三个小时的车程之后，我们会发现那个地方大不一样。果然，当我们到达目的地的时候，还未下车，就听到当地群众齐声用当地语言唱歌欢迎我们："欢迎'发展'——靠着神的帮助我们自己可以发展；为着神的荣耀我们能不再一样！"他们的热忱和努力令我感动；虽然环境如此匮乏、艰难，凭借一点点帮助就能做这么多的事。

接下来的一小时，我们和大家坐在一棵大树下，听社区代表讲述这里的人如何自立自强，而机构又给了他们怎样的帮助，然后，带我们走访整个社区，参观一些措施。

他们先领我们看了从前的水源——一个污水池。"我们过去就在这里获取饮用水，这也是动物喝水的地方，"其中一个女士说道。

接着，我们走了一会儿，就来到了一口新的水井旁，井口用混凝土板盖着，四周围有整齐的栅栏。另外还有一个抽水机，从井里抽出干净的水。她开心地打水，笑着问我："水是干净的，要不要喝一口？"我尝了一口，嗯，的确是干净新鲜的水！

另一位女士说道："以前我们喝这池子里的水，孩子们经常生病，不是肚子疼就是腹泻，现在他们健康多了！"

没走多远，我们看见一块长满肥美玉米的田地。有个农民告诉我们："有人贷给我一些好种子，又教我栽培技术，用的是有机肥，收成就翻了一倍！"

他接着说："这块地收的玉米，不光够我们全家的人吃，而且还有剩余，可以拿去卖，给孩子们缴学费。我计划每年存点钱，存上三年，就能够买头牛，那就可以再多种点田、多种点庄稼了。"

我们继续走到村里的小学时，一个小男孩指着一棵无花果树说："这里是我们以前上课的地方，没有黑板和椅子，只有硬硬的石头地。"随后，我们走进新的教室，看到书桌和墙上的黑板。"现在我们可以好好地上课了！"另一个小学生开心地嚷着。

走访结束之后，我们又坐回到起先那棵树下。我问他们目前这个计划最重要的成果是什么？他们纷纷回应：

"我们现在很同心，大家组织起来，一起自力更生。有什么问题，就一起开会商量解决。以前，我们互不来往，各过各的，谁也不帮谁。现在明白了，我们可以努力，让日子好过些，用不着坐等政府的救济。"

"我们发现，神也爱我们女人，看重我们。我们照样可以为这个社区的发展贡献一点力量。现在丈夫尊重我们，他们不再喝酒，也有更多时间和孩子在一起了。"

"现在我们可以喝到干净的水，孩子也健康多了。不用走老远去找水，可以有更多时间和家人在一起！"

"真是梦想成真啊，我们从来不敢想像能有自己的井，喝纯净水。赞美神！透过基督教救助机构应允了我们的祷告。"

看起来，这个项目做的不过是些平常事：让人们用干净的水；孩子们更加健康，孩子生病的时候，妈妈们用不着去很远的地方求医；孩子有个能坐下来学习的地方，可以满怀希望地计划自己的前途；人们更加自信，相信大家能够一同努力，改变未来。技术和关怀介入的成果不仅帮

> 人们也认识到这些关怀行动是从爱他们的神而来，是神借着其他基督徒彰显祂对这群人的顾念。

助了当地人，更见证了福音的大能。饮水思源，这一切离不开当地虔诚基督徒同工的协助；而人们也认识到这些关怀行动是从爱他们的神而来，是神借着其他基督徒彰显祂对这群人的顾念。

这个社区已经紧紧联合在一起。靠该机构的一些帮助，他们组织了委员会，与政府及本地领导阶层合作，主动承担责任，促进这个社区的发展。

这社区的人同心协力使自己的生活有了改变，透过可持续发展的项目彼此支持，兼顾身体和灵性的需要。而教会则尽力提供合宜的教导，借着祷告点燃人们心中的希望，在彰显神国度的价值观方面发挥了重要作用。如此，人们真正看到他们所得到的帮助归根结柢是从神而来的，就愿意更多认识神，将荣耀和真挚的感恩归给神。

这一切听起来是否好得让人觉得难以置信？难道我们就没有遇到什么困难、失败、冲突或分歧吗？当然会有。从政治层面上，改变政策尚需更多的努力；性别和环境问题，需要更为细致的考虑；需要开展更多的培训来装备当地教会的牧师，要为他们提供更多的查经材料。然而，我们亲眼看到，只要付出努力——哪怕只是普罗大众，也可能为社会带来惊人的改变！

这些人所奉行的原则，我们称之为"整全的基督化变革发展"。之所以说这叫"发展"，是因为这是一个刻意在整个社区或地区促成改变的过程。"变革"（transformation）这一概念从个人来讲，是全人的改变，包括物质、社会及属灵方面；从社区生活来讲，改变同样是全面的，包括经济、社会及政治层面。说这是一种"基督化"的变革，因为持定的一个异象是，整个社区的人都要变得有基督的样式，也就是"变成主那样的形象"（林后3:18）。

基督化的变革不仅以效法基督为目标，而且切望永活的基督透过人们实践神国的价值观而带来重大的变革。[1]

不同的发展观

解决贫穷问题有四种基本策略。我们可以把这四种策略放在一个简单的框架中，然后分成两类；前两种是基本方法，后两种是基本的行动重点，每一种策略都曾被称为"发展"策略。各种策略的重点针对的问题本质各有不同，因此解决问题的方案也不尽相同。

这个框架让我们看到两类发展方式。第一类是从外界得到救助，第二类则是力求从内部发生改变，每一类方式都是有效的。但在大多数情况下，这两种方式相互依赖，也相互补充。若基督徒想要满足社区人群的需要，应考虑到这两方面。

策略一：经济成长

一般而言，外部的救助都是金钱上或是技术上的。经济成长通常是由宏观经济指标的成长决定的，例如，更高的人均国民收入以及改善贸易差额。不久前,世界银行和世界货币基金组织(IMF)根据各国商定的"结构性调整",就是通过提供贷款来引导经济发展的项目。

总的来说,结构性调整牵涉到国家财政预算和税赋基础的平衡,降低政府的行政支出(通常是削减政府工作人员和出售政府业务),以及放宽货币和经济政策。这又牵涉到降低贸易壁垒和关税,通常会造成货币贬值,反映真实的市场价值。从长远来看,这样能够减轻政府的债务,增加贸易和生产,带来更多税收,使所有人获益。但就短期来说,这会造成很多人失业,且没有其他收入来源。通货膨胀和货币贬值导致有一定收入者的购买力下降。

近来诸如"亚洲四小龙"等国家或地区已经因为这些政策带来经济成长,但是贫民的收入和生活情况是否得到大幅改善,还有待证明;而且,亚洲其他地区并未看出具备得到同样经济成就的条件。基督徒十分关注诸如此类的全球性经济政策,但很少赖以达到改善经济的目的,而是把宣教事工特别致力于帮助贫民发展个体经济。经验证明,只要人们下定决心,在获得培训和少量资金之后,就能在贫穷地区提高经济收益。

在非洲的马拉维,有一个妇女在获得四十美元左右的小额贷款后,开了一间小烘焙店,自己做面包卷和小松饼等各种"速食",每天送到市场出售。从这样一份小小的投资开始,她在六个月内便还清了贷款,而且还有余钱供四个孩子上学,买衣服、肥皂、孩子的学习用品以及自家没有出产的粮食。她和丈夫过去没有能力买这些东西,现在收入增加,甚至和当地

只要付出努力——哪怕只是普罗大众,也可能为社会带来惊人的改变!

小学老师相当,她说还可以支持当地的教会!我们问她有什么"梦想"、还是将来有什么计划,她很快就表示计划要扩大生意,再开一家餐馆;我们又问她是怎么成功的?她说除了谢谢救助机构给予的培训之外,特别归功于神的赐福。

策略二:政治倡议

与竭力支持现有政府不一样,政治倡议的策略偏向挑战国家政府、国际贸易和经济政策体系。这种体系被视为主要难题;所以这个策略在于呼吁从地方、中央及国际层面上直接干涉政府,以寻求改变政府政策及国际贸易协议中,不公正以及不利的方面。可能发生最极端的情形,就是政治倡议者与政府发生暴力冲突,近年来在津巴布韦和缅甸就发生了这样的事件。大多数情况,政治倡议需要在本地和国际间开展游说,才能带来改变,使大多数民众受益。

纵观历史,基督徒在土地改革、难民权益和废除奴隶制等政策上一直具有强大的影响力。虽然基督徒应当继续致力于这些方面的工作,但今天基督徒主要的任务应该是支持和协助当地人民促进国家内部发生政治变革。本国的民众需要在所处的情势中发挥主导性作用;各国基督徒也可以在自己的国家里,为穷人的利益不断受到政府弊政的侵害而奔走呼吁。

但政治倡议若离开变革性发展（后面要提的策略四）上的介入和努力，就无法带来持续正面的改变；因为结构和政策的改变跟人能不能实施有关系：如果人的灵性没有得到释放，人的贪婪和败坏必然会阻碍发展。所以要推动社会有合乎圣经的公义、平和，基督徒必须要多多祷告、敏锐察验，如果不是由具有美好灵性的人来主导政府工作和执行政策，发展的成效将会大打折扣。

策略三： 应急救援

这个救助策略是给因战争、饥荒、灾害，或长期受不公对待的受害者提供紧急帮助。基督教组织已经做了大量的救援努力，但是这些努力只能带来暂时的帮助，这和提供常态的发展是不一样的。救助关注的是外界给予受害者的帮助，而非让受害者自助；而且，长久持续的救助反而有害，因为那会使本地的人们丧失生产和发展的动力。

有些人批评基督徒附带传福音的救援工作所产生的只不过是"吃洋教的基督徒"（Rice Christians）。这样的人只是为了保证自己或家人得到日常所需而成为基督徒。救助工作决不能以信仰或听福音为交换条件，而必须是出于无条件的爱，就如耶稣无条件地舍弃和爱人一样（约13:34-35）；也正是这种无条件的爱，向世人显明我们是基督的门徒。救助工作的目的是挽救人脱离死亡，不要走到"穷途末路"，无法"东山再起"。救助最终是要他们将来能够再生产和重建生活。正因秉持这样长远的盼望，激励着基督徒努力找出解决之道。

像战争和饥荒这样毁灭性的灾难中，基督徒无条件的救援工作可以成为福音强有力的见证。有一个过着游牧生活的穆斯林男人，在干旱最严重的时期，从基督徒救助中心领取当日的粮食后说："如果基督徒是用这样的方式来爱那些素不相识的人，他们的爱足以让我相信他们的神了。"

策略四： 变革发展

变革发展（transformational development）是以长远的眼光看待贫穷的起因。偏远乡村的贫困原因相当复杂，许多城市地区也是如此。可能是因为缺乏良好的道路和交通工具等基础设施，以至无法把粮食运往市场，供应给社区；这些地方通常也没有基本卫生保健设施，缺乏稳定、干净的水源，因此整个地区都受到了破坏。此外，燃料也很重要，但有些地区十分缺乏。因此，若要解决如此艰巨而复杂的问题，人们必须长期深入基层，给予更多的关注，而且要让当地的人发挥主导作用，才能带来持久性的改变。

基督徒同工在这类发展项目中的责任，就是促进整个社区或地区内部发生改变。最核心的改变在于价值观和愿景！

重点 \ 方法	外界的帮助	内部的自助
结构	策略一 经济增长	策略二 政治倡议
策略	策略三 应急救援	策略四 变革发展

所谓愿景，就是让人们有信心改变自己的社区，而不是陷在绝望的泥潭中；至于价值观，就是让人们重新认定自己的价值，因着明白神国的价值与盼望而获得极大的鼓舞，能坚持不懈地推动社区的发展。

整全的基督化变革发展原则

笔者在此提出十条整全的变革性发展的原则，每项原则都有充分的圣经根据：

1. 承认人是有价值的，要尊重和欣赏不同文化背景的人。

2. 理解并尊重当地文化。然而，虽然每个人都有内在的价值，但是文化都各有积极和消极的一面，某些地方可能不符合圣经的教导，需要明辨。

3. 相信人可以改变和决定自己的未来。帮助人、满足人基本需要的同时，要顾及到他们的自尊自重。无论多么贫穷，每个社区和个别的人贡献己力，发现并运用当地资源是强化人们主人翁意识和自尊自爱的关键。[2]

4. 我们的关注点应当是人，而非技术。如果当地人参与决策，他们最终会为自己的未来负责。

5. 要明白贫穷涉及身体、物质、属灵以及社会等层面，所以任何社区发展项目都要顾及人的各个方面，包括灵、魂和身体。设计项目时不能把这些分开，要顾及问题的整体以及人各方面的需求。

6. 一边推动社区发展，一边要尽力用言语、行动和神的作为传扬基督：用言语传讲基督的福音；像基督那样实际行动服事他人、医治病人、彰显公义；与神同工，以生命大能和神迹奇事彰显基督的国度。

7. 无论是从社会、技术、经济还是教育层面进入一个社群时，切记我们所传递的信息必须是他们的世界观能够理解和明白的。

8. 认识到神已经在这个社区中动工。我们外来服务他们的人，是要去发现神正在做的工作，扶持已有的工作，借此了解神希望怎样使用外部资源和智慧。

9. 坚信一个人只有与基督连结才能发生转变，这活泼而不断成长的信仰是无以取代的。[3]

10. 知道教会是带来持久而彻底改变的基石。无论是坚固现有的教会，还是在没有教会的地方建立新的教会，会带出满有神国的价值观、大有盼望、焕然一新的信徒群体。

丰盛生命的盼望

埃塞俄比亚的安索基亚谷地（Ansokia Valley）在1984年遭遇过一场大饥荒，每天差不多有二十个人饿死。而现在，这里变成当地及周边地区人们希望的园地，住着七千多户人家，约四万五千多人；因着变革发展项目的帮助，他们从饥饿穷困的边缘步入今天的富足生活。创新的农耕方法、改良的畜牧业及再造森林等举措，给当地人带来丰富的出产以及安全稳定的生存环境。基督徒为当地社区发展付出了许多辛劳，因为他们的生命奉献，大概带领了七百人归向基督，现在他们是在当地建起的第一间教堂里敬拜神。

一个当地人有感而发这样回顾："曾有许多发展计划的同仁邀请我接受耶稣，但我都拒绝了。然而在参与发展工作的过程中，我看到他们很有责任感，为人们的身心健康而奉献的精神深深打动了我的心。我也留意他们如何祷告，谈论如何改善我们的生活，后来我就在去年接受了耶稣。现在，我也把从他们身上学到的喜乐、责任感和工作态度与别人分享。如今，我明白他们为什么要来传福音给我们，帮助我们改善生活了。"[4]

我去过安索基亚两次，一次是在饥荒期间，另一次是在变革发展计划开展后几年。那里曾经笼罩着死亡的阴霾，现在却充满了生命的气息——孩子们和家庭都更加健康幸福，还有耶稣所赐的永生确据。

附注

1. Yamamori, Tetsunao, *Serving With the Poor in Africa: Cases in Holistic Ministry*, MARC Publications, 1996。
2. Voorhies, Samuel I., *Community Participation and Holistic Development*, pp. 123-48, 引用于 Yamamori, Tetsunao, *Serving with the Poor in Africa: Cased in Holistic Ministry*, MARC Publications, 1996。
3. Cheyne, John R., *Incarnational Agents: A Guide to Developmental Ministry*, New Hope, 1996。
4. Abebe, Mulugeta, 引用于 Yamamori, Tetsunao, *Serving With the Poor in Africa: Cases in Holistic Ministry*, MARC Publications, 1996 一书的 Relief to Development in Ethiopia, pp. 15-27。

研习问题

1. 若我们建造教会时，也采用开展农业、健康照顾或教育工程的社区参与原则，结果会怎么样？
2. 培养人们规划和管理自己的发展项目的能力，与建造和维持当地教会和信徒灵命之间有何关系？
3. 从整全的基督徒变革性发展的十条原则中，找出每个原则的关键字和句子。什么时候、什么情况就是传福音、并把教会建立起来了？

第95章 到底什么是贫穷？

布莱恩特·迈尔斯（Bryant L. Myers）

有一个现象常使我忧心，就是基督徒崇尚现代的概念过于圣经真正的理念，包括"贫穷"这个概念。近来，我一直在思考我们对"贫穷"这个词汇的用法，我发现大多数人自认为很明白这个词的意思。

从我们对"贫穷"这个抽象名词的定义，可以反映出我们如何看待、思考和理解现在的世界。

从何开始？

谈到何谓"贫穷"，我们常常笼统地想到那些生活条件不好的人。但是，贫穷的人并不是一个抽象的概念，他们是有名有姓的人，是按神的形象被造的，并且耶稣也为这些人而死。在神眼中，生活贫穷的人同样是祂所珍爱的——神不仅爱富有的人，祂也爱贫穷的人；祂的爱普及所有的人，无论贫富。

我为何要郑重地提出这一点省思呢？因为这个世界往往把穷苦大众当作无名氏，只是我们同情的对象，并且还要按照我们所认定"对他们好"的方式去帮助他们。

身为基督徒，我们一定要理解贫困到底是什么意思，且要牢记，穷人也是有名有姓且有尊严的人！神也赐给他们恩赐，与他们同工，也在他们中间作工，且早在我们知道穷人的存在以先，就是如此。

贫穷就是有所欠缺

很显然，贫穷是由缺乏物资所造成的。穷人食不果腹、衣不蔽体，没有固定的居所，也没有干净的水可饮用；他们的土地贫瘠，没有水可以灌溉，没有完好的公路可走，孩子也没有学校可去。

因此，我们筹划为他们提供所缺乏的东西：粮食、简单的住房和水井。

我们还看到有些穷人缺乏知识和技术。他们不懂营养知识、不知道水需要烧开再喝、生育孩子需要有一定的间隔，甚至看不懂良种包装袋上的说明书；全然不知如何开发可持续发展的农业、不会

作者是富勒神学院跨文化研究的国际发展专业教授。此前的三十年，他在世界宣明会工作。著有*Walking With the Poor*一书。本文摘自*MARC Newsletter*（1997年三月）。版权使用已蒙同意。

经营小生意,也不懂存钱的重要性。因此,我们提供帮助他们受教育的计划,包括正式的和非正式的教育。我们以为,一旦穷人掌握了知识,就不会再贫穷。

另一方面,基督徒往往还多添了一种观念,认为一些人贫穷,就是因为对神和耶稣基督的救恩缺乏认识。于是为全面地认识贫穷问题,基督徒又在穷人缺乏的清单上"加上"了福音。

这样的看法与事实并没有出入,至少也是有益的。穷人的确需要得到很多东西:技术、知识,还有听到福音的机会;然而,把对贫穷的理解局限于这样的范畴,会引起很严重的问题。如果我们对于贫穷的理解仅限于此,那么我们就会视自己为供应的一方,而穷人则是被动接受的一方;他们不完整,所以我们要使他们变得完整。这种不明智的态度会导致两种负面结果:

第一,这种态度贬低了穷人的价值。我们这样看待他们,觉得他们是低等和残缺不全的人,导致他们很快地也开始这样看待自己。

第二,我们会把自己当作救世主,不知不觉把自己看成是穷人的救星,能够使他们的生命变得完全。

"贫穷等于缺乏"的观点虽然真实,但是却不足。那么,何谓完整的贫穷观呢?

关系破碎也是贫穷

若我们仔细研读圣经就会发现,从关系的角度来理解福音是很有帮助的。我们福音派基督徒过于局限于律法的架构,非

彼即此,来理解福音;这样的架构更多关注的是人的罪、神的震怒、神在基督里的恩典,以及人得到神的赦免等等。尽管从这种架构来理解合乎圣经也很重要,但这不是理解福音的唯一角度。

圣经里有许多关于关系的重要教导。始祖原初犯罪的后果全都涉及到关系——亚当怪罪夏娃,他们被逐出伊甸园,从与神亲密到与神隔绝;十诫要点也是讲关系;福音书里,耶稣所提出的两大诫命都是关系性的——爱神和爱人如己。

从关系的角度来看世界,可以让我们对贫穷有新的洞见,认识到贫穷问题还深刻涉及到人事物。

贫穷是让人受到排斥。当我们把一些人视为另类、局外人和社会边缘人时,是我们把他们变成了贫穷人;当我们说一些人很懒惰、肮脏、没教养、疯疯癫癫,或是危险人物的时候,我们就是在排斥他们;我们远离麻疯病人、爱滋病人、同性恋者、不同肤色与不同文化的人,那时我们不仅使他们贫穷,也使我们自己陷入了贫穷之中。

给人定型、贴标签都贬低了人身上神的形象;而对贴标签的人和被贴标签的人而言,这也是一种贫穷,而且是更可怕的、深具破坏力的贫穷。

曾有一名汉族妇女对我说过:"我可以相信神可能让祂的儿子为白人死,或许祂也会为黑人舍命。但是,神绝不会让祂的儿子为一芥草莽而死。"

这个妇女无法相信自己是按着神的形象造的,因为她经历过的无情剥削和种族灭绝经验,在她心里深处留下了太深的烙痕。

滥用权力导致贫穷

当人滥用手中的职权谋取私利时,贫穷就产生了。以下的情形会导致贫穷:

- 婆罗门实行剥削"贱民"的社会体系;
- 男人仗着大男人主义的恶习,把醉酒、玩弄女性和殴打妻子合理化;
- 财团勾结政府势力掠夺穷人的土地建造体育场。

社会上的特权阶层常利用权力为自己换取利益,他们完全不把自己的行为会对无权无势之人造成什么后果放在眼里;上级擅用职权支使下属、牧师滥用权力操纵信徒,也属此类。我们处高位时也多少都会受到试探,就算我们也想要公平和公义,但又觉得有一点特权是应得的。之所以特权在握使我们感到不自在,就表明我们也是使人贫穷的一个原因。

在关系框架下对抗贫穷有其危险性,可能被嫁祸成保罗所说的:"反主流文化之福音"。这会惹怒掌权者——宗教界、政界、商界,甚至自己教会里的信徒,还会挑战文化,要求文化也要改变,无论是当地的文化还是所属的文化。

这个世界既不可能也不会为维护生命、穷人和神的国度而改变其政治、经济和社会权力架构。真正持久的改变不可能靠社区组织、政治进程或更高的教育而得来。

我们必须依靠改变生命的福音大能,去挑战那会产生贫穷的权力本性,这涉及到个人的罪性和社会的罪性。唯有整全的福音才能给穷人带来希望:有一天,他们

能建造自己的家园，并在其中安居乐业。

恐惧不安就是贫穷

最后一种贫穷观着眼于惧怕：当你感到恐惧不安，你就是贫乏的；特别是当你害怕那些能左右你的未来和幸福的人，你就成了贫穷的人。

有些人惧怕灵界，也就是恶魔、幽灵和过世的先人所在的那个看不见的世界；还有一些人则害怕有权有势的人，例如婆罗门、祭司、财团或高级知识分子。这种惧怕无论源自何处，都使人深受其害。

马可福音告诉我们，惧怕与信心是对立的。惧怕是一种属灵的病症，只有借着信靠神的儿子才能驱除，因为耶稣的力量胜过一切惧怕的根源。

总结

一旦我们认知到贫穷的问题不在于物质上有什么欠缺，或是缺少知识教育，就能看见它的核心是属灵问题。所带来的破碎的关系、滥用权力、危害人的惧怕，我们都不能置之不顾。

教会、宣教及基督教救助和发展机构必须把福音带给贫穷人，我们不是在做额外的工作、"加上"福音，而是因为唯有福音是根本解决贫穷问题的真理依据和力量之泉。

研习问题

1. 本文为贫穷下的定义是否太广泛，以至于每个人都算是贫穷的人？
2. 作者的观点对于在福音工场上作工的人有何帮助？

第96章 城市贫民
——什么样的人？

葛维依（Viv Grigg）

作者现任城市领导基金会（Urban Leadership Foundation）国际理事，负责呼召工人前往第三世界城市的贫民窟服事。他已经在马尼拉和加尔各答开拓了这样的团队，并在许多国家推动前往贫民窟开展使徒型宣教。所著有 *Companion to the Poor*、*Cry of the Urban Poor*，以及 *Transforming Cities* 等书。本文摘自 *Cry of the Urban Poor*（2006年）。Authentic Press 出版。版权使用蒙作者许可。

假如穆斯林或印度教徒的人口每十年成长一倍，情况会怎么样？此外，设若他们是世界上最积极回应福音的群体，这将如何影响现今基督徒的宣教策略呢？我们要接受这种挑战吗？

答案当然是"要"！

然而，世界各大主要城市里的流浪汉和贫民窟居民形成的庞大群体，其数量与穆斯林或印度教徒的数量相当。这个群体的人数每十年翻一番，并且所有指标都显示，他们是极愿回应福音的群体。从理论上来讲，宣教士需要及时变换策略，把这个群体作为宣教的首选目标。

大多数迁移到大城市的流动人口都会进入贫民区，例如，曼谷的贫民窟（slums）、马尼拉的棚屋区（squatter areas）、南非的棚户区（shanty towns）、印度的贫民窟（bustees）、摩洛哥的贫民棚户区（bidonvilles）、巴西的贫民窟（favelas）、阿尔及利亚的旧城区（casbahs）、委内瑞拉的小农场（ranchitos）、墨西哥的噪音城（ciudades perdidas）、秘鲁的贫民区（barriadas）或印第安人村庄（pueblos jovene）等等。我将以棚屋区作为以上这些区域的总称。

这些贫民区往往是人们心系希望之所在。到城里寻觅就业机会的人，找到一些空地，驻扎下来，久而久之就安定栖身，有了自己的家园，找到了工作，开始与其他居民建立起社群关系，就好像来此之前在贫困的家乡、村落邻里之间要建立关系一样。在这些寻找希望的贫民区，各种社会的压力和人们对现实的期望，使得他们对福音有极高的接受度。

今天的宣教必须优先向着最后一些部族——乡村贫民——履行宣教的重托；但是我们也务必针对大型城市中的属灵争战和迫切需求而部署新的宣教策略。城市贫民在国家和大型城市中的压迫和罪恶泛滥的环境中沦为最大的受害者，应当成为我们宣教的主要目标。在神的心中，城市贫民举足轻重，他们离乡背井来到城市，住在简陋破烂的棚屋区，正是今日最容易接受福音的人群。

在过去四十年里，大约有二十亿人从乡村迁移到城市，未来十年，还将有五亿人挤上超载的公共汽车来到城市。他们大多数人会先搬进棚屋区——这里是黑暗和鬼魔势力肆虐的中心。

1950-1980年间，第三世界大型城市的人口从两亿七千五百万剧增到近十亿；到2000年，这个数字成长到近乎两倍，超过十八亿五千万。任何空地上都会迅速搭起简易房屋和板房，几乎没有政府能够控制这股蜂拥进城的趋势，没有机关能够解决这些人潮的需要。就连美国经济发展趋缓后，也不能例外。

在孟加拉的现代化大城达卡（Dhaka），街头随处可以看到密密麻麻、不搭调的贫民泥房。整个城市人口超过一千两百万，其中有三百五十多万人住在三千多个这样的棚屋区当中。由于缺乏原料和其他资源，城市工业不可能与移民流入的速度保持同步发展。在未来十年里，世界人口的成长基本上集中在城市，乡村人口只保持现有的规模。

通常，每个国家至少都会有一个大型城市，仅这个城市可能就耗尽整个国家的资源。较小的城市因官僚制度阻碍了发展潜力，一般第二大城的规模只有第一大城市的十分之一，例如，泰国第二大城清迈（Chiang Mai），仅曼谷的三十分之一。

绝望中的希望

我有一个从商的新西兰朋友，他问两个在加尔各答（Calcutta）街头流浪的男人：「你们需要做点什么生意，才不至于继续流浪街头？」他们回答说：「我们打算摆一个摊子卖茶水。」

经过几回深入的谈话后，我这位朋友才知道，要达到这一目标需要一百美元。于是他们花了十天的时间在街上找到一小块空地摆摊，但是每天要付给员警两个卢比，算是"公道的"保护费，再加上付给当地黑帮的费用，哪有什么利润？若是付不起黑帮要的，家人就会惨遭殴打！

欢乐之城？

加尔各答啊，加尔各答！真是一座被黑暗势力笼罩的城市！政界和司法界腐败横行，黑社会控制着城里人的生活，贫穷和邪恶肆虐，普通百姓隐忍着巨大的痛苦。法国作家多明尼克·拉皮埃尔（Dominique Lapierre）在小说中生动地描述了加尔各答贫苦的城市居民，在极度不公的处境中有尊严地生活，这座城市因此被称为"欢乐之城"。[1]

加尔各答的贫穷程度远甚于世界上其他任何城市。我沿街行走的时候，有一个骨瘦嶙峋、背着孩子的人不断跟在我后面祈求施舍；我在这里每天都会看到四个乞丐为争夺地盘打架；在街角，一个截肢的乞丐摇动着手中的杯子乞讨；不远处躺着一个奄奄一息的老头儿……。

1984年，杰佛瑞·莫尔豪斯（Geoffrey Moorehouse）估计，城中有四十万名男性没有工作；[2] 1981年的人口普查则显示无业人口的总数达851,806人。塔帕什·甘古利（Tapash Ganguly）评论道，在1985年，可能世界上没有哪个城市像加尔各答那样，有一百万受过教育的年轻人在职业介绍所登记等待就业。[3] 行乞在印度虽然很普遍，但其他任何地方都没有加尔各答的情况严重。

除了乞丐之外，大约还有四万八千到二十万人长期流落街头。上个世纪八〇年代有一份调查显示，这些流落街头的人有三分之二的人还可以做点什么工作，例如打零工、卖蔬菜、报纸、柴火和废品为生，而另有两成的人口是乞丐。

1985年，加尔各答中心城区的三百五十万居民中，超过一半住在贫民窟。加尔各答三分之二的家庭月收入**不超过三百五十卢比**（贫困家庭的月收入水准大概是五十美元）；其中在组织化产业中的人不到两成，农业和小手工艺直到如今仍然是他们的主要职业，而不是重要或现代的制造业。在这片一千三百五十平方公里的广阔土地上，八成的地方都住有贫民，其总数达三百一十五万。[4]

其实还有更糟的一层贫穷。那些濒临死亡的贫民，比乞丐、流浪汉和贫民窟居民的遭遇更为凄惨，街上随处可见垂死挣扎的面孔。我看见过一个老人双眼一动不动地躺在路边，偶尔有路过的人丢下几个硬币给他。我也曾和慈善兄弟会（Brothers of Charity）的弟兄一起在一座未完工的天桥下，探访露宿的流浪汉。我还看到一个满头银发，因高烧而全身发抖的母亲，为了得到一些买药的钱而四处乞讨，跟在她身后的两个小男孩腹部鼓胀，极度营养不良。

在加尔各答，我们每天面对的不只是贫穷和残忍，还有一张张濒临死亡的苍白面孔。隐藏在贫穷现象背后的，是改变不了的过度生育问题。人口的增加，导致负担愈发沉重，以致到下一代，还将会有相当于原来五倍的人口被迫离开乡村地区。然而实际上，再也没有足够的土地和农场供养如此众多的人口！农业生产力的提高只会增加流入城市的人口，因为那样会增加存活的孩童数目，但并不会提高乡村生活的品质。

对这些穷人来说，西孟加拉邦动荡不安的政治给他们的，只是死路一条。这里表面上以马克思主义为指导，实际上，富裕的统治阶层把持了邦政府，把经济搞得一塌糊涂，穷人无异等死。印度教的种姓制度和文化的长期羁绊，更使穷人的处境雪上加霜！

第一世界和第三世界国家的城市贫民之别

有人误认为只有住在贫民区里的人才是穷人，或者住在那里的人必定是穷人；

然而，贫民区并不等同于贫穷，即便是在穷人当中，也有群体结构或等级之分。那么，棚户贫民区和贫穷之间有何关联呢？

我们用"**绝对贫穷**"一词来描述极端缺乏基本生活必需品的状态，例如没有食物、衣服及住所。的确，有很多极度贫穷的人因为食不果腹而死亡，但是极度贫穷的情形也不尽相同。例如，营养不良就可分为三种不同的程度：一级、二级和三级营养不良。

在发达国家中较为常见的是"**相对贫穷**"，是与社区或国家中其他人的生活水准相比而言，有时也被称为"次级贫穷"。相对贫穷可用来衡量这些社会边缘人的贫苦严重程度。

衡量相对贫穷或次级贫穷的标准不是物质或经济水准，而是拥有物品、购买力和取得服务的能力，以及获得发展的机会。相对贫穷者通常被社会排斥、边缘化。

按照当前正常的社会生活标准来看，物质生活水准低下是造成边缘化情形的原因（或者反过来说，边缘化导致物质生活水准低下）。比如在新西兰，凡住城市者，如果没有车就是穷人，很难参与到社会当中；住在秘鲁首都利马的人没有车则不算是穷人。一个国际劳工组织这样设定贫穷标准：按人口均分全部可使用的国民收入，与该国其他人的收入相比较，订下贫困线，以此来衡量人们可支配的收入是否达到贫困的标准。

因此，第三世界棚屋贫民区的贫穷程度，在西方国家基本上看不到；而在加尔各答的中产阶级甚至比洛杉矶的穷人还要贫困。关于贫穷的定义，有时也需要从历史的角度来看。马尼拉的穷人可能并不比英国四百年前的中产阶级穷困，但和当今任何一个国家的中产阶级相比都是贫穷的。随着科学技术的普及，我们能够享受更加健康和快乐的生活，当然，对于贫穷的定义也大不一样了。

我们也可以根据人们对于个人和社会的期待，对于未来理想、至少合理的生活方式勾画的愿景，来界定贫穷的涵意。

圣经学者最近围绕旧约中"平安"这一主题，提出不少有关贫穷的定义——平安源自一个公正和安稳的社会。

两种贫民区："绝望"与"较有希望"

每个国家贫民社区的外在特征和文化都各不相同，但是形成的过程以及带来的罪恶，在第三世界国家中的主要城市具有相当的共通性。

我们需要对中心城区由来已久的贫民区与新兴的棚户社区加以区

第一世界和第三世界的贫困特征

第一世界	第三世界
相对较少	占人口很大比例
受歧视的对象	产生于中下阶级
向上发展有难度	从城市和乡村向上发展
改变工作受限	工作有弹性且适应性强
很难找到长期工作	自行扩充的就业率
贫穷或福利算有"保障"	缺少日用必需品

分，因为向新兴的贫民传福音通常较为容易。

中心城区的贫民区都是日益破败的出租房或私人住房，这里从前居住着中上层人士；我们可以称之为**绝望的贫民区**，因为这里聚集了那些失去盼望和无力改善生活的人。当然，这里也有初来乍到的移民，他们就近住下，便于就业；还有成千上万求学深造的学生。在巴西的圣保罗，差不多有一半的贫困移民搬到城市时，会选择先在贫民窟或棚屋区住下，另外一半则搬进中心城区那些快要坍塌的房子，然后他们会在四年内再搬入贫民窟。在中心城区绝望的贫民窟中，几乎没有社会凝聚力或积极回应福音的盼望。这些地方是老贫民区，受到几个世代的罪恶污染，对福音也没有兴趣，因此不能成为建立教会的首选目标。

根据人们的反应来看，集中先向**棚屋社区**传福音是较好的宣教策略，这些地方是**较有希望的贫民区**。因为，那里的人们已经在城市站稳了脚跟，找到立足点和工作，甚至也建立起一些类似于从前贫困地区的社会关系。

迎面而来的挑战

耶稣说："认识祢是独一的真神，并

> **根据人们的反应来看，集中先向棚屋社区传福音是较好的宣教策略。**

且认识祢所差来的耶稣基督，这就是永生。"（约17:3）面对在生命边缘垂死挣扎的人，需要我们以组织和政治等方面的努力去寻求救助、谋求发展。但真正能帮助他们的，如同杰出的方济各·沙勿略（Francis Xavier，早期到亚洲拓荒的天主教宣教士）早年所认识到的，世界上的诸多问题不是单靠政治和武力就能解决，而是要靠恩典和信心的奇妙力量。靠着宣讲十字架的道理，才能战胜那使城市渐渐走向死亡的权势。终究，只有大量义人兴起才能扭转乾坤！问题就在于如何先从贫民、而至有钱人当中循序推动领人作主门徒的工作。

厘清贫穷及其类型、起因和人们对福音的回应，就是第一个重要步骤。认清穷人广泛的需求及可能的回应，会帮助我们反思自己的神学态度和机会策略：在神学上看重神的心意，在策略上，与神同行，使机会成为现实。

附注

1. Lapierre, Dominiqu. *City of Joy*.（中译：于而彦译，《欢喜城》，台北：不二，1992）。
2. Moorehouse, Geoffrey. *Calcutta*, Penguin Books, 1984。
3. Ganguly, Tapash, "Pains of an Obese City," *The Week*, Nov 17-23, 1985。
4. Calcutta Metropolitan Planning Organization, *A Report on the Survey of 10,000 Pavement Dwellers in Calcutta: Under the Shadow of the Metropolis—They are citizens too*, Sudhendu Muukherjee, ed., 1973。

研习问题

1. 第三世界的穷人和西方世界的穷人有什么不同之处？
2. 请解释"绝望的"贫民区和"较有希望的"贫民区之间的分别。为什么区别这两者的不同对城市宣教如此重要？
3. 作者说"终究，只有大量义人兴起才能扭转乾坤"这一说法，对建立教会的策略有何提醒？

第97章 城市和盐——
维护公义、抗衡文化

蒂姆·凯勒（Tim Keller）

作者是纽约救赎主长老教会（Redeemer Presbyterian Church）的创会牧师。一直以来，该教会不断向来自不同文化背景的专业人士有效地传福音。救赎主教会植堂中心（Redeemer's Church Planting Center）已在纽约地区以及世界各地建立了一百多间不同宗派的教会。作者曾任威斯敏斯特神学院教授，有著作数部。

在当代福音主义中，最容易造成分歧的话题，莫过于基督徒如何处理自己与周遭文化的关系。基督教右派、传统虔信派、新兴教会以及新禁欲主义（新修道主义）等各个派别对此各执己见，争论不休。笔者将在下文中从各派见解取其所长、同时摒弃各自的偏颇和缺陷，作一综合讨论。

福音——既丰富又有力道

我们的当务之急是要更加丰富透彻地理解福音。不少人批评传统福音派所传的福音过于个人化，例如，最典型的街头布道通常是这么说："耶稣为你的罪而死，你可以和祂建立个人的关系。"批评者指出，这种对福音的老套解读方式，让人以为基督教的信仰无非就是为逃避现实而进入天堂。

许多福音派人士提议以"耶稣是主；天国近了"来代替这一老套的福音。根据这样的思路，耶稣的死与其说是平息了神对人类罪恶的震怒，不如说是承受了全人类的罪和恶行。基督借着祂的死击败了属世的权势，指出人类实现非暴力和彼此守望相助的一条道路，呼召我们归入天国子民的大家庭，为世界的和平与正义而奋斗。这些人不是从平息神震怒的代赎性救赎角度来看，而是从国度和胜过属世权势的角度来看。他们更为看重一种可以在现实世界中规范基督徒行为的福音，因为他们看到，过于个人化的福音在人身上产生的果效，只会使人们仅仅把福音当作"脱离地狱"的门票，而生命并没有因为福音而发生改变。

然而，这种认识往往混淆了律法和福音本质上的区别，而这正是宗教改革家阐释得非常清楚的，并且也是大觉醒运动的核心所在。我们得救是因为基督所成就的恩典，而不是靠我们的行为；若福音的核心只是"转离自我中心的生活，加入耶稣的天国事业"，那么终究还是一种律法主义。我们必须看到福音的丰富面和力道，必须传讲赎罪、因信称义和恩典这一"有力道"的福音，让每个人

回转过来归信基督。同时，我们务要传讲，耶稣救恩的最终目的不是逃离世界，而是成就一个完全更新的世界，也就是新天新地。如果我们的策略不是基于对福音透彻的认识，那么就无非是另一种试图摆弄文化的手法罢了，与前述的人并无两样。正是因为福音的力道才看出福音的丰富，能够在生命和生活的每一个领域发挥巨大作用。只有这样的福音真义才能推动我们更好地传福音，并且行出公义和革新文化。

作光——服事人，恩慈而切实

耶稣在马太福音第五章14-16节告诫门徒要作建在**山上的城**，他们的**好行为**像光一样影响未信的人，进而把荣耀归给天上的父。

仅仅是一群人、一个群体、一个人，不可能成为一座城，基督徒在社会中各自活出美好生活是不够的。那么，为何耶稣在此称我们是一座"城"，而没说一个"团契"呢？

基督徒蒙召在每一座世俗的城市中成为山上的城，在每一种人类文化中形成属天的文化，可以使败坏世人的性、金钱和权力被福音重塑、导向正途。

耶稣不是呼召我们去建立一座与世隔绝、巩固自我的城池。"好行为"在希腊语中不是指一般的道德行为，而是指怜悯和服事别人的行为。罗马帝国初期的基督教主教以关怀穷人和弱者而闻名于世，虽然基督徒只是少数群体，但是最终却获得代表当地社区发言的权力。早期的教会比罗马政府或其他文化机构更加用心、切实地帮助穷人，这是公认的事实。除非我们今天也这么做，否则我们就无法影响文化；如果教会对边缘人士置之不理，那么教会自身就会被边缘化，这就是神的公正。

当年神要以色列人为异教大城巴比伦"寻求平安和繁荣"（参耶29:4-7），今天基督徒也当让人——无论他们信不信主——看到我们一心服事人、为人求平安。神呼召我们成为每座城市里荣美的"光明之城"，神国之城的子民也应该成为地上之城"最好的"公民。

作盐——实实在在，显于文化

在马太福音第五章13节，耶稣又称信徒为"地上的盐"。人类发明冰箱以前，会用盐作防腐剂，让肉类保鲜不至腐烂。这个比喻与光的比喻恰好相对，光所带来的效果显著宏大，连瞎子都能够前来重见光明！相对的，盐发挥的防腐保鲜功用则显得朴实无华。基督徒的生活就如防止肉类腐烂的盐一样，可以防止文化的变质。不过需要注意的是，盐的比喻并没有要求我们推动彻底的社会变革。

盐也是消极面的比喻，盐可以防止伤口溃烂，但它会使伤口疼痛；就好比基督徒要捍卫真理、纯正的信仰和美好的情操，这难免会招来别人的反对（参彼前2:12）。耶稣借着盐的比喻教导我们，基督徒能够影响社会，防止社会在群体生活和文化上走向堕落。

盐的比喻还指出基督徒必须像盐一样扩散、渗透。我们这一群基督徒不仅要以抗衡文化的身分（"光"）影响世界，还要个个地分别把基督的信息和世界观带到社会的每个圈子和领域。在此我引用詹姆斯·亨特（James Hunter）所提出的隽咏佳句，把我们与文化之间当有的平衡描绘得恰到好处。他说："基督徒既不脱离文化（cultural absence），也不救赎文化，而是**实实在在显于文化**（cultural presence）。"我们既不应该像有些基督徒那样对文化变革感到悲观无望，也不要像另一些基督徒那样太过乐观自信，以为稳操胜券。我们了解光和盐这两个比喻的意思，又做了对照之后，发现两者之间有一种平衡。我们称之为"显于文化"，而不是脱离文化、漠视文化或"救赎"文化。作为盐，我们要在大众文化领域中发挥基督徒的影响力，并且以某些方式"更新"、重振和塑造文化。同时，作为城和光，教会好像一个独特和美妙的小社会，在给社会带来影响上扮演重要而显著的角色，却不是要社会基督教化，"取而代之"。

教会——言行并重

福音既丰富又有力道，圣经不仅指示我们向世界传讲福音，而且非常强调我们要施行公义和关怀贫弱。许多人担心重新强调怜悯和正义的事工，会取代二十世纪中期主流教会看重的充满活力的福音事工和灵命操练。

在此，认清"体制式"（institutional）教会和"有机式"（organic）教会之别，有助于我们明白这个问题。荷兰基督徒领袖亚伯拉罕·凯珀（Abraham Kuyper）认为，"体制式"教会是有组织的教会，由领袖和传道者治理、传福音、施洗和培训门徒。"有机式"教会则不同，是指一群受过门徒训练和装备的**基督徒**，用福音来

> 耶稣借着盐的比喻教导我们，基督徒能够影响社会，防止社会在群体生活和文化上走向堕落。

影响生活的各个领域。

教会的福音事工**不仅**要将福音传给非基督徒，**还要**以福音来塑造基督徒生活的每个领域。但这不表示教会要跟着带领者，像一个机构一样，集体去开展、装备信徒所要做的一切活动。例如，教会应当给从事电影制作的会友做门徒栽培，使他们的电影艺术深受福音影响。但经营电影制作公司则应是这些会友的事，而不是教会的事。

如果我们够敏锐地看出聚集在一起的"体制式"教会和分散的"有机式"教会之间的区别，那我们就无需为教会的使命是宣教还是更新文化而争执不下。从狭义和形式的角度来看，体制式的教会主要是传福音和栽培门徒；但从广泛的角度而言，基督徒蒙召是去抵制并医治世界上所有因罪而来的后果，无论是在属灵、心理、身体方面，还是在社会层面。要奉耶稣的名传道和劝勉，给无家可归的人遮风挡雨之处，为饥饿的人提供食物，照顾患病的人，为世人建设一个更为公正的社会。

工作——天职与信仰

体制式教会装备基督徒在世界上作盐的主要方式之一，就是栽培他们将信仰与

> "体制式"的教会主要是传福音,而分散的"有机式"教会则是蒙召去抵制并医治世界上所有因罪而来的后果。

工作结合起来。我们的信仰至少可以从四个方面重塑我们的工作观:

第一,纯正信仰改变我们工作的动机。专业人士容易为工作焦虑、陷入过度工作的泥沼,而福音可以防止我们以金钱和成功来决定人生意义和自我尊严;劳工阶层则容易陷入"为雇主干活"或把工作当作苦差事,但福音让我们把一切工作都视为"为主作的"(西3:22-23)。

第二,纯正信仰改变我们对工作的认知。对神的创造、神的爱和神的护理有健全的神学思想,可以帮助我们明白,即便像制鞋、补牙、挖水沟之类的工作,都是能同时服事神又建设人类社会的方式。文化产业由此成为一项重整物质世界、使之变得尊贵美好,并且促进人类社会繁荣的事业。现代社会单单注重专业技术、去挑战有难度的事情,不惜为之投入更多财力和物力,而纯正的基督教工作观不是这样。

第三,纯正信仰为基督徒在工作上提供更高的伦理道德标准。许多事情虽然不违反法律,但从基督徒的标准来看,却不够明智,甚至是违背圣经的不道德行为。因此,基督徒在工作中始终需要保持更高的伦理道德标准。

第四,纯正信仰让我们重思正当的工作途径。社会上的各行各业都被罪和偶像崇拜扭曲了,例如,从事医务工作的基督徒会发现某些做法可以给自己带来更多钱财,但是对病人却没有任何益处。在商业活动和市场行销中,基督徒可以看出那些让人功成名就、财运亨通的常规做法;虽然大家对此已经司空见惯,但是却损害客户甚至其他同事的利益。基督徒可以用基督信仰来分辨职场上各种流行的思潮和做法,进而在这些领域带来更新和改革。

城市——牧养与外展

如此全面的福音策略,在国际化大都市中尤其应展现出累累果实。一直以来,中心城市的居民以及他们的工作,对社会产生了巨大的影响。历史学家指出,公元300年,罗马帝国的城市人口以基督徒为主,在乡村则是以异教徒为主,公元1000年时的欧洲也是如此。城市居民主要信奉基督教,而广大乡村则多为异教徒。当城市人口主要是基督徒时,即便异教徒占全国总人口的多数,但社会仍受基督徒主导,原因何在?因为城市的走向决定了文化的走向。文化潮流基本上是从城市带动的,然后影响到其他地方。

这是否意味着所有基督徒都必须住在城市?当然不是。有人的地方就需要有基督徒和教会!但真正的问题是,基督徒和教会(教堂)代表着基督徒的存在,然而现在,一般情形他们在非都市化的地方,远比在那些有影响力的城市中发展得好。宣教学家告诉我们,即使是世界上许多基督教信仰发展迅速的地区,福音都还没有触及到中心城市的一般市民。

福音浪潮——信仰生态系统和广建新教会

为什么教会尚未充分地影响主要城市？这是因为只有波澜壮阔的福音浪潮才能深入城市的文化中心，这浪潮需由教会和事工团体形成一种相互依存的"生态系统"。一旦将生态系统建立起来，就能自然地增长和繁衍，无需人为的指挥中心调控指导。这个生态系统的核心是由许多不断倍增的新教会所组成的有机体，体现出本文所列各种"福音的自然特质"（gospel DNA）。

合作无间的事工群体

然而，体制式的教会不能靠自身构成这样的生态系统。这一生态系统的核心是许多生长旺盛的教会，再衍生出来多样专门事工，深入城市，触及各个层面，这是"体制式"教会无法做到的。这些事工包含：为生活在城中的许许多多家庭开办基督教学校，为新兴教会领袖开设神学培训课程；由基督徒在各自的行业中发展企业，以全新的福音化方式经营运作；还有各式各样非营利机构和事工，满足城市形形色色人群的需要；要有活跃的校园事工，不断地为教会和信仰生态系统培养新的年轻领袖。

最后，健康的生态系统还需要基督徒商业领袖、学术人士、神学家、牧师以及其他领袖不"各立山头"，而要团结一致，互通有无，彼此关心，互信不疑。他们必须全面考察自己所在的城市，找出可以促进信仰生态系统的各个部分发挥作用的方式。很可惜，多数教会都不愿意"跨出这一步"，投入充满变革能力的福音信仰生态系统。最好的方式还是从一开始就建立具有这些"福音自然特质"的新教会。

> **广建新教会是更新城市现有教会的最佳途径。**

为什么要建立新教会？

新建立的教会可以触及到新的人群。 新教会比成立很久的老教会更能有效地接触那些没有教会生活的人。大量研究表明，新教会领人归入基督身体的速度，是同等规模的老教会的六至八倍，原因何在？因为当教会成立的时间越长，其内部体制性的压力就越强大，导致教会必须穷尽所有资源和能力来照顾会友和内部成员，而无暇顾及教会以外的人群。这种现象很自然，某种程度上也是有必要的。老教会的稳定性是许多人所需要的，不少人是因为长期扎根在社区中、稳定又受人尊敬的教会所开展的事工，才归入基督的身体的。

新教会可以维系新的事工。 新教会在短短数年里蓬勃发展，可以在提供城里其他事工资源上发挥重要的作用。

新教会能够触及多元化的群体。 多多建立新的教会，是触及城市里无数多元群体的唯一途径。这些新教会能接触到源源不断涌进城市的新兴一代、新移民群体和新居民，又比老教会能更快、更机动、更放手地将事奉的责任交给新信徒；当然，就比老教会更容易接触到这些人群。也就

是说，我们不仅要在"福音荒地"拓荒、到"宣教工场"去建立教会，我们还必须持续不断地在城市中积极展开广建教会的事工，这样才能使城市基督徒保持一定数量。任何一间城市教会，不拘规模多么庞大，都无法满足多元化城市的所有需求；只有联合众多规模不等的教会，才能带出影响，真正触及每一个社区和族群。

新教会可以更新现有的教会。 最后有必要指出，广建新教会是更新城市现有教会的最佳途径，新教会常给整个基督的身体带来新的理念。人们在探讨新教会的发展时，常常提出一个问题："那么城市里现有的教会该怎么办？不需要坚固和更新吗？"老教会通常不太勇于尝试新策略，总觉得新事物在他们这里"不会奏效"。可是当城市里的新教会大胆采用新策略而非常成功时，其他教会最终也会看到，受到鼓励，也就勇敢去尝试。

不断建立生气蓬勃的教会，蔚为风气，是把福音带给整个城市最为关键的策略。其他诸如布道会、外展服事、福音机构事工、大型教会、咨询辅导，甚至教会更新等等，都不会产生像这样具持续性、扩散性的影响力。很多人对此不以为然，但是在做过研究的人看来，是毫无争议的。

基督——认同与对抗的典范

既要与你周遭的社群认同，**又要**对抗他们的罪，这岂不是很难吗？**既要**为一个城市祈求和平，**又要**让它接受福音，这能够两全其美吗？回答是既难也不难。在某种程度上，两者是相辅相成的。

刚信主的人多半特别充满活力和爱心，愿意积极投入宣教事工，以满足城市的各样需求。他们彰显的公正和怜悯，使得城市居民对于福音宣教事工更为认可信服。然而，一旦遇到需要"凭爱心说诚实话"的时候，如何在真理和爱心之间取得平衡便成了一大挑战。

不过，耶稣基督为我们树立了最完美的典范，在十字架上向我们显明了高深莫测的大爱。祂完全认同和接纳我们，亲自担负了一切的不公、苦难、软弱和死亡，而这一切本来是我们应当承受的。与此同时，彰显神大爱的十字架，也促使我们面对自己的罪。我们已经全然失丧，唯独借着神独生爱子的死才得拯救。耶稣在十字架上全然揭示了我们的罪性，让我们除了悔改别无选择，但同时又彻底接纳我们，爱我们如同最亲近的人。

研习问题

1. 作者所说"福音的丰富和力道"指的是什么？
2. 为什么在城市持续建立新教会具有战略意义？

第98章 消灭爱滋病

华凯（Kay Warren）、华理克（Rick Warren）

华凯协助她的丈夫华理克在他们的公寓客厅里创建了马鞍峰教会（Saddleback Church）。她投身于为爱滋病患者代言的事工。2003年，在马鞍峰教会启动了爱滋病行动项目组。本文摘自华凯所写Wiping out HIV, Christianity Today, April 2008, Vol. 52, No. 4。

华理克是马鞍峰教会主任牧师。他设计出P.E.A.C.E.计划，鼓励各国的基督徒和教会参与服事世界上最贫困地区的人们。著作等身，其中最有名的是《标竿人生》(The Purpose Driven Life)。

　　五年前，我在一份杂志上读到一篇有关非洲爱滋病情况的文章后，心里甚是忧伤。那篇文章深深地揪住了我的心，我感到震惊、恐惧，仿佛末日来临。

　　非洲有超过三千万人感染了这致命的病毒，我却一个都不认识！有一千两百万孩童因此沦为孤儿，而我却叫不出其中任何一个孩子的姓名，这怎么可能？这两个问题催促我去寻求神的心意，了解祂是如何看待爱滋病患以及深受爱滋病影响的人。很快地，我知道自己的心将再也无法平静下来。

　　爱滋病的严重情势深深地震撼了我，于是我和理克决定将接下来的人生投入到消灭爱滋病的工作。我们不满足于对抗癌症、肺结核或疟疾的方式，只能"控制住"，我们的目标是"消灭"爱滋病！

　　也许你会问：耶稣何时传讲过这样的社会福音？我们在大卫·米勒（David Miller）的人生经历中找到了答案。两年半前，理克在纽约的一个会议中见到他；会后，这个不修边幅、略显鲁莽的前海军陆战队队员靠近理克，问道："我罹患爱滋病已经有二十年了！我是纽约爱滋病解放力量联盟（简称ACT UP）的成员，因为抗议制药公司和政府对待爱滋病的态度，被拘捕过两百多次。当我需要帮助的时候，教会在哪里？"

　　理克请求他饶恕，回答说："我以基督徒和基督的名义，对你所遭受过的所有伤害和痛苦表示歉意。"大卫被理克的道歉震惊得往后跳了一大步。那天，他俩深谈了几个小时，理克邀请大卫参加即将召开的爱滋病与教会全球高峰会议（Global Summit on AIDS and Church）。出乎意料，大卫接受了这份邀请。

　　在峰会上，大卫和所有靠近他的人攀谈，大声抨击政府、医药公司和政客。峰会接近末尾时，他勉为其难地和其他爱滋病患者上台接受祷告。第二天，大卫和理克再次会面，大卫明言他无法饶恕那些对不起他的人。

　　接下来的一年，我们打电话和发邮件给大卫，还寄给他一些我们认为能够回答他疑问的光碟。我又去拜访他深爱的布朗克斯

（Bronx）社区，他带我去看那里的破旧房子、毒品贩子、皮条客和妓女。虽然大卫外表冷酷，但他为"同类人"感到心痛的表现可以看出他实在有一颗温柔的心。我们走到那些穷街陋巷中，大卫已泣不成声，喃喃自语地说着："你来了，我不敢相信你真的来到这样的地方！"

他的心逐渐软化下来，萌发出一线希望。有一天，他对我说："我开始思考，如果你们是真诚的，并且真的爱我，那么可能神也是真实的，祂也爱我。"

爱滋病与教会全球高峰会议于2006年十一月再次召开，大卫也出席了；虽然他心里还有点戒慎恐惧，但少了一些敌意。在峰会后的世界爱滋病日，理克怀着喜悦的心情，带领大卫接受这位深爱他那受伤灵魂的耶稣基督。大卫的人生、爱滋病，以及刚刚找到的信仰最终碰撞在一起。我们喜极而泣，一起庆祝这个时刻，大卫的生命从此有了盼望！

没过多久，大卫就开始大声抱怨，怎么之前没有人告诉他基督徒的生活有这么多规矩，他操着布朗克斯口音，直言不讳："要作一个好的基督徒，也太难了吧！我再也不能叫纽约市长纳粹分子，因为他是神所创造的！我也不能再去恨我的仇敌，还必须爱他们！"他心中那颗希望的种子，正在慢慢露出嫩芽。

2007年的全球高峰会议使大卫的灵性有了更深的长进，他有机会站在马鞍峰教会的讲台上作见证。第二天就是世界爱滋病日，理克把全身不停颤抖的大卫领到水里受洗。大卫一从水里起来，马上抱着理克，感动得流泪。几分钟后，一位海军陆战队战友听完大卫的见证后，也当场提出受洗的要求。这就是大卫展开善性循环的故事，一个多年来一直与官方的爱滋病制度抗争而变得异常刚硬的男人，如今在基督里成为了新造的人，又协助理克给另一个在基督里的新人施洗。

这样的社会福音事工有没有包含耶稣传讲的信息呢？我们可以问问这个焕然一新的大卫。神不仅关爱他的灵魂，也同样关爱他的身体。神的大爱穿透他那自我防卫的铜墙铁壁，并让他有信心深信自己是蒙神所爱的人。

我们的任务是让世人看见那不可见的神。如果我们敞开胸怀接受世人，伸出双手为神做事，迈开双腿为神奔跑，世人就能从我们身上看到基督！

附篇 98-1　教会：地上最强大的力量

华理克（Rick Warren）

教会是人类在历史上曾经创造出的最有力体系。尽管教会不停地受到攻击和残酷逼迫，也被大多数人忽视，但却依然屹立不摇，成为神所选择用来祝福世人的管道。各地教会不拘大小，都可以做出惊人的事情，尤其当众教会彼此联结、互相配搭时，更能做成大事，迸发出世界上最伟大的力量。故此，我认为世界上最大的难题，例如**灵性的失丧、利己式领导、贫穷、疾病、无知**，都必须由教会来解决。原因不难明白：

1. **教会的参与度最大，分布也最广。** 二十多亿人宣称是耶稣基督的跟随者，而且教会遍布世界各地。许多村庄里几乎没有别的设施，但总会有一间教会。教会是世界上祝福世人的最大向善力，任何其他影响力都无法与之相比。

2. **教会拥有最高尚的动机。** 耶稣颁布的大诫命是"尽心爱神，并爱人如己"。教会不是为了金钱、名誉或任何其他的目的去解决这些艰巨的全球性难题，是神的爱推动我们继续前进，无论前面的困难多大。

3. **教会的管理最为精简。** 比起政府机构和慈善组织，教会的行政制度最为简单，可以更快地形成合作网络。

像我们教会就鼓励每个信徒运用自己的恩赐、爱心、能力、个性和经验来做神呼召他们去做的事情。我们没有委员会，所以办事高效，无需层层领导的批准。

教会若专注于神的心意，就可以更有目标、更具策略，但事工仍然需要计划。许多人听过我们的"和平"计划（PEACE，译注：Promote reconciliation——培植教会促成和好、Equip servant leaders——装备仆人式领袖、Assist the poor——帮扶穷人、Care for the sick——照顾病患、Educate the next generation——教育下一代）。有许多教会参与在这计划中，你的教会也可能忙于其他的规划。我要说的重点是：若神期望祂的教会勇敢地去面对世界上的诸多重大挑战，那么我们就应该尽力制定最好的计划，积极采取行动。

也许有些人看到这些问题后会想："这些挑战太大了！我们怎么可能解决呢？"但如果神的子民热切祷告、积极筹备，然后靠着信心迈出步伐，勇敢地面对这些艰巨的难题，你认为结果会怎样？试想一下，数以百万计的教会，其中又有无数的团契小组，里面的每个人都各尽其责，一同迎战**全球五巨人**，我们的教会事工将会发生怎样突飞猛进的增长？

在神凡事都能！如果我们愿意真正成为神的教会，群策群力，那么我们就一定能看到这五巨人倒在我们脚下，正如当年歌利亚倒在顺服神的大卫脚下一样。

第99章　医治世界的创伤

约翰·道森（John Dawson）

作者是国际和解联盟（International Reconciliation Coalition）的创建者，该联盟致力于医治民族群体和社会各阶层之间的创伤，起初服事的对象是美国原住民和非裔美国人，之后该联盟形成了一个国际网络，从事医治许多国家之创伤的工作。自2003年起，他担任青年使命团（Youth With A Mission）国际主席，著有《为神赢得我们的城市：如何攻破属灵的坚固营垒》（Taking Our Cities for God）和 Healing America's Wounds 两书。

1974年洛桑世界福音大会之后，我们对世界的看法改变了！不再把世界看作是许多国家的组合，而是由许多族群组成。于是着手列出未闻福音的"隐蔽之民"，这份清单使我们全然改观，把目光集中在尚未完成的任务上。如今我们又走到另一个转折点上，发现还有另一份清单，就是对于普世福音大收割更具重大意义的"世界的创伤"（the wounds of the world）。

我们今天的世界伤痕累累。冷战结束了，跨国称霸的意识形态不是遭遇了失败，就是被证实脆弱无力。无神论的威权已经崩溃，连狂热的宗教原教旨主义也一直无法让信奉该宗教的地区和民族团结一致。

旧有的民族主义、语言、宗教分裂和部族身分意识迅速填满这一社会政治真空。以往的敌意变本加厉，旧恨带着新仇反扑回来，一时掩盖起来的长期裂痕重新浮出水面。

新世界（译注：指西半球或南、北美洲及其附近岛屿）城市移民之间的种族冲突，非洲的后殖民国家之间的民族战争，以及东欧民族宗教动乱，都再现了这一代人的祖辈遗留下来的根本冲突。

在这些冲突当中，对我个人生活影响最大的是种族冲突。我是一个美国白人，过去二十年间住在一个非裔美国人社区。媒体曾经报导几名洛杉矶警察在这里残忍殴打一个叫罗德尼·金（Rodney King）的黑人男子的事件。当时这些员警被无罪释放，整座城市发生了一场暴动，有五十九人在暴乱中死了，五千多间房屋遭破坏、被摧毁。这一连串事件使得这个社区闻名于世。之后世界各地的报章都援引了马丁·路德·金绝望的反问作为大标题："难道我们不能和睦相处吗？"他的问题至今仍然萦绕在我们心中，可惜，答案依然是"不能"！

人心充斥着嫉妒、恐惧和争斗，一如既往，但凡建基于虚假之上的体系和哲学，或妄图篡夺神国的企图，终将被神彻底挫败。国将攻打国，民将攻打民，假先知臆造的虚假盼望将反覆遭遇重大的打击，最终那敌基督一统天下的世界体系将完全崩溃。

和好的事工

然而，在这样一个时代，对相信耶稣、以代祷参与基督和好事工（参林后5:18）的人，不正逢其时吗？我们可以带给这时代正面的答案！只有与父神和好，所谓"他者"——不论性别、种族和文化的"差异"才会具有吸力，而不是张力，成为社会不安和分裂的因素。

这就是为什么耶稣把使人和好的事工，托付给在基督里得到救赎、富有生命的教会。异教徒绝对不可能成为和平的使者，因为世上只有一位和平之君。

当今，普世性祷告运动掀起的悔改运动正席卷全地，为着数世纪以来阻碍福音遍传的根本罪恶而悔改祷告。在上个世纪九〇年代的十年中，教会就开展了许多事工；最先开展的事工，是针对那些曾经伤害新西兰毛利人、美国印第安人和其他土著民族之问题。我本人就亲眼见证了满满一个体育场的基督徒痛哭流涕、纷纷涌上讲台的场面，他们不仅承认自己的罪，还为自己的群体伤害其他群体而认罪。

例如，1995年五月，四千多位来自186个国家的福音派领袖聚集于南韩开会，破碎、悔改及和解的感动弥漫在当中。土耳其和亚美尼亚的领袖彼此和解、相互拥抱；日本来的领袖跪下来请求其他东亚和东南亚人民的饶恕。我们相信，如此沉痛的悔改不仅彰显神医治的大爱，而且攻破了撒但长久以来坚固的营垒，开启了属灵大丰收的局面。

身为耶稣基督的教会，我们的目标向来是借着福音让人与神和好。然而，我们自身却成为这一目标的主要障碍；因为基督的身体里面存在的派系纷争，让世界一直无法"看见"耶稣。

最大的问题出在几个世纪以来喋喋不休的宗教争执。但现在我相信，我们终能为这个问题做点什么了！因为随着这波浪潮，我们为教会在历史上所犯下的罪不断悔改祷告。不同宗派、文化和福音运动背景的信徒彼此接纳，真诚尊重，前所未有。耶稣说过，当教会能够真正合一时，世界就会相信是天父差了祂来（参约17:21）。当教会愿意从划地自限、各自为阵的景况中跨越出来、合而为一，积极开展使人和好的事工时，世界一定会"看见"耶稣。

伤痕累累的世界

研究民族冲突，我们总会看到撒但如何将自义的恶念，深深地根植于各群体当中，导致彼此大动干戈，互相侵害。撒但似是而非的论调蛊惑人，使人各执一词，作出不义的判断，然后坐观他们彼此弃绝，恶言相向，以致暴力伤害……民族冲突因此不断加剧。

我们知道，两个民族彼此伤害多因自私自利和行为不公，而受伤的这一方又紧紧抱着旧有的创伤不放，于是仇恨敌意和苦毒积怨继续贻害好几代人，无法消除。

1995年在加拿大召开的一次会议上，来自四十多个国家的基督徒代表，拟出十四类民族和社会群体之间根深蒂固的结构性疏离。只有透过和好的事工才能解决这些问题：

1. 原住民和移民（例如澳大利亚土著与欧裔澳大利亚人）。

2. 残留的敌意。虽然司法公平实现了，但是伤害仍在持续（例如，因奴隶制的遗留问题，导致美国黑人与白人之间的冲突。或者，由于社会对残疾人士的需要不够重视，听觉正常的人和听觉存在障碍的人之间彼此隔离）。

3. 族群冲突（例如库尔德人和土耳其人，或胡图族和图西族）。

4. 国与国之间的冲突（例如巴基斯坦和印度之间的边界争端）。

5. 独立运动（殖民主义残留的问题，例如帝汶人抵抗印尼爪哇人的统治）。

6. 内战（例如波斯尼亚）。

7. 代沟或隔阂（例如从战场上返回的人与下一代青少年反文化的问题）。

8. 社会冲突（例如左派和右派意识形态在环境或堕胎问题上的冲突）。

9. 性别虐待（例如上个世纪四○年代，日本军队强迫韩国、中国和菲律宾女性充当慰安妇）。

10. 产业、贸易和劳资纠纷（例如农场的外雇工人和农场企业主之间的冲突）。

11. 社会等级的分化（例如印度种姓制度，社会主义的精英政治、土地和商业世家或贵族文化）。

12. 宗教间的冲突（例如基督徒和犹太教徒）。

13. 基督徒之间的冲突（宗派分裂）。

14. 基督教与族群之间的冲突（当基督教文明中的某些群体没有如实地代表神的属性，以致成为他们认识创造者的一块绊脚石时。例如，美洲印第安人的征服者所带来的消极影响）。

我们该如何应对由来已久、难以愈合的伤痛？答案很简单，就是借着耶稣的身体——教会——来彰显耶稣的柔和谦卑。

和好的榜样

犹太教和基督教共同的道德观在许多国家的文化中都有所体现，这使得我们可以对政府或社会实体寄予些许希望。但是我认为，和好的事工主要是具有生命力的教会的责任。毕竟除了耶稣以外，没有任何人能代赎人类的罪。

在过去的大复兴时期，教会总是非常重视公开认罪，呼吁众人改变心态、行事公正。同样，今天的基督徒也足以在这个混乱的二十一世纪成为和好的榜样。

如何作榜样呢？作为基督徒，我们相信认罪、悔改、和好以及补救是必不可少的。如果要为这个伤痕累累的世界带来医治，就要：

认罪：陈述事实真相；承认我们自己的不公正或损害他人的行为，也承认我的民族群体对其他民族或不同阶层的民众造成的伤害。

悔改：弃绝没有爱的行为，采取充满爱的行动。

和好：表达饶恕，也接受饶恕，努力与从前的宿敌友好来往，和睦相处。

补救：努力修复已经破坏的关系，尽我们所能寻求公正，或影响执政掌权者。

某些情况下，我们可以经由组织活动和仪式，让受害方和施害方的代表有机会表达悔恨和饶恕。

当然，采取这些行动的同时，我们承认所涉及的问题相当复杂。今天的新一代人除了要敬重先辈所做过的公义善行，还有责任为先人所犯下的罪寻求宽恕。我们必须诚实地面对这个问题，不仅要承袭先辈的丰功伟绩，也要承担罪过失败。这些都沉积在我们各自的民族身分感之中。

诚然，我们得救时就成为了基督的新妇，在祂里面不再有性别的藩篱，不再分犹太人还是希腊人（加3:28）。但圣经也教导我们，得着新生命之后，要更加负责地看重自己特殊身分中所包含的意义。

虽然每个人都要独自站在神的审判台前，无需担负先辈或其他群体所犯的罪；但神仍在寻找那些义心伤痛的人，他们像神那样为着人的痛苦而哀恸，甘愿承认吾国吾民所犯下的罪——这是真正实现和好的起点。

神的疾风巨浪

和解祷告运动似乎是神亲自掀起的汹涌浪潮，远超人推波助澜所能及。我深信我们正处于一个不同寻常的恩典时期，是慈爱父神施恩普赦的禧年。

我在1990年成立的"国际和解联盟"参与事奉，结合基督徒共同致力于运用基督徒的方式来解决冲突。本会增长迅速，很快形成一个由志向相同，但文化多样、来自不同教会的祷告勇士组成的国际性网络。这些人从事代祷、先知性事奉、研究、规划和培训，甘作使人和好的使者，召集一些"肃穆集会"（solemn assembly）和组织特别的活动，带领群众以公开的方式认罪、悔改及和解。

人们一旦彼此信任，在需要和解的重大事宜上达成一致，并决定共同采取行动，群体之间的和好就会发生。国际和解联盟帮助志向相同的人在联盟中彼此认识，相互学习。据我了解，有志推动和好的基督徒已经发起了六十多个这样的组织，和好运动已经蔚然成风。

事实证明，为着本民族或前人所犯的罪而悔改，可以成为一把开启之钥，让已经关锁了数个世纪的和好大门再次敞开。其中一个绝佳的例子是恰逢十字军东征九百周年纪念日，基督徒发起的"走向和好之途"（Reconciliation Walk）运动。欧洲裔的基督徒代祷者沿着十字军东征的路线，从西往东行，为史上十字军打着基督的名号所行的屠杀暴行向穆斯林和犹太人表示悔罪。这是一个十分惊人的举动！我不知道为什么要等九百年才为十字军犯下的罪行认罪，但我很高兴在有生之年看到基督徒在穆斯林地区的突破。

另外在美国，基督徒去印第安人惨遭压迫和杀戮的地方祷告；另一些基督徒在从前贩卖西非黑奴的着名港口举行祷告之旅的活动。在这些地方，美国黑人和白人相拥痛哭，一起学习重建基督里亲密的团契关系，这也是保守的基督徒一向不愿面对的。

靠十字架的大能得医治

我有一个威尔士朋友，名叫莱安娜·劳埃德（Rhiannon Lloyd），她在卢旺达开设心理创伤愈合课程，对象是在种族屠杀中幸存下来的胡图族和图西族，许多人

遭到强奸，肢体致残，或亲眼目睹亲人遇害……如果你是她，你会对这些惨遭蹂躏的人们说什么呢？

她是这样做的：召集受害者在教会的庇护所里待上三天，先劝导他们把自己最痛苦的经历写下来。当他们挖掘出这些撕心裂肺的事实之后，再分成几个小组，鼓励他们彼此分享自己的经历。虽然大家都如此小心翼翼地披露自己的创伤，但这通常是迈向重新信任他人的第一步。

最后，这些可怕的暴行被列在一张大纸上，所有在场的人都可以看到，然后有人问大家："神怎么看待这些事情呢？"她在那张大纸上画了一个象征基督的大红十字架，接着说："这十字架是唯一能担当我们痛苦的地方。这是基督来到世上的原因之一，祂不仅担当我们的罪，而且也担当了那些伤害我们之人的罪。站起来，把你心中的痛楚告诉神，你所看见的……那些刺痛你的事，如果你感到愤怒，就请告诉神；如果你控制不了情绪，不要压抑自己，因为神会与你同哭。"

起先，全场一片寂静，但很快哭声和哀号四起，克服卢旺达人素来的矜持，当场所有的人都在受难的基督面前把他们的痛苦、愤怒和绝望一股脑儿倾泄出来。过了一阵子之后，现场恢复了平静，大家轻声唱起一首老歌：何等恩友慈仁救主，负我罪愆担我忧……。

最后，莱安娜搬来一个粗大的木制十字架，还有一堆钉子放在地上。信徒们开始一个接一个地走上前，手里捧着一张张沾满泪水的大屠杀惨状实录，跪在十字架边，用钉子一一钉在那个十字架上。他们敲打了一整个下午，与各各他山上救主经受的痛苦遥相呼应，提醒我们耶稣完全体认我们的苦难！

第三天，奇妙的事情发生了。大家纷纷作见证说，自己明白了即使在大屠杀的黑暗时刻，神也在其中作工。他们还谈论到那些愿意与刽子手和解的基督徒，是灾难中最先牺牲的人，是可歌可泣的英雄！当他们感叹世人彼此残杀，神是多么痛心时，对神的愤怒也就渐渐转消，转而开始体会神慈悲怜悯的心肠。

大家内心的痛苦慢慢舒缓下来，开始愿意谈论饶恕。他们看到耶稣不仅是神无罪受苦的羊羔，而且是那位复活公义的审判者，祂施行公义毫不妥协。即便是现在，祂伸冤之手依然作工，报应那些给幸存者继续带来刻骨铭心之痛的恶人。

莱安娜再问："如果他们悔改，而且神也饶恕了他们，你会饶恕他们吗？"每个人都在思索这个问题，回想神如何洗净了他们内心的创伤。最后许多人表示，如果神饶恕了那些恶人，他们最终也要饶恕。这正是神所应许的"赐……华冠代替灰尘"（赛61:1-4）的美景实现。

医治千疮百孔的大地

最后，莱安娜告诉他们自己有这么一段亲身经历：

> 在我的祖国，也有两个族群一直彼此相残。在一次祷告会上，有一位英格兰基督徒跪在我脚前对我说："请原谅我们！我们常常把威尔士人看作牛马。"说著就开始洗我的脚。那一天，她以此谦卑的举动，表明并承认自己的族群对我们族群造成的伤害，我的心深深得到了医治。

莱安娜讲述的那段经历中隐藏着一把金钥匙，可以把素来封闭的、疏离的人与人之间、社会与社会之间的门户打开。当胡图族和图西族难以和睦地居住在同一块土地上时，莱安娜给他们带来了一份智慧的礼物。

你看！耶稣并没有要我们把十字架加在别人身上，而是要我们自己背负；这是我们使人和好的力量来源，是基督的十字架所启示的极大奥秘。每个信徒都必须背起主的十字架，让它光照洗涤我们的民族身分。神仍然在寻找许许多多像莱安娜那位谦卑的英格兰朋友，借着他们把基督的谦卑和医治带到万民中。

莱安娜所做的正是基于这样的真理，不过她还做了一件事情。身为一个在非洲人当中事奉的白人，她接受当地人怎么看她这个白人，并为此表达歉意。她虽然无法以官方的身分代表欧洲人，更无法正式替别人认罪，但是她明白世界上没有"笼统意义上"的基督徒，每一个人身上都带着历史族群的印记。对于非洲人来说，莱安娜显然来自一个长期殖民非洲的欧洲民族。

莱安娜清楚，她出现在这里会让非洲人回忆起从前遭受的排斥和不公正的殖民统治。她不想将自己与过去殖民统治之间的关系一笔勾销，推脱说："我不是从比利时来的。"或者说："那些都是上一辈的事，我的同胞也受到苦害啊！"她自愿站在民族关系的破口。圣经告诉我们神在寻找这样的人，他们不只是愿意为他人站在破口上求告神，而且还竭力修复人类之间破裂的关系。

神并不是要让从事和好事工的人感到罪疚。我们每个人都无法承担我们同胞或父辈犯的罪，但神在寻找在基督里得救的信徒成为"君尊的祭司"，他们也如古时希伯来的祭司一样，在神面前为以色列民族认罪，并在神和人的面前公开承认事实真相。如果你从来没有听过别人公开承认对你的伤害、或对你们同胞的恶行，你极难饶恕。反过来说，当有人以某种认同方式代表那些伤害我们的人认罪，并请求饶恕，赦免的恩典将油然而生，使我们豁然释放，愿意饶恕他们。

我最近读到一篇见证，是一位十九世纪三〇年代太平洋地区宣教士的故事。他在日志里记录下初次接触新西兰毛利族的情景。让我感到震惊的是，为了调停这些好战部落之间的血腥冲突，这群年轻的基督徒甘愿冒生命的危险，时常置身于决意复仇的双方中间，这样使人和好的事奉使得福音更有说服力。结果，在一个世代内，那里大多数人都成了基督徒。

今天的宣教工作更需要有这样的精神。在如今这个千疮百孔、积怨蔓延、族群关系破碎的世界，所有民族都深受其害。使人和好的事工应不单单停留在祷告的层面上，更要求我们活出基督作为神人中保并使人和好的生命。现今就是神眷顾的日子："至于你们，却要称为耶和华的祭司，人必称你们为我们神的仆人。"（赛61:6）

研习问题

1. 作者列出了使人和好的四个阶段。教会是否有必要以这样的事工影响社会？请列举理由。
2. 你从莱安娜从事的心理创伤医治事工中学习到什么？
3. 莱安娜如何以一个"局外人"的身分在胡图族和图西族的冲突当中定位自己？在殖民时期，她的本族在胡图族、图西族当中扮演了什么特殊的角色？

Part 3
教会拓展运动的策略

第100章 浅谈族群教会的建立

马盖文（Donald A. McGavran）

作者在印度出生，父母为宣教士。他于1923年重返印度，成为第三代宣教士，除了担任宗教教育主任教学院外，还将四福音书翻译成北印度语的查蒂斯嘎尔希（Chhattisgarhi）方言。此外，他创办了富勒宣教学院，是荣休主任。他曾写下几部极有影响力的著作，其中有《神的桥梁》（*The Bridges of God*）、《认识教会增长》（*Understanding Church Growth*）以及《教会如何增长》（*How Churches Grow*）等书。

基督徒宣教的目标应该是传扬福音，同时，还要依靠神的恩典，在世上每一种还没有教会的族群中建立——建立什么呢？是建立"一个教会"，还是"一连串增长繁衍的教会"？这里说的"世上每一种族群"是指某个城市、新开发区、种姓阶层、部落、山谷、平原或少数民族的人们。

笔者认为，我们不断追求的长远目标，不应当只是在一个族群中建立一个内聚定型、什么人都混合在一起的教会，而是"在每一个群体中建立一连串持续增长繁衍的教会"，不管这个长远目标在可见的十年八年内能否达到，我们仍当矢志不渝，追求到底。

内聚混合型教会

我们思考上文提出的问题时，应该清楚这一点，在一个没有教会的群体中建立一间新的教会并不困难。只要宣教士抵达了，他们一家就可以开始礼拜天的崇拜，成为新教会的首批会友！学学当地语言、传讲福音、介绍基督、活出基督徒的样式、帮助当地人解决问题、分发福音单张和小册子，免费送或是卖的都好，几年后，就可能会有几个来自不同族群的人归向基督。

他们或真有好的属灵渴求，或者因为无奇不有的动机来到教会，无论如何总会有一两位妇女、男人、小孩决志跟随耶稣。差会招聘的员工中也会有人信主，可能就是来盖房子的泥水匠、家里的帮工、去关心的一些灾民或孤儿。在非洲的宣教历史中，许多教会常常是因为买赎奴隶、使他们重获自由而建立起来的；若他们无家可归，就聘用他们，这样的人只要愿意信耶稣就可以决志归主。这是一百五十多年前建立教会常见的方法，但自从禁止奴隶买卖之后，就没有人采用这种方法了。

在上述情形中诞生的教会往往是内聚混合型教会（conglomerate church），会友来自不同的社会阶层，有老年人、年轻人、孤儿、灾民、帮工以及热心寻求真理的人。在了解他们的信仰状况、确定真心接受基督后，便可以在适当的时候建造教堂。好了，这个群体中有一个教会了！不过只是一间内聚混合型教会，与该地区的其他人分隔开来,没有当地人会说:"那群作礼拜的人是我们的自己人。"此话不假,就民族性而言,他们是一个与当地人相去甚远的社会单元。

增长不易

要使世上的万民作主的门徒,使用内聚混合型教会这种常见方法显得非常缓慢,但请留意主所说"世上的**万民**"(the **peoples** of the earth)的复数用法。让我们仔细考察这群会众聚集在一起的情形。凡有人悔改归主之后,都会被亲朋好友视为离开"我们",加入"他们",或离开"我们的"神,去敬拜"他们的"神。结果,这些信徒遭家人拒绝、被逐出家门,甚至遭到亲友下毒或杀害;当然也有稍微温和的例子,例如责难他们为什么作族人的叛徒。在这样的背景下建成的教会,往往被视为一群叛徒,因为他们逐个从不同的社群、种姓和部落抽离出来,组成了这样一个内聚混合型教会。

如果一个人因为成为基督徒而被迫离开或退出一个结构紧凑、组织严密的社会群体,那么,这样的宣教就是因小失大;得着一个人,却失去了一整个家庭。他无法再与自己人交往,因为家人、同族以及部族的邻舍都憎恶他,说:"你不再属于我们了,因为你离弃了我们,你爱他们胜过爱我们。现在你敬拜他们的神,却不敬拜我们的神!"结果,由此方式产生的内聚混合型教会增长非常缓慢不说,要使他的原生族群归信也难上加难了,因为他们认定:基督徒把我们当中的一个人带入歧途,不能再让他们误导我们其他人。

对宣教士较容易

这样"逐个"传福音的方式相对容易,大多数想要建立教会的宣教士,恐怕有九成都采用这种方式;但我必须强调,他们只能建立这类内聚混合型教会而已。这些宣教士辛辛苦苦地宣讲福音,传讲耶稣,出售福音单张和小册子,用好多方法来布道,欢迎慕道友,但是成效如何呢?只不过是这里一个男人,那里一个妇女;这里一个男孩,那里一个女孩;各人都是出于不同的需要而愿意成为基督徒的,所以他们不得不承受原生群体的反对,不论阻力大小都得承受。

对未得之民收效甚微

无论是在未接触过福音还是从未听闻福音的族群中,谈到教会在初到之地能够成长、还是很难成长,都要注意上述的观点。

但大多数宣教士不会认为前述是实情。他们会反问:"啊?怎么会?除了个别带领归主以外,难道还有什么更好的办法可以接触这些未得之民吗?我们做的不是像你所说建立内聚的、封闭的教会,不仅如此,我们还找到了不少切入点,得以进入每一个归主的人原属的社群。这才是实情。"

为此辩驳的人说得不错,那是因为他们只熟悉一般基督教地区常规的宣教方法。在这里,信主的人不仅不会遭到排斥或被视为叛徒,而且还被认为是好事一桩。在这样的社会中,每个归信基督的人通常都可以成为向亲朋好友传播基督信仰的管道。关于这点,无需争辩,我已在拙著《福音桥梁》中作了详细的阐述。

群体归主浪潮

现在我们来探讨神使地上万民作他的门徒的另一种方式。我所说的并非理论，而是显而易见的事实。环顾世界，你会看到大多数宣教士用"在社群中逐一领人归主"的方法，成功地建立了内聚混合型教会；不过，许多地方却用群体归主浪潮的方法建立了不少持续增长繁衍的教会，使整个族群或种姓接连归主。从许多方面来看，这种方式更好。要有效运用这种群体归主浪潮的方法，应该遵循以下七个原则：

1. 以建立一连串持续增长的教会为目标

宣教士应该清楚自己的目标。这个目标不是只在一个城市或地区中建立一个内聚混合型教会。宣教士可能有一点成效，但**这绝不能成为他们追求的目标**。真正的目标应该是建立一连串持续增长、繁衍的本土化教会，教会的每个成员都与其原生群体保持亲密的关系。若这些教会的成员来自同一民族、种姓、部族或社会的某一阶层，这些教会增长更快。例如，若你向台北的出租车司机传福音，那么你的目标不应当设定在赢得一些出租车司机，兼而带领几个大学教授、农民、渔民都来，而应当把目标锁定在整个出租车司机群体，和他们的妻儿、帮手和技工，建立由这些人组成的教会。如此，在一个特定的群体中引领人归主时，教会的会众自然就会有亲密的社会关系，每个人在这里都有在家的感觉。这是设定明确目标的好处。

2. 集中向一个群体

在宣教当地，本地教会领袖、宣教士及其助手，应该一起坚持集中向一个群体工作的原则。假设你打算在印度西南端喀拉拉邦（Kerala）的奈尔（Nair）人中建立**一连串持续增长、繁衍的教会**，那你就得把大部分宣教士以及他们的助手安排到奈尔人当中工作，传福音给他们，公开对他们表示："我们盼望你们庞大的种姓群体能信主，有成千上万的人跟随基督，并能坚定地留在自己的社群中。"那里，许多的奈尔人是共产党员，他们本来就讥讽自己的神明，当他们看到信主的人不再去拜旧有的神明时，许多奈尔人也跟着信，不再拜这些旧神明。

这群神呼召出来相信基督的奈尔人，会比过去更爱他们的邻舍，行事光明，蒙受救恩，成为一群良善美好的人；他们乐于成为基督徒，同时还保持着奈尔人的身分。容我再次强调：要集中向一个群体专注作工。如果你的团队有三个宣教士，不要安排一个去这个群体，一个去那个群体，又差派第三个到三百公里以外给别的群体传福音；这样的方法只能建立起一个个规模小、难增长、彼此毫无关系的教会。原属社会群体结构的内在凝聚力，实在顽强，会把群体归主的力量**抑制**下去。

3. 鼓励信者留在原属群体

这一原则鼓励信徒在大多数民俗习惯上与自己的民族完全保持一致。例如食物，他们不应该说："我的群体都是素食者，但现在我成为基督徒，要改吃肉了。"成为基督徒后，他们应该比过去更加严谨地遵守素食传统。穿着方面也是如此，应该继续和群体保持一致。在婚姻上，大多数族群都是在本族内通婚，认定

"本族人只与本族人结婚",对"与外族人通婚"就非常不以为然。

可是,若都是独自或少许几个族人信主,怎么与同族人结婚?当他们自己或是子女到适婚年龄,就不得不到外族当中寻找配偶。对此,同族人便会奚落说:"今天你成为基督徒,你后代的血统都不纯了!不过也没有关系,反正你已经离开我们,归属外人了!"

我们应该鼓励这些信徒以喜乐的心忍耐同族人的排斥、欺压甚至迫害。若真要追随一种新的生活方式,遭遇任何不满、反对,程度或大或小,都是可以想见的,因为他们的亲友爱他们。信徒应该忍耐,在任何逼迫之下鼓励自己:我要作比以前更好的儿子、更好的父亲、更好的丈夫,更爱你们。你们可以恨我,但我不会恨你们;你们可以排斥我,但我一定会接纳你们;你们可以把我逐出祖居,但我会住在廊边屋檐下,或到对街去住。总之我仍是你们中间的一分子,我会比以前更加珍惜我们的关系。

要鼓励信徒在多数的生活习俗上与同族人保持一致。请留意这里说的是"大多数",不是"一切"。他们不能和同族人一同拜偶像、醉酒或犯明显的罪;若他们原属的社群是以盗窃为生,他们就不能再偷窃。但在许多其他方面,如谈吐、穿着、吃喝、交通方式、住所、外表等等,仍可与原属群体保持相似,而且应该尽力如此。

4. 鼓励群体一起决志归主

这个原则鼓励使一群人一起决志归主。如果只有一个人决志跟随主,不要立即给他施洗,告诉他:"你要和我一起努力再去带领另外五到十个人归信基督;若神许可,甚至可以带领你同族中的五十个人来接受耶稣基督为救主,这样你就可以与他们一起受洗。"一个孤立落单的人,很容易被群体排斥的力量击败;但是信主的人数达到十人以上,就很难影响他们;到了两百个人,则更左右不了他们了。

5. 重点放在新信徒再去带人信主

这个原则的目标,是使族群中常年累月都不断有成群的人成为基督徒。不论东方或西方的宣教士,都常犯一个错误,就是在带领一些人归主之后,无论是一百、两百或者一千人,就把全部时间都花在教导上,认为"把他们栽培成好基督徒,然后福音自然而然就会传开"。

因此,宣教士在接下来的几年里,可能集中力量去栽培这几群会众。十几、二十年后,他们才继续向其他的人传福音,但此时已经没有人想信主,这种事常常发生。故此,这个原则鼓励宣教士持续接触新的群体。

你可能会说:"这样做,岂不会带出

许多灵性'贫乏'又不明白圣经的基督徒吗？如果我们照着这个原则做，很快便有一群'不成熟'的基督徒，就算人数可能高达五千，但都是些灵命肤浅的基督徒，有什么用？"

没错，当然会有这种危险。针对这个问题，我们只要认真查考新约圣经，就可以得到令人信服的答案：其实保罗只花了短短几个星期，有时候几个月去教导那些新建立的教会。我们应该信靠圣灵，相信神已经呼召那些人出黑暗、进入了奇妙的光明中。与其进退维谷，不是在真理上教导不足，就是任其成为一个内聚孤立的会众，接触不到原群体中的人；恐怕内聚孤立的危险更大吧？两害相权，还是宁可取其轻啊。

我们一定要避免让新归信基督的人处于内聚不动、封闭孤立的状态，必须确保教会不断有一群一群新的信徒加入，成为一个日益增长、不断繁衍的信仰群体。

6. 帮助信徒向同族见证信仰的盼望

无论归信的人是五个还是五千个，他们应当这样声明，或至少有这个自觉：

> 我们基督徒，是自己族群和社会阶层的先锋，要向亲友邻居显明更美好的生命之道。我们走出来一条新而美好的道路，不止对我们这些成为基督徒的人来说是美好的，对成千上万尚未信主的人也同样是美好的。千万别把我们当叛徒；比起从前，现在我们是更好的儿子、兄弟、妻子，是我们这个族群和种姓中更好的一分子，在工作中更加与你们携手同劳。我们仍然完全属于原来的社群，并要让大家知道我们所有人都可以拥有一个更好的生活，请视我们为带领本族同胞进入那奇妙应许之地的先锋队。

7. 强调同胞关系

这个原则的重点，是不断强调**族群之内的同胞之情**。我们一方面在基督耶稣里都合而为一，不分犹太人、希腊人、被囚的、自由的、化外人或西古提人；但同时我们也要谨记，保罗并没有抨击不健全的社会制度。他没有主张废除奴隶制，而是叫奴隶作更好的奴隶，奴隶主作更仁慈的主人。

保罗也在这段著名的经文中强调合一："不分男的、女的。"当然在寄宿学校或孤儿院中的基督徒还是会分男女宿舍，但在基督里却没有性别之分，无论是男孩或女孩，在神的眼里都一样宝贵。不同族群的人，在神的眼里也都一样宝贵。我们同样是罪人，也同样领受了救恩。这些都千真万确，但同时基督徒也要尊重社会中的某些礼节。

我们强调同胞之情，那么就要带领越来越多的各个**民族**（*ethnos*）、部族和社会阶层的人进入顺服基督的关系之中，这才是实现同胞关系的最有效途径。当社会每个阶层中的基督徒人数不断增加，越可能勾画出兄弟彼此相爱和社会充满公正、公义及美善的图景。事实上，每个社会阶层中都有大量委身的基督徒，才是实现社会公义的最佳途径——也可能是唯一有效的途径。

在我们强调群体归主浪潮的重要性时，千万不要误以为"个别逐一抽离社会而进入教会"是拙劣的方法。经这样方式信主的人非常宝贵，他们为了跟随耶稣，甘愿忍受群体的无情排斥。无论是过去还是将来，神都会透过这种方式将救恩带给人类；只是这样的方式过于缓慢，而且常常导致同族更难听到福音。

有时候，逐一领人归主可能是唯一可行的方法；若是如此，我们仍当感谢神，接受其中诸多的限制。我们要勉励所有经历迫害、受到排斥的基督徒，为他们所爱的人祷告，继续努力带领更多同族来相信耶稣，蒙恩得救。

逐一领人归主是神赐福，使教会增长的一种途径，群体归主浪潮则是另一种途径。在那些非基督教地区的全新禾场上，教会能有大幅增长，**往往都是**群体归主浪潮带来的结果，而不是逐一归主产生的。的确，人一个个离开原属群体而归信基督的方式，仍然是建立教会的常见方式。

神使用拙作《福音桥梁》，带出教会增长运动。我在书中打过一个比方，差会好像在沙漠中开始宣扬基督，情况相当艰难，归主人数不多，需要更多宣教士前来协助；但慢慢地，宣教士和归信基督的人找到突破口，从干旱的平原转而登上翠绿的山岭；那里人口众多，可以建立庞大且

> **在那些非基督教地区的全新禾场上，教会能有大幅增长，往往都是群体归主浪潮带来的结果，而不是逐一归主产生的。**

茁壮成长的教会，是带动群体归主丰收的沃土。

请想想这一比方，看神赐给我们什么，就接受。假如我们只能逐一带人归主，我们乐意接受，并引导他们完全信靠神；同时让我们常常祷告，在有人归信基督之后，我们可以进入更高且更葱郁肥沃的山地，或许那里有一大群**同属于一个社会阶层**的男女将成为基督徒，以此打开使地上每个族群归主的大门！

我们的目标应该是在每一个社会群体中推动归主运动，顺势运用原属社会群体的凝聚力来推动福音传开，引领众人脱离黑暗进入神光明的生命之道。我们要在一个接一个的群体中呼召人脱离罪恶死亡的权势，进入神永生的国度，让我们用最有效的方法来达成这一目标。

研习问题

1. 作者说："事实上，每个社会阶层中都有大量委身的基督徒，才是实现社会公义的最佳途径——也可能是唯一有效的途径。"你赞成吗？为什么？
2. 为什么作者坚持"一连串持续增长繁衍的教会"而非"一个单独教会"才是拓荒、建立教会的恰当目标？

第101章 教会繁衍倍增

乔治·派特森（George Patterson）

主差遣我们去使万"民"（族群）作祂的门徒，凡祂所吩咐的，都要教训他们遵守（太 28:18-20）。这表示，只有当遵守主命的门徒向一群人作工，到他们也能培训其他未闻福音的人群作主的门徒之时，我们才算是使这"民"作主的门徒了；因此，仅在一个族群中建立一个教会并不算完成大使命。我们自己或是受我们差派的人，必须能够开拓出会自发生长又不断繁衍的教会。其实在圣灵的推动下，教会本来就该如此，会**自然而然、自发自助**地拓植，无需人为"催生"新一代教会（徒 13:1-3）。

我在洪都拉斯一所传统的神学院培训牧者时，遇到了一些因传统因素而产生的惯有问题。在我看来，那些聪明、年轻的学生既然愿意来这全日制正式的圣经学校求学，应该还算是孜孜向学的，因此我一定要好好培养他们，在学成之后能回乡作传道人。谁知这些神学生毕业了，觉得神学院的烫金文凭和老家水泥土坯墙不太配称，还不如到外面像都乐香蕉公司那样的企业多挣些钱好。

我那神学院的主管很性急，责怪我们当老师的说："干脆把学校关了，培养他们作门徒好了。"

"不行，这太困难了。"我争辩道。

"这不成借口！他们都是一般贫困农民，大字不认得几个，勉强才能混口饭吃，你们倒好，把他们当成受过良好教育的美国中产阶级来教！"

于是，我写信给我的宣教伙伴（当年我们一同学习语言，后来分散到拉丁美洲各处），巴望着能博取些许同情。没料到，他们遇到的问题和我一模一样！

我向主管大吐苦水："看我这个老师，真是英雄无用武之地！"

他回我一句："那就用延伸式教学啊。"

"什么意思？"

他递给我一个臭味熏天的旧马鞍，说："你高升了。这就是刚成立的延伸圣经学校'布道植堂'这门课的座椅啦！"

经过几星期的奔波，脚掌也磨到起了水泡，我总算学会怎么和这只带我到处跑的骡子打交道了。于是我回去找我的主管，说：

作者现任教于俄勒冈州波特兰的西方神学院（Western Seminary）跨文化研究部，指导并训练宣教士前往世界各地区推动教会增长。他曾透过神学延伸教育和布道在洪都拉斯北部地方服事了二十一年。

"嘿！我能干这个推广延伸神学教育。还不错嘛！"

神学院主管警告我说："你最好把学生训练起来好牧养自己的教会，不然，这个延伸神学教育也得停！"

于是我走遍贫困村落、山区、小城，把教牧学给家里作主的男人（圣经中的"长老"型人物）送上门去。这些年长者跟他们还未成家的年轻儿子情况不同，他们得种地、上班，家中还有活计要忙，去不了我们的圣经寄宿学校；而且他们也没受过什么教育，吸收不了我们学校密集式的教学内容。但这些扎根村庄和贫民区的年长男性受人尊敬，比起那些单身的年轻人更易开展牧养的工作。靠着神的怜悯，我慢慢懂得如何给这些"长老"传福音，训练他们作主的门徒，使他们能够兴起来牧养村里一些小小的教会。后来，我逐渐看出成长了，不是表现在哪一个教会突然壮大或人数剧增，而是许多个小教会速度缓慢却稳定地发展与成长。当今许多福音未得之地也必是这种情形。

如果过去我先看懂新约圣经的"操作手册"，就不必花费这么多年的功夫苦苦探寻教会繁衍的原则了。之后我们认真应用新约中的门徒培训原则，使洪都拉斯和其他许多禾场的教会发生了倍增潮。有人根据这些原则也在别的地方做了一些尝试，结果在拉丁美洲和亚州的禾场都持续出现良好的成果，包括一些福音受敌视、不允许传福音的地区。

这些一般**原则**和因文化而异的**应用**的确是两回事；但是如果将圣经的原则和适应文化的方法结合起来应用，就能使教会在任何一处成为"好土"，不断增生繁衍。从神学的角度来说，正是这些"不好的土"才更需要去翻土耕耘，好成为可以让福音种子生长繁茂的好土，这种人还多着呢（罗5:20-21；太13:18-23；弗2:1-10）！

无论是不是宣教士，我们都能做以下四件简单的事，带领门徒继续再倍增门徒：

1. 了解和关爱你要培养作门徒的人。
2. 鼓舞你的门徒立即再去教导他们所培养的门徒。
3. 在爱中教导门徒去顺服耶稣基本的命令，这点最要紧。
4. 在门徒和教会之间建立爱和教导的责任关系，使教会可以繁衍倍增。

一、付出了解和关爱

我们一定要先了解和关爱一个群体，然后才可能使他们作门徒。耶稣让门徒"举目向田观看"，他们却发觉自己很难去爱周围的撒玛利亚人，因为他们见不得撒玛利亚人领受神的恩典。

把责任范围圈定在一个族群或社群

我们必须专注于一个族群，就是神托付给我们的那一个。保罗深知自己在神面前的责任范围（林后10:12-16；徒16:6-10；加2:8），知道要成立哪种教会、在哪里成立。要带动**教会繁衍倍增运动**，教会负责拓展植堂的团队需要有从神而来的清晰重点。我那时宣教的对象是阿关谷地（Aguan Valley）以及周边山区说西班牙语的群体，目标准确总是有益的。

每一个训练门徒的人，不论在国内或在国外，都要自问："我对什么人负有责任？"宣教士如果不这么做，那他宣教的地理和种族界线将模糊不清，就会忙不迭地追逐各种事工机会。

我曾经问一个想在中美洲探勘"黄金"的人："您的责任范围在哪里？""这个嘛，"他说，"我要为基督赢得这个国家。"他在不同的城市游走穿梭，去监狱、也去军营中讲道，还用小型飞机往好多村庄拼命投撒大量的福音单张。这事挺有意思，他本国的人也踊跃地帮忙筹措资金；但除非他学会和一个社群的人有发自内心的连结，否则，他永远不可能建立一个能繁衍倍增的教会。

在新的禾场选定你要事奉的群体，需要充分的研究分析和祷告，也要和其他宣教士以及当地同工商讨，并求神亲自引领。

了解一个族群一定要触及到这族人的内心，与欢笑者同笑，与哀哭者同哭；和两岁大的孩子玩弹珠，和他的爷爷下西洋棋（或任何一种人们在城镇广场常玩的游戏），输给他们说不定还可以增进你们的关系呢！在宗教方面的争执也是一样，不要老是"赢"；对一个初来乍到的人，什么事总"对"的态度是很要命的。

要学会欣赏当地人和他们的生活方式，尊敬那些耄耋之年的老人。要倾听、学习，直至发现当地文化或民间宗教中有助于传讲福音的内容。

让教会成为这民的教会

最初，我和大多数经验不足的教会增长同工一样，着手建立新的"布道点"，而不是真正的新约教会。有的人每周都去一个社区，那里有一群人聚在一起听他们在讲坛上演讲和演唱（唉，最起码是在试着唱一唱吧）。归信者没受洗、当地领袖没受训、圣餐也不领，谁也搞不清楚哪些人是基督徒。原本是要训练他们顺服主、为主牺牲的门徒培训被娱乐活动取代，一派美国宣教士惯有的作风！布道点按自己的作风自成一格，不愿变成顺服、好施而倍增的教会；如此，他们似海绵一般吸干了外来宣教士的时间和心血，却没有任何果实。倘若有丁点成果，那也纯属神的怜悯啊！

在考虑教会的架构、形式和组织之前，应先了解教会的人有能力做什么，并依此制订计划。我不希望你像我这样，费了如此之多的时间才明白——正式的讲坛布道在当今众多福音未得之地不起作用（还常常是违法的）。如果能多多了解你所服事的群体，还可以有其他多种不同的方式来宣讲神的道，例如用戏剧化的方式朗诵圣经和诗歌、运用道具、以说故事的方式讲圣经等等；唱当地同工作曲填词的歌曲，他们唱起依照当地风格自创的歌曲格外带劲。

要让新成立的教会对自己的身分有清楚的认识，就是你在这个社群的目标——建造一个定位清晰、顺服耶稣基督的门徒所组成的团体。

我犯过一个错误，就是在第一次施洗和领圣餐的活动中，让到场的外来同工多过了本社群的人，结果教会一诞生便夭折了。因此，一定要以该社群的人为主体，尤其是在第一次施洗和敬拜聚会上。否则，这个教会才诞生就不像他们社群中的团体，初信者感觉自己不过是被动地加入了外来者的某个组织；他们本可以相视而笑，喜极而呼："我们这里现在有自己的教会了！"然而，这份激动之情却被我剥夺了。一定要让他们视这个新教会生来就是社群的一分子。

列出在一个族群中倍增门徒的步骤

假定你对以下所有的因素都做了深入的研究，如种族、文化、后勤、城乡差异、语言相似性、教育和经济水平等等；你也学会了当地的语言，然后便和建立教会的小队挤上拥挤不堪的公共汽车，向你们的新禾场前进。你们在各个方面竭尽全力与本地人保持一致，这个队伍里有人来自另一个发展中国家（或者全部都是），你为此深感高兴，因为这样他们就不必经历那漫长的文化跨越期，而可多花几年去建立教会（当地人对宣教士的回应不够积极的话，文化契合就越得花时间）。

终于到了目的地，你安顿好、深呼吸、祷告、出门，结果发现附近住的差不多五万人，他们还以为耶稣就是美国影星约翰·韦恩（John Wayne）的表兄弟。现在该怎么办？

事工初期的作为往往会决定将来几年的工作方向，开头做得好将事半功倍，做不好则事倍功半。你开头做的是否对建立繁衍倍增的教会有利呢？正确的步骤因禾场而异，但万变不离其宗，总要先教导初信者遵守耶稣的基本命令（太28:18-20）。开创一个真正的教会最简单的作法就是：带出一群谨守主命的基督徒！在拓荒地区只要先有三、四个人开始一个小型教会，遵照耶稣的教导训练他们作主门徒，教会自会成长壮大。

可能的话，在此抢滩上阵阶段先不要兴办慈善或福利机构（和与建立教会无关的社区发展计划、办学校、开诊所等等），这些最好以后再做。在洪都拉斯，我们有社区发展工作，不过那是从教会中发展出来的，不是先做社区发展。我们用切实可行的方式教导会众遵守爱人如己的大诫命。如果圣灵将扶贫项目和建立教会的工作两相结合，当然会有帮助；问题是，依赖慈善机构发展起来的教会往往被外国宣教士左右，很少自然倍增产生新的教会。

若是既无经验丰富的传道人，又无良好的教会管理，要在拓荒的禾场创建一个能正常繁衍倍增的教会，可采取以下步骤（可根据当地情况作相应调整）：

1. 先向一家之中的男主人作见证。我们常给他们讲圣经故事，这样，他们马上就能讲给自己的家人和朋友听，虽然他们自己还没有得救！我们也和他们同去，示范我们讲述的方法。为什么先选择家中的**男主人**？因为我们是在一个男性至上的文化环境中作工（他们的文化中，男人通常佩带并随时使用锋利的大砍刀，大男人主义一词就是这种文化的产物）；若先做女人的工作，让她们带头，姑且不论对错，往往会限制新工作的拓展。但如果教会成立之初就有男牧师和男长老，女人便可放在较高的重要位置。所以，要留意你所事奉的社群有何社会规范或行为标准，尤其要留意教会给人留下的第一印象如何。

2. 立即给所有悔改相信的人施洗（可能的话给全家施洗），不要耽延。最初，我的做法就好似有只秃鹰栖在我肩上，随

时准备扑向远离教会的归信者；所以为了确保信徒确实得救，我迟迟才给他们施洗。不过，不久之后我发现很多人远离教会，恰恰是因为我这样做表现出对他们的不信任。神的恩典总是出人意外，祂的恩典满溢，临到我们这不配的人（罗5:20-21）。

3. 安排一种让受训的新长老能够带领且能够教别人照做的敬拜模式。不到本地领袖能够带领敬拜的时候，不要邀请**公众**前来。每周以领圣餐作为敬拜的中心，直到本地同工成熟起来，能谦卑宣讲神的话、带给人启发。

4. 只要有成熟的男性信主，就要立即组织他们成立临时的长老董事会，并给他们做示范，教他们如何为主赢得族人、如何牧养。要记得，这种做法是针对拓荒性的禾场，因为那里既无经验丰富的传道人，也没有良好的教会管理。随着教会繁衍倍增，我们必须像保罗一样，把神赐给我们的最佳人选都用起来，否则根本无人带领新门徒（徒14:23）。

5. 安排这些新长老参加在职的教牧训练，但不要因为训练而使他们脱离族人。两、三周和他们见一次面（条件许可的话可以多见几次），直到他们积极事奉的心被挑旺。

6. 列出预计开展的活动清单，并把教导基督和使徒的命令列为第一要项。让大家都清楚自己的前进方向，以及每项活动中需要学习的内容。观察你训练的长老在事工中如何动员族人，据此清单衡量他们在学习和牧养方面的进展。

二、帮助门徒建造其他门徒

立即培养所带的门徒也去带领人成为门徒。保罗嘱咐教会的牧师和教师要训练会众各司其职，建造基督的教会成为一个充满活力且能够成长的基督身体（弗4:11-12）。

和你培养的领袖互相砥砺

当初我和大多数初为宣教士的人一样，把自己看得过于重要，总是担心我带的门徒能否胜任，直到多年之后才学会放松心情，笑对自己的错失，相信圣灵必在我的学生中作工。怎样才能使我们和我们所训练的领袖、以及他们与所服事的对象之间，产生个别关怀、彼此相爱、互相切磋的关系呢？

保罗把他牧养的门徒提摩太留在刚刚成立的教会与众长老一起同工，吩咐他："又应当把你……从我这里听见的，交托给那些又忠心又能够教导别人的人。"（提后2:2）他们彼此之间这种充满爱的"师徒"关系一代又一代承传下去，多么感人！如果你还未像耶稣那样教导人、像使徒那样带领人，不妨亲自尝试一下，必会经历神的祝福！若是信心不够，可以先从一、两个有领袖潜力的人开始带起。让他们一边带职一边接受培训，帮助他们有效的服事。个别的门徒训练并不表示是"一带一"的训练（耶稣教了十二个门徒），也不只是帮他们解决个人的需求（耶稣大部分的时间是在训练那十二个使徒，成为教会的最高领袖）。

在洪都拉斯，我通常采用易于仿效和传递的方式教导一至三个学生，帮助他们每一个人有效的服事；他们都要把我教的内容、采用的模式，转而教给他们自己的学生，以及在第二、三代教会中牧养的对象。这些成熟的带领者继而教导其他人成为带领者，就如保罗吩咐提摩太那样再教导别的人。

这个链条环环相连，有一百多位教会的长老接受培训，预备成为牧者。新的教会一诞生，外来的同工就会招募一位本地领袖（通常是极受人们尊敬的长者），把自己所学的教义、所用的材料原原本本地转教给他；然后，这位新"提摩太"再教给自己初生教会中的新长老。只要每一个门徒培训者所做的一切都是所带的人能够马上模仿照做的，就会持续不断延伸下去，生生不息。教导和讲道时，我不是用以前惯用的专业方式（当地同工很羡慕这种方式，却学不来），也不使用电子设备，包括放电影，以及那些其他同工不会有的任何东西。这对于像我这个用惯了科技小玩意儿和最新科技来彰显基督荣耀的西方人来说，真不容易。

一旦我们培养了这种"保罗—提摩太"式师徒关系，基本上便无需主动谈论拓植教会一事。圣灵透过这种关系自然而然传达神的道，让这些"提摩太"积极主动，教会也就自发成长倍增了。起先我都是靠自己推动，没有好好信靠圣灵，定了诸多规定和条件，以保持教义和教会的纯正，让事奉者尽忠职守；结果该做的工都动不了，惨痛的失败接踵而至。于是我向神祷告："主啊，我不要建立一个属于我自己的大事工，只求祢让我帮助洪都拉斯人开展好的事工。"神应允了我的祷告。经过一次次的失望，我也学会了让人们自己依据提摩太前书第三章1-7节选择自己的领袖。

我们学到一个功课，既不先成立教会，继而为之训练领袖；也不先培训领袖，然后吩咐他们兴起自己的教会，而是将二者结合到一个事工中。一开始，我凭着骨子里的美国文化把机构划分为各个部门，各自开展事工；后来，我学会了由圣灵将各种不同的事工和恩赐都整合到合一的基督身体中（林前12:4-26）。

我也开始定下以领袖教育为重点的教学目标。但从以弗所书第四章11-16节那里，我明白领袖教育首先应当专注于在爱中竭力造就**教会**，所以提醒自己在授课的同时也要关心学生们服事的对象，而不只关注我的学生和授课内容。

之前，我还不懂得效法基督和使徒训练门徒的方法，那时只要学生答对了试题，或在教室里成功地演练讲道，我就很满意；至于他所学的有没有在教会应用、应用得好不好，我却没有注意，也不关心。后来，我渐渐学会放眼关注学生的事工，每节课一开始都会先听听学生的汇报，再针对他们遇到的实务问题来回应。我有时会先放下我预备好的教案，根据每个学生他们带领的对象当时有什么需要进行教导。

根据发展中的教会面对的需求和机会来定实用的授课顺序，在起初是很难的。但过了一段时间，正如新约书信所教导的一样，我的门徒培训课程大多都变成了**解决问题**的时机。创建繁衍倍增的教会必然会遇到问题，这一点不假；使徒们不也遇到了吗？怕麻烦，就别生养、别拓建教会。

以牧师为中心、消极被动的教会

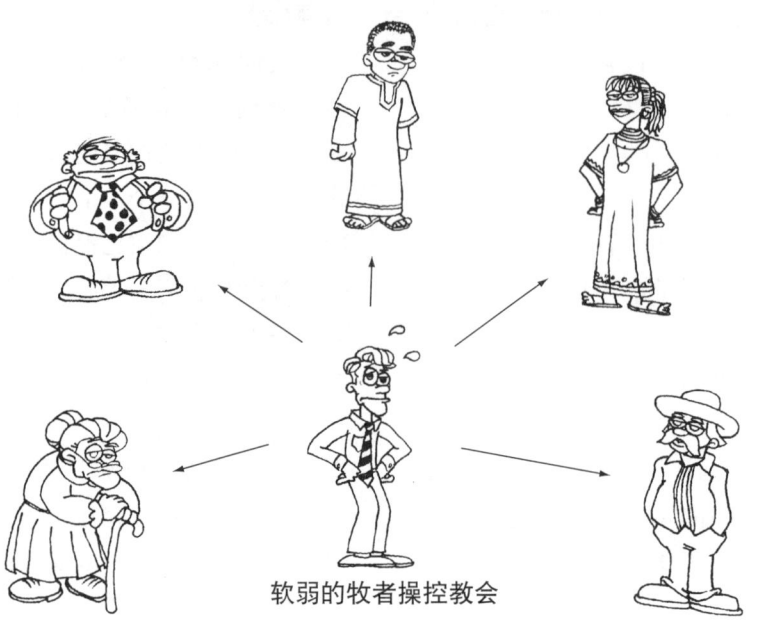

软弱的牧者操控教会

充满活力的教会中的互动关系

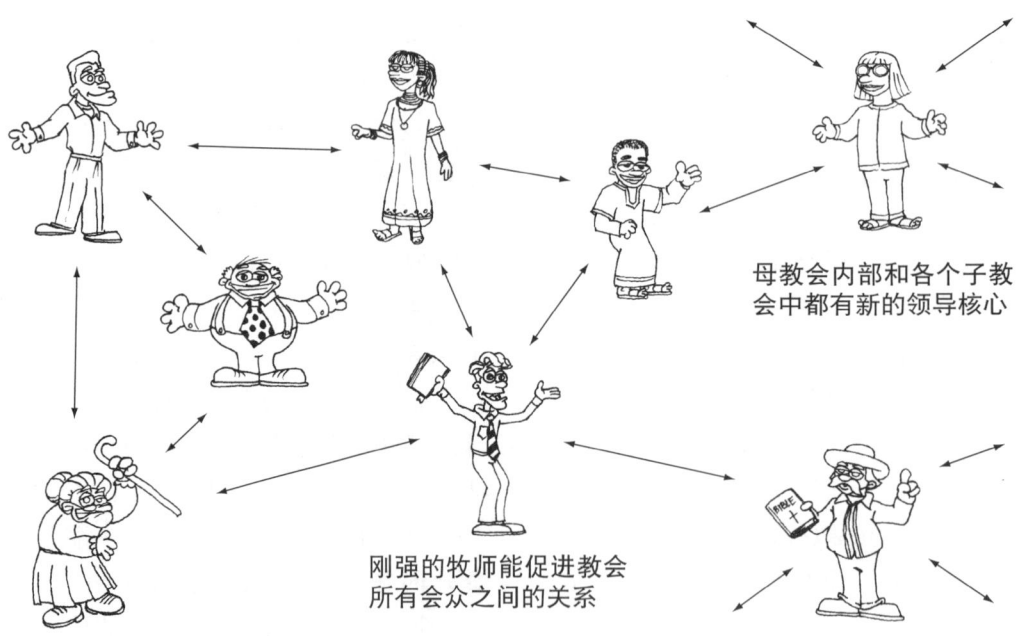

母教会内部和各个子教会中都有新的领导核心

刚强的牧师能促进教会所有会众之间的关系

鼓励领袖与他们的门徒建立彼此造就的教导关系

牧者或带领的长老为所有领袖先树立榜样，这些领袖继而推动新生会众也在爱中彼此服事。掌控会众，凡事都想亲力亲为，即便委派他人，也是苛责；这样的牧者是软弱的，是辖制而非带领（耶稣和彼得都不允许辖制群羊：太 20:25-28；彼前 5:1-4）。你觉得宣教禾场上的牧者是从哪里学来了这种辖制人的陋习呢？

这并不都是文化造成的，因为他们是从我们这些宣教士身上学来的。在我们拓荒的禾场里，新牧者拥有的唯一一个"榜样"就是从我这里看到的。因为我的学历高、资源多，所以就由我为那些文化不高的同工做决定；同时，我和大多数新宣教士一样缺乏安全感，过度保护新成立的教会。真正强的宣教士和强的牧者，不怕把权柄和责任交给他人，所以不会强行把有恩赐、也愿意为主服事的同工安排到自己的架构里，反而是让他们自己去建立事工。

三、教导众人顺服基督

首先也是最重要的任务是教导和实践在爱中遵守基督的命令。耶稣表明自己是神，拥有地上的一切权柄，之后便吩咐教会使人作祂的门徒，遵守祂一切的命令（太 28:18-20）。祂的命令高过其他一切机构的规定，乃至备受尊崇的《教会章程和细则》（*Church Constitution and Bylaws*）。

这种顺服总归是出于爱，若是出于其他任何原因而顺服神，顺服就成了彻头彻尾的律法主义，这是神不喜悦的。

就从因爱顺服耶稣基本的命令开始

在拓荒的禾场建立教会，要力求在每一个社群里都有一群委身遵守基督命令的信徒。这样的教会定义若是换在你研读神学的地方，或许成绩很糟糕，只能得个不及格，但是要知道——**附加的定义越多，教会就越难成长倍增**。以下几条基督的基本命令，是一定要要求归信者的：

1. 悔改并相信（可 1:15）
2. 受洗，活出新生命（太 28:18-20；徒 2:38；罗 6:1-11）
3. 切实爱神爱人（太 22:37-40）
4. 领圣餐（路 22:17-20）
5. 祷告（太 6:5-15）
6. 施予（太 6:19-21；路 6:38）
7. 使人作主门徒（太 28:18-20）

让他们熟记这些命令，以顺服来界定布道和神学教育的目标。假若不使这些命令成为信仰经历的根基，不可能成为一个顺服主的门徒，也不可能训练出顺服主的门徒，因为这些都是门徒训练和拓植教会最基本的要求。不要仅仅为了让人"决志"而宣讲福音，而要以培养顺服基督的门徒为目标，只有成为门徒才能在一个文化内建立自发倍增的教会。

以"悔改并相信"和"受洗"这两个命令为例，在西方文化中，一个人是独自在神的面前"决志"归向基督。倒过来，在很多其他文化中，一个人要真诚归向主，先要和亲朋好友商量一番；然后，全家或一群人一起相信、悔改并立即受洗，没有邀请作决志祷告的环节，这是常见的（徒 2:36-41，8:12，10:44-48，16:13-15, 29-34, 18:8）。

真正悔改比一个决志祷告会更彻底，神的灵作工，使人蒙获新生而带来长久的改变；其实无论在哪一个文化，纯理性的决志鲜能带来永久且顺服的门徒！

我们发现，如果我们适度早一点为悔改信主的人施洗，而不是先要求他们学习冗长的教义课程，绝大多数人就会回应我们的"门徒顺服培训"。详尽的教义学习可以随后再安排；先教繁琐的神学，然后再去学习像小孩子一样不够成熟的顺服不是很危险吗？这让人以为基督教无非就是接受符合圣经的教义，结果带出一个个消极被动学习圣经字句的人，而不是一群积极主动的门徒。

教导这些牧者把新约的命令作为教会一切活动的导向；让他们教导神的道时，要向会众说明权柄的三个层次，就是新约的命令、使徒的做法以及人的传统惯例。首先将新约的命令放在最重要的位置（包括耶稣和使徒的命令），以服事基督为首要；第二层次的权柄是使徒的做法，提供实用的范例和模式，我们可以自由选择是否仿效，做了也不予禁止；人的传统惯例则要加以评估，然后看有没有价值。

几乎所有教会中的结党纷争，都源于那些权力欲大的人。他们高举使徒的做法和人的传统惯例（第二、三层次的权柄），充当金科玉律，拉拢人心。我们设计了一本简单的教牧训练课程指南，依据前述基督的七个基本命令，收录了以下几个事工主题：传福音、祷告、施舍、教牧关怀、教导、爱人如己、品格塑造、辅导、敬拜、建立第二代教会和宣教。举凡圣经、教义以及教会史中重要的部分，又最有益于当时的教会的主题，大致都涵盖了。我们把神学教育和顺服基督的要点结合起来，避免纯粹教授专题，以保持训练学生顺服耶稣为中心目标。

如何取舍培训的科目内容、先后顺序，主要根据对当时当地的了解；教师要

圣经所述权威的三个层次

分辨和排列出权威的三个不同层次有助于愿意顺服基督的教会倍增：

1. **新约的命令**：这些命令带着所有属天的权柄，包括新约书信中耶稣默示给使徒的命令；适用于已受洗、较成熟并已经成为教会成员的信徒。对这些命令我们无权否定，只有遵行；这些命令的重要性永远超过任何人为组织的规条。
2. **使徒的做法（并非命令）**：我们不能强行把这些做法当做规条执行，因为唯有基督有权为祂的教会设立规矩，但同时我们也不能禁止使徒立下的先例。例如，凡物公用、按手在初信者的头上、经常在家中以同一个杯记念圣餐、一信主立即受洗等等。
3. **人为的传统**：指新约圣经没有提及，只有某一群人约定俗成的做法。倘若涉及纪律的问题，这惯例在天国里会获得认同（这只是对某一个教会而言，不应以自己的惯例加诸别的教会，太18:15-20）。

每一个层次的权威都有其价值。教会的领袖若能学会分辨权威的三个层次，并且只将新约命令视为不可妥协的权威，教会就能快速成长倍增。

多听听学生的需求，了解他们在教会成长倍增的过程中遇到什么难处。

四、帮助教会建造成长进而繁衍其他教会

健康的子教会之间，以及与母会之间需要建立充满爱且彼此造就的门徒关系（徒11:19-30，14:21-28，15:1-2, 28-31）。如果你的教会、拓植的教会、培训体系已经成形，更需要求这种彼此密切的门徒关系，不轻易做无谓的更改变动。

帮助新兴教会繁衍倍增

每一个教会都应像安提阿教会（徒13:1-3），差派工人建立新一代教会。如以弗所书第四章1-12节所述，神应许将"使徒"赐给每个教会（假定使徒一词泛指"奉差遣的人"）；这些"使徒"就是神安置在每一个教会中，渴望把教会的"基因"带到新地区的人。越久不去动员教会成长倍增，越难改变教会的思想！教导会众，像安提阿教会一样靠着圣灵的能力拓展基督的国度，舍得把我们的领袖派出去，舍得把十一奉献分出去，这是何等喜乐的事！仿效安提阿教会，祷告（并禁食）后为他们举行一个正式的差派仪式，按手在他们身上。请记住，教会的繁衍倍增不是靠个别信徒，而是依靠诸多**会众**的集体祷告及圣灵的感动。要让每一个新教会成为倍增链中的一环，参与拓展的同工只是其教会的一条手臂。

要求新教会的领袖制订他们自己的计划。他们必须采取主动（别把你的计划强加于人，只要教导他们与其任务相关的道，让他们自行回应）。例如，我们让差出去的传道人先画出一张大地图，上面用箭头标出自己教会、或新成立的其他第二、第三个教会准备传福音的各个村庄；然后，教会的工人在自己愿意祷告或预备传福音的城镇或社区旁签上自己的名字。

指导初信者向亲友作见证

在初信基督徒与家人及好友之间的亲密关系中，圣灵会随时运行动工（徒10:24, 44），所以要让新信徒与他们保持着爱的关系（切勿把他们从原有的社交圈子里抽离到安全的基督徒环境中，这样会使本来有助于传福音的密切关系变成障碍）。

我们准备了一些简单的福音学习内容（主要是圣经故事），就连没上过学的人也能马上用来分享自己的新信仰。我们陪他们一起去，给他们示范，尽量让他们能够马上跟着做。

在不同的教会之间建立彼此造就的门徒关系

最初，我只在本地会众中推行"肢体生活"，后来学会了在教会之间建立相互负责的门徒关系。让这个教会的长老牺牲一点，去对那个新生教会、或那个更新的教会做门徒培训，因他们还缺少有经验的牧者。

有时年长的长老不便旅行，新生的子教会的主要工人便每两周左右骑马去一次母教会。若是教会之间相距有一、两天的路程，师生便轮流跋涉于泥泞的小路上。切忌让一个母教会同时差派工人去几个子教会，这是很糟糕的做法，好像唯有这个教会才是被神使用、有能力去倍增繁衍的教会。

这种"中心发散"的策略（如下图所示）使工人筋疲力尽，也使母教会士气受挫。神的能力会给在一切有圣灵同住的教会，不仅使母会有能力创建子教会，还能训练子教会的新长老推动他们教会的发展，**进而**再增生出第三代教会。你只管训练门徒培训者，随后就静观其成吧！

倍增链不是控制人的权力等级机制：教师是志愿性的，没有机构赋予的权柄；学生也是志愿性的，他们一同工作。在教会之间建立爱的关系，帮助人们互相了解、彼此相爱、直接相互进行教牧事工训练，这需要付出汗水和勇气。在这个过程中，我们经历到有人遭枪击、有人被刀砍死、有人疾病缠身、身体羸弱，还有人险些溺毙……但这一切都是值得的。

现代西方宣教士最常犯的过错就是控制新开拓的当地教会。所以，我得学会避免重蹈覆辙，而让内住于教会的圣灵兴起各种事工，使教会得到造就和倍增。我所做的就是引导、鼓励、教导神的道，给他们一些忠告，不是紧紧催促。之后，我们就看到了连锁反应：一个延伸出去的教会网络衍生出五代教会，共有二十多个教会。

我们会偶尔会面，好再次确定计划，决定哪些村庄和社群由哪个教会负责。我们将整个责任区细分为九个地区，然后规划在每一个地区建立一个能倍增的子教会要采取的步骤。多年来，在洪都拉斯延伸圣经学院（Honduras Extension Bible Institute）修习教牧课程的学生，平均一年创建五个新教会，每个教会都有一至三名新传道人接受培训。尽管也有其他宣教士施压要恢复传统的教牧培训做法，我们还是把领导权转给本地人，教会也一直继续不断发展、繁衍新的教会。

如果由于倍增链过长而导致沟通不畅，只要重新调整教导的关系。别以为倍增链越长，教义就必大打折扣；因为在这种链条中，每位被圣灵充满的教师都同样热爱神的道，也就必然促使神的道满有能

"中心发散"的策略

"从中心发散出去"的策略很糟糕，因先入为主地以为只有母教会才有倍增力。这种策略使工人疲惫不堪，教会无法倍增。

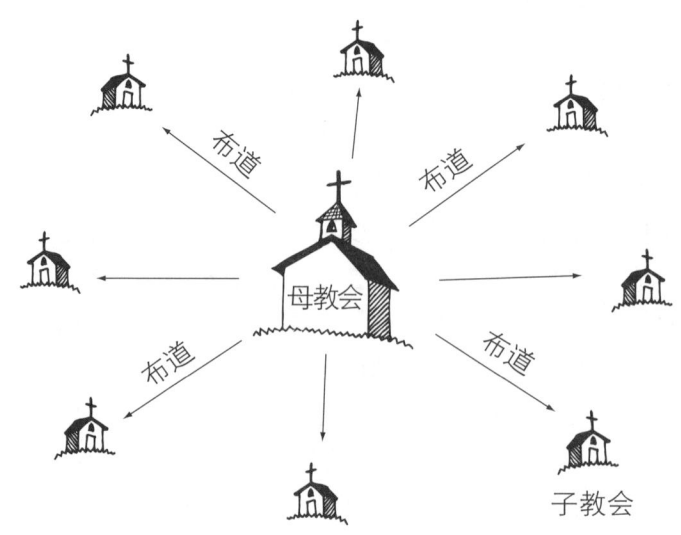

力地继续传播出去。我发现,最具活力的教会,反而是那一、两个和我这个外国宣教士断了联系的教会。但教会彼此之间的联系、有爱的双向沟通,是保持倍增繁衍的关键;也就是每个子教会的学生准确地汇报情况,然后教师又准确地将神的道应用于教会生活、实际需求以及各种发展的机会。

祷告求神保守,使这种自发倍增不为传统所阻。我们已经提到的障碍有:忽略门徒培训,以及没有在初信者受洗时就鼓舞他们遵守主的命令。另一个常见的倍增障碍是宣教士提供的贴补,这会扼杀当地同工的施予精神,还会养成依赖的心态;切勿剥夺这些贫穷信徒甘心牺牲、分享的施予之福!神必用属天的"特殊演算法"使他们仅有的一点加倍丰富,叫他们现今和永生都兴盛。用外来资金支付当地传道人薪酬的做法,十之八九会抑制教会的自发倍增力道,一旦外来资金供不应求,终究会带来极大的不满。

为教会的繁衍倍增力量祷告

倍增链上的每一间新教会如同一粒麦子,同样有潜力发展一个全新的倍增过程。在马太福音第十三章、马可福音第四章以及约翰福音第十五章中,基督将教会的成长和倍增比作植物的生长和繁茂;主的教会如神所造的所有其他生物,种子蕴含其中,能够自行繁衍。凡我们所吃的,都是神赋予动植物惊人的再生力所结的果实。

你只要走出门、放眼望去,这种力量随处可见——青草、树木、鸟儿、花儿、蜜蜂,还有婴儿;哪个受造物不为这奇妙的生命力欢呼雀跃?这就是神工作的方

延伸网络

延伸网络表明第二代教会倍增出第三代教会

第二代教会
第三代教会
第四代教会

布道与教学

母教会

布道与教学

式！繁衍倍增是神的做事风格。为此祷告吧！（若我们不恳请神动工，智慧无穷的神也"无计可施"，祂绝对的权能实在是被我们软弱的信心限制住了！）我们自身不能使教会成长和倍增，只会揠苗助长。保罗栽种了，亚波罗浇灌了，只有神使它生长（林前3:6）；我们播种、浇灌、除草、施肥、筑篱保护庄稼，倍增繁衍则依靠教会本身蒙神所赐的潜力。

不论在本地或宣教地区，只要是被圣灵充满、遵守耶稣基督命令的教会，必定会不断繁衍倍增。这是教会的本质，是那位从死里复活、厚赐生命的神子的身体！

研习问题

1. 根据作者的概括，基督基本的命令有哪些？使你带领的门徒以及他们所带的门徒遵守这些命令为何重要？
2. 传统神学教育的重点放在教育学生，而合乎圣经教育的重点则放在教诲教会。一般神学的教学方式和训练牧者的教导方式有何不同？请说明。
3. 没有正式神学院训练的牧者，也可能建立能衍生新一代、第二代、第三代甚至到第四代子会的教会吗？为何当一个教会的牧者不是科班出身时，更有可能建立起繁衍不息的教会？

第102章 生机勃勃的教会

尼尔·高尔（Neil Cole）

请回想别人常问及你有关教会的几个问题：你参加什么教会？教会规模多大？教会在哪里？用什么类型的音乐敬拜？属于什么宗派？牧者是谁？……这些问题看似重要，但实际上却没有抓住要点，都只是问些与教会**相关**的问题，而没问到教会**是什么**！那么教会究竟是什么呢？

经过一段时间辛苦的植堂工作之后，我忍不住向主提出了一个从来没有问过的危险问题："好吧！主啊，教会到底是什么？"这样问很危险，是因为我还没先弄懂就去做了。

对教会的见解，受到经历的局限

为了得到理想答案，我跑去找我的同侪和领袖，向他们真诚请教。谁知问题一提出来，他们也发现自己并不真正清楚教会的本质，于是开始了一波波的反思与讨论。当然，我们都有些个人的经验谈，也知道自己教会的传统，谈起来好像我们都很清楚这个问题的答案；但事实上，大多数的人并没有花时间好好思考这个问题，而在还没厘清教会的本质之前，就急着探讨如何把教会建得更大、更好、更多。

我们以为熟悉就等于了解，结果很容易误入以经验来定义"教会"的歧路；这么做，顶多让我们自以为是，以为问题很简单，却不知问题还多着呢！若要真正为"教会"下定义，那么我们必须以信心和勇气来面对圣经，而且想要真正了解教会是什么，我们也必须预备好面对始料未及的事。我读神学院时所了解的教会定义大多是描述性的，具有以下五个特征：

1. 一群信徒定期聚在一起……
2. 认为这是一个教会……
3. 要有合格的长老……
4. 定期施行洗礼、圣餐礼，也有教会纪律……
5. 有一套公认的教义信仰和布道目标。

作者是一名牧师和讲员，也是教会倍增联合会（Church Multiplication Associates）的创办者和执行董事，该联合会已在二十多个国家植堂。著有Cultivating a Life For God和《有机教会》（Organic Church: Growing Faith Where Life Happens）等书。本文摘自《有机教会》（2005年），版权使用承蒙John Wiley & Sons, Inc. (Hoboken, NJ)许可。

> 教会是耶稣与一群蒙召出来的人同在，使他们成为一个属灵的家庭，在这世界上遵行祂的使命。

一间教会若具备以上几点，很好。实际上，大多数教会都能达到这些标准。但我心中仍存疑云，于是我追根究底，去寻找除了这五个特征外，教会还应具备什么？从那时起，我就常常拿着这张清单去问不少教会团体："这张清单里到底少了什么？"通常，如果我等他们几分钟后，他们还没想到正确答案，我就直截了当地告诉他们："少了耶稣！"

有一位我所敬仰的导师——身兼神学家和宣教士——告诉我，这个定义已经预设了教会有耶稣同在，因为教会是**信徒**聚集的地方啊！我就反问他，为何有无合格的长老尚待确定，却假定耶稣已然在场？

这个说法暴露出教会的一个严重问题：教会更多是把重心放在一群人、奉耶稣之名聚集的场所上，而没有注重复活且与祂的子民同住、同在的耶稣。

让人看见耶稣

当人们开始注意教会的时候，特别是在西方，他们只看到教会里的人做了什么事情、发起什么活动。结果人们仍然不为所动。我们只会千方百计去研究"我们要做些什么，才能吸引社区里的人到教会"，但这个问题又问错了，不是吗？如此问法，就好像是我们要帮助神提升认可度。事实上，整个事情影响到的是神的名声，而不是我们的名声，我们无需去保护神的名声。请放心，神自己能搞定！

其实这样问还好些："人们怎么看出耶稣就在我们中间？"从哪里可以看出我们的生命和社区确实因福音的大能而改变？从哪里看出作父亲的恢复了圣洁和负责任的生活？看到女儿和父亲和好？看到瘾君子脱离了毒品的捆绑？看到富商为自己从前无人留意的罪行作赔？这类事情能够引导人们看出耶稣像国王一样真实地临到我们当中，关爱且治理百姓的生活。如此人们方能遇见这位又真又活的君王耶稣，体验到在地如同在天的神国。

如果我们对教会的认识没有包含耶稣，那么当我们尝试表达"教会是什么"的时候，当然就少了耶稣！

教会是什么：真实跟随耶稣的一群人

我逐渐认识到教会是：耶稣与一群蒙召出来的人同在，使他们成为一个属灵的家庭，在这世界上遵行祂的使命。

我喜欢这样宽泛的定义，因为圣经并没有给教会一个明确的定义，而我也不想做神还没做的事。我倒希望教会的定义能捕捉到圣经有关神国的论述；耶稣在福音书中只有两处提到教会，其中一处这样说道："因为无论在哪里，有两三个人奉我的名聚会，我就在他们中间。"（太18:20）祂的同在必须是教会的第一要素。

对失去真爱的教会，耶稣说了以下几句严厉的话：

"那右手拿着七星，在七个金灯台中

间行走的，这样说……你应当回想你是从哪里坠落的，并且要悔改，作起初所作的事。你若不悔改，我就要来到你那里，把你的灯台从原处移去。"（启2:1, 5）

耶稣警告悖逆和不健康的教会，要把代表教会的金灯台从祂面前移开。耶稣的同在是教会的关键；有祂同在就有生命，没有祂的同在就是死亡。祂应是我们身分最本质和最重要的体现，也是世人最能从我们身上辨认出的层面。

在西方，许多教会的事工是为耶稣而作，但不是靠耶稣而成。二者之间有着**天壤之别**！如果我们评价教会的标准不看人数或建筑物，而是容不容易让世人认出我们当中的耶稣；那么，我们的影响力将更加深远，制定出来的策略也会更有活力。很不幸地，我们的教会可能具备了传统教会的五个特征，却未能向社会彰显基督真实的同在和工作。然而，倘若我们以基督临在我们当中、并与我们同工为了解教会本质的起点，那么我们一定会看到更多成效。

有机教会

我们将教会倍增运动的一些典范教会称为"有机教会"。所谓有机，并非指不用杀虫剂就是有机，而是说教会是生机勃勃、满有活力的有机体。

教会的核心问题不是如何组织、训练或帮助信徒，而是我们如何爱耶稣、跟随和顺服耶稣基督。基督活着，祂正在建立属灵的大家庭，并与信徒一同完成祂的使命，这才是生机勃勃的教会该有的真实景况。教会应当是复活主的真实体现，这也是为什么圣经把教会比作基督的身体。

基督当居首位

迈克·弗罗斯特（Mike Frost）和艾伦·赫希（Alan Hirsch）更正了我们将耶稣和教会本末倒置的观念。以往，我们看教会是推动人作工、带领人归主的地方；实际上，是耶稣带领一群人去宣教，这些人继而带出硕果累累的教会。弗罗斯特和赫希正确地指出，我们应该以基督为出发点；他们认为，清晰的基督观能给我们带来最好的宣教观，进而产生最有果效的教会观。[1]

基督当居首位，我们受祂吩咐参与到祂的使命中。我们借由建立基督的教会、进而在地上扩展祂的国，则是我们参与这项使命附带产生的结果。我逐渐认识到，我们应当只管专心播撒耶稣的名，让祂来建立教会，使用祂的教会来作工。我们的任务是把人带到耶稣面前，尊耶稣为王，扩展祂在地上的国度，教会仅仅只是这工作的副产品。

生机勃勃的教会才能繁衍

恐怕我们把果实与种子混淆了。我们必须播撒神国福音的种子，而活出信仰、焕然一新的生命就是它结出的果子，这才是我们所说的"教会"。

一棵苹果树真正的果实不是一个苹果，而是更多棵苹果树！果实里有种植下一代苹果树的种子。在我们的里头，也都有这种子可以繁衍未来好几代的教会；所要做的就是依靠那位大君王的权柄，把种子播撒在每一个族群的心田里。

这粒种子就是在我们里头的基督。我

们把祂播撒出去，撒在每一个族群的心田，所能产生的变化无可限量。如果我们将基督和祂的国度摆在首要位置，必然能带出更多顺服王权的人。

在原文化中培育果实

我们的使命是寻找并培养基督的跟随者，而不是增加教会会友；两者之间天差地远，其不同之处可从信徒焕然一新的生命给社区和国家带来的改变略窥一二。仅仅将一群认可一套信仰规条的人聚集起来，根本配不上耶稣和祂为我们作出的牺牲。

我们建立了许多宗教组织，却没有播撒基督大能的同在；这些组织通常带有浓厚的西方架构特色，以及不服当地水土的价值观。若我们愿意在这些文化中单单传扬耶稣，帮助祂的教会在当地的土壤萌芽，那么产生自给自足和增生繁衍的教会循环就会出现；不需依赖西方，也不用脱离自身的文化环境。然而教会没有受到挑战，通常结不出当结的果子，所以，装备和"培育"教会接受挑战，让基督的生命在社会中兴盛，是非常重要的。

生机勃勃的有机教会不会产生竭力脱离自身文化的群体，他们反而愿意积极参与到自己的文化当中，让文化也更新变化。

附注

1. Frost, Michael and Alan Hirsch, *The Shaping of Things to Come* (Hendrickson Publishers, 2003), p. 209。

第103章 教会倍增运动

大卫・加理森（David Garrison）

作者曾担任美南浸信会国际宣教董事会普世策略联合副主席一职五年。因从事普世宣教工作而有机会前往八十多个国家。他曾在西南浸信会神学院、富乐神学院以及香港浸信会大学任教。著有 *Nonresidential Missionary, Something New Under the Sun* 以及 *Church Planting Movements: How God is Redeeming a Lost World* （2004年）。本文摘自 *Church Planting Movements*等书。版权使用已蒙许可。

> 你们当看列国，要定睛观看，就会大大惊奇，因为在你们的日子，我要作一件事，即使有人说了出来，你们也不会相信。（哈1:5）

几年前恰逢宣教士每年一度向差会总部汇报的时候，这节经文奇妙地活画在我面前。通常宣教士都很忙碌，少有人乐于花时间来详细汇报新信徒受洗、教会建立以及未得之民接触到福音的情况，针对这些关键领域，每一年的报告并无什么出人意料之处。

但这一年大为不同。在印度宣教的大卫和简・沃森（David and Jan Watson）夫妇，提出令人吃惊的报告。他们分享到，在那里一年之中有将近一百个城市、小镇和村庄新建立了许多教会，并有数以千计的人归主。

总部对此深表怀疑，直言不讳地说："不可能吧！要不是你们没搞清楚问题，就是没告诉我们实情。"

这话着实伤人，但大卫没有还口，只是冷静地说："你们亲自来看一下吧！"

当年晚些时候，大卫的上司带领一个调查组抵达印度核查。他们访问了大卫在报告中列出的地区，例如勒克瑙（Lucknow）、巴特那（Patna）、德里（Delhi）、瓦拉纳西（Varanasi）及其他小镇和村庄。事后，大卫的上司这样评论道："在我去之前，有满腹疑虑，但我们错了。我们所到之处的情况与沃森在报告中所描述的一模一样，神果真在那里行了奇事！"

大大惊奇……难以相信！这正是哈巴谷这里说的意思："你们当看列国，要定睛观看，就会大大惊奇，因为在你们的日子，我要作一件事，即使有人说了出来，你们也不会相信。"这些话在今天奇妙地活画出来了！

令人惊异的报告

次年，来自东南亚的另一个报告也描述到类似的爆炸性增长。又过了一年，在拉丁美洲服事的宣教士同样见证到数百间新教会自发倍增。紧接着从中国也传来两个类似的报告。自此，我们将这些

惊人的现象称为教会倍增运动（Church Planting Movement）。

类似的报导接踵而来。正如神所应许的，今天神正在我们当中广行奇事，吸引失丧的世人来到祂面前，教会倍增运动正是祂完成此大工的主要方式。

一名在东亚事奉的宣教士在报告中说："2000年十一月我们启动了三年计划，希望在三年后能针对一个族群建立两百间新的教会，结果才过了四个月，这一目标真的实现了。加起来前后六个月，我们就建立了三百六十间教会，有超过一万名新信徒受洗归主！现在，我还请求神再扩展我的异象。"中国某个省分的基督教会，在一个月之内就新建立了236间教会。2002年，在中国掀起了一波教会倍增浪潮，那一年里建立了一万五千多间新教会，超过十六万名新信徒受洗。

二十世纪九〇年代，在某个拉丁美洲国家的基督徒，顶住了政府残酷逼迫的压力，教会从235间增长到四千多间，有超过三万名归信者等待受洗。

西欧的一名牧师写道："去年，我们夫妇一起建立了十五间家庭教会。后来我们回国述职六个月，我们猜想回去以后不知情形会怎么样。不可思议！算一算现在至少有三十间教会，但我相信实际的数字可能达到两倍，甚至三倍。"

在中亚，基督教遭到敌视数个世纪之后，现在有许多穆斯林开始接受福音。过去十年间，在哈萨克斯坦有超过一万三千多哈萨克人接受了基督，在三百多间新建立的哈萨克教会中崇拜。

有一名在非洲服事的宣教士如此说道："过去的三十年间，我们在这个国家只建立了四间教会，而最近的九个月，我们却建立了六十五间新教会。"

印度中部的中央邦（Madhya Pradesh），也有教会倍增的情形；不到七年的时间，建立了四千间新教会。同样是在印度，奥里萨邦（Orissa）的库伊（Kui）族信徒，在上个世纪九〇年代建立了将近一千间新教会；1999年，超过八千名新信徒受洗；到2001年，他们平均每一天就建立起一间新的教会。

在蒙古国，一波教会倍增浪潮产生了一万多名新信徒。而另一波则在内蒙古赢得了五万人归主，这一切都发生在二十世纪九〇年代。

在过去的二十年里，我们在世界各地都看到，成千上万人因着教会倍增运动而进入了基督的国度。

什么是"教会倍增运动"？

简单说，教会倍增运动是指**迅速成长倍增的本土教会，在该族群或某部分人群中，广泛建立起教会的现象。**

以上定义只是描述教会倍增运动发生的现象，而非定规可能发生或应该发生的结果。在大量研究这些兴起模式后，我们总结出四个特征：迅速繁衍、建立众多教会、本土化、在一个族群或类似群体内。

1. 迅速繁衍

教会倍增运动的发展速度惊人。在很短的时间内，才刚建立的年轻教会就开始再建立新的教会。通常，子教会也会以同样的方式迅速倍增。

你可能会问："倍增多快才算快呢？"或许最好的答案是："可能就是比所有人

所想的更快吧。"虽然各个地方的倍增速度不同，但是当教会全速向某个族群传福音时，其增速总是超过人口增长率。

教会倍增运动并不只是增加几个新教会，而是成倍地增加。调查显示，倍增运动中的每间教会，几乎都在努力建立多个新教会。这或许说明了为什么教会倍增运动很少集中在特定地区，因为他们若不向整个族群或城市遍传福音，就不甘心！

2. 本土化

教会倍增运动是本土性的。本土化的字面意思是指从内部产生，而不是由外部开始。教会倍增兴起的第一批教会，可能是由外来宣教士建立的，但很快地，当倍增繁衍势不可挡，拓植教会的工作从外来者转移到当地人身上；因此，在短时间内，归信基督的新信徒，甚至可能不知道外来者曾参与到教会倍增的工作。在他们看来，这一股倍增趋势的表现、运作以及带来的感受都呈现本土特征。

3. 以教会建立教会

以教会建立教会是教会倍增运动的特征。虽然初期的教会可能是由植堂者建立的，但到某一阶段，教会本身就会参与到这一行动中。教会建立新教会，所建立的教会又建立更多的新教会；如此一来，初期发展的特征就发生某些改变，母会管不了第二、第三代教会开展的事工。当一批批新的教会出现，整个成长趋势就达到一个临界点。有人把这临界点比作"爆发点"（tipping point）、骨牌效应，或比作洪水决堤，呈现奔流直下之势。

从某些方面来看，真正的教会倍增运

> **教会建立新教会，所建立的教会又建立更多的新教会。**

动是一个"失去控制"的趋势。一般教会增长功亏一篑，没有发展成为倍增运动，就是因为败在这节骨眼上：起初建立教会的人想控制繁衍出去的教会。可是，唯有当繁衍教会的情势超过植堂者的控制范围，教会倍增情势才乘风破浪兴起。

4. 在某个族群内

教会倍增运动通常出现于某个族群或同质性高的人群内，这是因为语言和民族的共同性和共通性，有助福音信息的传讲。不过教会倍增运动一般不会停在这里，因为新信徒的生命被福音的大能改变之后，他们自然会把这美好盼望的信息带到其他族群当中。

神的工作和人的角色都很重要

在教会倍增运动的初期，宣教士或外来的同工扮演着吃重的角色；一旦族群开始回应福音，纷纷归信耶稣，外来的人就应当逐渐退出支配的地位，由新信徒领袖作头，去收割庄稼，继续带领教会成长倍增。

一直以来，有幸参与在教会倍增运动中的人，以他们的经验都毫不犹豫地将这样势不可挡的情况归荣耀给神，认为这完全是神的作为。有一位宣教士曾这样说："我们想拦阻也拦阻不了啊！"他的谦卑值得钦佩，但他的话却可能误导人。将教会倍增运动完全归结于神的超常作为，可能会让人忽略自己的责任；倘若只有神在推动教会倍增运动，那么当某些地方没有出现明显的教会倍增现象时，不就只能责怪神了吗？

事实是，神已让基督徒在这些倍增运动的成败中扮演重要的角色。在过去几年的经验里，我们了解到许多做法会阻碍甚至止息教会倍增繁衍；太多的事例让我们发现，就算是善意的行动，若没有与神同步，结果反而延缓甚至扼杀了教会的倍增发展。教会倍增运动能够奇妙地改变人的生命，但也容易受到人的破坏。

也因此，我们必须了解人在这些倍增的经历当中当扮演的角色，了解神如何使用植堂者、宣教士、本地人和外来者掀起这些倍增浪潮；同时我们还要知晓哪些因素会延缓、削弱甚至终止教会的倍增，这并不表示我们不相信神在救赎历史中掌权。研究并积极推动教会倍增运动，才表示我们真心遵从基督颁布的大使命："去使万民作我的门徒……。"

最后，引用一位宣教士精辟的话做为总结：

> 我们知道历史的最终结局，神必在万邦中得荣耀，至于这个终局如何实现，我们却不得而知。这一切既是一个奥秘，又是一场探险。

第104章 返乡宣教

安德鲁·钟斯（Andrew Jones）

我从"宣教工场"回到家乡，才发现原来自己从未真正离开过。

我在世界福音动员会（Operation Mobilization）参与短宣的那些日子，是我人生的转折点，改变了我的一生。这段经历使我确信自己的余生要作一个宣教士！那时，我的未婚妻黛比和我有同样的感动和志向，就一起加入"真道号"（M.V. Logos）福音船，在拉丁美洲服事了两年之后搬到美国，在那里结婚。

我出生于新西兰，十多岁时和父母搬到了澳大利亚。那时刚刚信主，但已参与街头布道和国内宣教一些时日；之后听到海外的需要，就决心"放下自己小小的野心"。我把车卖掉，买了一张单程机票直奔宣教前线。

两年之后，回到西方世界。天下之大，我们最后在南加州落下脚来。返回"大后方"居住反而让我们感到迷惘，因为我们一心想去一个地方宣教，去哪都行，但压根儿没想到怎么会是在美国？

只要顺服神，不问去哪里

后来，我们开始认识到，神给我们的呼召就是顺服神，而非"去哪里"，于是开始就地过起宣教式的生活。很快，我们发现身边还有少数完全未听到基督好消息的群体，国际学生便是其中之一；于是，我们接待他们，在教会帮忙开展学生福音事工，也在酒吧和街头与人分享基督。到二十世纪八〇年代末，我们已经开始了另外一种形式的敬拜聚会，看起来像咖啡厅的聚会。

二十世纪九〇年代初期，我们应邀回到宣教工场，这一次是去另一艘福音船上事奉。我很兴奋，以为我们即将投身"真正"的海外宣教工场。但黛比怀了我们的老三，这计划不得不改变，因为我们一家马上就有五口之多，怎么去挤在忠仆号（M.V. Doulos）四人铺的隔间里？于是我们不得不另外选择事奉工场。

那时，我们参加洛杉矶东部一间名叫布莱迪（Brady）堂的教会。我们的牧师汤姆·沃尔夫（Thom Wolf）投入颇多培训宣教士的工作，所以我们学到了许多对将来开展新的事奉极为有益的东西。

作者是一名宣教士，目前正在开发有宣教异象之创业人士的全球网络。有博客地址：tallskinnykiwi.com。本文摘自Forward Slash一书。版权使用已蒙作者许可。

> 我们爱他们，对我们来说，他们不只是一个特殊的人群而已，还是我们的同胞和朋友……他们就是我们的部落帮。

1994年，教会委派我们作宣教士，但是要去的地方并不是海外，甚至没有跨出本州；教会差派我们前往相去不过六百公里的旧金山，在一个缺乏基督见证的后现代亚文化群体中创建基督教社群。

近在咫尺却远在天涯：向后现代亚文化群体宣教

"创新文化一族"是对这个群体的一种称呼。这个群体包括成千的街头少年、年轻的吸毒者和其他生活在后现代亚文化中的人。他们受到多文化流派的影响，如哥特（goth）、庞克（punk）、锐舞（rave）、嬉皮士（hippie）、赛博庞克（cyber-punk）以及拥有自己聊天室和新媒体思维的新兴网络极客（geek）文化。我们爱他们，对我们来说，他们不只是一个特殊的人群而已，还是我们的同胞和朋友。我们甚至搬到他们所处的海德艾斯布利（Haight Ashbury）社区，住在他们当中，他们就是我们的部落帮。

在美国作宣教士或许比在拉丁美洲作宣教士更困难。我们接触的大多数美国年轻人都认为教会完全无关紧要。有些人和基督徒有过不愉快的经历，破坏了基督教在他们心中的形象，认为基督徒愤世嫉俗、行径怪异，总之，他们对基督教疑虑重重。

米利暗·阿德尼说过："很多美国人对于基督教满腹疑团，认为基督教强调人是罪人、压抑情感，给人类社会带来男性至上主义、世界资源的生态掠夺、种族主义以及自卑心态等流弊。"[1]

许多教会、宗派和宣教机构与我们并肩作战。其中最为有力的是那些很有历史的城市教会，他们领受异象，决意留守市中心，继续致力于使教会成为城市的属灵中心。这些老教会透过各项宣教项目和办些各年龄层一起的敬拜聚会，更新异象、再现新生。

虽然我们很享受和老的城市教会之间健康、共生互助的伙伴关系，但事实上，新酒最好还是要装在新皮囊里。我们看见许多年轻人将生命奉献给耶稣，生命也发生巨大的改变，但与"沿袭下来的教会"之间仍然存在难以跨越的文化差距。正如我的朋友丹·金博尔所说："他们喜欢耶稣，但不喜欢教会。"[2]

新型教会破土而出

为了避免硬把新生代信徒塞进现有的老教会，出现不尽如人意的结果，我们决定开始带动新型教会做法的风潮。到二十世纪九〇年代末，我们与世界各地有同样想法和做法的宣教组织联系起来，倾听彼此的事奉经历，很快就发现新一波的教会模式正席卷而来，不管是什么团体组织或是宗派，都不是翻波弄潮而已；此起彼伏的浪潮不仅在西方世界，也在全球掀起了滚滚巨浪。

我们看到很多类似的教会纷纷破土而出,最初在咖啡厅、家庭、酒吧、商场或其他适宜的公共生活场所中落脚。有些人把这些地方称为"第三空间",换言之,教会扎根之地既不是我们的空间,也不是他们的空间,而是介于两者之间。新型的教会没有聘请专业人士来管理,而主要是由平信徒带领;他们的组织架构是自下而上的,奉行信徒共同参与的动态教会治理模式,而非自上而下的静态教会治理模式。

新型教会的创建都很简单,都是本地人努力参与,通常没有预算,展现出来的却是一个充满活力的有机体。随着教会在群体关系和专注社群的宣教中日益成熟,他们就能自己组织成井然有序的蚂蚁王国(箴6:6)。

人们使用诸如"新人类"、"先锋型"、"新兴教会"、"新锐教会运动"[3]以及"后现代"等层出不穷的新名词来描述这类新型教会,但这些标签很快就因为人们沟通不当和心怀疑虑而搅浑了一池清水。

简单

我们还不能给这样的教会群体一个合适的名称,但无论我们给它冠以怎样的名称,这些在新兴文化中由宣教事工直接催生的新型教会,结构几乎都很简单。在许多重要的方面可能更接近初代教会,而非宗教改革时期的教会。这不免令人想起中国、印度、非洲和拉丁美洲等地不折不扣的本土教会运动,几乎都发生在当地的边缘群体和贫穷人中。这些教会组织模式精简单纯,有很多方面值得我们学习。教会的结构"简单",并不表示他们不会遭遇复杂的问题;事实上,西方国家中的城市教会生活繁复,涉及到许多彼此互不关联的群体,有忙不完的会议、节日、网聊、博客、宣教项目、祷告小组、各类兴趣小组、文艺活动及全市崇拜活动,不一而足。有时很难辨明这些复杂多样的教会活动中,哪些在一个人的属灵团体中占主导地位。与其说西方的教会生活单一化,不如说分割得很单元化。

欧洲

我们全家在美国过了几年经常搬迁的生活后,于2000年又搬到欧洲。很讽刺的是,我们越靠近西方基督教的发祥地,越感到欧洲大陆对福音的抵触。欧洲在许多方面比美洲或澳大利亚更具挑战性,基督教在这块土地上强大深厚的文化影响力早已化为尘封的记忆。

纽毕真说得好,他将英国称为"后基督教"文化的国家。和我一样,他也是从海外宣教返乡,却在自己的家乡面临着新的宣教使命。眼看后现代、后基督教社会带来的挑战,他语重心长地批判现代西方文化的宣教学著述"大大忽略了当今世界文化中分布最广、最具诱惑力和最为强势的文化"。[4]

学习

虽然世事沉浮变换,但福音却是永恒不变的。圣经是我们永远的罗盘,让我们得以行驶在正确的航向上。我和汤姆·沃尔夫在过去十五年里并肩事奉,从中我总结出以下三大原则。我个人一直努力奉行,我们的事工因此结出累累硕果。

宣教心视野
第四册：策略视野

1. 顺服耶稣

路加福音第十章，耶稣在差遣门徒出去事奉之前有详尽的吩咐；这些吩咐从前有益，今天于我们的宣教工作依然很有帮助。耶稣差门徒团队出去寻找愿意与神和好的人，就是圣灵所预备愿意接受神话语的人。宣教是向外流动而非向内流动：宣教的目的不是把人们吸引到一个一个的节目或活动，而是去到目标群体当中；所关注的是他们的日子怎么过的，不能只管自家发生什么事。耶稣吩咐门徒不要带行囊，因此可以这么说，我们也需要带着空行囊进入这些福音新工场，接受我们所服事之群体的款待。

我们应当活得像客旅在外，而非摆出阔佬施恩的姿态；如此，福音事工就能够在所谓宣教的后方不断拓展，有人称之为"后殖民宣教"。

2. 效法保罗

使徒保罗式的事奉榜样对我们今天的宣教仍具有教导意义：

保罗首先鼓励提摩太为在上掌权者代祷，这几乎是与耶稣在路加福音第十章的教导相对应的。保罗又劝勉提摩太说："为了这事，我也被派作传道的和使徒……作……教师。"（提前2:7）他在第二封书信中差不多原封不动地引用了这句话（提后1:11）。

保罗在他人生的最后阶段，将他所作的事工和如何服事，简明扼要地指教给他的门徒提摩太。除了以"祷告"为基础，保罗的事工角色表现有以下三方面：

● **信使**（Herald）：信使是一个说故事的人，他用适合听众文化处境的适宜方式讲述神的作为。在西方世界，说故事的人通常是艺术家，因为艺术以极为深刻的方式述说人们的故事。我们现今生活在一个媒体新科技、博客和视频直播（现场直播）构成的世界中，可以靠搜索引擎快速地收集到许多故事和事实。我们需要熟悉社会媒体和资讯流动的新型传道者，继续传讲救赎的故事。

● **使徒**（Apostle）：保罗是一位开拓新局的人，他勇于开创新的架构，以保留和传递新生的信徒群体的生命活力和见证。我们的新世界正在涌现许多传福音的机会，五花八门的新策略也在不断形成。宣教策略专家艾伦·赫希认为今天需要"使徒型天才"。[5]

● **教师**（Teacher）：保罗用富有创意的方式传授他的知识和经验，使下一代可以站在他的肩膀上，将教会的教导代代相传。我们也需要教导敬虔忠心的人，让他们可以教导别人。

这四个宣教模式和规律的效用不证自明，也把我们连结于早期教会。我有时把祷告、信使、使徒、教师简称为"PHAT"（音同"fat"，意为肥胖），年轻人听了总是付诸一笑。有的时候，我会用更通俗的话来表达，我们的宣教任务就是交朋友、讲故事、办派对和送礼物。

3. 整全的宣教

汤姆·沃尔夫预测"二十一世纪宣教的主战场是在商界"。这不仅言中海外宣教的情形，更是当今宣教的普遍特性。

一直以来，宣教和营商之间都有紧密的关系。初代教会就是如此，使徒保罗曾以织造帐篷为生；修道院运动便是透过贸易通商这一强大的推进力，把福音带到世界各地。早期更正教宣教运动，例如莫拉维亚弟兄会（the Moravians）和宣教事工中大胆创新的克里威廉等人，都是一边服事、一边经营小企业。十九世纪五〇年代，"英行会"（CMS）的亨利·魏恩提出："合作经营小企业，开展公平贸易，使宣教可持续发展，无需依赖国外资源。"[6] 现今商务活动亦渐渐成为西方世界的主要宣教平台，这也在预料之中。现在很多人都在谈论宣教的"第四领域"或"谋益性事业"，[7] 以及可持续发展的社会企业这样的话题，殊不知，这些都曾是海外宣教领域司空见惯的。

最近，我们开始参与营运媒体演播室和许多小型商店。突然之间，我们涉足到城市生活的中心地带；那不是传统意义上的宣教站，也不是修道院，而是集属灵、商务、媒体和爱心接待于一身的中心。但是我在猜想，要是一千多年前在这片土地上生活、劳动和祷告的凯尔特修道士生活在今天，他们会怎么做？我觉得他们会做非常类似的事情。

仍在学习

我们仍在学习，还会犯错。今天的世界比以往变化得更快，我们仍在探索适合于西方文化的宣教理念。

如果大卫·博许言之有理（我想他是对的），宣教学很可能"涵盖生态维度，它一定是非主流化的（但不是逃避现实）；它必须是跨宗派和处境化的，由平信徒参与和主导。只有当本地敬拜神的信徒群体发出见证，鼓励人们与所属文化积极互动，并且推动信徒群体与所处社区展开积极对话，我们为基督所作的见证才有可信度。"[8]

附注

1. 米利暗·阿德尼（Miriam Adeney），"Telling Stories: Contextualization and American Missiology," *Global Missiology for the 21st Century*, ed. William Taylor。
2. 丹·金博尔（Dan Kimball），*They Like Jesus but Not the Church: Insights from Emerging Generations*, Zondervan, 2007。
3. *In The Emergent Church: Christianity in a PostBourgeois World* (1981)。Johann Baptist Metz 预示，西方文化中将会出现一种新型教会，并且是从边缘群体以及社会里的草根阶层中涌现出来的。
4. 纽毕真（Lesslie Newbigin），《希腊人视为愚拙》（*Foolishness to the Greeks*）(Eerdmans, Grand Rapids, 1986)。纽毕真的洞见激发了相当多的运动，他寻求以宣教的思维模式，来贴近后现代和后基督教时代的西方社会。这些运动包括"福音与我们的文化网络"（The Gospel in Our Culture Network）、"领袖网中的年轻一代领袖"（Leadership Network's Young Leaders）以及 Allelon 发起的"西方文化中的宣教计划"（Mission in Western Culture project）。纽毕真为罗兰·阿伦（Roland Allen）的《宣教方法：圣保罗的？还是我们的？》（*Missionary Methods: St Paul's*

or Ours）一书所写的引言将后者的宣教着作重新介绍给新一代读者。

5. 艾伦·赫希（Alan Hirsch），*The Forgotten Ways: Reactivating the Missional Church*, Brazos Press, 2007。

6. *To Apply the Gospel: Selections from the Writings of Henry Venn*, edited by Max Warren, Eerdmans, 1971, pp. 186-188。

7. "谋益性事业"（For-Benefit Businesses）是新兴的"第四领域"（Fourth Sector），不同于政府、工商企业和非营利组织等传统领域。第四领域的企业像营利性企业一样，会生产范围宽泛的有益产品，以提高消费者的生活品质，创造工作机会，对经济作出贡献。谋益性事业尽量把所有人的益处最大化，并且把所产生的经济"利润"投入到推动社会公益事业中。见 http://www.fourthsector.org/for-benefit-organizations.php。

8. 大卫·博许（David Bosch），《相信未来：迈向西方文化式的传教学》（*Believing in the Future: Toward a Missiology of Western Culture*），Trinity Press, 1995, pp. 55-60。

第105章 全家传道，整家归主

蔡伟贤（Wee Hian Chua）

年份：1930年
地点：中国西北地区
目标：建立本土教会，大范围开展乡村布道
个案研究：
1. 两位欧洲单身女宣教士的宣教方法和策略。
2. 山东曲阜小群聚会处的宣教方法和策略。

个案研究之一

两位满有恩赐和献身精神的欧洲姊妹被差遣到中国的西北地区，在许多乡村里布道和建立教会。她们能讲一口流利的中文，忠心热诚为主作工，十年之后终于建立起一间小教会。这间教会的会友大多数是女性，她们的孩子也定期来参加主日学。外来访客一进到教会便会发现这里不见男人的踪影。两位宣教士在她们的宣教报告和代祷通讯中都提到，那里的男性普遍"心里刚硬"；此外，想要接受洗礼的青少年还受到父母反对。

个案研究之二

1930年，小群聚会处在山东掀起了一波属灵的复兴。许多信徒变卖自己的一切家产，响应聚会处"速建教会"的计划，七十个家庭受派到西北，另外三十个家庭移居到东北。到1944年，他们成立了四十间新聚会处，并且全都积极热切地参与到传福音的事工中。

个案比较

从舍己奉献和正统教义方面来看，两位来自欧洲的姊妹和小群聚会处都全然委身、大有信心，但是为何二者在建立教会的策略和果效方面有如此巨大的差别呢？

我们先来探讨那两位单身姊妹宣教士的处境。日复一日，当村里的男人或者父辈到田里劳动、或到城里做买卖的时候，总能看见她们与村里的妇女寒暄话家常，建立友爱的关系；可是单单是她们的外貌特征（常被讥笑为"红毛鬼子"），就足以在村民的心里激起

作者现任伦敦以马内利福音教会（Emmanuel Evangelical Church）主任牧师。1972至1991年，他担任国际基督徒学生福音团契总干事。本文摘自 Let The Earth Hear His Voice（1975年），World Wide Publications (Minneapolis, MN)。版权使用承蒙洛桑世界福音委员会许可。

文化和种族偏见。她们两位都未婚，也会引起社会争议；众所周知，家庭是中国社会的基本单元，确保社会的安定团结。在儒家思想中，五伦基本人际关系中的三个都与家庭有关——父子有亲、夫妇有别、长幼有序。这两位姊妹单方面与村中的妇女建立关系，却没有取得男性长者的认可，让人疑心她们是试图破坏社群关系的外国势力；另外，村民老是对两位单身姊妹指指点点，说长道短："她们为什么不结婚？"、"为什么不和自己的父母、兄弟姐妹、亲戚住在一起？"结果，当她们想劝说当地妇女或年轻人离弃祖辈的宗教信仰时，常被视为"家庭关系的破坏者"。

相比之下，小群聚会处差派出去的是一个个中国基督徒家庭，是受社会文化认可的一群人；因此，七十个家庭成为宣教事工中极为有效的人手。不难想像，这些家庭的家长能很自然、有效地与村民中的长者分享信仰：祖母辈能够在闲聊中向村子里信奉异教的老年妇人，讲述她们跟随耶稣的喜乐以及从魔鬼的权势下得释放的经历；家庭主妇在市集上邀请其他家庭主妇，参加"速建教会"在每周日举行的礼拜聚会。所以，他们以这种途径传福音和建立教会，快速催生出四十间新的聚会处，就不足为奇了！

在异文化中向全家传福音

向整个家庭传福音的策略，不只适用于中国社会，对亚洲其他群体、非洲村落和部落以及拉丁美洲的贫民区和社群同样有效。罗伊·希勒（Roy Shearer）研究基督教信仰在韩国的迅速发展时写道："韩国社会的结构是决定韩国教会增长最重要的一个因素。我们在韩国所面对的是一个以家庭而非部落为基础的社会；时至今日，家庭在韩国社会中依然极为重要，向整个家庭传福音是带领人归主最好的途径。"接着他讲到了一种反覆出现的情况，即当一家之主回到自己宗族的村子时，总能成功地劝说自己的亲戚家人"离弃偶像，服事永活的真神"，最后他总结说："福音沿着家庭关系网传扬出去，这些关系网就是圣灵带领人们进入基督教会的引线。"

苏芭玛（B.V. Subbamma）女士在其所著《印度教门徒训练新模式》（*New Patterns for Discipling Hindus*）一书中坚称，在印度，家庭是唯一能使福音得以传播、为人接受的社会体系。不是所有人都同意这一说法，因为有迹象表明，在印度重要的高等学府中，有不少大学生接受基督信仰；有的之所以能够迈出这信心的一步，是因为没有受到父母的压力。然而，一般而言，苏芭玛女士的观察和推论是正确的。

向整个家庭传福音的策略是当前在拉丁美洲部分地区的主导模式。这些地区的人生活在罗马天主教文化网络关系中，家庭结构亦相当坚固。如同四十年前山东的小群聚会处，智利五旬宗的信徒也利用家庭这样的基本社会关系模式，差派他们当中忠心敬虔的**家庭**出去建立和拓展教会。他们以这样的方法，在拉丁美洲的不同地区建立了不少教会。五旬节派宣教浪潮在拉丁美洲惊人的增长，证明了家庭在传福音策略上的影响力。

有时候，崇尚个人主义的西方人士，很难理解为何许多社会中宗教信仰的选择是个集体的决定。实际上，在这种社会中，某个人如果接受别的信仰，就会被视为"叛徒"而被逐出家门！文艺复兴之后，大多数西方国家的人们奉行笛卡尔（Rene Descartes）的格言"我思故我在"（I think, therefore I am.），以之为个人身分的至理名言。人作为一个理性的个体，可以权衡诸多宗教选择，自由选择愿意信奉的信仰。这个"至理名言"并不适用于许多非洲部落群体，因为对于他们（以及其他许多群体）来说，**我有分，故我在**（I participate, therefore I am.）才是他们的文化。遵循传统宗教仪式和风俗赋予他们身分归属，感到有分于他们的社会；因此，如果他们的宗教信仰要发生根本性的改变，就必须是集体或多人共同的改变。

穆斯林家庭和社群尤其如此，一对一地单独传福音在这样的社会中不太奏效。我有一个朋友在新加坡一所多种族的大学执教，他的看法颇有见地："我发现对大多数马来人学生（几乎全是穆斯林）来说，伊斯兰教高举的不是至高神安拉（穆斯林对神的称呼，又译：阿拉）——而是**穆斯林社群**。"基督徒要在伊斯兰地区作福音的使者，不要仅仅处理三位一体及神的属性等神学议题，更需要考虑到穆斯林社会和文化环境中紧密的群体关系；在大量穆斯林归信基督的地方，他们的决定都是群体性的。

印尼就是一个典型的例子。在过去的十五年里，一些明智的宣教士随同本地牧师，与当地穆斯林群体的长者和领袖展开信仰对话。待说服这些在群体中发挥决策性作用的人，让他们相信基督才是通向神的唯一道路，基督才是世人的唯一救主后；他们回到自己的村落和城镇，自然会敦促所有自己人归向基督；然后，整个群体学习基督教教义，接下来再一同受洗，就是顺理成章的事了。

我们称这样的宣教运动为"群体归主浪潮"。在印尼的归主潮出现多年前，缅甸一位名叫柯大溥（Ko Tha Byu）的著名布道家就带领整个克伦（Karen）邦的社区和村落的人民成为耶稣的门徒。今天的克伦邦教会是东南亚生命力最强大的基督徒群体之一。

家庭宣教的圣经依据

细查圣经，我们不难发现家庭不仅是救恩的接受者，同时也是救恩的传递者。

首先，家庭是神亲自设立的体系（弗3:15）。事实上，地上的所有家庭追根溯源都来自同一位造物主。神的教会作为蒙祂救赎的百姓，被圣经称为"神家里的人"（弗2:19），以及"信仰之家的成员"（加6:10，英王钦定本）。

摩西五经强调婚姻的神圣性、儿女与父母以及主人与仆人的关系。新约对此也同样看重（参弗5:22-6:9；西3:18-4:1；彼前2:18-3:7）。

圣经以家庭或家室为单位向耶和华宣认忠诚。作为一家之主的约书亚曾经宣告说："至于我和我家，我们必事奉耶和华。"（书24:15）耶和华借约书亚的前辈摩西，教导百姓以庄严的筵席和节日来颂赞祂大能的作为。有趣的是，逾越节的筵席其实是家庭聚餐（出12:3-4）；在逾越节的筵席上，一家之主要叙述以色列人得救的历史事件，如同历史重现。纵观以色列历史，即使到了新约时期，以色列人一直定期举行家庭筵席、祷告和敬拜；因此，犹太家庭不仅成为神施恩的对象，也成了神拯救行动的可见代表，透过紧密团结的家庭和敬虔的行为展现了他们的一神信仰，深深影响许多外族人社群。结果，大量外族人改变原有的宗教信仰，成为犹太会堂的"准会员"！犹太家庭其实对宣教拓展有很大的贡献。

使徒式的教导也是在家庭中进行的（徒20:20）。圣经记载的第一个归入基督教会的外族群体，就是在该撒利亚的罗马百夫长哥尼流全家（徒10:7, 24）；保罗在腓立比带领吕底亚以及狱吏全家归主，他们一同进到教会（徒16:15, 31-34）；在亚该亚，伟大的宣教士使徒保罗"初结的果子"是司提反一家（林前16:15）、基利司布一家和该犹一家（徒18:8；罗16:23；林前1:14）。显然，初代教会不仅在犹太人群体，也在外族人群体中教导整家整家作主门徒。

显而易见，家庭经常成为传福音的前哨站。亚居拉和百基拉把他们在以弗所和罗马的家作为宣扬福音的中心（罗16:3, 5；林前16:19），阿尼色弗的家（提后1:16, 4:19）以及宁法的家（西4:15）还是教会聚集的礼拜地点。

研习问题

1. 请说明带领全家归主的策略可能在短期之内效果不明显，但长远看来会带出迅速倍增的原因。
2. 许多单身姊妹乐意参与服事，如何使她们能够最有效地在以男性为主的熟人社会中传扬福音？单身男宣教士又会面临哪些类似的挑战呢？
3. 带领整个家庭归主，对于在未得之民中建立教会有什么重要意义？

第106章 依赖性

敬思活（Glenn Schwartz）

基督徒好心的慷慨捐助可能使人产生依赖性，让我们从过去好意捐助却带来不良后果的失败经验来学些功课。

第一个功课：每一个人都应该付出

美国西部的纳瓦霍（Navajo）印第安人曾在其他民族手下受过许多苦，但是其中一名信徒却提出了一个重要的见解："宣教士认为我们很穷，所以不教导我们十一奉献。可是他们不知道，我们贫穷正是因为我们不十一奉献。"这是一条普遍的法则：神给你什么，你就应当将其中一部分回馈于神。我并不是说十一奉献能解决教会所有的问题，我的意思是：如果假定人们无法将从神领受到的福分的一部分回馈于神，认为他们穷得无法向神奉献些什么，我们实际上是在剥夺神为他们预备的福分。

作者是普世宣教协会（World Mission Associates）的创办人兼执行理事。该协会是宣教咨询机构，在北美、拉美、英国以及非洲开展事工。他曾担任富勒宣教学院主任助理六年，并在赞比亚和津巴布韦宣教七年。2007年，他出版了《当爱心毁了尊严：胜过宣教运动中不健康的依赖》（*When Charity Destroys Dignity*）一书。

第二个功课：树立尊严和主人翁意识

外来者为当地信徒修建教堂，其实在不经意间窃取了他人的自尊，外来经费会夺去当地人建立自己教堂、诊所或学校的特权。这样做不仅不能予以当地人尊严，反而会让他们产生依赖性，日后也很难改正。

在一次有关这一主题的研讨会上，坐在后排的一名美国宣教士举手说："我对你所说的深有感触。几年前，我带领一个三十六人的北美短宣队到南美洲，为当地信徒建造一间教堂。我们在那儿待了几个星期，在教堂竣工移交给当地群众之后就回国了。两年后，我们收到那个教堂的信徒写来的一封信，说道：'亲爱的朋友，你们的教堂屋顶漏水了，请你们来修理……'"

有些差会则从一开始就坚持要当地信徒一起参与建堂工程、支持他们自己的同工以及差派宣教士。结果其中一些教会不仅修建了自己的教堂，而且在不到十年的时间里就差派了自己的宣教士。

第三个功课：让他们学得来

从西方引入到中非和东非许多地区的基督教组织架构，都是不

可复制的。这些复杂的外来架构是耗费了数百万美元、英镑和马克，花了几十年时间才建立起来的，若殖民时期的外方人员，都无法在没有大量外来补助的情况下开展工作，那么，他们怎么可能指望没有外来补助的当地信徒能开展相同的工作？结果，因为承袭了过去沉重的传统架构，中非和东非一个又一个的教会无法跨越疆界进行跨文化宣教。此外，许多事工在当地本就难以为继，更别谈复制到别处了！因此，当地教会领袖虽然求好心切，但是他们的精力都被维持这些架构的事务所占据，无暇发展充满活力的宣教拓展事工，更别说开展有益属灵生命的探索了。结果，倒使当地的领袖像个差劲的经理，一无所成，没有能力让教会这个复杂的体系继续运转。一开始创建的架构是学不来的，后果徒留遗憾，这只不过是其中一例。

第四个功课：避免依赖外来资金

教会架构和宣教组织他们做不来，最可悲的后遗症是大量涌入的外来资金实际上使许多教会继续处于"贫穷"的状态。多年以来，信徒发现没有必要把钱奉献给教会，因为他们知道只要袖手旁观、耐心等待，资金最终还是会从看不见的管道流进来。其实，真正无法承担失败的，正是起意办这些事的人，维护他们的声誉比其他更重要；到最后，"富有同情心"的人一定会去寻找资金，补上这个缺口。

即便是在组织上和资金上独立的主流教会，也发现仍然有必要继续教导信徒"施比受更为有福"。有时候，看到别的群体轻而易举地就获得外来资金，会成为一种强烈的试探。不过，这正好提醒我们，若"有钱就是大爷"，那么带着成捆的中东石油美钞而席卷非洲的伊斯兰教，恐怕对于挂名的非洲基督教无疑是一个真正的危险！

又一伤心的故事

东非某个主要的基督教机构，在朝完全依靠当地资金来运作的方向上发展得很好。他们有适合当地文化的架构，也在当地筹款；后来，欧洲某个捐助者要提供给他们一大笔资金，而他们觉得如果拒绝就会得罪这位捐助者。结果，悲剧在处理这件事的过程中发生了；这个机构的一位董事说："如果这么容易就能得到海外资金，我们干嘛还千方百计在当地筹款呢？"于是取消了当地筹款计划。为了来得容易的资金，该组织出卖了自己的灵魂！我们都当为此感到难过。

也有快乐的故事

南非开普（Cape）省的一位牧师有异象开展一项事工，但预算高达一亿兰特（rand）。听说他最近在欧洲访问，我的心为之一沉；后来，我得知神在这次旅途中对他说话，告诉他必须从家乡开普省的基督徒商人中筹款，可想而知我有多么惊讶！如果事情照这样发展下去，那么福分将临到所有开普省的人，就不只局限在少数几个欧洲捐助者了。

勤劳地工作

有一位牧师得到当地政府的批准后买了一块地，开始耕作。他隔壁的一个村民看见了，就来问他："牧师，你为什么要耕地呢？"牧师回答说："因为教会的供应越来越少，但我还得养家糊口啊！"这个村民说："你是神的仆人，你该作神的工作。你去作神的工作，我给你耕地。"到了丰收的季节，这个村民又主动来帮他收割。后来，这位教会领袖得出一个结论："当会众看见我们作教会领袖的，都愿意为自己的生计勤劳工作，那么他们也会愿意来帮忙。这就是我们的会众改变态度的原因。"

这样来看吧，只要有钱来自不明之处，当地信徒就不会觉得有必要支持他们的牧者。问题是，有人有勇气瓦解这一系统，让真正属于当地人的架构取而代之吗？

调动当地资源是可行的！

一百多年前，宣教学家就发现"自养"在建造差会中的重要性。一个世纪后的今天，人们不但没有实施健康的自养原则，反而认为唯一合理的做法就是以国际资源来补助，甚至代替本地的奉献。他们根本没有认识到，以国际资源代替当地资源，实际上剥夺了当地人回馈神所赐的福分而带来的喜乐；更可悲的是，把过多资金拨到已经有教会的地方，而在许多未闻

福音之地，至今仍然缺钱缺人去将福音传开。

有个东非的教会领袖告诉我，他面临两方面的挑战："在当地筹款，这还不是根本解决之道；我们还必须扭转西方的架构和观念，不要继续从海外投入资金。"现在是杜绝那些会误导人的资金涌入新兴教会的时候了！只有这样，我们才能看见教会在神的恩典中不断前行。

研习问题

1. 在跨文化的处境中，外来资金会产生什么不利因素？
2. 调动当地资源可以推动神的国度，请举出两个做法。

第107章 彰显神荣耀的融渗式植堂

吉姆·蒙哥马利（Jim Montgomery）

> 我的一切都是祢的，祢的一切也是我的，并且我因着他们得了荣耀。（约17:10）

"融渗式植堂"（Saturation Church Planting，SCP）有一个异象，就是让道成肉身的基督显明于全世界每个族群、地区、城市和国家的每一个最小的人口单元当中。

融渗式植堂的概念现在对我来说简单明了，却是经过二十年苦苦求索如何使万民作主门徒之后才明白的。

又真又活的基督

我们在菲律宾开展了一项非常成功的宣教事工。事工接近尾声时，我对宣教策略的认识产生了突破。那时，我们在短期内就成立了一万多个福音性查经班，但我一点也不满足；为什么我并没有感到兴奋呢？因为这个国家还有数以百万计的人尚未认识耶稣。

我为此祷告说："主啊，为什么给我们一个祢明知我们无法完成的命令？祢是不是在骗我们？还是这番看似清楚明白的话另有所指？"

"如果祢真想要使**万民**成为祢的**门徒**，为什么祢不继续留在世上呢？祢本可以去到每一个村庄传道，正如在加利利所行。祢完全可以在那些地方说他们的地方话、穿他们的衣服、享用他们的饮食、融入他们的文化，在全世界的每一个村庄、每一个国家的每一个'群体'中与人建立关系，亲如自家人。"

"祢本可以亲自彰显大能、表露关爱和怜悯之心，并强而有力地传扬天国伟大的信息。祢明知这完全非我们所能，为什么还要把这样的任务留给我们来完成呢？"

我如此祷告几周后，神似乎对我说话了："现在，你需要留心听我说，我要你知道，你说的没错，着手完成大使命的方式正如你说的，就是——务要让我这位万有的主，在全世界的每一个小的群

作者曾是黎明晨曦事工（Dawn Ministries）的创始人和主席，于2004年退休。他也在归主协会（OC International）服事过二十七年。著有六本以大使命为主题的书籍，代表作为 *DAWN 2000: 7 Million Churches to Go*，讲述到晨曦运动的异象和历史。本文摘自 *Then the End Will Come*（1997年），克里威廉出版社，版权使用已蒙作者许可。

体中，都真正地道成肉身显现出来。"

在那一瞬间，从神而来的启示让我恍然大悟。请问，神的居所在哪里呢？

"基督在你们里面成了荣耀的盼望。"（西1:27）

"那在你们里面的比那在世上的更大。"（约一4:4）

"因为无论在哪里，有两三个人奉我的名聚会，我就在他们中间。"（太18:20）[1]

再清楚不过了！只要每一个地方都有一些真正重生的基督徒运用圣灵所赐的恩赐，发挥基督身体的功用，基督就在那里真实地活出来，并以祂大能、荣耀和怜悯昭显于世；只要我们在地上每一个小的群体中以完全适切他们处境的方式传达天国的信息，这一切就能实现。

1970年代中期，我们全家在菲律宾完成了预定的宣教工作后不久，我碰巧有机会和廖大卫（David Liao）交谈，当时他是拜欧拉（Biola）大学的宣教学教授。我告诉他菲律宾教会所委身追求的梦想：到2000年，从现有的五千间教会增加到五万间。

他说："噢，你是说融渗式植堂？"

我曾关注过深入渗透各处的**福音运动**，比如拉美的"福音深传运动"（Evangelism in Depth），但我从来没有听过**融渗式植堂**这个词。不过，这个概念恰如其分地描述了我在菲律宾日益成形的宣教理念。1974年，我感到神告诉我，完成大使命最直接的方式，莫过于让生活在每一个阶层、类别和处境中的人，都能够看见复活的基督在他们当中显明出来。这就意味着要在每个国家的每一个小群体中，都建立起以基督为中心的教会。

圣经中的融渗式植堂

当然我明白，我不能只凭自己的见证和可行的经验来证实普世宣教策略的有效性。虽然我的恩赐不在作学问和神学研究上，但是在过去二十四年中，人们已经在运用这一策略并且加以推广，这一点不断激励我，我也没有听到哪位神学家提出反对意见。实际上，我经常读到神学家和宣教学家的正面评论，肯定了我从神所领受的、或从属灵导师所学到的亮光。

这不表示圣经里没有支持融渗式植堂的依据。以使徒保罗的事工为例，他植堂方式多样，且高度处境化，但果效始终不变：他总是在许多人口稠密的地区，融入族群并广泛地建立起不断倍增的堂会。因此圣经才会说："这样过了两年，全亚西亚的居民，无论犹太人或希腊人，都听见了主的道。"（徒19:10）

正如彼得·魏格纳在《灵火蔓延》（《圣灵的作为》〔The Acts of the Holy Spirit〕三卷中的第一卷）一书中写道："使徒行传中最具体、最持久的事工模式就是植堂。本卷书展现的诸多事迹，包括传福音、医病、赶鬼、忍受逼迫、教会会议以及其他活动，都紧紧围绕着一个目标，就是在当时已知的世界，深入各地文化背景，广泛地倍增教会。"[2]

魏格纳在第三卷书中如此说："保罗对新成立的教会发挥了巨大的影响力，其中一部分无疑是教会在所处的城市中继续传福音给失丧的人，并在每一个社区建立

> 我们企望的不只是植堂、拯救灵魂，而是全地真真正正充满神荣耀的那日。

新的家庭教会。因此，**没有任何宣教学原则比融渗式植堂更重要**。"³（粗体为本文作者所加）

在下文中，我要将教会倍增与圣经中至少四卷书反覆提到的旧约异象和预言结合起来探讨。例如，民数记第十四章21节写道："全地要被耶和华的荣耀充满。"类似的预言也出现在以赛亚书第十一章9节和哈巴谷书第二章14节。

后来，有一位同事指点我，类似的经文还有诗篇第七十二篇的最后两节。第20节说："耶西的儿子大卫的祷告完毕。"那大卫最后一个祷告完毕时说的最后一句话是什么呢？"愿祂的荣耀充满全地。"（19节）

神的荣耀彰显在何处？毫无疑问，"诸天述说神的荣耀，穹苍传扬祂的作为。"（诗19:1）但是许多经文也告诉我们，祂的荣耀借着基督实实在在地居住在我们中间。我默想约翰福音第十七章中主耶稣所作的大祭司祷告，并以此向神祷告，得到同样的启发。我翻看西班牙语的圣经，"mi gloria se hace visible en ellos."（10节）这句话跃然纸上，"我因着他们得了荣耀。"（"My glory is made visible to them."直译为"我的荣耀明见于他们当

附篇
107-1　神的展示橱窗

沃尔夫冈 • 西姆森（Wolfgang Simson）

耶稣吩咐我们去使万民作主的门徒。许多基督徒越来越确信，唯有广建教会才能实现这一大使命。教会在全球各地仿佛神的展示橱窗，应当没走几步之遥就有一间，让人无可规避，不能假装视而不见，成为人们可以直接看见基督身体的地方，使神的荣耀在每日实际生活中，都能够亲自、实在、就近感受得到。

不少人时常告诉我，甚至有的含着泪水说，他们的国家没有产生更多的门徒，大众的价值观无法真正的改变，就算这里的教会有五年、甚或五十年的历史，有些肤浅人为的东西，或是福音大会带来短暂的奋兴，也没能带来什么影响。

可见，建立什么样的教会太重要了！只有当又真又活的基督彰显于每一个社区、邻里、村落时，才能带来真正的改变。基督已经来临，住在我们当中，还要继续与我们同在。所以，我们要辛勤栽种和浇灌，并让新建立起来的教会，再去栽种和浇灌其他教会倍增繁衍，直到再也没有余地让人误解、忽视、规避耶稣临在地上的形式——各地方的教会。

作者是晨曦国际网络（The Dawn International Network）的一名策略顾问、研究员和记者，该网络关注异象传递和建立友谊的策略。

中。"）

重要的是让神的荣耀看得见！我们企望的不只是植堂、拯救灵魂，而是全地真真正正充满神荣耀的那日。那祂的荣耀从何而来？

"我的荣耀明见于他们当中"，指神因着祂的百姓得荣耀。

魏格纳在《灵火蔓延》中继而阐明："活跃在世界各地、数不胜数的基督教会虽然还不完全，但都真实地透过耶稣基督映照出神的荣耀。"[4]

因此，融渗式植堂的任务就是让在每一个地方透过信徒联结而成的基督身体，使人看到基督的同在。

尽管如此，我们开展融渗式植堂，并非只因这是完成大使命的良策，也是因为我们深愿响应旧约中反覆提到的预言，使"认识耶和华之荣耀的知识……充满全地。"（哈2:14）

让我们以融渗式植堂回应圣经所记大卫的最后一个祷告："愿祂的荣耀充满全地。"（诗72:19）

我们在各处开展深入文化背景、广泛渗透式的植堂，是为了让世上每一个群体都得见神的荣耀。

附注

1. Jim H. Montgomery, *DAWN 2000: 7 Million Churches to Go* (Pasadena, CA: William Carey Library, 1989), pp. 29, 30。
2. 彼得・魏格纳（Peter C. Wagner），*Spreading the Fire* (Ventura, CA: Regal Books, 1994), p. 60。
3. 彼得・魏格纳（Peter C. Wagner），*Blazing the Way* (Ventura, CA: Regal Books, 1995), p. 48。
4. 同注2。

研习问题

1. 简述融渗式植堂策略。为何作者深信融渗式植堂是完成大使命的关键？
2. 作者列出几段以神的荣耀为主题的旧约经文，来支持融渗式植堂的异象。这有什么重要意义？

第108章 过头了?

帕谢(Phil Parshall)

作者曾为国际事工差会(SIM)宣教士,在孟加拉和菲律宾宣教四十四年,著有九本以伊斯兰教为主题的书籍,代表作有 *The Cross and the Crescent: Understanding the Muslim Heart and Mind*, *Bridges To Islam: A Christian Perspective on Folk Islam* 和 *Muslim Evangelism: Contemporary Approaches to Contextualization*。本文摘自"DANGER! New Directions in Contextualization," *Evangelical Missions Quarterly*, 34:4 (October 1998),EMIS 出版,P.O. Box 794, Wheaton, IL 60187。

处境化(Contextulaization)的研究主要是针对传达福音信息者如何传达福音信息,让新建的教会及他们自己都可以适应新的文化处境。作者帕谢担心,某些宣教士在处境化方面的做法"过头了";在本文中,他提到一些宣教士为了赢得穆斯林归主,而让自己事实上已经变成了穆斯林。本文在宣教人士当中引发了一场持续至今的坦诚辩论,这些讨论有助于确定和辨别穆宣的重要议题;举例来说,对于宣教士是否变成了穆斯林,或是穆斯林信主之后是否仍应保持穆斯林的文化身分,人们现在能清楚认识到这是两件极为不同的事情。

§ § §

最近,我和一群极有热心传福音给穆斯林的年轻人交谈。他们很兴奋地告诉我,有一位宣教士推出了一种带领"以实玛利的后代"(即穆斯林)归主的"新"策略,此策略的核心内容是:宣教士宣称自己要成为穆斯林,然后到清真寺里参与礼拜(*salat*)或正式的祷告会。这位宣教士以两位亚洲基督徒,最近完成法律手续成为穆斯林为例来说明这个概念。简而言之,这种策略就是以成为穆斯林来带领穆斯林归向基督。

实际上,接受穆斯林身分,以及在清真寺里礼拜并不是什么新策略;至于经过法律程序成为穆斯林,肯定会把宣教工作带到未知的境地。我对此深表担忧。

处境化的尺度在哪?

约翰·特拉维斯(化名)是一名长期在亚洲穆斯林当中工作的宣教士,他对伊斯兰宣教事工中的处境化程度作了简单分类,我们对此深表谢意(参108-1〈C尺规〉)。

几年前,一位研究伊斯兰教的著名教授暗指"穆斯林信主后可以并且应该留在清真寺"乃笔者的观点。我很快就指正了他的这一说法，表示自己在口头和书面上都从未持有过这种观点。拙著《走出清真寺》(Beyond the Mosque) 花了很大笔墨说明为何、何时以及如何让一个穆斯林归主者与清真寺切断关系（但并不是离开穆斯林群体）。

不过，我的确建议新信徒在接受信仰后有一段过渡期，随着信仰的成熟，慢慢地从清真寺礼拜中抽离出来，因为突然离开可能会引发激烈的冲突和随之而来的排斥。在列王纪下第五章，乃缦提说自己曾随同主人在异教临门庙叩拜，以利沙对这位新信徒的回答耐人寻味。

1975年，我们的宣教团队在亚洲某个穆斯林国家开始实施C4策略（高度处境化，但当地穆斯林群体不再视归主的人为穆斯林）时，遇到了相当大的阻力。当时一位在伊斯兰地区长期工作的同工直截了当地对我说："你们处于危险的滑坡之中，再下一步，你们就要否认十字架了！"然而，二十三年过去了，我们依然采用C4策略，仍然传讲十字架，神在那个国家也大大赐福我们的工作。

但现在轮到我来反对"滑坡"了！我不是指我们团队，而是指那些在穆斯林世界各个地方工作的宣教士。这个"滑坡"会渐渐步向险路，掩饰得全无警觉，若是带头的人极有热心，情况更难控制。而今，在我看来，我们需要把这些问题带到神学家、宣教学家和管理阶层同工面前来，一起探讨，以防患未然；在基督教还未沦为亚基督教之前，重踩煞车。

事工实验

我们有一些现成的例子可供研究。在亚洲一个偏远落后、范围不大的地区，一项C5实验已经进行了许多年；这些信徒称为"接受弥赛亚的穆斯林"，他们跟随弥赛亚"尔撒"(Isa，耶稣在古兰经中的名字)，当地穆斯林仍然接受他们为穆斯林。虽然几年来经历了很大的人事变动，但这一项事工还是为我们的评估提供了非常坚实的基准。

最近，研究人员前往伊斯兰坡（代号Islampur）调研那里的一场C5运动。他们发现这个运动里有好几千位这样的信徒。一方面，研究小组发现的情况相当鼓舞人心，几乎所有受访的关键人物都非常重视新约圣经，仔细研读，并且定期聚会礼拜。大多数人相信安拉爱他们，并且因为耶稣为他们舍命而赦免了他们的罪；他们向耶稣祷告，祈求赦免，相信耶稣是唯一的救主，并能够拯救他们脱离邪灵。

另一方面，他们几乎都认为有四本天经，即《妥拉》(Torah，律法书)、《宰卜尔》(Zabur，诗篇及先知书)、《引支勒》(Injil，福音书) 及古兰经 (Qur'an)，其中古兰经最为重要。这与正统的穆斯林信仰一模一样。几乎有一半的人每个星期五继续去传统的清真寺，参加正统的伊斯兰祷告，肯定穆罕默德是神的先知。

是处境化，还是混合主义？

上述情况的实质是什么？是处境化还是混合主义？是该效法还是避免的模式？毫无疑问，这种模式中存在的开放态度和影响潜力着实激动人心。不过，虽然C5的宣导者乐于将此模式全盘置于伊斯兰宗教环境中，我却不会。

附篇
108-1　C 尺规

约翰·特拉维斯（John J. Travis，化名）

过去二十二年，作者和他全家一直在亚洲穆斯林地区参与建立处境化教会。他和妻子共同为多种书籍和期刊撰写文章，并经常前往许多国家，教导以处境化、医治以及与穆斯林分享耶稣之爱为主题的课程。

　　C1-C6尺规用来比较和对照穆斯林处境中六种类型的"以基督为中心的群体"（即相信基督的信徒群体）。这六种类型之间的区别体现在语言、文化、敬拜形式与其他人一起敬拜的自由程度，以及宗教身分等方面都尊耶稣为主，也持定相同的福音核心内容。C尺规试图厘清穆斯林世界中，归主群体在种族、历史、传统、语言、文化以及某些情况下在神学方面存在的多样性。

　　这些方面的多样性意味着，需要各种各样的方法，才能成功地向十三亿穆斯林分享福音，并在其中建立以基督为中心的群体。C尺规的目的是帮助建立教会者和穆斯林背景的信徒（Muslim background believers，MBB），确定哪一种以基督为中心的群体可能吸引目标群体中的多数人归主，并且在现有的处境中能够适应得好。以下是目前在部分穆斯林世界中存在的六种MBB类型：

	C1	C2	C3	C4	C5	C6
基督中心群体的特点	传统教会 使用与当地穆斯林群体不同的语言和其他文化形式	传统教会 使用非当地穆斯林文化，但使用当地常用语言	处境化群体 使用当地文化形式，排斥伊斯兰宗教形式	处境化群体 使用当地文化形式以及不违背圣经的伊斯兰形式	留在穆斯林群体中的群体 使用当地文化形式以及不违背圣经的方式重解的伊斯兰文化形式	不可见的群体 秘密信徒，不一定积极地参与穆斯林群体的宗教生活
信徒 社会宗教身分的自我定位	基督徒	基督徒	基督徒	耶稣的跟随者	跟随耶稣的穆斯林	私下跟随耶稣的信徒
穆斯林的看法	基督徒	基督徒	基督徒	某种类型的基督徒	一种怪异的穆斯林	穆斯林

本文改编自 Massey (2000), God's Amazing Diversity in Drawing Muslims to Christ, *International Journal of Frontier Mission* 17:1。版权使用已蒙许可。

C1——**在传统教会，使用与周边穆斯林群体日常语言不同的语言**，形式有东正教、天主教或更正教，其中有些教会在伊斯兰教传入之前就存在于当地。今天的穆斯林国家中有数以千计的 C1 教会，多数具有西方文化特点，故此通常与周边穆斯林群体之间有巨大的文化鸿沟。C1 教会中有一些 MBB，教会的信徒称自己为"基督徒"。

C2——**在传统教会，但使用周边穆斯林群体的日常语言**。C2 教会除了语言上不同于 C1 教会，其他方面相差无几。C2 教会虽然使用当地的日常语言，但宗教词汇很可能迥异于伊斯兰用语，是独具基督教特色的术语，穆斯林和 C2 教会之间的文化隔阂仍然巨大；通常，C2 教会里的 MBB 数量比 C1 多。当今穆斯林世界中的许多教会属于 C1 和 C2。C2 教会的信徒称自己为"基督徒"。

C3——**是处境化群体，使用周边穆斯林群体的日常语言以及某些非穆斯林的当地文化形式**。民谣、民族服饰和艺术品等不带宗教色彩，原来的伊斯兰元素都被"过滤"掉，纯以"文化"形式呈现。经过处境化后又符合圣经的要求，最终得以减少福音和教会的洋教特征。C3 教会可能在教堂或宗教色彩淡薄的场所聚会礼拜。C3 教会主要由 MBB 组成。C3 教会的信徒称自己为"基督徒"。

C4——**是处境化群体，使用周边穆斯林群体的日常语言以及不违背圣经的伊斯兰社会宗教形式**。与 C3 相似，不过 C4 会使用不违背圣经的伊斯兰社会宗教形式和作法，例如祷告时高举双手、遵守斋戒、禁吃猪肉、禁酒、不养狗作宠物、使用伊斯兰术语、穿伊斯兰服装等等。C4 避免使用外国形式，不在基督教的教堂里举行礼拜。C4 群体几乎全部由 MBB 组成。周围的穆斯林群体视 C4 信徒为基督徒，但他们认为自己是"弥赛亚尔撒的追随者"（或类似称呼）。

C5——**由跟随耶稣的穆斯林组成的群体，他们在文化上和法律地位上仍然保持穆斯林身分**。C5 信徒在法律上和社会形态上仍然属于伊斯兰群体，有点类似于犹太人中兴起的跟随弥赛亚运动。针对伊斯兰神学中与圣经不相符的方面，C5 群体尽量重新阐释，但是如果仍然抵触，就断然拒绝。是否参与集体性的伊斯兰敬拜因人或群体而异。C5 信徒定期与其他 C5 信徒聚集，并向尚未得救的穆斯林分享他们的信仰。但其他穆斯林认为 C5 信徒离经叛道，最终也许会把他们从伊斯兰群体中驱逐出去。C5 信徒被穆斯林社群视为穆斯林，并自认是跟随弥赛亚尔撒的穆斯林。

C6——**是秘密或地下跟随耶稣的穆斯林，但是没有形成团体，至少没有形成可见的团体**。这类穆斯林与在极权制度下受逼迫的信徒很类似。由于恐惧感、怕孤立、被极端政府与群体的法律制裁或报复的威胁（甚至死刑），C6 信徒或单独或偶尔秘密地敬拜基督。他们许多人是通过异梦、异象、神迹、广播、福音小册、在国外逗留时听到福音，或主动研读圣经而归主的。与 C5 截然相反，C6 信徒通常对他们的信仰保持低调。C6 不是理想状态，因为神希望祂的子民向别人作见证，并且定期团契（来 10:25），虽然如此，C6 信徒仍然是我们在基督里的一员。神也许呼召某些人一生受苦、监禁甚至殉道，但一些人至少可以暂时秘密地敬拜祂，神仍然是喜悦的。穆斯林群体视 C6 信徒为穆斯林，他们也认为自己是穆斯林。

清真寺里有救赎吗？

清真寺本身饱含了伊斯兰教神学。在此，穆罕默德被奉为神的先知，基督的神性始终被否认。除了伊斯兰教以外，别的宗教都没有将礼拜作为专门的礼仪来举行；这些礼拜对穆斯林来说，其神圣程度犹如圣餐礼之于基督徒。

试想，如果一名穆斯林到福音派的教会来领圣餐，其目的不过是为了成为"圈内人"；一旦达到这目的之后，他便开始传播伊斯兰教，并说服我们的一些会众皈依他的宗教……我们会作何感想？

在穆斯林看来，即便C4模式都有欺哄之嫌，但我不认同这样的指控，因为我视之为恰当的本土化。我们并没有成为清真寺里的颠覆分子，伺机破坏戒规和仪式；但是，C5模式在我看来似乎正是要搞破坏，并让我们落入从事不道德和亚基督教活动的指控之中。

在我从前服事过的国家，我们的团队一致同意，所有同工都不得进入清真寺，也不可参与伊斯兰教祷告。但有一位名叫哈利（化名）的同工，想要秘密地进行礼拜的"试验"。有一个周五，他来到一个偏远的村子，与当地穆斯林交朋友，并表示自己很想向他们学习如何作礼拜和祷告。

看到一个外国人对伊斯兰教如此感兴趣，当地的穆斯林领袖都非常高兴，于是他们对哈利进行了基本的教导。下午一点钟，我们的这位宣教士就在清真寺里的前排伏地敬拜，完整地参与了礼拜的整个过程。虽然他心里面默默地向耶稣祷告，但想当然尔，在场没有人能够看出来。

礼拜结束后，穆斯林村民涌向哈利，恭喜他成为一名穆斯林。但哈利十分尴尬地解释道，他是"尔撒"的信徒，只是想要了解伊斯兰教；结果，听了这话的村民马上怒火冲天，甚而，哈利被控亵渎清真寺的神圣性，有人高喊要处死他，一场暴乱如箭在弦上。

当地的伊玛目（imam，清真寺内率领穆斯林作礼拜的人）试图平息众怒，承认他教导这个外国人作礼拜是自己的错，请求穆斯林同胞原谅。随后，众人决定驱逐哈利，他也永不得返回那个村子。

还有一位名叫鲍勃（化名）的同工，他的经历也值得一提。他聪明、能干且注重灵命，一心向往向穆斯林宣教。我们是在一场会议中认识的，几年以来彼此通过几次信件，还交换过至少一个录音带。我对他最大的担心，是他公开且固执地承认穆罕默德是神的先知。在我看来，鲍勃过头的做法已经让他陷入混合主义之中。或许他的动机是好的，可是在与穆斯林的认同上走过了头。鲍勃现在已经退出了事工，并和他的妻子离了婚。

穆宣指南

1979年，为了避免在向穆斯林宣教时陷入混合主义的泥潭，我整理了一份指南，有五条重点。经过十九年，我至今还是肯定并强调这些原则：

1. 我们必须深入研究伊斯兰这个宗教和文化。

2. 我们需要制订一个开放的事工方案。只要能意识到所有潜在的危险，在处境化中谨慎的试验不一定会导致混合主义。

3. 我们必须熟悉圣经有关混合主义的教导，仔细遵守新约对基督独特性的陈述。

4. 处境化需要不断观察和分析。那些人真实的想法是什么？处境化的群体向外传递什么样的信息？特定的模式会引发新归信者产生什么样的想法？信徒对圣经真理的掌握程度有何进展？信徒的属灵生命是否明显变得更加成熟？

5. 跨文化宣教还必须留意，不要传播受西方文化混杂的基督教。西方作为基督教的中心，多个世纪以来已经添加了不少累赘，我们同样应该避免基督教的西方色彩。

总结

请不要错以为，我是在诽谤那些为了赢得穆斯林归主而使用、提倡C5模式的敬虔宣教士的动机。他们当中有一些还是我的朋友，都渴望在穆宣中看到突破，我绝对相信他们的诚信正直。

但我为他们的做法感到担忧。这样的策略会把我们带到怎样的地步？我在上文提到所参加过的一场会议，另有一位归主的穆斯林小伙子阿卜杜勒（化名）对我说，他已按照一位讲员的指示，到当地清真寺告诉伊玛目他是穆斯林，想要更多地了解伊斯兰教，但背后的目的是为了和伊玛目建立关系。我问他对自己所行的感觉如何，他面带痛苦，很难过地回答我，他感到非常糟糕，而且再也不会那样做了。

我建议大家开诚布公地就这个议题展开对话。

研习问题

1. 作者认为C5试验中有哪些积极面？是什么让作者担心会产生混合主义？为什么？
2. 作者认为新的穆斯林归信者应该如何避免遭到激烈的排斥和敌视？
3. 在C尺规中，作者认为处境化和混合主义的分界线在哪里？你同意他的观点吗？

第109章 穆斯林跟随耶稣一定要离开"伊斯兰"吗？

约翰·特拉维斯（John J. Travis，化名）

过去十年，我们一家生活在亚洲一个非常团结的穆斯林社区中，女儿很喜爱我们的邻居。有一天她问我说："爸爸，穆斯林可以上天堂吗？"我根据使徒行传第十五章11节回答她："可以啊，穆斯林得救也是要接受弥赛亚尔撒（耶稣）为救主和君王，和我们是一样的。"我坚信人是因信得救，不是靠宗教背景而得救恩。即便跟随基督的穆斯林（即C5信徒）没有改变他们的宗教背景，他们仍是我们在主里的弟兄姐妹。

一个真正接受主耶稣为救主，从而抛弃部分正统伊斯兰教神学的穆斯林，能否（为得着失丧之人的缘故）仍然留在自己的家庭和宗教群体里呢？伊斯兰教极其强调群体的重要性，并且毫不例外地鄙弃那些因为加入基督教而成为"叛徒"的人。若是我们真心渴望看到这些宝贵的穆斯林能够归主，那么解决这一难题至关重要。我同意帕谢的观点：宣教学家、神学家和其他参与者，特别是与穆斯林正面接触的同工，真是迫不及待地需要一起来认真寻求神对C5策略的心意。

伊斯兰坡（Islampur）个案研究

在〈过头了？〉（本书108章）一文中，帕谢的C5个案研究结果显示，几乎穆斯林归主运动的所有领袖，都确信圣经关于基督的工作和身分的教导，他们的信仰不仅有坚实的神学基础，而且在祷告、读经、聆听神的话语以及敬拜方面也十分活跃。其中，超过半数的信徒对三位一体的三个位格（圣父、圣子、圣灵）等基要真理有清楚的理解，这简直让人瞠目结舌，因为大多数穆斯林认为这是离经叛道的教义！我在想，若是美国牧师看到自己的会众中涌现如此的活力，他们不喜上眉梢才怪呢！

至于保留某些伊斯兰教的做法和教义，我们无需大惊小怪。几乎一半的归信者听到古兰经的诵读时会感觉自己很靠近神，因为他们不懂阿拉伯语，所以极有可能是其熟悉的吟咏曲调触动了他们的

过去二十二年，作者和他全家一直在亚洲穆斯林地区参与建立处境化教会。他和妻子共同为多种书籍和期刊撰写文章，并经常前往许多国家，教导以处境化、医治以及与穆斯林分享耶稣之爱为主题的课程。本文摘自："Must all Muslims leave 'Islam' to follow Jesus?" *Evangelical Missions Quarterly*, 34:4 (October 1998), EMIS 出版 · P.O. Box 794, Wheaton, IL 60189。版权使用承蒙许可。

第109章 穆斯林跟随耶稣一定要离开"伊斯兰"吗?

心弦（在我事奉的地区，某些C4和C5信徒所吟唱的敬拜歌曲相当优美，很近似穆斯林的吟颂）。同样不足为奇的是，近乎一半的归信者每周既参加C5的聚会，又继续在清真寺里礼拜；这使我想起早期犹太基督徒既在会堂又在家里敬拜的情形，他们既与新的群体聚会，又与旧的群体在一起。我知道某个乡村的C5群体，他们周五中午在清真寺里礼拜，之后再到家里，在一位名叫艾哈迈德（化名）的弟兄的带领下一起查经祷告；他是C4教会的牧师，从前是一位穆斯林教师。

实际上，这些信徒觉得清真寺的礼拜很肤浅和沉闷，有一段时间不再参加。他们的离开使清真寺的教长感到备受威胁，就试图取缔他们周五下午的聚会；于是艾哈迈德劝服他们回到清真寺，虽然回去对他们来说并没有太大的意义，但也没有什么损失。这样一来，这位教长的面子得以挽回，信徒也继续聚集了一年多；别的穆斯林，其中两位还是穆斯林教师，也成为慕道友，并且参加了他们的聚会……。

因为伊斯兰坡的信徒高度重视古兰经，所以我们需要拟出关于古兰经地位的护教学。一方面肯定其中的真理（特别是为了成为见证信仰的桥梁），另一方面又不能授予与福音书同等（或更高）的地位；好在是，虽然这样的护教学尚未出现，但伊斯兰坡的信徒经常阅读的是福音书，而非古兰经。再来谈谈我的朋友艾哈迈德，他在自己的家中主持晚上的"圣书（Holy Book）阅读会"；他经常以谦恭地阅读一段古兰经经文为开始，然后才进入整个晚上学习的核心，就是阅读圣经的《妥拉》（律法书）、《宰逋尔》（诗篇及先知书）和《引支勒》（福音书）。

在读经会中加入一些阿拉伯文的古兰经经文，会吸引未得救的穆斯林参加。艾哈迈德非常谨慎地选择与圣经不冲突的古兰经经文。

最后，我提出三点有关伊斯兰坡群体的研究。第一，这些以C5基督徒为中心的群体全是来自非常敌挡福音的族群。他们的信仰还在成形的过程中，面临许多与第一世纪的信徒相似的挣扎。我们必须祈求保罗所依靠的圣灵也来引导和洗净伊斯兰坡这些新兴信主群体。

第二，若要看得更加准确，那么我们应当注重这些新信徒在基督里的生命的品质，而不单是其神学思想。他们是否明显地结出圣灵的果实，是否更爱别人？圣经

附篇
109-1 过犹不及?

温德 (Ralph D. Winter)

帕谢在〈过头了?〉（108章）一文中作出精彩的分析。我回应该文的主要目的不是与他论战，而是欢喜应邀把这个问题提出来，进行开诚布公的讨论，或许时间会证明大家的观点多少都有错误之处。特拉维斯已经作出了精彩的回应，故此我在这里的回应并不重要；总之，我完全赞同帕谢提出的五点"穆宣指南"（178页）。

我在此赘言，乃是觉得有必要认真看待自从穆罕默德去世后一千多年间所积累的丰富经验和发生的事件；如此严肃探讨这些问题，说不定还会对我们理解新约圣经带来想不到的裨益呢!

首先，那一千多年的历史记录历历在目，在我们引以为豪的基督教传统中异端之入侵几乎未曾停歇。在第三十六章〈救赎历史的十个时期〉一文中，我列出了基督教和伊斯兰教兴起时一些强大的政治和文化因素；还有与"怎么信最好"相关的贯穿整个历史的争辩。早期基督教神学家在不同时期，将亚流主义、亚他那修主义、基督一性论、天主教、东正教和伊斯兰神学等定为异端邪说，却挑不出其中哪一个"非基督教"的思想。

当下的讨论需要认清一个事实，近代基督徒和穆斯林之间，产生的高度敏感和互有偏见的态度，自十字军东征伊始尤甚。要清除偏见，客观思考，谈何容易!

政治纠葛把我们的敏感度扭曲得令人难以置信。为了摧毁纳粹集团，十足的美国民主可以与俄国共产党紧密联手；可是当威胁一解除，双方又重回对峙的状态。属前南斯拉夫的克罗地亚和塞尔维亚同是基督教国家，但两国之间的对立和冲突，丝毫不逊于其中任何一方与波斯尼亚穆斯林之间的紧张程度。要客观审视，真是难于上青天!

因此，我首先要指出：在任何讨论的过程中，必须考虑到历史事件可能会扭曲我们的观点。近乎粗野的西欧基督徒，曾对君士坦丁堡的东方基督徒和耶路撒冷的穆斯林，犯下了滔天的暴行；他们认为东方基督徒和穆斯林都是异端。今天，一个坚持圣经原则的纯朴教会信徒，步入奢华的天主教堂感受到的文化冲击，可能甚于进入清真寺!

其实，几个世纪以来，成千上万的"穆斯林"相信耶稣是神的儿子，同样也有无数的"基督徒"对耶稣的认识模糊不清，在墨西哥那些敬仰圣经的虔诚的五旬宗一神论者便是其中的一例。

换言之，只要在教义上忠于神的话语，耶稣的信徒被称为穆斯林或基督徒，又有什么区别呢？"非洲自立教会"（African Initiated Church）中充斥着各种异端邪说，但是我们因为习惯于称其为基督教，所以就容忍他们错误的神学思想，乐意给他们时间慢慢地、好好地明白圣经。通常，宣教策略家所关注的不是引导这五千万人脱离这些教会，而是怎么样把圣经更加深入带到他们当中。

将来千千万万的穆斯林归主者不也要面临这样的情形吗？他们的主要问题在于对圣经还不够熟悉。穆斯林对古兰经的阿拉伯文及其吟咏时抑扬顿挫的音调可能难以割舍，但其理解程度与天主教徒对拉丁文弥撒的蒙昧不相伯仲。难道仅仅因为古兰经对人的心智和灵性没有多大造就，就不能把它当做次经来对待吗？我认为是可能的，并且这样能使其逐渐退居其次。与富有剧情的福音书相比，古兰经实在索然无味！就如古老的拉丁文弥撒，古兰经不能也不可以被翻译成其他语言，这实在是莫大的弊端！古兰经怎么可能与圣经相提并论？正如我们不断需要从基督教和犹太教的历史中，重新拾回纯正的圣经，穆斯林也需要从伊斯兰教中，发掘出律法书和福音书的信息。

说到容忍，历史上穆斯林对基督徒的容忍程度，远远超过基督徒对穆斯林的容忍！虽然大多数基督徒没有认识到这一点，但事实就是这样。穆斯林统治耶路撒冷达十三个世纪，期间他们保留了四个城区的划分：穆斯林区、基督徒区、亚美尼亚基督徒区，以及犹太人区。只是到了近代，当基督徒或犹太人开始统治耶路撒冷的时候，其他信仰的人才惨遭种族屠杀的暴行。

最终，我们不得不重新研读新约圣经；新约圣经的主要宣教议题是我们走得够好、够远吗？我们是否认为哥尼流在见到彼得之前，只有下地狱的路可走？使徒行传第十五章8节中记载了彼得对此事的部分解释——"神洞察人心"，不巧这正是人无法测透的。切不可将我们的神学架构凌驾于神的话语之上。

纵观我们的历史和世界各地的宣教工场，若依我们现今对圣经的理解来判断，罕有任何归主运动完全纯正。我们今天一定不会接受路德的末世论，也不会愿意像加尔文那样处死异端人士。事实上，我们的背景都是"有缺欠的基督教文化"，充满混合主义。多个世纪以前，我们的先辈蒙恩得以朦胧地瞥见神之道的光芒，我们尚且为之感恩不已；难道现在不应更加迫切地盼望穆斯林，来认识基督和祂的话语吗？

作者（1924-2009）任加州帕萨迪纳市前线差传团契总干事。曾在危地马拉高原的玛雅印第安人当中宣教十年，之后受邀担任富勒宣教学院宣教学教授，又十年后，和妻子萝勃塔创办了前线差传团契，由此又成立了美国普世宣教中心及克里威廉国际大学，二者都服事那些从事前线宣教工作的人员。

说，凭着生命的果子就可以认出这人是否真是跟随基督的（太7:20；约13:35）。

最后，若不是在建立教会的工作中使用了C5策略，焉能有如此多的新信徒作为研究的第一手资料？

C5宣教士：基督徒为了向穆斯林传福音而成为穆斯林

帕谢最担心的，恐怕是基督徒（即C5宣教士）为了向穆斯林传福音而成为穆斯林，我有同感；因为这与新信徒（即C5信徒）为了自己尚未得救的家人和朋友，而留在原生宗教群体中是两回事。在我们目前的宣教工场，我建议与我有同样信仰背景的同工，特别是外国同工，要使用C4策略，并且不可潜入伊斯兰教去向穆斯林传福音。然而，我相信在某些情况下，神可能会呼召有特殊恩赐和受过良好装备的基督徒，谨慎地使用C5策略和宗教身分，还要有很多代祷托住他们的事工。这些C5宣教士确实可以称为阿拉伯文字面意义上的穆斯林（即"顺服神的人"），然而他们的神学在若干关键点上一定有别于正统的穆斯林信仰。他们必须有一颗预备好受逼迫的心，同时最好本来就具有穆斯林背景。

如果经过时间的考验，他们有机会表明自己的信仰，在一个鲜有人敢于踏入的地方分享福音，而周遭的穆斯林群体又愿意留下他们，我们岂不该为此赞美神吗？显然，帕谢文中所提的穆斯林归信者，不论是"阿卜杜勒"还是西方宣教士"哈利"，都没有蒙神呼召，也没预备好接受这样的工作。

至于穆斯林对这一策略会有何感受，我认为这个问题没有问到重点。大多数和我交谈过的穆斯林，都反对任何想要吸引穆斯林成为基督徒的活动；然而，C5策略传的是基督的救恩，并不刻意劝说穆斯林"改变他们的宗教"；故此，这种策略最可能为穆斯林接受。如果将福音从宗教阵营的改变所带来的在法律、社会、文化方面的问题剥离开来，那么留下的福音信息将更为直接，并且障碍更少，就比较容易分享和被人接受。论到如果穆斯林进入教会，为要赢得会众去改信伊斯兰教，基督徒作何感受，我个人丝毫不会为此担忧。实际上，由于各种原因，非基督徒经常进入教会的大门，而许多人在这过程中归向了基督！

重释穆罕默德和古兰经

一个人能否既作穆斯林群体的一员，同时又不信奉正统的穆斯林神学？当然能，只要他们对自己非正统的伊斯兰信仰保持沉默。实际上，成千上万的"文化上的穆斯林"持有各种不同的信仰，甚至对伊斯兰教一无所知；然而，因为血缘和生活在穆斯林圈子里，外人都视他们为伊斯兰群体的人。不过C5信徒的目标是成为基督的见证（这与C6信徒不同），不会对自己的信仰保持沉默，在分享福音的时候，早晚会遇到有关穆罕默德的先知身分和古兰经无误性的问题。耶稣的跟随者，不可能完全认同伊斯兰教关于古兰经和穆罕穆德的所有教导。

我们必须重新解释有关穆罕默德的角色和古兰经的某些方面，这可能是C5模式最艰巨的挑战。若不加以重新解释，这些信徒最终会转向C4模式（处境化群体，但不是穆斯林）或C6模式（地下／保持沉默的信徒）。重释哪些内容远远超出本篇短文所涉及的范围，它需要由已归信基督的穆斯林领袖提出建言。在《建立桥梁》(*Building Bridges*, 1997) 一书中，作者阿卡德（Accad），一名阿拉伯学者和牧师，他的见解可以作为重解工作绝佳的起点；他说："穆罕默德、古兰经及其中某些经文看起来否认基督的受难，但其实都有方法予以重释。"（34-46, 138-141页）并提到一些接受基督后仍成功地留在伊斯兰群体中的穆斯林归信者，其中有些人称自己为"借着弥赛亚尔撒的舍命而真正归向神的穆斯林"（35页）。

预防C5落入混合主义的七大要诀

一些著名的宣教学家提出了"跟随耶稣的穆斯林"或"遵从弥赛亚的清真寺"等概念。[1] 我们确实需要正确的引导，以防C5策略落入有害的混合主义。那些与新信徒同工配搭的，至少需要在门徒培训的过程中强调以下七点：

1. 耶稣是主和救主；除他以外别无拯救。

2. 引导新信徒学习福音书，若可能，还要学习律法书和诗篇，并在日常生活中实际操练所学的教导和命令。

3. 新信徒要定期与其他C5信徒聚集，认识到他们是弥赛亚尔撒的身体（教会）在当地的彰显。

4. 新信徒需要弃绝并脱离各种有害的民间伊斯兰教仪式和秘术，例如精灵崇拜、向圣徒祷告、使用护身符、诅咒及咒语等等。

5. 遵守诸如斋戒、天课、割礼、参加清真寺、戴号帽、禁食猪肉和酒品等穆斯林习俗和传统，目的是为了表达对神的爱，以及对邻舍的尊重，并非为了以此获取罪的赦免。

6. 我们要依据圣经真理的亮光来核对和判断古兰经、穆罕默德和传统的伊斯兰神学，对必要的部分可考虑重新解释。不违背圣经的伊斯兰信条和仪式可保留，其余的需要修正，有些则必须摒弃。

7. 新信徒需要有新生命和在恩典中成长的明显凭据（如结出圣灵的果子、爱心不断增长等等），并渴望向失丧之人传福音（如口头见证和代祷）。

我们必须有心理准备，C5信徒在某个阶段很可能会被赶出伊斯兰群体；正如帕谢所言，C5模式可能只是一个过渡阶段。尽管如此，跟随耶稣的穆斯林就算最后可能遭到驱逐，若是至少还能有几个月、几年的时间向同胞亲友分享福音，不是总比新信徒一开始被所爱的人视为叛徒就选择离开自己的家人和群体好多了吗？

总结

如果穆斯林归主最大的障碍不在于神学问题（即接受耶稣为神），而是文化和宗教身分（即必须离开穆斯林群体）；那么，为了神国的缘故，我们应当竭力探索，找出可行途径，让穆斯林既可以保留原有身分，又能同时活出主耶稣之真门徒的生命。关乎这一策略的议题总是非常棘手和复杂,要从教会历史、伊斯兰教研究、神学和宣教学等多方面来思考;穆宣工人当举行研讨会,找出C5策略的各种可行性,必定对这整个问题的探讨贡献良多。

在穆斯林世界进行任何类型的事工都会有很大的风险,但是为了千千万万可能与基督永远隔绝的灵魂,以及神的荣耀,一切的风险、汗水和张力都值得冒险一试。

附注

1. 参 Winter, 1981; Kraft, 1979; Conn, 1979; Woodberry, 1989。

参考资料

Accad, Fouad Elias. *Building Bridges: Christianity and Islam* (Colorado Springs, CO.: Navpress, 1997)。

Conn, Harvey. "The Muslim Convert and His Culture" in *The Gospel and Islam*. Don McCurry, ed. (MARC, 1979), pp. 61-77。

Kraft, Charles, "Dynamic Equivalence Churches in Muslim Society" in *The Gospel and Islam*. Don McCurry, ed., 3rd edition (Monrovia, CA.: MARC, 1979), pp. 78-92。

Winter and David Frazier. "World Missions Survey",《宣教心视野》第一版,1981年出版,页198-201。

Woodberry, J. Dudley. "Contextualization Among Muslims: Reusing Common Pillars" in *The Word Among Us*. Dean S. Gilliland, ed. (Dallas, TX: Word Publishing, 1989), pp. 282-312。

研习问题

1. 作者认为穆斯林归主最大的阻碍是神学问题,还是文化身分的拿捏?
2. 针对跟随基督的穆斯林,作者提出如何处理有关古兰经和穆罕默德的解释和看法?
3. 针对穆斯林文化保留多少、对基督纯正信仰保持忠诚,以及建立教会的可行性方面,C5宣教士和C5归主运动之间存在什么区别?

第110章 内传福音运动——
保留原有身分，保持群体关系

利百加·刘易斯（Rebecca Lewis）

"内传福音运动"（Insider Movements）是指人有了顺服基督的信仰之后，仍然留在原生群体，保持原有融于社群的关系。任何内传福音运动都有以下两大基本特点：

1. **延续原有群体**。无需创建或引进新的社会结构，福音扎根于原本已存在的群体或社会网络。不是来自不同社会网络的信徒集合组成一个"教会"；相反，原有群体中的信徒成为该处境下"教会"的主要表达形式。

2. **保留原有身分**。信徒在耶稣基督的主权和圣经的权柄下生活，同时保留原有群体中的社会宗教身分。[1]

现在让我们来深入探讨这两大基本特点：

特点一：原有群体变成"教会"

如果不创建或引进新的社会结构，福音如何能扎根于原本存在的群体或社会网络，成为那个处境下"教会"的主要表达形式呢？为要理解该特点对于内传福音运动的重要性，我们需要将外建型教会与内植型教会进行比较。[2]

外建型教会

一般情况下，外建型教会（planting churches）意味着创造一个新的社会群体。各个信徒虽然互不相识，但还是聚集在一起来形成新的团体，创建者竭力帮助信徒融合成为一个大家庭或一个群体。

这种"聚合式教会"的模式在盛行个人主义的西方社会行得通，但是在以集体为基础的社会中，如果信徒被抽离原生家庭的关系，而进入新的社会结构，那么家人通常会认为这个新的群体"偷"走了他们的家庭成员，难怪福音的传播会遭到抵制。

"内植"福音

内传福音运动与前述情形相反。当福音在原有的群体中扎根时，内传式福音（implanting the gospel）行动就"内植"在里面了，福音就像酵母

作者和丈夫从事穆宣事工三十年，其中八年在北非服事。过去的八年中，她在大学教授历史。

一样传到这一群体的各个部分；不久，新成立的教会群体尝试变成一个大家庭。相反地，信徒在他们原有的家庭或群体网络中，逐渐学会如何为彼此提供属灵团契，自然形成内植型教会的核心。他们坚固的关系网早已存在，不一样的地方是他们现在都委身于耶稣基督。"内植"的福音浪潮，不见得比外建型教会更加"处境化"；问题是，即便外建的教会非常贴近当地文化，但其新创建的构架，通常会不自觉地使信徒与家庭关系疏远。[3]

延续原有群体：合乎圣经吗？

像哥尼流、吕底亚和腓立比狱卒这样的家庭，往往成为许多新约教会的关系核心。这些以及其他例子的特色是让家族甚

附篇
110-1 三种归主运动
里克·布朗（Rick Brown）、贺思德（Steven C. Hawthorne）

上个世纪，三种典型的归主运动广为人知："群体归主浪潮"、"教会倍增运动"，以及"内传福音运动"。

内传福音运动

利百加·刘易斯指出内传福音运动具有两大基本特点：延续原有群体，保留原有社会宗教身分；她对此运动所下的定义可帮助我们辨析三种运动的异同。

这三种福音运动都准确地描述了福音在原有的社会网络或原生群体中兴旺的现象，也因看到人们都标志着神国子民和耶稣基督门徒这一新的属灵身分而感到欣喜；但是，如果根据群体和身分这两个特点的表现来看，我们会发现三种运动之间的不同之处。让我们一起以这两个特点来分析每一种运动。

群体归主浪潮

二十世纪三〇年代，皮克特（J. Waskom Pickett）在印度首先提出群体归主浪潮这个概念，不过他当时称之为"群众归主运动"（Mass Movements）；之后，马盖文于二十世纪五〇年代对这概念加以分析和推广，这种福音运动的基本现象是整个群体决定成为基督徒。虽然焦点放在基督——故马盖文常称之为"归向基督的福音运动"（Christward Movements）——但信主后整个社会网络需要放弃原来的社会宗教关系，以因应传统的基督教社会身分。所以至今群体归主浪潮已鲜为人知，但它仍在各地出现。

说到群体，群体归主浪潮以引导整个家庭、宗族、部落和部族归主而闻名。至于宗教关系和身分，这些人会被期望与原有的身分彻底决裂。马盖文经常强调使全民"基督教化"（christianize）的需要。

至更大的社会群体一同跟随基督!

有些人认为原有群体得蒙救赎应验了神给亚伯拉罕的应许。神曾说,地上的万族都要因亚伯拉罕和他的后裔得蒙祝福（创12:3,28:14）。当整个家族或宗族得蒙基督更新和充满,增强向心力、没有分裂,所在的社会将因内传行动让更多人蒙福,而发生显著的改变。福音不再被视为威胁,反而更加容易进入邻近的关系网络中。

特点二：信徒保留原有社会宗教身分

在当今许多国家,对一个跟随基督的新信徒来说,放弃原有的宗教身分,却仍旧与原生群体保持密切的关系是不可能的

教会倍增运动

二十世纪九〇年代,人们注意到教会倍增运动,做了一番分析和整理。教会持续倍增是这种福音运动最突出的特点。以简单的教会结构提升教会增长的可复制性,以及栽培当地有恩赐的领袖使教会满有活力的持续增长,并拓展成为倍增运动。

在基督徒身分受尊重的福音"已得之民"当中,教会倍增运动已经带领了数以百万计的人找到满有活力的信仰；在福音"未得之民"中也出现爆炸性的增长。在这样的情况下,倍增运动通常会创建新的教会结构,尽管只是简单的家庭式教会,带领者是"平信徒"领袖,不是专业的神职人员,但其所在的社会群体会将教会视为一个崭新的社会结构。大卫·加理森（David Garrison）称,信徒"与他们从前的宗教一刀两断,以独特的基督徒身分来重新界定自己"。*

	群体		身分	
	原生群体一起归主	归信者成为新结构或教会的一部分	属灵身分：基督的跟随者	原有社会宗教身分改变成"基督徒"
群体归主浪潮	是	常常	是	常常
教会倍增运动	常常	是	是	常常
内传福音运动	是	极少	是	极少

*David Garrison, "Church Planting Movements vs. Insider Movements," p.154, *International Journal of Frontier Missions* 21:4.

里克·布朗是一名圣经学者和宣教学家。自1977年起,他一直参与非洲和亚洲的福音拓展事工。贺思德多年来与多个团队从事针对亚洲和中东未得之民的系列研究。

事。这些社会不见得认为"基督徒"一词是指耶稣基督真诚的信徒，反而认为它是一个带有宗教色彩和政治性的社会群体。

通常，某人的宗教身分，无论是穆斯林、基督徒或印度教徒等等，都登记在其出生就有的身分证上了！将身分从"穆斯林"

国度圈

右边这张简单的图表，帮助读者区分相信并跟随耶稣基督者的根本属灵身分与他们原有的社会宗教身分。

我们用一个圈来表示神的国度，圈里都是相信且顺服耶稣基督的人。（A）代表新约时代遵行犹太教，但跟随主基督的犹太人，他们是在神的国度里；（B）代表没有进入神国度的犹太人。（C）代表新约时代跟随主基督的外族人，他们也是在神的国度里；（D）代表当时许多没有跟随基督或进入神国的外族人；（E）代表了使徒行传第十五章中教会领袖面对的问题：外族人是否需要"透过"犹太教才能进入神的国度？

把这个问题放到今天来看，我们必须了解不少恪守基督教文化和基督教家庭传统的人，是真诚相信并顺服基督而进入了神的国度（F），但其他许多人只是挂名的基督徒，虽然可能属于某个不错的基督教会，但仍然没有进入神的国度（G）。这就引发了一个类似的问题：非基督教背景的人有必要"透过"基督教身分和文化才能进入神的国度吗（H）？这个问题的答案可以说明，许多没有基督教社会宗教文化身分的人，虽然仍保留原有的社会宗教身分和群体关系，但他们可以因为全然相信和顺服耶稣基督而进入神的国度（I）。

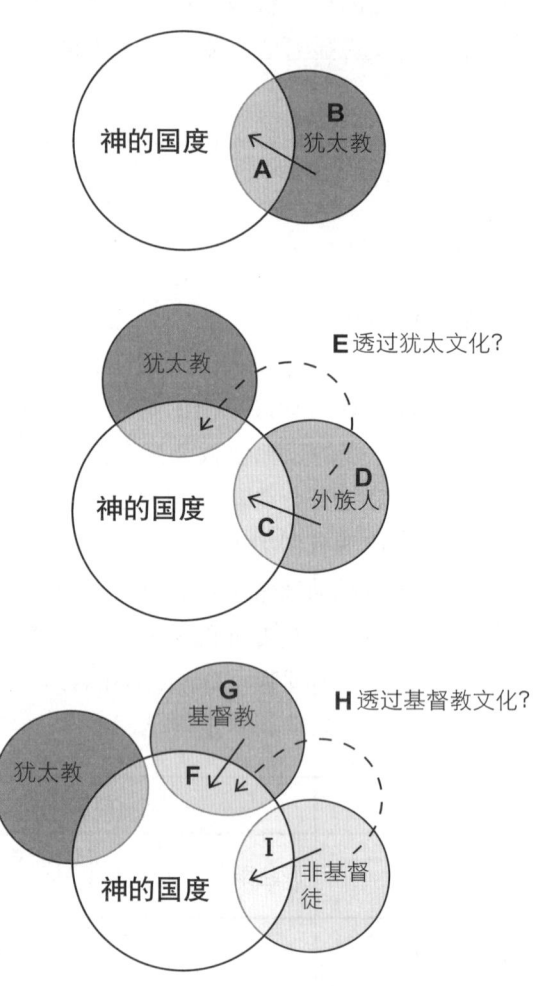

或"印度教徒"改变成"基督徒",会被视为对家庭和朋友的背叛;此外,有时这样的更改还是违法的,几乎不可能做到,还会被人耻笑。

然而,福音在这些地方可以借着内传方式自由地遍传。因内传而信主的人有一个新的属灵身分,在耶稣基督的统管和圣经的权柄下生活,但保留了原来的社会宗教身分。

保留原有身分:符合圣经吗?

一个人必须借由"基督宗教"才能进入神的家吗?新约圣经提出了一个几乎相同的问题:"所有相信耶稣基督的人,都必须透过犹太教才能进入神的国吗?"这两个问题其实关系到福音的本质。附篇〈国度圈〉对这点做了说明。在井边的撒玛利亚妇人刚开始拒绝耶稣所赐的永生,因为她的身分背景不允许她进入圣殿或成为一名犹太人。但耶稣将真正的信仰与宗教归属关系区别开来,祂说:"敬拜祂的必须用心灵按真理敬拜祂。"(约4:19-24)妇人城里的许多撒玛利亚人认识到耶稣不只是犹太人的救主,而且是"世人的救主"(42节),就信了祂。就耶稣在井旁对撒玛利亚妇人所说的那番话来看,许多新归信者很可能仍然保留撒玛利亚人的身分,而且住在本地。

此后,圣灵启示使徒,外族信徒无需透过犹太教就能进入神的家。犹太化的基督徒前往安提阿,告诉外族信徒必须遵守犹太文化和传统,才能被神完全接纳。保罗不认同这个观点,于是将这一议题带到耶路撒冷的主要使徒面前;结果,由此展开激烈辩论,因为好几世纪以来,犹太人一直认定若要成为神的子民,就必须先皈依犹太教。但圣灵指示使徒,不可用犹太宗教传统来重压外族归信者(徒十五章)。

使徒遵照两个标准作出这样的决定:神将圣灵以及圣经的指引同样赐给归向基督的外族人。首先,他们听说圣灵降临在没有遵守犹太教规的外族信徒身上;其次,他们意识到圣经已经预言了这事的发生。对于使徒来说,这两个标准足以表明,神认可这一波新的归主行动,这些新信徒可以仍然保留自己的外族文化身分;因此,使徒没有敌挡,也定意不额外要求他们改变宗教身分。若我们今天也使用这两个标准,那么内传福音运动也无需让人透过"基督宗教"来归主;重要的是,他们只需要借着耶稣基督便可进入神的家。

保罗想要人明白这个真理从起初就是福音的一部分。他指出,神应许亚伯拉罕,万民必须借着相信耶稣基督来接受圣灵(加3:8-26);所以,当彼得和巴拿巴容许传统的犹太化基督徒要求外族信徒必须遵守犹太宗教传统时,保罗就当众责备他们"所行的不合福音的真理"(加2:14-21)。保罗警戒他们,在跟随基督之外再添加改变宗教为条件就等于废除福音;他再次强调,外族人不是靠宗教,而是"在基督耶稣里,借着福音可以同作后嗣,同为一体,同蒙应许"(弗3:6)。因此,无需放弃原有身分,无需贴上"基督徒"的标签,也无需归属基督教的某个传统和组织,一个人完全可以得到一个新的属灵身分。

愿万族欢喜,因他们同样可以借着耶稣基督直接进到神面前!这就是福音的大能!

附注

1. Lewis 2007, "Promoting Movements to Christ within Natural Communities," p. 75, *International Journal of Frontier Missiology* 24:2.
2. 在两种情形中，"教会"的概念都不是指建筑物、机构或聚会，而是一个由服从耶稣基督的主权，且相互支持的当地信徒组成的群体。
3. 有人将C5教会等同于内传福音运动。然而，并非所有C5教会都是内传福音运动的产物。若要使得内传福音运动产生，那么C5信徒就必须真正地留在自己的家庭和社交网中，不要去创造任何格格不入或与之竞争的宗教机构或活动。

Part 4
真实故事——个案集锦

本书第四部分（第111-123章）是近三、四十年教会在传统意义上的"福音未得之民"当中拓荒宣教的真实故事。

这些颇具代表性的实例来自于未得之民的主要群落，如：华人、穆斯林、印度教徒、部落以及佛教徒，拉丁美洲的城市人口也在其内。

此案例分析旨在探索当代建立拓荒性教会既复杂、却又可行的实际见证。在这些案例中，你看不到"傻瓜式"的"成功秘诀"，你将看到的是，那些和我们一样的普通人如何透过竭力祷告而逐渐寻求出独具特色的方法，以应对变化多端的局面。即使有的案例很精简，仅有粗略的概述，但每个故事却都充分地揭示了每一波福音运动浪潮的兴起、启动，以及早期的发展情况。读者若是请将这些案例加以比较和对照着看，会更有帮助。

你可以留意以下几个方面：本地工人在辅助外来宣教士的工作上发挥了怎样的作用？外国同工如何进入一种新文化、又如何找到福音的切入点？他们怎样面对和克服各种障碍、如何形成伙伴关系并结出硕果？这些工作实在需要经年累月的努力，以及无限的毅力与创意。

在这些案例中，你会看到社区发展计划如何与福音工作巧妙地结合，当然你也会注意到，往往正当福音传道的曙光乍现、颇有激动人心的突破时，挫折、失误和令人失望之事也紧随而来。请留意他们如何献上祷告、忍受苦楚，而我们的神又是如何介入与动工，依旧以祂的权能掀起一波又一波归信基督的浪潮。

（附注：部分作者姓名、所涉族群及地名已作改动）

第111章 非洲赞比亚的拓荒队伍

菲力普·埃尔金（Phillip Elkins）

本文所作的拓荒个案分析，与其他案例不同。通常前往拓荒区是由某个差传机构安排，招聚几位宣教士去完成某项工作，这些宣教士往往是到了工场之后才初次谋面。但是本文中所提的这些宣教士，在前往工场之前就已经结成团队，队伍中的每个人都心怀同样的宣教负担，于1967年相互结伴，希望向一个神早已预备接受祂救赎信息的未得之民或"隐蔽之民"传福音。

这个团队以第一世纪的"使徒型团队"为榜样，他们当中有神赐与的诸多天赋和恩赐，又有不同程度的福音工场事奉经验。斯坦·休梅克（Stan Shewmaker）已经在非洲的赞比亚事奉了五年，弗兰克·亚历山大（Frank Alexander）在非洲的马拉维事奉了四年，菲力普和诺尔玛·艾尔肯斯（Phillip & Norma Elkins）夫妇已经访问和研究过七十一个国家的宣教工作，另外两对夫妇过去也一直在非洲作短期宣教。他们的年龄介于二十五到三十三岁之间，其中有五个弟兄拥有圣经研究的学历，并在前往宣教工场前取得了宣教学硕士学位。

因为具备这样的经验和训练，这个团队感到他们可以效法新约时代的保罗—提摩太—路加—西拉那样的"团队"；他们受加州圣费尔南多（San Fernando）一间热心宣教的教会差派，就像安提阿教会。这间教会也很清楚真正"差遣"他们的是圣灵（徒13:4 "奉圣灵差遣"），所以并不看自己是管理他人和作决策的单位，而将工场上事工的决策权交给这宣教团队，当然宣教团队要顺服圣灵的带领，并且与当地教会领袖配搭事奉。

早期的决定和信念

该团队花了两年时间寻求，锁定一个未得之民群体，最后认为圣灵引导他们去汤加（Tonga）部落中叫托卡里亚（Toka-Leya）的群体（汤加部落是赞比亚最大的部落之一，人数超过三十万）。部落中有95%的人信奉当地本部落的民间宗教（有人称之为万物有灵论）。在他们居住地（主要目的地区域）方圆二十公里的范围内就

作者曾在津巴布韦书服事五年，在利比里亚服事四年，现任语言和文化学院主席。二十五年以来，该学院在美国和海外民族群体中开展亲身实践的训练。他亦是富勒神学院跨文化研究的首位主任。

有一百个村庄，其中有四个小教会，几年来都没有增长（基督徒一共有七十五人）。

这个宣教团队头两年（1970-1971）中，大半时间先学习语言和了解文化，没有开展公开的福音工作；到1973年底，他们建立了十六间教会，会友增长了六倍，有四百五十人之多。又在这方圆二十公里的地区之外，也兴起新的归主浪潮；例如，在1973年，在北边一百一十公里的蒙巴（Moomba），新培训出来的当地基督徒在几个月内就建立了六间教会，会友达两百四十人，其中有一位酋长、三分之一的如村长领袖之类的人物，以及两位法官。

我提到众人如此迅速地回应福音，目的是要表明神真的带领我们进入了万民归主的丰收季节。我们明白，必须让本地教会受到推动和训练之后一起参与收割庄稼的工作；到1974年，我们认为大多数美国宣教团队大可撤离了；1979年，最后剩下的两个"外国"家庭觉得应该是时候转移到其他族群中开启新的工作。到今天，这里强大的本土教会继续带领人归主，使"处于黑暗边缘的人"作耶稣的门徒。

在有些基督徒看来，"办法"、"方式"和"策略"这些词都"不属灵"；但我认为在上述的宣教处境中，宣教团队遵循了行之有效的策略和方法。除了前面的故事，我们头两年还深入学习汤加部落的世界观（语言、生活方式、政治、价值观、社会结构、教育系统以及其他文化层面），这对建立教会的工作至关重要。我们夫妻住在一个只有175人的村庄中，为了与当地人认同，我们完全按照其他托卡里亚家庭的生活方式来生活，学习与他们

> **最关键的是了解人们的"切身需要"，让神救赎的信息成为他们的好消息。**

感同身受；主要目的不只是为了得到"接纳"，更重要的是为了理解和欣赏他们文化中的优点和美好之处。我们必须知道他们生活中哪些积极的方面合乎神的心意和计划，也需要知道哪些方面是他们必须面对和改变的，才符合神国的要求。

或许最关键的是了解人们的"切身需要"，让神救赎的信息成为他们的好消息。之前的基督徒来这里传讲的"福音"，事实上被当地人视为"祸音"；他们以为"福音"就是神要男人只娶一个妻子、不能喝啤酒。虽然基督徒还传讲了其他许多的事情，但这一点却被视为福音的"标志"；由于这些宣教士主要的兴趣是为村里的儿童开办学校，因此他们认为福音只适合孩子，对成年人来说则是无稽之谈。

了解汤加部落的世界观

经过两年"道成肉身式的认同"生活之后，我们越来越了解汤加的世界观，以致可以针对他们的世界观来生活和传讲福音信息。对西方人来说，汤加部落的世界观可用下页图说明。

汤加人相信人可以对妇人肚腹里**未出生的胎儿**施加影响。例如，假设一个孕妇的家人曾造成你的家人死亡，你可以找一个巫医来治死胎儿（无需和孕妇有身体的接触）。

"活着的活人"相当于我们所说具有物质有限性的活人的概念。"活着的死人"则是指在身体死亡之后继续活着的人，其生前的性格、仇敌、偏见、口味偏好等仍然保持不变；所以，一个人可以到活着的死人坟墓前，根据对这人的性格及其对亲朋好友的责任的了解，向他请求帮助。同样，人也可以前来向高升的活着的死人祈求；这一类人的重要性则是依据他在"活着的活人"的状态下的地位而定。

被遗忘的死人指那些名字和性格已经从活人的记忆中消失的人，因此现在没有人恳求或抚慰他们。这些被遗忘的死人代表另一个维度的现实，带给汤加人心中无比的恐惧、忧虑和沮丧。

之后我们团队如何根据汤加部落对"现实世界"的认识框架，找到切入点，切中他们的切身需要呢？汤加人相信神（他们称神为 Leza）创造人类，并和人类一起生活过一段时间。但由于后来人与神的关系破裂（有个故事提到一个女人攻击神），于是神离开他们，人与神之间的直接交流从此中断。唯一能够与神交流的方式，就是通过"活着的死人"或"高升的活着的死人"。但人没有能力"听到"神的回应，了解神的个性，或是确定是否充分地向神传达了自己的需要。这个问题是他们的"切身需要"。

汤加人相信被遗忘的先祖的**幽灵**会附在人身上来杀他们；重病都是由这类鬼灵引起的，除非把他们赶出去，否则病人就会丧命。被遗忘的外族死人（来自其他部落）的鬼灵会引起令人难受但并不致命的慢性疾病，这些鬼灵也时常附在人身上，用此人作为与该社群的人沟通的灵媒。整个社群则会特别聚集在一起以歌舞来回应

汤加的世界观

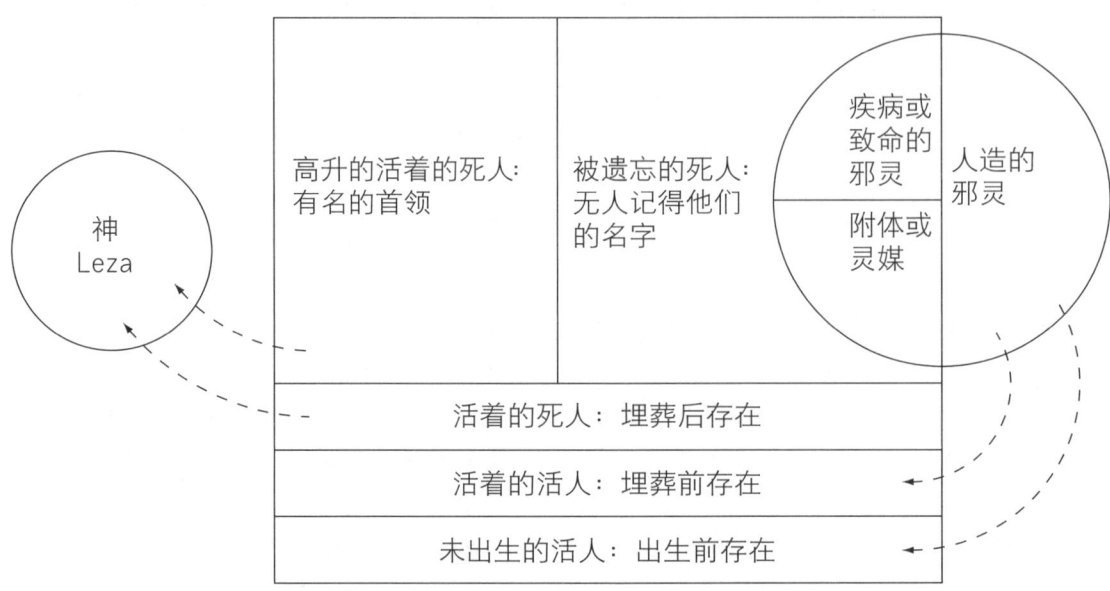

鬼灵的附身，目的是为安抚、控制及希望被附的人摆脱这个幽灵。

最后，一些鬼灵是人制造出来的，我居住过的那地区的人最害怕受到这类鬼灵的骚扰。我没有发现任何研究非洲鬼灵的文献提到这种鬼灵，实际上非洲还有其他部落也确实相信人造鬼魂的事。

我们是这样明白了这些概念的。有一天，一对夫妇将一个病入膏肓的孩子带到我面前，但我的医术不足以应付，就赶紧把他们三人带到医院去，可惜那孩子还是没救回来，死了；在西医看来，这个孩子死于疟疾和贫血并发症。

一年后，我参加村里法院的诉讼，一名男子被控谋杀这个孩子；经过几星期的审判，最后这位男子承认自己有罪。为什么有罪？原因是因为那个孩子的父亲曾经对不起他，他就想造一个自己的伊萨古 (isaku) 鬼灵。审判期间无人愿意向我解释伊萨古鬼灵是什么，平时那些愿意透露一些信息的人都否认和这些鬼灵有任何关系。

那段时间，我们夫妻二人在一个晚上拜访了一个村子，我们看到围在篝火周围的妇女都没有背着孩子；这很反常，于是我问他们怎么回事？她们回答说，因为太多伊萨古鬼灵游荡在村子里，她们担心孩子的安全，所以把孩子留在可以得到照看的小屋里。她们发现我并不知道伊萨古鬼灵是什么，就只告诉我们那是邪恶的灵。我想所有的鬼灵都是恶的，她们如此回答等于没有回答。

几星期之后，我终于说服了一名偶尔来拜访的医生，告诉我什么是伊萨古鬼灵。他说，想要偷盗、谋杀或为自己谋利的人，都可以造这种鬼灵；但要先从坟墓里挖出刚埋葬的尸体，砍下头部，然后在半夜把头部带到两条路交叉的地方；点燃一堆篝火，加上某种药，随之而来的烟雾开始湮没这个人头，和放在周围的某些动物的肢体（例如蛇皮、鸟类羽毛、兔子的脚等等）。这样的仪式如果举行得当，就能够造出称为伊萨古的活灵；这种鬼灵的躯体部分需要得到保存、喂养以及隐藏。如果某个人好好照顾伊萨古，这个人的愿望就能得到实现；反之，伊萨古邪灵会杀死这个人或他的家人。当某个拥有伊萨古的人去世时，继承这人名字的亲人也同时承接他的伊萨古鬼灵。一般而言，没有人会承认自己有伊萨古鬼灵；因为，有伊萨古鬼灵的人会在临死时请求亲人接受某个名字，后者如果怀疑这个名字与伊萨古鬼灵有关联，可能会拒绝接受这个**名字**。

若一个人因继承了某个**名字**而不自觉地承接了一个伊萨古鬼灵在身，他将尝到苦果。或许有一天，他一踏进家门就得知一个孩子突然去世。

随着越来越多了解伊萨古鬼灵带来的影响，我们对汤加人的认识所欠缺的那些空白就补满了。我们深深感叹当地人对伊萨古鬼灵和造灵者是多么**束手无策**！更有甚者，因着汤加人认为死亡是由某个人蓄意造成，更使我们了解一个人与家族之间的敌对和怨恨有多深。

如何回应他们的切身需要

根据以上的认识，我们更清晰地看到他们的"切身需要"，相信神可以切中这些需要。神要给汤加人的第一个好消息就是祂已经将"圣灵"赐下；他们完全不

> 第二个好消息是，神没有丢弃汤加人，他们已经认识神这个名。

知道有良善的灵，更不用说神所赐下的礼物——圣灵。我们告诉他们，因为住在我们里面的灵绝对不会容忍其他的鬼灵搅扰我们，所以不必害怕伊萨古这样的鬼灵，而且住在我们里面的"圣灵"比其他的灵更有能力，所以他们才能从我们的生活中看到喜乐、自信、盼望和无畏。

第二个好消息是，**神没有丢弃汤加人**，他们已经认识神这个名。虽然汤加人早已离开神，但神仍愿意再与他们同住；神差派自己的"爱子"道成肉身来到人间，并指引人如何真正活得好，便是明证。我们告诉汤加人，他们可以把自己的需要直接告诉神，神的爱子在神面前为我们特别代求；还进一步告诉他们，神的儿子如此深爱人类，甘愿除去人类所有的罪恶过犯，为此亲自代替我们承受了刑罚。

因此，汤加人开始意识到，住在我们里面的圣灵的确就是我们所说的"圣灵"。为了避免读者的误解，我这里所说的不是指说方言的恩赐，而是每一个基督徒**重生**时所领受的圣灵。

此外，我们也谈到从认识圣经中得到的确据，但起初并未产生直接的效应，因为多数人无法读圣经；然而，神的道不受文字的限制，祂愿意在日常生活中向汤加人彰显自己。有一天，当我们去一个村子时，一个妇人喝醉了酒，挡住我们的去路，她嚷着说村民们跟随的是撒但不是神。不料当晚她就死了，第二天，好几百个村民前来询问神在他们生命中的心意。

我们所在地区的首领，过去每年都带领群众去祖坟求雨，当他接受福音后，就活出信仰，带领众人走一条全新的路。那年又发生干旱，一开始他就召集群众花一天的时间来祈求神降雨；这是个极其大胆的举动，比我们这些宣教士都有信心。神看重他的信心，在日落前真的下起雨来，湿透了大地。

在我们所居住的村子里，几乎有一半的成年人接受了洗礼。在他们的带动下，我们同心前往另一个村子分享我们的信仰，出发前我们彻夜祷告。

我们这支美国宣教士团队建立了越来越多的教会，所以就将自己的角色作调整，开始带领他们传福音、拓植教堂。我认为和汤加人在实际生活层面认同，又为着传福音在实际生活和属灵层面上都树立榜样，是一个很好的策略！我知道，这在很多宣教圈子里已经是一个"过时"的概念，但我觉得这仍是拓荒宣教中值得强调的重点。

为了培养本土领袖，我们设立了十六个分部，训练每一个基督徒明白基督教的基本信仰；又为那些即将担任教会领袖的信徒开设一门特殊的课程，课程的费用全由刚信主的基督徒支付。我们把持原则，建堂不给资助，也不给那些参与讲道事奉的信徒特别资助。

随时备战

在结束本文之前，我必须承认，我们的团队就像当时保罗的团队，在事奉的过程中经历到人际关系的冲突，事工也有诸多挫折，包括信徒的背叛、一些被寄予厚望的人后来的表现反倒让人大失所望。但是，我们明白这是属灵争战中不可避免的，因为我们"对抗的不是有血有肉的人，而是执政的、掌权的、管辖这黑暗世界的和天上的邪灵"（弗6:12）。

我认为，只有真正明白圣经才能够知道属灵争战出现在哪里。如果我们不竭力学好当地的语言，就无法有效地传福音，宣教的行动注定失败。真切地参与体会宣教对象的生活方式和挣扎也很重要！如果我们所宣告的信息不能医治人们的伤痛、不能切合人们真正的需要，任凭自己的基督教文化蒙蔽双眼，不明白神在完全不同的处境和文化中的作为，那就是自找失败。

在此诚挚推荐我们团队拓荒宣教的策略与读者分享。我在赞比亚的那五年当中，有一个宣教士家庭离开，但还有其他家庭来加入到团队之中；除此之外，我们一开始就非常努力拓建领导团队，包括吸纳汤加基督徒加入。这种团队合作配搭的方式并非完成任务的不二法门，但却使我们在赞比亚那五年的宣教事工硕果累累，成为一段愉快的经历。

第112章　草原神鹰传奇
——蒙古大地教会的兴起

布莱恩·霍根（Brian Hogan）

作者曾是蒙古青年使命团教会倍增团队成员。目前，他担任该团队的教会倍增教练。著有*There's a Sheep in my Bathtub: Birth of a Mongolian Church Planting Movement*一书。本文改编自*Multiplying Churches Among Unreached People Groups: Guiding Principles* by Kevin Sutter, YWAM, Arcata, CA.。

十三世纪，由成吉思汗统一的众蒙古部落，挟迅雷之势横扫中亚大草原，让当时的整个世界闻风丧胆。没多久，这些剽悍勇猛的骑士便开创了一个连居鲁士和凯撒都自叹弗如的帝国。

但是蒙古帝国转眼衰落，蒙古人信奉藏传佛教；后来沦为一个落后的内陆国家，轮番被数个外族王朝统治。1921年，一场共产主义革命把蒙古转变成第一个"独立"的苏维埃卫星国，所有宣教士都被驱逐出境，当时尚未有一间教堂建立起来。随后，蒙古这个"封闭"的国家便一直处于共产主义的统治之下，成为世界上极少数没有教会和本土信徒的国家。

紧闭的大门开启

1990年初，也就是在与外界隔绝七十年之后，蒙古和其他前苏联盟国一起获得了自由和独立；撒但在那里敌挡福音的强大势力也土崩瓦解，随之有许多人以创意的宣教策略欣然前往，点燃了福音的星星之火。1990年，一队美国印第安基督徒以游客的身分来到蒙古，他们的到访，引起了蒙古人的极大关注，甚至上了国家新闻。1991年，在他们第二次访问结束前，公开给三十六名蒙古新信徒施洗，为蒙古大地上的属灵光景添上新页。

一对年轻的瑞典夫妇——马格努斯（Magnus）和玛丽亚（Maria）前往蒙古建立教会。他们开始在首都乌兰巴托（Ulaan Baatar）学习语言时，与当地不断增长的教会中刚信主的年轻蒙古信徒建立了友谊。

玛丽亚和马格努斯与乌兰巴托一间教会的蒙古福音短宣队，几次前往蒙古第三大城市额尔登特（Erdent）宣教。在这几次旅行中，他们结出了一些果实，有十四个女孩回应福音的教导，愿意悔改信主。1993年一月，马格努斯给这第一批门徒施洗，额尔登特教会就此诞生了。

不过，十四个年轻女孩组成的教会还不能说是令人欣喜的开始。如果这个新兴的团契要有所发展，就必须要有人从旁协助；因此，这对年轻的夫妇连同他们英语课上成绩最好的蒙古学生之一，年仅十九岁的蒙古女信徒巴雅拉（Bayaraa），于二月就搬到额尔登特。因为马格努斯夫妇与巴雅拉曾在一起事奉，并对她进行门徒训练，所以他们的关系便成为两文化之间很棒的桥梁，也使得马格努斯夫妇得以深入了解蒙古文化，事工得着指引。巴雅拉天生就是一个布道高手，她运用自己从他们所学到的有关耶稣和圣经的信息，很快地就带领多人归主。

马格努斯夫妇随即把门徒分成三组，在不同的家庭中聚会，一起在互相支持和彼此督责的气氛中操练祷告、团契生活及牧养教导。一开始，他们就受教要顺服主耶稣基督，学习爱神和彼此相爱、祷告、悔改、信心、施洗、慷慨奉献、守圣餐，再去教导其他人彼此相爱和顺服耶稣；因为这些女孩带领她们的朋友归主，小组的人数也随之倍增。马格努斯一个人无法带领人数渐增的小组，所以他就培养活跃且忠心的信徒成为领袖；一段时间之后，她们就开始组织一个更大的聚会，每个月举行"庆祝礼拜"，所有家庭小组聚集一处敬拜和团契。一年以后，受洗归入基督的信徒已增加到一百二十人，几乎全是十几岁的女孩！这可不是建立教会者所梦想的全家参与的跨龄教会，充其量只能算半个青年教会。

我在乌兰巴托学习语言一年后，就和

妻子露易丝（Louise）带着三个女儿搬到了额尔登特，参与马格努斯、玛丽亚和巴雅拉的事工；又过了一年，来自俄罗斯、美国及瑞典的其他同工也加入了我们的团队。除了三名来自和平队（Peace Corps）的成员以外，我们的团队是整个额尔登特市唯一能够看到的一群外国人。我们太不一样了，必须想办法在幕后工作，好让蒙古信徒来领导这波教会倍增运动。

迈向主流社会的突破

然而，我们发现十几岁的女孩不是掀起教会倍增运动的最佳基础，但年轻人又是当时蒙古唯一回应福音的人群。于是，我们靠着神所赐的果子继续工作，并祈求神帮助我们有所突破，可以向整个家庭传福音。为了能兴起蒙古式的教会领导模式，我们建立了"临时长老制"（从两个年轻弟兄和巴雅拉开始）。

1. 福音适切性的突破

我们生活在城市的年轻朋友圈子中，他们与以家庭为重的传统蒙古社会之间差距很大。蒙古的三大城市都是近代在游牧部落社会的基础上，按照共产主义体制建立起来的；然而所有人都认为，其游牧社会的文化特征更加传统、正规。就连我们最早带领信主的人都觉得福音并不贴近"真正的蒙古人"；虽然蒙古已经变成一个半城市化的社会，但在蒙古人眼中，"真正的蒙古人"是骑在马背上、睡在蒙古包里的牧民。城市的青少年从小就在居民楼里长大，甚至从来没有骑过马，因此算不上是真正的蒙古人；如果只有城市居民接受福音，那么福音就会像可口可乐一样，被视为舶来品。如果耶稣要成为蒙古人的神，那么祂必须进入游牧人群的生活中！

一个短宣队开始为郊外一些住蒙古包的病人祷告。神的回应很奇妙，瘸腿的、耳聋的、哑巴的以及瞎眼的人都得到了医治，还赶出了几个污鬼。这些病得医治的奇事，使得福音的真实性得到了蒙古长者的认可；于是，福音像野火一样传播开来，教会团契中挤满了越来越多来自城市不同年龄和阶层的人。"真正的蒙古人"开始归信基督，这让城市化的年轻人感到特别惊讶；很快，两位年长的传统蒙古人加入了我们临时长老的行列。这些受人尊敬的一家之主，开始带领家庭教会和事工，福音传播在更大的社会圈子中，也获得更高的可信度。

2. 理解的突破

传统蒙古人迅速接受福音的第二个关键点，在于我们团队和"正在受训的长老"决定开始使用蒙古词语"博尔汗"（Borkhan）来称呼圣经中的神。几个世纪以前，当藏传佛教的高僧来到蒙古时，为了弘扬佛经，他们采用"博尔汗"这个通用的蒙古词语来称呼"神佛"。

1990年代初，几乎所有蒙古基督徒都使用另一个词语"Yertontsin Ezen"来称呼神。这是一个全新的词语，是一位译者为了避免可能与佛教信仰产生混淆或混合主义而独创的词语。但这个意为"宇宙的主宰"的新词语，在蒙古人听来既生疏又不真实，对他们来说并没有什么实质意义，充其量不过是一个带有蒙古色彩的外来词汇。虽然额尔登特正在受训的长老习惯于使用"Yertontsin Ezen"这个词语，但他们依旧认为传统词语博尔汗更加合适，容易被人接受，并且能够融入圣经的含义。待这一词语终究为人接受，要到群众目睹医治和赶鬼等奇事的时候，当蒙古人经历到神奇妙的作为，祂的名字听起来就不像科幻小说中的人名了。

培养本土领袖

在这段爆发性增长的时期，我们的团队退居"幕后"，谨慎而行，给那些新兴领袖在职训练，尽量采用本地信徒容易上手的方式来做每一件事，例如在浴缸里施洗，不使用外来的敬拜诗歌等等。

来蒙古之前，我们的团队从经验丰富的宣教士乔治·派特森（George Patterson）身上学到了不少宝贵的功课，他对门徒训练有着精辟的见解。派特森认为"人们得救就是要在爱中顺服耶稣基督"；所以，我们用一种门徒能够立即顺服并践行的方式教导耶稣的基本诫命。那里的家庭教会推动、支持和鼓励信徒实际回应神话语的教导；信徒彼此帮助，不仅听道，而且还要行道，相互扶持，一起顺服耶稣基督。

然而，我们仍然觉得有一些严重的问

题存在，有些蒙古社会的文化准则与圣经的道德教义相冲突。我们鼓励正在受训的长老查考圣经，寻找方法来解决新兴教会中罪恶的问题；一起针对性纯洁和男女恋爱的文化盲点，制定了清晰的原则，然后加以教导和实施。这些由蒙古领袖精心策划的解决方案，既符合圣经又合乎文化，比我们宣教士策划的还好得多。

新兴的蒙古教会和我们团队各自的原属教会，无论是瑞典、俄罗斯还是美国的教会都极为不同。戏剧表演和讲述见证很快就成为大型庆祝聚会的一大特色（起先一个月举办一到两次，最后变成每周一次）。"话剧团"成员根据圣经故事和蒙古人的日常生活自己编写幽默小品、话剧和舞蹈，成了有力的教导和传道工具。他们聚会时总是腾出时间让"真正的蒙古人"作见证，他们多半是刚从草原来的六十多岁的新信徒。在我们这些西方人看来冗长、闲聊式的得救经历，竟然使得整个团契的听众感到无比惊讶并心生敬畏；我们不得不承认，神诚然在身穿最传统服装的蒙古牧民当中动工！他们唱起自己同胞用母语和特别的乐风创作的新歌，心中油然发出对神的敬拜，这些歌曲可不是时尚的外国货！

我们外来的团队专注于训练、装备和差派蒙古信徒，让他们领导建立教会和传福音的工作。我们建立的一所门徒训练学校，以"边做边学"为宗旨，到第三次开班时已经完全由蒙古人自己教学与领导，在本地的事工中训练新领袖，而不是派他们出去受训。不久，家庭聚会点的领导权几乎都移交到他们手上，很快蒙古信徒也担负起主日敬拜的大部分责任。

得胜的属灵争战

但是仇敌并没有对这一切的进展和增长置若罔闻。从1994年十一月开始，我们的团队和年轻的教会忍受了整整两个月无情的属灵攻击：三个异端组织瞄准我们的城市，教会几乎分裂，领袖们陷入罪中，有些成为魔鬼一党的人。我们的团队走到绝望的边缘，甚至准备打道回府。

最后，两起突发且无法解释的死亡事件震惊了宣教团队和教会。我们唯一的宝贝儿子耶底底亚（Jedidiah）十一月二日出生，但是在圣诞前一天的早晨，露易丝却发现耶底底亚全身冰冷僵硬，我们在公寓里哭成一片。儿子才两个月大，就死于婴儿猝死综合症，我们把他连同我俩破碎的心，一同埋葬在郊外山坡那冰冷的沙土里。第二天，又传来一个噩耗：教会里一个年轻的女孩突然死亡，死因不明。

为此，众信徒和我们的团队一起禁食祷告二十四小时。清晨三点的时候，我们在祷告中感到有重大突破和平安，而且所有人都有同感；从此，那里的教会再没有遭遇到如此猛烈的属灵争战。

爆发性的增长

政府干预蒙古教会的方式，通常是强烈地驱逐、取缔礼拜天的聚会；但是额尔登特的大部分教会却没有受到影响，因为在家庭的聚会有一个好处，就是敬拜地点可以在城里的不同住所进行！因此家庭小组持续增长，即使在没有"庆祝礼拜"的情况下，增长的趋势依然没有减缓。当众多家庭教会有机会相聚在一起，在神的面前联合为一个整体时，众信徒无不为此深

额尔登特福音的扩展 *

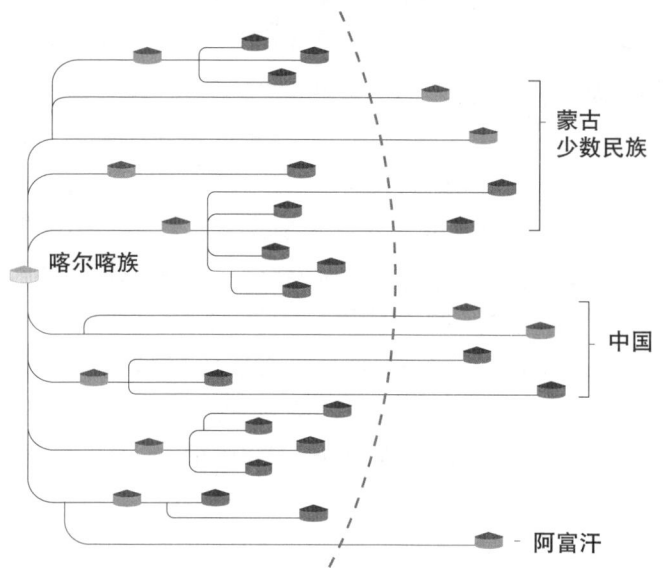

这幅三代模式图代表青年使命团在蒙古额尔登特初期建立的教会的部分倍增情况。

* 本图所述并不全面。图示表示在不同地点的多间教会,为了易于辨认,图中省略了其他一些地点。

受鼓舞,因为他们看到教会大家庭不断壮大,人数增添。

新一波的教会倍增浪潮

虽然额尔登特教会的诞生令人备受激励,但依然没有达到神赐给我们团队异象的那番景象。仅在一个城市中建立一个教会不足以影响到整个民族,而要在更大的范围内产生突破,在蒙古各个族群中掀起本土教会的倍增浪潮,蒙古的基督徒也应以此为他们的奋斗目标。

马格努斯首次为蒙古信徒施洗时,曾经向新诞生的基督教会分享了这个异象:传福音给额尔登特的所有家庭,并在邻省建立子教会,再向世界其他未得之民传福音。年轻的信徒当时对此一无所知,但他们却以极大的热情回应这一呼召。我们训练所有门徒把教会当作一个活的有机体,一个会繁衍第二代和第三代教会的健康"母会",而不是一个组织。我们训练的领袖始终在会众面前持守一个异象——"神要使用我们的教会建立新的教会"。

教会诞生一年半左右,蒙古教会的"临时长老"决定婉谢并渐渐减少来自国外教会的资金支持,这些钱过去支付了额尔登特教会同工约一年的薪水。教会信徒一直领受教导,要顺服耶稣的命令,甘心乐意奉献,现在他们正在用本土教会的奉献来满足教会的所有需要。曾有国外教会坚持要给予金钱支持,他们决定用这笔奉献来建立新的"子"教会;他们明白,接受资助只是一时的。

在教会建立起来的第二年间,几位长老就差派团队出去,在六十多公里外的一个城镇建立了一间子教会。因为同属一个族群,所以对蒙古人来说,建立另一个教会并不难。神在这间子教会中兴起的领袖很快地又开始差派团队到其他城镇,甚至到远离额尔登特的地方建立了许多第三代教会。

一石激起千层浪

团队在额尔登特仅仅工作了三年就有良好果效，我们终于乐得让自己"没事可做"了。1996年初，我们已经在教会倍增开展的每一项事工和承担的职责中，向本地信徒做好表率，成功地将事工领导权移交给蒙古信徒。如今蒙古信徒负责所有的事工，我们只是在一旁辅助。一直以来所期盼的结果让我们苦乐参半，现在是功成身退的时候了。

复活节那天的聚会，座无虚席，晚进来的人都只能站着。在额尔登特最大的礼堂里，挤进了近八百人，人流如潮，还有更多的人被政府挡在门外。进得去的人，一同聚集敬拜耶稣，见证我们宣教团队将权力移交给当地长老的庆典，以接力赛的方式，生动地象征交接的重大事件。我们一家和宣教队的代表马格努斯，将接力棒传给身穿民族服装的蒙古领袖。接力棒转交完毕，他们已经准备就绪！这是蒙古信徒历史上第一次亲自治理本土教会，我们把他们交托在耶稣那钉痕的双手。

就在那天，我们全家离开蒙古，六月份，团队余下的成员结束英语教学后也相继离开。虽然我们已经离去，但蒙古的教会却继续成长，并且日益倍增。他们发起许多慈善事工，开始为流浪儿童提供食物和衣服、关怀单亲妈妈、预防堕胎，甚至在垃圾堆旁的贫民区建立了一间教会……所有工作完全是由蒙古信徒发起的。

建立教会的浪潮不断向前推涌。到了2008年，额尔登特教会已在全国好几个城镇建立了十五间子教会。其中有些子教会还繁衍了一至六间第三代教会。想到我们刚刚成立教会时仅有几名十几岁的女孩，这真是令人欣慰的消息！

这一教会倍增运动中还涌现出艰辛的跨文化宣教事工。蒙古教会差遣宣教团队到其他两个国家的穆斯林族群中建立教会，有的去到崇拜精灵的森林部落族群中，有的前往已经有教会倍增现象的其他蒙古部落群体中，在文化迥异的族群中建立了五间第二代教会和四间第三代教会。额尔登特有一所宣教培训学校，专门训练蒙古教会中涌现出来的宣教新军。

神已经在蒙古预备好富饶的属灵土壤，教会因此得以建立起来，让带给人生命和改变大能的福音继续运行在他们当中。蒙古教会持续成长和倍增，据保守估计，1990年仅有两名信徒，到2005年，信徒人数增长到五万多名，蒙古已经从宣教工场转变成一个强大的宣教差派国。按照宣教士的数目占信徒总数的比例计算，蒙古差派的宣教士超过了其他国家。蒙古人昔日英武神奇的雄风依旧，当今的蒙古教会再一次从他们贫瘠的内陆腹地，向周边的族群发起风驰电掣般的宣教"总攻"，但这一次带兵踏上征途的是"可汗中的可汗"——大君王耶稣！

第113章 萨拉班的突破

肯·哈金（Ken Harkin）、泰德·莫尔（Ted Moore）

本文是我（肯·哈金）的同工泰德·莫尔宣教士讲述的故事，描写在某个穆斯林国家中的宣教事工的重大突破。我是莫尔的宣教团队中的一员，我们团队从1991年起就为萨拉班地区的人祷告，也在其中服事。这里记述的事情发生于1999年，族群及其民族名称有所改动。

有一个名叫阿卜杜勒的人，属于萨拉班人第一批信徒，在1980年代末期就开始跟随基督。我们注意到，大多数萨拉班人都居住在偏远地区，一向非常支持伊斯兰教的原教旨主义；在萨拉班地区，年轻男性会被招募起来接受训练，以便到周边国家参加吉哈德（Jihad，伊斯兰圣战）。故事中的一个关键人物是拉沙德，他是阿卜杜勒的一个兄弟。故事发生的时候，拉沙德才刚从邻国的圣战战士训练营回来。

这些事情之后不久，莫尔染上了恶疾，当时他所在的萨拉班地区医疗条件较差，无法治愈他的疾病，几天之后他就过世了，年仅四十来岁。下文是从他最后写给支持他的朋友和家人的信件中改编的。信中不仅描述了莫尔和我所看到的一些事情，而且包含了这个家庭在事情发生一段时间之后告诉我们的一些细节。

阿卜杜勒第一次来住在我们家时，他父亲就请求我作他儿子的人生导师。我同意了，并说我还会教导阿卜杜勒信仰尔撒（耶稣）为麦西哈（弥赛亚），他父亲对此表示赞同。从那时起，也就是五年前，我们就有负担为阿卜杜勒的家人祷告，希望他的一家都能和阿卜杜勒一样成为基督徒。同时，我的同工哈金则在第一年里持续对阿卜杜勒做门徒训练，他和我们夫妇一样，对这个家庭的归主有

肯·哈金和泰德·莫尔在一个由多个差会组成的团队中同工多年，这个团队致力于在萨拉班族群中带动归主运动。莫尔在服务萨拉班人的事工中去世，哈金和其他同工还在继续工作。

着同样的负担，当时我和撒拉都不在国内。在一次婚礼上，阿卜杜勒一家人告诉哈金，他们希望奉耶稣基督的名受洗，以摆脱精灵的捆绑，得到自由和释放。

几年过去了，我们和阿卜杜勒一家建立了很好的关系，期间哈金和我几次从我们所住的城市去到他们在偏远农村地区的家中。尤其重要的是与他们一家共度开斋节，那时他们会宰杀牲畜，以纪念亚伯拉罕甘愿献上他的儿子为祭这一事件，下面所述是我们最近一次拜访的经历。

我们排除万难，终于赶在星期天早上、开斋节的前一天抵达了他们家，正巧恭逢其盛，亲睹我们不在场时神对这个家庭做的奇妙工作。

拉沙德的信和他作的梦

两星期前我收到了阿卜杜勒的兄弟拉沙德的来信，我们在准备这次行程时，一直在思考他信上的内容，拉沙德一直想成为一名穆斯林的宗教领袖。他的信里对我们如何祷告、多久时间祷告一次，以及神如何应允了我们的祷告充满了正面的描述，也提到阿卜杜勒在生活和性情上的改变；那时，他正在读我们出版的《尔撒传》，这是特别针对穆斯林写的。他还问了一些关于某段经文措辞的细节问题，在信末如此写到："我想成为你们中的一员，请带领我。"回想我们和他以往接触中的一些激烈辩论，我们不能肯定他这话是什么意思。

去他家之前，哈金和阿卜杜勒一起祷告。在祷告当中，他们俩都受圣灵感动，同心祈求神在这次旅行中给他们特别的带领。哈金有特别的感动，求神行神迹，使

> **在梦中，他看见一个穿着白衣的男人张开双臂，说有一件特别的礼物要给他，并且正派遣使者来引导他得到这个礼物。**

阿卜杜勒全家十六口人都归主。

在萨拉班这样的内陆地区，不用四轮驱动的汽车实在很难安全旅行，但我们的小汽车神勇快速，在周六后半夜就把我们带到了目的地。周日早上六点三刻，我们到了阿卜杜勒家，把他们一家都吓着了！早饭过后，拉沙德急切地拉着我们坐下来，想谈谈他寄给我们的那封信。

他开始告诉我们前一天晚上作的梦，那时我们还在赶往萨拉班的途中。在梦中，他看见一个穿着白衣的男人张开双臂，说有一件特别的礼物要给他，并且正派遣使者来引导他得到这个礼物。现在，我们就坐在他的面前！拉沙德跟我们分享了很多事情，包括认识到圣战是错误的，而爱才是通向真理和能力的道路。

"我们都愿意跟随尔撒！"

他说尔撒在圣经中对虚假崇拜的抨击给他留下了深刻的印象。例如，假设你们当中有谁想起有弟兄对自己怀怨，就要先与他和好，再来献祭，否则神就不悦纳我们的敬拜。他再度表达自己想成为我们中的一员，追随麦西哈的道路，并请求我们引导他。

哈金问道："**你**觉得跟随尔撒之后，

下一步要做什么？"

拉沙德回答说，他要让其他的家人知道他已经跟从尔撒，并且他们也可以跟随尔撒。哈金和我难以置信地面面相视，但马上回过神来说道："啊，对。这是个好主意。你来做这个事情，我们到隔壁房间祷告。"这个大家庭的女人、孩子，每个人都很快地聚拢过来，我们则在另一个房间祷告。

拉沙德很快就回来了，用很肯定的语气说："是的，我们都要走尔撒麦西哈的道路！"

"比百事可乐更出名！"

之后，拉沙德陪我到附近镇上的电话亭，我要打电话给我的妻子撒拉。拉沙德告诉我，他已经在过去几周召集了他的一些朋友，告诉他们麦西哈的道路，特别提到祂说真正的祷告不是为了做给人看。很多人非常感兴趣，但更多的人感到震惊。

我们走了很长一段路才抵达镇上的电话亭，拉沙德指着对街的百事可乐广告牌说："你知道在全世界，'百事'这个牌子比尔撒的名字还要出名。我们必须克服一切困难，和它较较劲，让尔撒比百事可乐更加有名！"这时，店家给了我们一些冰冻的皇冠可乐。拉沙德说："皇冠还行，但是不要给我百事可乐。"

紧要关头

趁我们还在镇上，哈金抓住机会向其他家庭成员概要地讲述了马可福音（有些人之前从未听说过耶稣的生平故事）。他解释说，洗礼是跟随麦西哈、归入尔撒麦西哈名下的第一步。他问在场的每一个人是否懂了，并愿意受洗归入主名？所有在场的人，包括父母、兄弟姊妹在内，都异口同声表明愿意。

我们返回时，哈金刚讲完马可福音的概要，他和我都还不敢相信眼前的事。我们开始感觉到接下来将要发生的事情非常关键。福音由来这么久，这群人却是生来第一次接受福音，我们在这重要时刻所做的，接下来的年日中将会在萨拉班族群中不断重演；我们今天鼓励他们所做的，对于将来那些愿意跟随耶稣基督的人而言，很可能不是成为福音的祝福，就是成为绊脚石。

我们再次祷告，恳求神赐给他们单纯而干脆的顺服，让福音能切合他们的文化和语言，在当地不断反覆传讲，既比较私密但又具有群体性，那么最好在家庭中进行，不是个人的单独决定；他们也要靠圣灵的能力去敬拜和赞美。因此，我们立即着手安排第二天为整个家庭举行的洗礼仪式，争取赶在开斋节之前完成。阿卜杜勒错过了这个大家庭刚发生的大事，因为他被差到镇外去办事了。哈金和我一致决定不说这件事，让他哥哥找机会亲自告诉他这个好消息；当拉沙德告诉阿卜杜勒全家都决定受洗归入主耶稣基督的名下时，他简直不敢相信自己的耳朵！等哥哥离开房间，阿卜杜勒抱着我们赞美神，热泪盈眶！

但是还有一些问题。这些事发生时，阿卜杜勒有一个哥哥和嫂子不在场。哈金和我开始担心他可能会使我们的愿望无法实现。所以，我们急忙告诉阿卜杜勒，请他去和嫂子沟通这些事，因为他哥哥还在工作。阿卜杜勒整理了一下思绪之后走进厨房（这是一间土坯房，中间搭了个火坑用来做饭菜），和她说话。开始时只是一些闲聊，与小宝宝玩耍，然后小心翼翼地切入主题。她心平气和地说道："是啊，你妈妈和姐姐已经把一切都跟我说了。我是你们家中的一分子，当然也作好了接受洗礼的准备。"阿卜杜勒回来时，不等他告诉我们事情进展如何，看他惊喜的表情就知道一切顺利！

但他还必须去向最后一个人说明，就是当时不在家的哥哥。在我们跟他碰面之前，得先去拜访阿卜杜勒的叔伯们，这要花好几个小时；最后到达他哥哥的小店时，拉沙德居然已经在那里了！我想我们大概猜到发生了什么事情；是的，他已经向他的兄弟解释了一切，哥哥也同意了，不过他想在晚上下了班、第二天早上接受洗礼之前，再问一个问题。

旧事已过，一切都变成新

第二天一大早，我们就起来为洗礼仪式准备水缸。阿卜杜勒的这个兄弟说出了他的问题："这是不是意味着我们变成了基督徒？"

阿卜杜勒清楚他的意思，就回答说："不，我们不会去饮酒，吃猪肉，或是加入另外一个种族群体。我们是要跟随麦西哈尔撒，遵循他的教导。"

"哦，那就好。"他哥哥答道。

接下来，我们大家聚集在一起举行洗礼仪式。哈金和我用英语讲，阿卜杜勒把我们的话翻译成当地话。我给他们分享了弥赛亚的牺牲，为我们的罪钉死在十字架上，赦免了我们一切的过犯；再由哈金向他们讲到复活、新生命和永生。然后，哈金问他们三个问题：

"你们是否准备好要跟随麦西哈尔撒的道路？"

"你们是否愿意凭着信心顺服麦西哈的命令，接受洗礼并悔改？"

"你们是否会带领别人来跟随尔撒？"

阿卜杜勒和拉沙德的父亲平时是一个保守的人，但此时却带领全家人回答："是的，感谢赞美主！我们要跟随这个生命之道，今天愿意接受洗礼。我们也会带领其他人来归主。"其余的人都真心应和。

我向他们解释了受洗象征着圣灵进入我们的生命，洗净我们的灵魂，这是顺服的必要步骤，也是一种崇拜仪式。哈金和我决定先重新给阿卜杜勒施洗，这样得以在全家人前作表率，接着我们三个人一起用适当的阿拉伯语为其他人施洗；就是在大多数穆斯林文化中，宗教仪式所使用的阿拉伯语，虽然他们自己平常不讲阿拉伯语。

接着哈金请他们换上新的衣服，象征脱去旧人、穿上新人，生命不断更新。他家里的人在接下来的好几天里都不断地提说这样的象征。

更多的问题接踵而来。阿卜杜勒的父亲问："我们是要像往常一样去参加开斋节的礼拜，还是不再参加呢？"阿卜杜勒告诉他们，现在这样的礼拜有了真正的理由，不是去做给别人看，不是一种免除罪和责任的手段；而是出于爱和对拯救我们的神的感恩赞美，同时也是为我们这个地区的人祷告的机会。我们跟着一起去参加了礼拜，然后宰羊献祭的仪式到了。

哈金和我又一次加以解释，阿卜杜勒

> 其中一个兄弟甚至跳起了舞、唱起了歌,"我有了新生命……我有了新生活!"

居间翻译,没有什么时机比今天的献祭仪式更适合来说明跟随麦西哈尔撒的道路了。这真是奇妙的大好机会!

在新生命的道路上前进

这天晚些时候,这个家庭又召集在一起聚会,他们决定选出一位家人,去接受更多的装备,好教导和带领他们一家人的新生命继续成长。因为阿卜杜勒生活和工作的地方比较远,所以他们选择了拉沙德。他很高兴,因为他一直想作一个属灵领袖,我们就按手为他祷告,求神赐福他的学习与工作。

他们同时决定让拉沙德的一个姐妹一起去,每隔几个月就和我们同住一星期;这样,她就可以受装备去带领其他女性家人。我们再次惊呆了,因为这实在是个好主意。

那一天也发生了好多其他事情。有的分享他们有了平安,有的谈到他们该怎么样活出新生命。其中一个兄弟甚至跳起了舞、唱起了歌:"我有了新生命……我有了新生活!"

我们不知道那两天到底有多少人的祷告得蒙回应,也从未见过在同一时间内有那么多穆斯林改变心意来跟随基督。直到今天,我们仍然为此惊叹不已。

故事虽在极短的时间内发生,但涉及到许多关于领导力和处境化的复杂问题。有两点特别需要说明:第一,这个事件是好几间差会的同工十多年忠心劳苦的成果。第二,事件之后,我们还继续做了多年的工作,包括培养领袖、深入研究圣经、处理艰难的门徒训练和处境化问题。我们随时都面临着多重危机,既有非常精彩的突破,也有令人痛心的挫折。

但是这个戏剧性的事件使我们大受鼓舞。莫尔在信件结束时表达了难以形容的喜乐,他说"复活的主耶稣基督"就在我们当中,并"充充足足地成就一切,超过我们所求所想。"(弗3:20)

第114章 建立教会，不简单？

蒂姆·刘易斯（Tim Lewis）、利百加·刘易斯（Rebecca Lewis）

过去我们常常想："建立教会，那还有什么难的？"我们到达一个北非城市之后，在短短的几个月里，就已经有一群弟兄姊妹在我们家中聚会。参加这个团契的都是一些穆斯林背景的信徒，他们听到别人的见证就信了主。

我们尽量使聚会本土化，所以在客厅摆放当地风格的沙发，奉上薄荷甜茶，并且穿穆斯林的传统长袍，希望团契可以成长为稳定的教会。蒂姆是神学院毕业的，所以担任牧师的角色，兼顾领导的职责。我们用英语、法语和西班牙语唱赞美诗、研读圣经；聚会的人来自五湖四海和不同的文化背景，有北非土著游牧民族柏柏尔人、阿拉伯人、法国人、西班牙人、苏格兰人和美国人等等。我们还募集物资帮助穷人，这样我们以为自己已经建立起了一间真正多元文化的新约式家庭教会。

然而，那一年还没结束，这个教会就解体了；因为这些信徒来自城市的各个地方，都没什么共同点。我们期望他们可以像一家人一样相处，但他们对此并不感兴趣。如果蒂姆外出旅行，就没有人来聚会了。

我们设想的是召集一群在地处境化的信徒，运用过去的经验，建立起一间能够持久的教会。在过去六十多年中，宣教士在这个国家赢得了不少人归主；但是这些人很快又转回伊斯兰教去，因为他们想要恢复失去的家庭和族群关系。因此在近二十年，宣教士开始把他们召集起来，希望建立一个教会群体，但是如此建立起来的教会皆好景不长。我们考量到如果教会过于洋化，容易招致家庭和政府的抵制，所以我们再度尝试建立在地处境化的团契，但最终还是解散了。

也许之前所聚集的人来自太多的文化背景，我们放弃了之前的思路，希望从头做起。这一次，我们决定只召集来自同一个族群的信徒，就是我们所专注的那个族群；所以我们一看有个好机会，就介绍两个来自这一部落的信徒彼此认识，还猜想他们会很高兴能在此相见，并欣喜拥抱。未料结果令我们跌破眼镜，他们还面露疑虑往后退呢！后来，他们两人都责备蒂姆为什么介绍他们相识，因为

在过去的三十年里，蒂姆和利百加·刘易斯夫妇积极从事穆斯林宣教事工，多年在宣教禾场实地带领团队。目前他们参与领导工作及探讨宣教策略问题。

宣教心视野
第四册：策略视野

> **神不是建立一个教会，而是将福音植入现有的群体。**

担心对方会向家乡和政府暴露自己的基督徒身分。

现在，我们觉得"建立教会，真的太难了！"当初所设想的多元文化团契失败了，为符合他们处境所规划的单一文化的小组也行不通。我们该怎么做才能使信徒彼此信任，在这里建立起教会呢？

后来，我们发现自己需要好好重新审视：教会到底是什么？教会是怎样形成的？终于，神向我们显明了一种从没想过、完全不同的教会建立方式；接着，我们留意到耶稣如何跨越文化障碍来建立教会，如何指示门徒去开创教会。

神向我们显明了另一种方式

神破除我们对教会原有的概念，亲自在我们的族群中建立起教会群体；确切地说，神不是建立一个教会，而是将福音植入现有的群体。正当我们为失败懊丧不已，意外收到了一封信，是有人亲手递交来的信。来信说："有两个来自北非本族群的弟兄已经修完圣经函授课程，现在想要认识一位信主的人。"我们立即差派了我们当中阿拉伯语最好的一个弟兄，前往他们那个偏远的小镇。当我们的弟兄到达那里时，屋子里挤满了人，他还以为碰上了人家的婚礼呢！只得迟疑地向人询问信的署名者"哈桑"（Hassan）是哪位。

哈桑和他的兄弟急忙上前把我们这位同工迎进屋子里。他们把所有的亲朋好友都叫到家里，一同来听尊贵的客人（我们的同工）向这些人解释他们在圣经函授课程中学到的知识。他们迫切希望要接受福音，并且说这一群人都要一齐跟随耶稣。

我们这位同工非常震惊，当他回来告诉我们所见所闻，我们也感到十分惊讶。

由这一大家子和他们的朋友组成的新教会，直到今天依然保持生命力。几十年了，他们继续热心传福音，借着他们成为自然的人际网络，从一个村镇传到另一个村镇，用的是最适合当地社会的方式：一起研读圣经、祷告、举行洗礼仪式、彼此帮补。没有一个外来者可以做到如此处境化的情况，他

们当中没有外来的人领导，也没有用到本身关系网之外的资金；实际上，他们也不觉得有这种需要。

我们很疑惑，"这就是建立教会吗？"这与我们之前设想的太不一样了！好几十年，这里一直有主忠心的工人努力建立教会，可惜不到十年就做不下去了；我们刚到这里，仅存的一个在最大城市的聚会点也岌岌可危。目睹好多个聚会点从创立到无有，不免苦恼：难道就没有别的办法吗？

将这两种建立教会的方式加以比较可以发现：我们原先采取的方式是，将我们所知道的信徒召聚在一起形成一个教会，看重信仰先于他们对彼此的委身和忠诚。不论教会是否采用处境化的方式，多元文化或是单一文化背景，连结关系的中心还是在我们；当然我们也希望增强这些信徒彼此的信任和委身，然而事与愿违，教会还是解散了。这种建立共同体的模式在我们的文化环境中很普遍，但在他们这里却是另一回事。

当福音进入哈桑的大家庭时，就以另一种不同的方式形成了教会；是在他们的原生群体中产生信徒，他们在信仰上彼此鼓励，所以是他们彼此委身在先，然后加上了信仰。这种情况下，信徒不会轻易就离开教会，好像他们不会轻易就离开家庭一样。我们可以在必要时提供圣经译本给他们，但除此之外，什么也没做；因为，我们到底是外来的人。

像这样群体性的社会中，在家庭或家族关系网络"之内"促进信仰增长，是否是一种建立教会更加有效的方式呢？若是如此，我们这些外来者该如何行呢？当我们查考圣经，发现之前从没注意到的两

> 几十年了，他们继续热心传福音，借着他们成为自然的人际网络，从一个村镇传到另一个村镇，用的是最适合当地社会的方式：一起研读圣经，祷告，举行洗礼仪式，彼此帮补。

件事：耶稣跨越文化障碍，在撒玛利亚村庄"之内"建立起一个教会群体，然后指导门徒如何在这样的群体"内部"植入福音。

耶稣教导我们另辟蹊径

"如何用这种不一样的方式建立教会？"就着这一思考方向，我们着手探究耶稣在撒玛利亚人中建立教会的途径（约翰福音第四章）。撒玛利亚人就像今天的穆斯林，他们敬拜亚伯拉罕的神；今天的穆斯林又像撒玛利亚人一样，也敬拜他们不知道的那一位神。犹太人因为看重血统和信仰纯正，认为撒玛利亚人是污秽的民族，就拒绝让他们参与圣殿和一切平常的敬拜活动。

所以，当耶稣向撒玛利亚妇人要水喝时，她感到很震惊，因为两个民族长期以来相互仇视。所以之后耶稣说要赐予她永生时，她拒绝了，因为她知道自己的族人绝对不会加入犹太教。我们会觉得这观念

"很奇怪"，但我们的穆斯林朋友也常常因为这个原因拒绝耶稣的救恩，因为他们难以想像自己会加入基督教。

但是耶稣除去了这个障碍。当撒玛利亚妇人说犹太人在圣殿敬拜，而撒玛利亚人是在山上敬拜时，耶稣清楚指出核心问题不是改变宗教的形式。祂说：

"然而时候将到，现在就是了，那用心灵按真理敬拜父的，才是真正敬拜的人；因为父在寻找这样敬拜祂的人。"（约4:23）

这个妇人欣喜得难以置信——撒玛利亚人也可以成为真正的敬拜者！她立即跑回去向整个村庄的人述说这件事。

随即撒玛利亚人请耶稣"进到"他们村里住两天。耶稣教导他们，告诉撒玛利亚人祂"实实在在是全人类的救主"，而非仅仅是犹太人的救主。很多人信了祂的道，耶稣在这个群体中建立了一个教会，就像在哈桑家的那个教会一样。耶稣并没有让他们脱离自身的群体而加入犹太教，或与来自其他地方的撒玛利亚信徒组成一个新的教会群体。撒玛利亚故事中的这个重点是我们之前从未注意到的。

这个故事是确实发生的，不是一个比喻，耶稣当日面临的障碍和我们今天面临的一样！我们认识的所有穆斯林都从小被教育：如果透过基督教来敬拜神，必定要脱离自己的家庭；而加入基督教团体，就等于是投向穆斯林一千四百年来的宿敌。但是不知为什么，哈桑和他的家人竟然有耶稣那样的洞见，他们想到不必离开自己的群体，也可以成为真正的敬拜神的人。

此外，我们还首次发现，耶稣同时也教导门徒如何在一个群体"之内"建立教会。路加福音第十章记载到，耶稣差遣七十个门徒去寻找"平安之子"（当得平安的人，指愿意邀请门徒"进入"自己家中的人）；门徒要在那人家中留宿，与那家人分享福音，而不是挨家挨户地去传福音。主指示他们，如果某个村庄没有人邀请福音使者进入他们的家中，他们就要离开那里，去下一个村庄。主的教导非常清楚！

可惜的是，我们之前从来没有想过，去寻找那些愿意邀请我们进入他们家中或社区分享耶稣救恩的人，但这正是耶稣和他的门徒建立教会的方法。

我们这才意识到"可以仿效耶稣的做法"！去告诉穆斯林朋友，用心灵按真理来敬拜神，而不需要改变宗教系统。如果有人欢喜领受这个信息，邀请我们去讲给他的家人听，我们就可以进入他们的社群；这样，那些立定心志跟随耶稣的人，就可以像哈桑一家一样，共同在信心中成长。我们可以像耶稣那样，在信徒原生的群体"当中"建立教会，不用为了组建持久的新团体而把信徒从各自不同的群体中抽离出来。

结论

经过十五年的时间，我们历经艰难，学习如何在多元文化背景中建立教会。我们发现，把信徒一个个随机地组成一个新团体，无法建立一个持久而又有生命力的教会。这与是否处境化，多元或单一文化的问题没有多大关系，过不了几个月、顶多几年，这些团体都会流失瓦解。

但是，我们可以去寻找"平安之

子"，就是那些愿意邀请我们进入他们社群中分享福音的人。耶稣被撒玛利亚人迎进了村里，七十个门徒也被人迎入家中；同样地，彼得被哥尼流邀请到家中，保罗受邀到了吕底亚家里传福音。

他们各自在不同的情况下，均都受邀"进入"有凝聚力的团体当中，自然地向整个团体分享福音，使"原本就彼此委身的一群人"一同接受信仰。教会在原生"群体内"形成，不需要先筹造出一个"新"团体来，再使他们形成团契。这提醒我们温德曾经说过的话："'教会'（一个彼此委身的团体）已经在那里了，他们只是还不认识耶稣而已！"

第115章 猪场、池塘与福音

詹姆斯·古斯塔夫森（James W. Gustafson）

作者是普世发展网络（Global Development Network）的创建成员和主席。该机构位于泰国，属非营利发展基金会。他在泰国宣教二十七年，从事教会倍增和社区发展工作。1988年至2002年，担任美国福音派盟约教会（Evangelical Covenant Church of America）普世宣教差会的执行理事。

数十年来，基督徒一直致力于探讨在普世宣教中如何将传福音和社区发展结合，但仍是障碍重重。

或许，一直以来最大的困难就是对传扬福音的定义太过狭隘，仅限于福音的口头传讲；然而，耶稣基督的福音绝不只是口头的话语，而是充满活力的道。福音就是生命，是神的话道成肉身进入人类的生活和文化之中。

另一个困难是，一般了解的"发展"的定义，成为有心宣教的基督徒的阻碍。一般世人的"发展观"，通常专注于经济增长，以利润增长为目标，导致个人主义、企业界彼此竞争；这种强调个人主义和自我实现的理念与神的道背道而驰！圣经强调的是群体的益处，要舍己和服事别人；作为基督徒，我们当铭记"发展"的定义源于神的道的原则和价值观，而非华尔街。

将社区发展与传扬福音结合起来的第三个阻碍，就是有志宣教的基督徒未能活出基督的样式。笔者非常担心，今天的教会已经偏离了恩典的福音；受到美国社会宗教价值系统的蒙蔽，以为人必须努力去做到道德高尚。但只有当基督徒真正明白并相信神恩典的福音，并在生活和工作的各个方面上活出神的恩典，才能在教会和周遭社会中带来持续的更新变化。

最后一个阻碍，是教会在许多处境中都像是文化的外来者，这在第三世界国家里尤为明显。宣教士明里或暗里视当地文化罪恶不洁，唯西方的教会模式才是纯正不俗；这样一来，自然无人探索如何建立适切各地文化的教会生活形态，以致西方基督教对非西方人来说在思想和心灵上依然是陌生的。

融合整全社区发展

笔者是福音盟约教会的宣教士，过去二十七年来一直在泰国东北部地区（即通称"伊桑"〔Issaan〕的地方）参与事工，力图突破结合社区发展、建立教会和传扬福音三者的诸多困难。几位北美宣教士和泰国东北部的同工（1998年共有一百五十名）受差参与这个我们称为"融合整全社区发展"（integrated holistic development）的事工。所谓"发展",就是使人原本的样式转变为在基督里所要他们成为的样式;而"整全",是指解决全人生命中所有领域的问题;所谓"融合",是指事工的所有方面相互依赖,并不是独立存在运作。该事工合作单位目前有泰国盟约教会(Thailand Covenant Church)、伊桑发展基金会(Issaan Development Foundation,处理社会、经济和物质需要的机构)以及永续发展研究所(从事研究并为教会开设社区发展训练课程)。

我们事工的首要关注点,就是让耶稣基督的福音根植在泰国东北文化。团队中有能言善道的说书大师(holy gab)到各乡村去传讲耶稣,但是他们不谈宗教,只是对人说:"我们来不是为了改变你们的宗教,因为所有宗教基本都一样,都是劝人为善。"然后他们谈论认识神的道,耶稣基督是生命的道,高于一切宗教。这种分享福音的方式得到许多人积极的回应,因为这些人寻求真理,在佛教里却无法找到;他们承认自己不可能达到宗教规条的要求,但接受耶稣就可以得蒙拯救。这些新信徒很快地开始与家人和朋友分享好消息,教会就这样开始自发地持续扩展。

我们团队有专人从事培训,编写处境化神学教材和其他学习材料,使信徒在神的话语里坚固信仰,再去教导别人;不是将英文的材料直接翻译成泰文来用,而是由团队中的泰国神学家和宣教士合作,专门为泰国信徒编写泰文材料。迄今为止,这事工已孕育了四十多间"母"教会和两百五十间以上的"第二代"教会。团队中还有一些擅长艺术的同工,尝试以泰国人的文化形式和表现方法来传达福音;这些教会,以泰国的戏剧和舞蹈来讲述福音故事,用泰国乐器来弹奏敬拜的诗歌。借着这些方式,我们让耶稣的福音进入泰国东北部,为当地人认识耶稣开辟了道路。

泰国东北部贫穷落后,亟需社区发展,但我们认为整全性的社区发展必须为辅,不可喧宾夺主。我们的社区发展工作总是以建立当地教会为前提,不能当作是严格意义的宣教方式,而是作为当地教会改善社会、经济和人民生活水平的一种途径。

我们最重要的发展计划是乌冬帕提纳(Udon Patina)农场,这是一个由三个不同经济体系组成的农庄,在当地建立了可持续发展的农业模式。

其中一个农庄是一个由鱼塘、鸭棚和养猪场组成的系统。鸭和猪的粪便和鱼塘

表面的草混合后形成堆肥，池塘里的浮游植物因而大量繁殖，为鱼提供了丰沛的食物；池水和死鱼又成为池塘边上种植草木的有机肥料，猪的粪便也成为鸭的饲料。猪、鱼和鸭不但可供村民食用，也可以出售营利以支持教会工作。这样的农庄成为乡村合作计划的典范。

正在实施的合作计划

农华古（Nong Hua Koo）村正在进行的一个合作计划，可以让我们在这方面有清楚的了解。吉特鲁（Kitlow）是一个道地的农民，租田耕种，因为一半的收获要交给地主，所以时常借贷度日，孩子们常常食不果腹；冯德（Wunde）的光景也差不多，虽然有一小块稻田，但那地区的气候和土壤不适宜庄稼的生长，常常被迫借贷度日，到收成时才能归还，借贷的利息高达120%以上，生活过得很是艰难。伊桑发展基金会与吉特鲁和冯德所在的盟约教会开展了一个鱼、鸭、猪的养殖合作计划。一开始由基金会提供一定数量的家禽，提供业务培训，并且贷款给他购地；参与合作的这一方负责物色合适的地方，搭建猪圈、鸭棚，挖掘鱼塘，并且要承诺一起工作。事成之后，他们可以用蓄养的动物抵还贷款。

吉特鲁、冯德以及其他五户人家参与了这个计划，成立合作社，每个家庭每星期拨出一天轮流为这个项目工作。他们把所养的猪、鱼卖出去，又可供自己食用，不再挨饿，现在就不用再去借高利贷了。收益的十分之一奉献给教会，另外的十分之一用在乡村的一些发展计划，例如兴建鱼塘，养鱼供小学生午餐。邻居看到他们不仅慷慨，而且表现出很不一样的合作精神：只要看到合作社中有人生病或力有未逮，其他人不单愿意分担工作，而且在分配出产时仍然愿意均分，跟以前真是不同。这样的乡村合作项目提高了这些家庭的收入，又为教会带来资源。最重要的是，他们活出自己的信仰——学习彼此相爱、服事和饶恕。

除了农业项目，该基金会也帮助当地教会影响所在的社区，提供职业培训，例如缝纫和机械原理，也提供基本的卫生保健培训，满足贫困者的基本需要，都着重于团体参与而非为个人。透过这样的方式，基金会在泰国东北部兴建了很多新的社区，其中不少村民对人生改观、生命改变，他们与神、与人、甚至大自然都建立了新的关系。因着神的恩典，他们价值观改变了，生活方式也随之更新，充满活力。

该事工的核心有以下七个基本原则：

1. **权威性**：这项事工的所有行动，都因坚定相信要降服于神话语的权柄而做；所有政策和实践信念，都建基在神恩典的福音及福音所包含的一切意义。

2. **融合性**：事工的各个方面都是靠着神的恩典而紧密连接：从经营组织机构，策划、执行、评估、修正，到我们的生活言行，都以恩典的原则为指引、为榜样，全然依靠恩典的大能。

3. **灵活性**：我们希望所做的每一件事，都能向泰国东北部地区的人彰显出神的恩典。为此目标，必要时我们的机构可以作任何调整。

4. **本土化**：文化背景相同的人，彼此沟通会比较好，比较容易理解所表达出来或是没有表达出来的意思。为此，当地教会的敬拜和生活，以及社区发展项目的结构和管理制度，都尽量符合泰国东北部文化。

5. **福音更新文化**：当恩典的福音如"道成肉身"进入泰国东北文化以及我们事工的每一个领域，便对本地文化价值系统产生巨大的影响，人们的价值观和思维模式都重新得到塑造。

6. **推进与经办的策略**：机构和基金会与当地教会是一种推进和经办的关系。推进是指"落实与切入"；社区发展是由当地民众自觉发起的，特别是社会底层的穷人，让他们也参与意见，感到受尊重。经办人发挥的作用是"提升和对外"；基金会可以把当地教会与外面各界及资源连接起来，如市场评估和技术研究。

7. **当地教会为主**：当地教会是基督徒群体的基本单元，显然是社区全面发展的起始点。我们最终的目标是让当地教会成为在地化的发展机构，靠神恩典的大能再去影响更多同胞。

这项事工并非完美无瑕，第一个问题就是有扩展过大之势。员工的不断增加，于是乎工作背后基本的事工理念随之淡化，特别是周边人员跟不上；经缩小组织规模，我们再度调整自己委身于基本的核心价值观。机构越来越庞大，还出现另一

> **当各文化中的地方教会都装备好，在自己的处境中靠着神恩典的大能去影响社会时，就能自然而然地把福音和社区发展整合在一起，带来真正的更新。**

问题，就是资金多半用在机构运作上了；我们警觉到不能关注运作成本胜于关注宣教使命，一定要把机构精简到一个便于管理的规模。

另一个问题是相互坦诚交流不如以前，我们和别人价值观上有偏差时有也很难处理。这一点，泰国文化和西方文化很像，都喜欢避免冲突；但为了提升服事的能力，我们需要学习如何在爱里彼此相待、对话沟通。还有其他等等问题，都需要回到核心点：我们越是学习放下自己，接纳自己的软弱，在每一个环节上依靠神，就越发现神的智慧和力量够我们用。

宣教差会、基督教援助机构以及当地社区发展组织，都应在地方教会的基础上，持续将传福音与社区发展结合起来；二者都是教会使命的重要组成元素，社会的变革始于这里。当各文化中的地方教会都装备好，在自己的处境中靠着神恩典的大能去影响社会时，就能自然而然地把福音和社区发展整合在一起，带来真正的更新。

第116章 印度北部波埔里教会倍增纪实

大卫·沃森（David L. Watson）、保罗·沃森（Paul D. Watson）

大卫·沃森现任普世拓植教会城市团队事工（Global Church Planting with CityTeam Ministries）副主席。他致力于在难以接触的城市和国家推动植堂宣教运动（CPMs），并培训从事教会倍增的领袖。自1986年起，他一直参与未得之民的事工，并已建立两个专门针对未得之民和CPMs事工的差会。

保罗·沃森是大卫·沃森的儿子。他在讲英语的"网络一代"（Online Generation）中，推动植堂宣教运动，带领一个团队为CPM教练和实践者提供广播、手册以及其他电子资源。

我们当中哪一个作梦都没想到会见证到眼前发生的一切。我们原先计划在没有教会的地方建一个"桥头堡"教会，根本不敢妄想建立起成百上千个教会，因为我们认为这种情况在这个极力敌挡福音之地根本不可能发生。我们只是尽心竭力作工，只希望好歹能有一点果效，起码创建一个教会。

惨痛的失败

神啊！我再也没法去建立教会了。我没有那么委身去爱人、训练人、差派人，最后还让他们杀害！

在过去十八个月内，有六个和我一起同工的弟兄殉道了。

我无法留在祢呼召我去的地方啊！

印度政府驱逐我们全家出境，于是我们搬到新加坡，与印度北部的波埔里（Bhojpuri）邦人民相隔四千多公里，隔海相望。

任务实在艰巨，我们已经不堪重负。

在那称为"宣教和宣教士的葬身之处"居住着八千万波埔里人。

我们没有足够的帮助。

这个地区只有二十七间苦苦挣扎的福音派教会。当时，波埔里的信徒还不到一千位。

撤回给我的呼召吧！我要回美国做生意，可以奉献很多资金给宣教工作。让其他人去建立教会，让我走，免除对我的呼召吧！

两个月来，我和神持续这样的对话。每一天我都坐在办公室黑暗的角落里，祈求神撤回对我的呼召，然而每一次神都回绝了。

好吧！那祢得教我怎么建立教会。我相信祢不会呼召人去完成一项任务，却不告诉他们怎么做。求祢以祢的话指教我，只要祢告诉我当如何接近这些人，我就顺服祢。

这是我和神的约定，也是我参与神在波埔里人中工作的起点。

新的思路

神持守与我的约定。在接下来的一年中用圣经引导我，让我留意以前读过却从不理解的经文——至少从建立教会的角度真是这样。慢慢地，我的思路逐渐清楚，对带领门徒和建立教会也有了新的看见。

我祈求神赐下五位印度弟兄，协助我根据这些新的领受再度在印度北部开展事工，在一个有关向印度教徒传福音的秘密论坛上，我遇到了第一位弟兄。会上，我受邀陈述我的想法。当我正谈论时，听众开始三三两两地离开，后来甚至五个同时离开会议室；他们认为我疯了！那天开会结束的时候，只有一个人仍留在座位上，他的名字叫维克多·约翰（Victor John）。

"我认同你说的，我也有同样的看见。"他对我说。

我们彻夜长谈，很快成为朋友；维克多成了第一个协助我开展事工的伙伴。一年后，又有其他三位弟兄来与我同工。

我继续向神祷告："主啊，第五位弟兄在哪儿啊？我们这个团队还缺一位呢！"

那个年代大家还常书信来往，我每天都收到一大堆信件。新加坡邮递员的小型摩托车声音很独特，有一天我听到邮递员的摩托车又靠近我家大门口，把信投入我家的信箱；我走出去一看，发现有一封从印度寄来的信，但寄件人我不认识。

来信开头写道："大卫弟兄，虽然你不认识我，但我感到神要我成为你的门徒，跟着你学习。请告诉我该做什么，我会照着做。"我们团队的第五位成员终于出现了，但神并没有按我所求的给我一位弟兄，而是一位姊妹。

接下来的几年我们努力照着神给我们的教导去做，在我认识维克多两年后，我们才以这种新的方式在波埔里建立了第一间教会。事实上，每次年度审查时，我所属的宣教机构都警告要开除我。

他们认为我没有做我的本职工作。

我对他们说："请给我时间，我们再作新的尝试，请相信我。"反正他们同意了。

出人意料，我们竟然在一年里建立了八间教会；第二年，四十八间新教会；第三年，又建了148间新教会；接着是327间，然后又有五百间。单单在第五年里，我们就建立了一千多间新的教会！

五年之后，我所属的宣教机构依然坚持己见。他们打电话给我说："你肯定弄错了，没有人能在一年内建立一千间教会，过去你说五百间都没人相信，现在又说建了一千间，我们怎能相信？"

"那就过来看看呀！"我邀请他们亲自来调查，他们同意了。经过正式的调查，实际上，我们还少算了在波埔里地区建立的教会数目！教会真的出现了爆炸性的倍增！教会现今仍然在不断增长之中。

恒切祷告

如果没有恒久的祷告，我深信在波埔里人中不会出现如此汹涌的教会增长。

最近我和波埔里建立最多教会的同工代表们会面。每一年，他们带着自己团队至少建立五十间教会，其中有一个团队一年前建了五百间教会。一个前来核实教会数量的研究小组，想知道在波埔里邦倍增运动中是否有一些相同点，可以作为线索来分析，就提出一些问题。

研究团队问道："你们在祷告上花了多长的时间？"

他们的答案让我惊叹，团队领袖每天平均花三个小时在个人祷告上！此外，他们每天又花三个小时和队员祷告，领袖自己每周禁食祷告一天，整个团队每个月花一个周末的时间禁食祷告。

许多领袖在建立教会的同时还身兼世上的工作，他们清晨四点钟起来祷告，十点开始工作。

雅各书说："义人祈祷所发出的力量，是大有功效的。"（雅5:16）雅各说的，只要看看波埔里的教会滚滚倍增浪潮就知道了。

要求顺服的门徒训练

几年前我和几位波埔里同工会面，各自汇报了过去一年团队建立教会的数目。我们当中年纪最大的，是一位七十岁左右的老弟兄，轮到他发言时，他说："去年我们建了四十间教会。"真让我自叹弗如！我从房间的一头走到他的脚前坐下，向他说："弟兄啊，我需要向你学习，请教我如何建立教会？"

他还摸不着头脑，看着我说："不难。每天早上我的侄孙女给我读一个小时的圣经——我看不清字，所以她为我读；然后默想经文的内容一直到午饭的时候，思考经文的意思，以及神要我们全家做什么。等每个人从各自的岗位回来吃午饭，我就告诉他们神透过祂的话语对我们全家说了什么。然后，我让他们再把神对我们全家说的话去告诉每一个他们认识的人。他们就这么做了，仅此而已！"

几年前，一个独立的机构在波埔里开展研究调查。他们发现，即便是没有受过教育的第十代波埔里基督徒，他们的属灵生命仍与第一代基督徒一样成熟；换言之，福音是一个传一个，没有减少什么，没有变更内容，这样一直传递到第十个人（第十代）。

我们非常明确地教导事工团队里的每位成员和信徒：圣经说"要这么做"，我们就这么做；若圣经说"不可做"，我们就不那么做。还告诉他们必须尽快地将所学的知识传授给别人，若是可行，最好当天就做；听道、顺服和分享，这三样形成善性循环，培养出成熟的信徒，使波埔里的教会增长运动推波助澜，未曾停歇。

我们还发现，要求顺服的门徒训练，额外带来另一个极大的益处。在多数波埔里教会，信徒们一起敬拜，没有高低种姓之分，用不着我们教导他们这么做；而在印度其他的事工团队，种姓则成了一个问题，到最后别无他法只得分成高种姓教会和低种姓教会。我们只是教导他们要顺服真道，因着顺服，他们可以接受、或说促使他们一起敬拜吧！

所以，要求顺服的门徒训练是波埔里教会倍增运动的核心。不顺服神的道，教会倍增运动无从谈起。

和平之子

有个老人家坐在村口路边上，他看见我时好像有点诧异，然后缓缓起身向我走来。

他惊呼叫着："你终于来了。"我还没来得及说话，他就一把抓住我的手臂，拉着我进了村。

"这位就是我跟你们说过的人,"他一边拉着我往前走一边告诉人们,"这是我二十年来差不多每天晚上都梦到的人。在梦中有人告诉我,这个人所说的一切,我们都要听!"

于是我跟他们分享福音,一个教会在这个村子里应运而生。神一直在人们的心中动工,甚至在我们进入他们的生活以前就开始作工了。二十年前,神就告诉这个人我会来他的村子,但那个时候我还是个工程系的学生,压根儿没想过要作牧师或建立教会,当然也没有蒙召!

在波埔里建立教会的同工每次进到一个村子,便积极寻找和平之子(路加福音第十章)——神预备接受福音的人。通常进入村子几个小时后,他们就能认出谁是和平之子;有些很明显,就如我遇见的那个老人,有些则要说上一段话之后才能看得出来。找到和平之子后,同工便和他的家庭建立关系,最后到他们家中开办探索圣经的查经班。

若是没有找到和平之子,同工们就到另一个村子。大约六个月到一年之后,其他团队回访此地,看是否有人准备好听福音。

若是与神同工,并与神所预备的人同工,而不是将福音强加给还没预备好的人,建立教会就容易得多。

我们是百万富翁

几年前,维克多·约翰对我说:"我是百万富翁啊!"

我问:"这是什么意思?"

他咧开嘴笑着说:"今年我们为第一百万名波埔里人施洗归入了神的国。按神的演算法,我就是百万富翁喽!"

听了这话,我不禁热泪盈眶。是啊,这教我怎能不激动呢?十二年里新生了一百多万的弟兄姐妹,建立了四万多间新教会!

我万万没想到,人们会回过头来看神透过我的失败所成就的大事,并称之为一种"教会倍增运动"。我作梦也没想过,神竟使我成为百万富翁!

第117章 甘心服事——
拉丁美洲福音工人在中东

安德列斯·古斯曼（Andres Guzman）、安吉莉卡·古斯曼（Angelica Guzman）

在中东从事人道主义救助工作的十五年里，我们拉丁美洲同工团队有幸见证并经历了一波中东归主运动。他们是良师益友，在各自的族群里向数以百计的人讲述耶稣基督的生命和教导，导致一波归主运动的兴起。这些硕果不单因为我们的救援和社区发展工作，也是透过圣经翻译、领袖栽培和道成肉身的生活方式而结出的果实。

医学院毕业之前，那时妻子和我还没有结婚，我们俩都深受以赛亚书第四十九章6节等经文感动："你作我的仆人，使雅各众支派复兴，使以色列中得保全的归回，只是小事，我还要使你作列国的光，使我的救恩传到地极。"我们当时并不知道还有谁会对这样的事情感兴趣，也从未听过"未得之民"的概念，更不晓得神已经在整个拉丁美洲兴起祂的教会，去完成大使命。过了几年，我们才清楚神对我们的呼召就是服事世上的万民。

婚后，我们便立刻前往另外一个国家接受跨文化宣教的训练，寻求神差派我们到祂希望我们去的地方。我们知道神没有呼召我们作专职的"宣教士"，但要我们以耶稣门徒的身分说话行事，借着服务穷人照亮这个世界，参与大使命。

机会来了！一年后我们到一个城市与另外两个人道救援组织合作，在那里负责监管一个建立医疗物资分配系统的项目。除了稳定提供医疗物品外，还为大型仓库以及政府卫生部门管辖的大型分销药店，建立一套电脑管理系统，为仓库和药店制定规章制度，培训他们的员工。

我们追踪儿童的成长情况，评估加强营养的健康项目的效果；做接种疫苗的调查；为主要的药房提供回馈意见，以使药物分配得恰当。开展的系列培训项目，有护理程序、外科手术、急诊医学、口腔保健和常驻村镇卫生人员的培训。除了医疗项目，我们还致力于建立妇女保健中心，为寡妇和无家可归的妇女提供培训，让她们学习一些重要的生存技能。

安德烈斯和安吉莉卡·古斯曼夫妇是拉丁美洲人，他们是多家慈善机构和基督教人道主义组织的成员，二十余年来从事专业救助与发展工作，著有大量文章和书籍。

"道成肉身"活在他们中间

我们所做的这一切并不只是为了带他们信主,也不是为自己能留在当地找理由;而是被神的爱和对人类同胞的爱所激励,这爱是基于主耶稣自己和祂的教导。我们渴望让世人看到神的国真实地临在我们中间。虽然我们也确实希望他们能够察觉到,我们所做的与其他世俗的机构有所不同,但是我们在给予这些帮助时,仍坚持不附加任何条件。

团队成员来自玻利维亚、哥伦比亚、哥斯达黎加、墨西哥,还有一个加拿大医生,她嫁给了团队中的一个墨西哥人。我们结交了许多朋友,有政府官员和他们的眷属,有商人、邻居、语言助手、员工和他们的朋友。我们从他们身上学到不少独特的事物,例如他们的文化、谦逊质朴的品格、尊敬长上、宗教仪式、美食、好客、美丽的服饰、欢快的舞蹈和富有创意的想法等等。

我们以耶稣门徒的身分长期生活在他们中间,不被恐惧所困扰,不像许多人对该地区动荡不安和冲突不断的局势深感恐惧;即使在局势紧张、缺水断电的情况下,我们依然充满喜乐。我们和他们可以讲笑话,分享无条件的友谊,说说何以我们不需挣扎以繁琐的宗教礼仪去取悦神,告诉他们我们能够听到神对我们说话,相信神超自然的医治能力,祂也给我们斥责、捆绑、驱赶魔鬼的权柄。我们还分享自己如何确信这有关耶稣和祂教导的福音,是属于每个国家和来自各个部落、家庭、宗教背景、性别和社会阶层的每个人。

翻译圣经

我们帮助圣经公会将新约圣经翻译成这个地区少数民族的语言,并且鼓励派发圣经。

我们发现当地有许多受人敬重的领袖与我们的信念一样,认为每个人都有权利去读这本备受尊重的经书。穆斯林朋友也乐于接受圣经,因为他们的先知催促他们去阅读圣书(旧约和新约),这些经典成书于他们的圣书(古兰经)之前。

一波新的归主浪潮

结果,我们的几个朋友决定作基督的门徒。有一些人决定以基督徒的身分跟随耶稣(不是因我们鼓励),另一些人则决定在跟随耶稣的同时,仍然保持穆斯林的宗教身分。大部分的人决定不加入宗教组织,只是称自己为"信徒"。

归主运动在最初几年里的增长速度令我们瞠目结舌,团契小组像雨后春笋般破土而出。这其中应有如下几点重要的原因:

1. 他们亲眼目睹真正跟随耶稣的人的真实生活,而世界上大部分未得之民从来没有这样的机会。他们看见耶稣门徒生命的美善,和耶稣教导的美好;他们一向对基督徒的偏见:淫乱、贪婪、骄傲、仇恨穆斯林等刻板印象,都如雾消散。我们的生命并不完美,但是靠神的恩典,活出门徒生活的榜样,包括如何面对失败。当他们看见耶稣的门徒虽不完美却很真实,就对耶稣产生兴趣,想要更多认识祂。

2. 主耶稣向很多人显现。主耶稣一次次地引领寻求者认识祂自己，甚至出现在他们的梦中，证实他们所听到的真理。他们也看见我们为人们祈祷，或立即或逐渐地，得到神的治愈。好多人经历过异象和超自然能力的保护。

3. 他们有机会了解到，委身基督和改变文化传统不是同一回事。我们这群人归向他们的文化传统，但他们不必要来归向我们的文化。我们常常鼓励他们去发掘自身传统文化的丰富价值，甚至在他们对自己民族的身分和未来都没有自信时，我们对他们还是有信心，勉励他们要服事自己的族人和家庭。

4. 他们认识到，任何身分背景的人都可以委身基督。他们很惊讶，尽管我们拥有基督教背景，但我们必须根据新约圣经在约翰福音第八章31-32节所说的去行，才能成为耶稣真正的门徒。这让他们明白，任何人无论来自什么宗教背景，都可以透过阅读、信靠、遵守新约圣经，祈求耶稣带领，而成为基督的跟随者。他们看见，无论留在自己的宗教群体与否，都可以作耶稣的门徒。

5. 我们鼓励他们留在各自的家族里成为祝福，参与诸如婚礼和葬礼这样重大的生活事件，并要热心帮助有需要的人，敬重掌权者，作一个好工人、好老板，尊重他们身边的家人和邻居，与他们保持诚挚的关系，经营珍贵的友谊，直到与亲人朋友分享认识神的恩典时，能成为这些人的祝福。

6. 从一开始，他们跟随的就是耶稣，而不是我们。学习寻求圣经的教导，我们鼓励他们察验我们的信仰和行为，靠着圣灵引导、祷告和学习圣经，凡事问："圣经怎么说？"寻找这些问题的答案。

7. 有一个信徒团队核心骨干，非常认真地委身在向自己族群分享福音和耶稣的教导，这些信徒成为分散在全国各地的小组网络里的领袖。

这股增长趋势还在稳步向前，但是不如刚开始时那么迅猛。这股趋势之所以放缓，依我们看，是因为有一群福音工人想要引进欧洲和中东基督教传统的作法和模式。这群人分散了初信者的注意力，使他们不再那么看重新约鲜明确凿的教导。其他原因还有西方教会雄厚的资金、善用媒体以及东方教会繁文缛节的传统等等，一些优秀的当地领袖不得不忙于许多其他事务。

出于爱

这波归主运动，是在我们尽心竭力提供高品质的救援和社区发展工作时出现的，并不是我们利用工作之便做为宗教信仰上的交换，例如派发医疗物资或毛毯时发放圣经或者基督教书籍，或者在手术结束后播放《耶稣传》。我们对每个人都一视同仁，因着我们的主耶稣基督的爱而爱他们，效法主的样式，救济、治疗和祝福每个人，无论他们是否会跟随耶稣。

因为是出于爱而不是策略，我们并不担心人们选择改变宗教信仰时，可能只是为了给自己和家人带来好处。这种问题在其他地方确实存在，这种信徒被称为"吃

第117章 甘心服事——拉丁美洲福音工人在中东

洋教"的基督徒,因为想从恩人那里获得更多好处,而皈依施恩者。还好,我们没有这样的困扰。

我们知道自己的做法在一些人看来具有争议性。一方面,有些人会说我们的方式忽略了向每个人传福音的紧迫性,在此我们想作个简单的回应:我们跟随的是主耶稣服事人的道路,仿效的是甘心乐意成为"众人仆人"的使徒保罗,我们相信,在履行大使命(传福音)的同时不能不顾到大诫命(爱人如己)。

另一方面,有些人可能指责我们老是向朋友提到耶稣,仿佛这么做有损我们的人道主义工作。但是没有一个真正的基督徒,会在别人问到你生命里那美好"根源"时会保持沉默,况且任何人道主义工作者都有自己的哲学理念和动机,会透过

> 这波归主运动,是在我们尽心竭力提供高品质的救援和社区发展工作时出现的,并不是利用工作之便做为宗教信仰上的交换。

工作间接反映出来。如果我们服务人群却不承认自己的服务理念,那就无异于归功于自己,接受那并不真正属于我们的功勋。

我们在哥林多后书第四章5节找到以上两种极端的正确平衡点:"我们并不是传扬自己,而是传扬耶稣基督是主,并且为了耶稣的缘故成了你们的仆人。"

第118章 印度的归主运动

迪安·哈伯德（Dean Hubbard，化名）

在1991年以前，印度中部的某个地区还只有极少数人接受福音；七年之后，竟有数百名来自二十四个不同族群的人受洗归主，学习如何跟从耶稣。他们在村子里的教会定期团契，并且给聚会取了个名字："敬拜基督的聚会"。几个世纪以来，如此之多的人奉行混杂着印度教的"万物有灵论"和"招魂术"传统信仰，为何突然转向基督呢？

一个关键领袖

比姆拉奥（Bhimrao）是当地的一个第三代基督徒，一直在社会和政治层面为穷困潦倒的农民积极奔走，服事他们，和他们一同受苦，甚至一同入狱数年。他相信，神要他帮助父老乡亲去追求比物质更重要的属灵事物，就与印度宣教机构合作，在科瓦迪（Kowadi）人中开辟传福音的道路。科瓦迪人是以耕地为主的农民社群，他们大多已经改变自己传统的万物有灵信仰，以适应周边农村印度教文化的宗教活动；也曾经敌挡过基督徒的宣教事工，因为他们认为基督教是那些社会地位比他们还低的穷苦人的宗教。

为了用科瓦迪人能够理解且重视的方式传福音，比姆拉奥首先指出科瓦迪人所依靠的两股势力——政府和传统神灵——是失败的，他们过去指望政府和传统神灵能提升他们的社会和经济地位。比姆拉奥向他们传讲耶稣基督福音的信息：耶稣基督创造了科瓦迪人，祂一直是他们真正的主、真正的神，爱他们，并且关心他们生活的每个方面，无论社会、经济还是灵魂，祂都看顾；然而他们从不知道神的祝福，因为把希望寄托在错误的对象上。耶稣已经为他们指明了一条道路，可以重新回到祂的国度，并认识祂的祝福，只要他们把希望放在祂身上。

比姆拉奥花了三个月的时间，到一百五十个科瓦迪村分享这个信息，后来召集这些科瓦迪人，一起举行了一连三天的大型布道会。这几天的聚会是用科瓦迪的歌舞赞美神，用自己的语言讲述耶稣的教导，最后有四十一位科瓦迪人透过洗礼承认耶稣是"他们自己的主，也是科瓦迪人的主"。这中间有些人是村里的领袖，如今

作者参加青年使命团在太平洋和亚洲地区服事二十余年。过去八年里，他和家人住在印度，在穷人中开展本土服事，帮助培养教会领袖。文中的人名和族群名称都有改动。

都确信耶稣才是族人最真实的寄望依归。

敌挡试炼信心，证明可信度

印度教的狂热分子马上就来搅扰跟进和建立教会的工作。科瓦迪人向来胆小怕事，他们开始退缩，不愿意再与比姆拉奥的宣教同工进一步接触。此时，比姆拉奥因为第一个孩子快要生了，也不得不暂时离开科瓦迪地区，待回来时已是三个月后，他发现其他的印度宣教士也在打退堂鼓，非常沮丧，不知道该如何开展下一步的工作。

经过深入调查和了解，比姆拉奥发现这些归顺基督的人依然想要跟随耶稣；他知道，虽然迫害使科瓦迪人开始产生困惑和怀疑，但并不是没有解决的办法。于是比姆拉奥决定成立一个新的组织来促进更大的计划，建立教会，满足科瓦迪人的属灵需求，改善社会经济发展。他称之为"贫苦者之仆"（Din Sevak，Servant to the Poor）的计划，尽管资源和支持都少得可怜。一个叫迪恩（Dean）的非印度人、比姆拉奥的兄弟基硕（Kishor），以及这两位的妻子加入了比姆拉奥的团队。即便如此，资源和人力仍非常有限，仍然需要本地的初信者帮忙。因着初信者向家人和朋友作的见证，也因着最初的迫害，福音逐渐引起人们的关注，许多人来找比姆拉奥，向他寻求解答。

不过，印度民族主义媒体也同时注意到了比姆拉奥，但报导充斥的尽是诬告和诽谤。但由于比姆拉奥的懿德善行和社会贡献，人们还是相信他。其他族群的人心里开始想："如果这对科瓦迪人有好处，而我们的社会经济状况又和他们差不多，那不是对我们也有好处吗？"数十年来，印度政府消除种姓隔离制度的努力进展有限。现在，可以看出福音借着改善社会经济条件得到更广泛的认同，似乎跨越了传统的种姓藩篱。甚至是那些基本上反对归信基督的人，也随同那些乐意回应福音的人一起对福音敞开心门。结果，"机会的大门"开始向各个不同的族群和他们的村庄打开了。

"我们为什么还跟从小神呢？"

不久，我们找了一群真实敬拜耶稣、有领导潜力的门徒（而非一些零零散散受洗归主的信徒），把他们聚在一起接受一周的教导，希望借此带动教会成长倍增。一位来访的外国基督徒学者讲了一堂课，简要地分享其他国家中的族群归主运动——有大批大批的人接受耶稣基督。尽管受训人数不多，但这次课程是一个转折点，新信徒可能没有察觉，但比姆拉奥和迪恩心里非常清楚；当学习班快要结束时，学员都表示那一课对他们最重要：

> "我们现在能看出，这位耶稣基督比其他所有的神都伟大，我们之前知道的神明全都只是一个村庄、一个部落、一个地区或者印度一个国家的神；但是这位耶稣，全世界各个地方都有祂的信徒！既然能够跟随最大的神，我们为什么还要跟从这些小神呢？"

神派来"天使"

刚好，有外国短宣队来这里帮忙，强化了他们这样的认识。有一个短宣队驻扎在一个全是普哈瑞斯（Poharis）人的村

子里，那是个流动性非常强的狩猎民族，信奉万物有灵的宗教，却又尊崇印度婆罗门教的祭司体制。普哈瑞斯人邀请人来讲解耶稣基督的事，结果只有一个短宣队能来，而且队员都是斯堪地纳维亚的年轻女士，不管从哪一方面来看，她们与当地人都有天壤之别。

和这些白肤碧眼棕发的年轻女士谈论耶稣基督的过程中，普哈瑞斯人说起村里一个特别的"祭司"。五年前，这位"祭司"突然被鬼魂严重地搅扰，被折磨得非常痛苦，大家都认为他发疯了。他们屡次带他到诸般神灵面前求医治，他却总是不停地说："那些看起来像天使的人会从世界各地来到我们的村庄，告诉我们谁是真正的神，大家应该跟随祂！"

于是短宣队的人就问这个"祭司"，他当时在异象中看见了什么，他说："我看见了像你们这样的人——白种人——他们是天使，他们会来传讲真神。"宣教士们问道："你认为我们是你梦中见到的那些人吗？"他表示现在还不确定。但是经过四天的听道，他信了耶稣并接受基督作他生命的救主；最后，这个村庄的大多数人都受洗归主了。

尽管有一个良好的开端，但是由于科瓦迪人生性胆小怕事，村庄又大都地处偏远，狩猎活动的流动性很大，所以不易形成健康的教会；加之绝大部分普哈瑞斯人不识字，教会领袖的培养遭遇极大困难。

不过，生性勇猛又长期定居的班萨瑞斯（Bansaris）人就不一样了。班萨瑞斯人有上百万的人口，也信奉一种混合了民间信仰和印度教的宗教。当地媒体对归信基督者的敌视，无形中提高了福音的知名度，促使一个受过良好教育的班萨瑞斯族年轻人来向比姆拉奥求助；这人患有严重的忧郁症，有自杀倾向，最后在基督里得到了释放。回到地处偏僻的家，他很快就带了十四个朋友来信耶稣，其中有三个人对福音广传尤其大大有益。一个是村子里班萨瑞斯人的领袖；另外一个是家族领袖，他的家族遍及这个地区的许多村庄；还有一个是在中央汽车站附近的裁缝师，这里是周围所有村庄的人来往的地方。他们三个人都在各自的关系网络中积极地传福音，一旦有人回应，他们就马上去探访那个村子。

此时，"贫苦者之仆"这机构已经开始了每周的禁食、祷告和教导，于是便有人邀请这三个人参加其他族群信徒的聚会；这些人男男女女都有，每周聚集起来，学习如何更好地服事，建造他们各自村庄里刚成形的教会。很快地，许多村庄又有不少初信者请求他们带领和教导。他们先确定具有潜力的教会领袖，让他们也参与栽培训练，于是一代又一代基督徒，在村子里带领信徒小组，按时崇拜聚会。

跟随基督无需背叛家庭

最初与其他族群接触的经历，无论成功和失败，都成为我们重要的教训。这些教训又帮助我们知道与新兴的班萨瑞斯族、科瑞斯塔（Krista）族、巴克塔（Bhakta）族、曼达里斯（Mandalis）族接触的合宜方法。我们呼召慕道者跟随基督，而不是成为基督教群体的一员，那样常常被当地人简单地理解为加入一个与原先种姓相对立的另一个种姓。敬拜基督不是一种背叛，而是真正带给他们族群好的前景，不是为一己的好处。这些团契也张开双臂欢迎各个社区的慕道友，鼓励他们聚焦向各自的家族和种姓族群作见证。

KBM（科瑞斯塔族、巴克塔族、曼达里斯族）的信徒没有被视为一个新的"基督徒种姓"，其中一个原因是，他们的小型聚会崇拜以及教导活动基本上都只面向各自族群的信徒。来自不同种姓的基督徒偶尔举行庆祝聚会，以"圣餐"的名义聚在一起分享和崇拜；对于一些人来说，这是他们生平第一次与其他种姓群体的人分享食物。在基督里一起分享的喜乐，让他们确信拥有最美的信仰，同时无需放弃各自群体的社会身分！

我们很早就依据是否主动传福音、对主忠心、作工有果效，找出那些有潜力在未来牧养教会的领袖，让他们肩负教导培训其他门徒的重要责任；接下来，再安排他们参加每周的栽培课程，集中学习圣经的世界观和对基督的顺服，以及如何实践，例如：如何舍弃旧有的行为模式，如何在与圣经的价值观和教导截然相反的环境下为耶稣而活、处理为此而有的种种挣扎。

他们一直积极作见证，承担起照顾新信徒的责任，不是因为有人教他们，只因为耶稣喜悦他们这样做；他们定期报告、按时到他们的工作区域探访与辅导。"贫苦者之仆"机构的同工所做的不是指挥，而是鼓励、支持和培训辅导村子里的属灵领袖，以各种方式给予支援，为他们安排常规和特殊的培训机会。也有印度当地和跨国合作宣教团队一起来帮助做好村庄的牧养工作，机构则为他们提供语言传译和认识文化方面的特殊帮助；如果没有现成的，就会去开创，包括圣经翻译和相关书刊材料，宣导适应本土的崇拜形式；他们还为农民提供种子贷款，为妇女提供技能培训以增加收入。

迫害：教会被炼净之后倍增

在成功还未来到之前，总是要先面对艰难的熬炼。很不幸，普哈瑞斯人还没有发展出自给自足的教会，而且很明显的：超自然、先知的预言，并不能取代不断培养门徒和成长的需要。科瓦迪的领袖为敌挡反对势力，付出高昂的代价；班萨瑞斯族直到现在面对迫害时仍然立场坚定，他们是教会倍增运动再接再厉的有力明证。也许正是这个原因，他们现在正经受着一些最沉重的逼迫，这些迫害来自他们周边的传统印度人，而非族群内部。宗教民族主义在印度权力阶层内势力越来越大，原来只是口头威胁，现在已经演变成对KBM族群村庄的人身暴力攻击。

然而在过去七年的事工中，最重要的一个功课，也许就是尽管攻击的势力穷追不舍，却产生"教会被炼净之后必有增长"的效应，尤其是当领袖们立场坚定的时候。外敌的迫害原本是要扼杀这股方兴未艾的教会倍增运动，反倒溅出水花，势不可挡。愿教会增长，生生不息！

第119章　穆斯林归主运动

里克·布朗（Rick Brown）

下面的记述出自雅各弟兄和一个外国宣教士的见证，其可靠性已得到相关国家的几位基督教领袖的调查和证实。

§ § §

有一位"圣人"，是苏菲派的大师，我叫他易卜拉欣（Ibrahim）。他居住在一个偏远且保守的地区，那里有数千人以他为灵性导师，仰望他为他们的健康和庄稼祈福祷告，最重要的是为他们祈求永生的救赎。这些跟随者都相信他可以在末后审判的日子拯救他们，这一点让他困扰不已，因为他还为着自己能不能得救而担忧呢！于是，他开始热切祈祷，求安拉能够向他显明正道（sirāt mustaqīm），就是真正的救赎之路。

一天晚上，易卜拉欣正祈求安拉让他知道救赎之道时，耶稣向他显现，衣服洁白放光。耶稣告诉他去某个镇上请教一位圣者，并且指明这位圣者来自哪个村子，父亲、祖父分别叫什么名字，耶稣在异象中还指示他怎么去到那座房子。易卜拉欣激动不已，因为隐约感觉这人的祖父应该是他自己的苏菲师父。

易卜拉欣发誓不吃不喝，直到见到那位神人，从他那里找到救赎之道为止。他很早就起床，冒着可怕的暴风雨步行去赶早班车，希望尽早到达六十多公里外的那个小镇。

易卜拉欣很快就到达了镇上，找到耶稣所显示的那座房子，敲了敲门。他很惊讶，因为应门的是一个穿着普通衣服的男子，而不是苏菲大师的长袍；这人就是雅各弟兄，穆斯林归主运动中的领袖。易卜拉欣打听他父亲和祖父的情况，来自哪个村庄后，便知道这就是耶稣要他来请教的人。于是，他把那个梦中的异象告诉雅各，向他求教救赎之道。

雅各弟兄引用古兰经和圣经的经文，告诉易卜拉欣神创世的故事，撒但如何引诱亚当和夏娃，他们又如何背离神；又解释罪如何使人与神隔绝，把人辖制在黑暗、罪孽和死亡之中。

雅各弟兄继续谈到该隐和亚伯、后人陷入罪恶之中、神如何拯

作者是一名圣经学者和宣教学家。自1977年起，他一直参与非洲和亚洲的福音拓展。本文摘自How One Insider Movement Began, International Journal of Frontier Missiology 24:1 (January-March 2007)，克里威廉国际大学出版社出版。版权使用已蒙许可。

救挪亚和他的家人，又细述神是如何呼召亚伯拉罕跟随他，并赐给他八个儿子。雅各弟兄继续讲到亚伯拉罕蒙神应许的诸多后裔，讲到大卫以及所罗门与其子孙的悖逆；然后聚焦在耶稣身上，指出祂是大卫真正的后裔、神应许给亚伯拉罕的真正后嗣，是第二个亚当，是人类历史上第一个完全顺服神旨意的人。他解释道，神的旨意是让弥赛亚耶稣被钉死在十字架上来拯救人类，神已经使耶稣从死里复活，高举祂，使祂坐在全能父神的右边，作为世界的主和生命的救主。

雅各弟兄告诉易卜拉欣，主耶稣曾在1969年亲自向他显现，并向他表明耶稣才是真正的救赎之道。雅各弟兄读福音书中耶稣的话："我就是道路、真理、生命；如果不是借着我，没有人能到父那里去。"他说，耶稣就是**正道**。

大师易卜拉欣此时欣然相信了耶稣，并准备服事耶稣，他想马上受洗归主；然而，雅各弟兄建议他等一等。"神已使你成为一个卓越的领袖，祂希望你的跟随者都认识耶稣是弥赛亚，是救恩的道路。回家去先告诉你的妻子、孩子，然后告诉你最亲密的弟子。"易卜拉欣同意了，定下一个日子，邀请雅各来访。

约两周后，雅各来到易卜拉欣的村子，发现这里聚集了易卜拉欣手下两百多位为首的弟子。这个苏菲大师开始讲述他祷告的事，还有神给他的异象，又讲到如何冒着暴风雨去拜访雅各弟兄的家，向他求教救恩的秘诀，接着换雅各弟兄开始讲道。

他将讲给易卜拉欣的故事重复讲了一遍，从古兰经开始讲到圣经，从亚当讲到

> **最后呼召他们要信靠耶稣作为自己生命的主宰和救主，在场所有的人都同意接受救恩，但一致认为必须先把这个信息分享给自己的妻子和孩子。**

弥赛亚耶稣，最后呼召他们要信靠耶稣作为自己生命的主宰和救主，在场所有的人都同意接受救恩，但一致认为必须先把这个信息分享给自己的妻子和孩子。

几个星期之后，大师易卜拉欣叫雅各弟兄再回来一趟。当他抵达村子时，发现苏菲大师和两百五十个最重要的弟子都已准备好受洗归主，于是雅各就给易卜拉欣和他的妻儿施洗；接着雅各叫易卜拉欣的几个妻子给她们的女儿施洗，然后委派易卜拉欣给两百五十个最重要的弟子施洗，并差派他们回家去给自己的妻子和孩子施洗；他再吩咐他们马上去向别人传福音，也给那些相信的人施洗。于是在那一天里，就有几千人受洗归主，进入神的国度，一波归主的运动势如破竹地展开了。

雅各弟兄随身带来了三箱新约圣经，让大师易卜拉欣分发给他手下的主要弟子；但是三天后，易卜拉欣又把这些圣经还了回来，说这个译本所用的语言有太多陌生的词语，明显不适合他这个族群，但或许可以给其他族群用。雅各弟兄就掏出他早已准备好的另一本书，是用他们熟

悉、容易接受的语言，并诗歌体裁讲述的福音故事；大师易卜拉欣觉得这本书非常好，于是带了很多本回去给他的弟子们。雅各弟兄意识到这些新信徒需要一种用他们熟悉明了的语言写成的圣经译本，于是为他们开始一个圣经翻译计划，从马可福音着手。

尽管受到传统教会中人们的诋毁、威胁和迫害，但这两个内传福音运动的团契仍然以家庭教会的形式继续发展。大师易卜拉欣后来去世了，但是他所引领的归主运动在他儿子们的带领下继续壮大。他们很有信心，因为是主耶稣亲自引导他们认识雅各弟兄和他传讲的福音信息，主一定会继续引导和保护他们，透过他们再去祝福他们所在的穆斯林群体。

第120章 上流社会的群体归主浪潮

克莱德・泰勒（Clyde W. Taylor）

最近几个月以来，我越来越多了解那场发生在拉丁美洲非比寻常的归主运动，其福音传播的形式是我所见过最接近新约圣经的模式的。具体是哪个国家，我在此就不提了，因为当地领袖不想大肆宣扬，但是那里所发生的重大突破和事迹，确实彰显了神的荣耀。

我是在几年前应邀去那个国家主持一次宣教会议时获悉此事，当时对于所遇见的事情毫无心理准备。原本以为相关的宣教士开展的事工规模不大，没料到福音在此正是以马盖文所说的"群体归主浪潮"形式广传开来。

这波群体归主浪潮所以不寻常，在于福音几乎完全是在这个国家的中上层和上层人士中传播的。此外，照社会阶层的规模来说，归信者的比例相当高。由于这场福音运动并没有组织刻意地去进行，所以很难得到确切的统计资料，但是经过与一些领袖广泛的交流，我估计在这波归主运动中归信的人至少有两千人，超过五千人也不是不可能。

发端

有一位宣教士，我姑且称他为"约翰・史瓦森"。他在二十世纪五〇年代开始宣教工作，那时他用一些典型的传教方式，向比较积极回应福音的社会底层人士作见证和传福音；经过许多年在这个国家首都的事奉，他在家里训练大约二十至二十五位归信者。他渐渐发现自己并不适合牧养和讲道，因为他的专长是在音乐和教学，所以他就请其他差会来牧养这一小群会众。

在1962年，史瓦森迁到这个国家的第二大城市。深入研究保罗在使徒行传中使用的方法后，他改变了自己的宣教方式。他转向大学，向大学生传福音。短短几个月内他就带领了十二位学生归主，接下来对他们进行门徒训练。七年下来，他带领他们在灵性上成长，还教导他们学习神学、教会史和圣经等等。

每当史瓦森写作、翻译或者油印培训门徒的日常学习材料时，

作者曾在拉美宣教，并担任福音派海外宣教协会（Evangelical Foreign Missions Association, EFMA）和福音派联合会（National Association of Evangelicals, NAE）的干事。他也曾参与过世援社的事工。该社为NAE的救援和发展机构。本文摘自"An Upper Class People Movement," *Global Church Growth Bulletin*, March-April 1980, Volume XVII, No. 2. 本文使用已蒙许可。

他的弟子们就出去向其他学生传福音。到1964年，已经有三百人决志信主并接受门徒培训。这些人都已经受洗，其中一些人还成为城市各个教会的会友（目前，已有十多个早期的归信者成为这些教会的全职同工）。此时，他们的工作集中于小组的发展，在信徒家中和大学活动厅里聚会。

教会的成长和倍增

我们应记得，这些早期的归信者都是单身的学生；随着时间过去，他们毕了业、结了婚，开始考虑建立自己的教会。因此，在1969年，第一个家庭教会成立了，由五对夫妇组成；三年后，第二个教会成立了。

1977年，第一间家庭教会的人数增长到一百二十人。于是他们分成两个教会，每个教会各六十人。第二间教会在1978年增长到一百六十人后也分成两个教会，每个教会各八十人。同年的二月份，另外一个教会也形成了，这五个教会的信徒加起来总共约有五百人。

这只是归主运动的部分情况。据这波归主运动的领袖估计，除了许多加入现有教会的人以外，至少有一半的归信者分散到了国内其他地区，甚至到了美国。他们大多数都会再寻此模式，先是传福音、再作门徒培训，之后组建家庭教会。

此外，这个地区的许多大学里还成立了基督徒细胞小组。例如，我听说一所大学里有一个由三十五名医学院学生组成的团契，另一个小组是十五名生命科学系的学生，还有一个是工学院的十二名学生组成的小组。

1964年，最初十二个学生领袖中的一人毕业后回到首都，他按着自己当初归主和接受门徒培训的路线来服事。几年后，史瓦森也按着他的方法来此开展事工。

1979年我访问这里时，我得知这个城市的上层人士中有多达一百个基督徒的细胞小组，这些似乎是他们自己将福音传播开来的结果。与史瓦森及其同工直接相关的教会细胞小组发展到一百五十个，信徒总数接近一千人。他们还告诉我在其他城市中也有不少的家庭教会。

内部景况

这些家庭教会有一个特点：信徒都来自社会中上层和上层人士。首都的家庭教会尤其如此，主要由上流社会人士组成。这并不是说他们不关心穷人和受教育程度低的人，他们也向这些人传福音，并且引领很多人归主；然而，他们发现当中下层人士进入他们的教会时，上层的归信人数就不再增加了。

保罗说过，他向什么样的人就作什么样的人。于是他们有个共识，若要得着上层社会的人，他们就要与同是来自上层社会的基督徒一起去赢得他们；因此，一旦他们在中下层社会中结出一定数量的果子，他们就会为这些归信者另外建立一个单属他们的教会。对于这些领袖来说，这并不表示他们不想与底层社会的人建立关系，而是如何能够更多、更有效地在"所有"社会阶层中领人归主。

这种以共通性群聚的教会发展，看起来很像新约时期的教会。这些信徒在家中敬拜、团契、学习神的话，差派门徒出去传福音领人归主。每个归信者与其说是被

"跟进带领"，不如说是从非常贴近个人的氛围中接受福音开始的。例如，这些团契印发成千上万张福音单张，但是没有一张福音单张上印有联系姓名和地址，因为分发单张的人会告诉接受者自己的名字和地址；若有人要来认识主耶稣，立即就有人带领他进行门徒培训。

例如，我和一位妇女交谈后得知，早上六点，她和四位新信徒聚会，一起祷告，在团契中一起学习神的话，直到七点早餐前才结束。而后，她与另外三位信主时间较长的年轻女性共进午餐，一起祷告、讨论问题。

尽管每个教会都使用同一个名字，但他们是完全独立的。他们不会留下任何信徒的名单，不过他们似乎非常了解教会里的每一个人。他们为信徒施洗，服事团契，自行培训和任命自己的牧者，他们称这些人为"长老"。他们不是很讲究组织的团体，但是切实的关爱和深度的培训把他们联结在一起。

这里有一个非常有趣的现象。这些信徒都很富裕，但是他们的教会几乎不用花多少钱就能发展壮大；聚会是在他们自己宽敞的家中聚会，在他们当中委任长老（牧者）时也选择不用付薪水的人。然而，他们确实平均奉献自己收入的两成，将这笔经费用来差派宣教士到拉丁美洲的其他国家，甚至欧洲。如果某人准备好去到宣教工场，需要支援时，教会才谈到钱的问题；通常有人会对他说："我每个月奉献给你两百美元。"另一个人说："我会给一百五十美元。"如此，他们很快就可以筹集到资金来支持宣教。

我听说过一位女宣教士得到四个朋友的支援，她们都是行政秘书；这几个人给予她的支持相当于她在本国作行政秘书的收入，也支付她往返宣教工场的差旅费以及所有事工费用。其中一位女士奉献她总收入的八成，一个是六成，一个是五成，还有一个是三成。这些家庭教会的团契，总共为十六位宣教士提供全部经费。

这波归主运动最令人感动的，不仅仅是那些百万富翁、政府官员和商业领袖成为基督徒，神也爱一贫如洗的乞丐，同样珍视他们的悔改归主。在其中很特别的是：从前难以触及的一个群体中，在当今社会不断门徒培训和建立教会，使教会迅速发展。如果这样的福音运动能在拉丁美洲的一个国家中发生，那么在其他国家也可以。庄稼的主——看着各种庄稼成熟——会是何等喜悦呢！

第121章 福音广播在教会倍增运动中的影响

威廉·米亚（William Mial）

作者在环球广播电台工作有五十多年。自从在摩洛哥丹吉尔做广播助理起，他监管过蒙特卡洛、荷属安得列斯群岛、香港、斯里兰卡、关岛以及欧洲的新发射器和新节目制的开发工作。目前，他在非洲环球广播电台服事，担任非洲区办事处项目开发组组长。

从历史上来看，福音广播电台发挥的作用因国家地区而有所不同。像委内瑞拉江河流域等地理位置偏远的地区，广播是当地人首次接触福音的机会，村子里有一群人因而接受了耶稣基督为个人救主，成为基督徒。当地的信徒继续收听教导圣经的广播节目，作为他们每周主日崇拜的重要环节。

在世界其他地方，由于政府当局的严格限制，广播成为传福音唯一的方式。一家之长用福音广播来教导家里的人基本圣经真理，有时候，广播可以发挥布道者的作用，带领一家人认识耶稣基督宝贵的救恩。

福音广播对教会倍增运动产生积极影响的例子，在印度也有。环球广播电台在斯里兰卡设立广播站，向印度播放福音节目。这种宣教方式背后的策略就是通过多样化的广播节目向人们传福音，例如清晨灵修节目——形式有点像印度教的清晨崇拜，不过播放的是圣乐、朗读的是圣经！由于氛围熟悉，这个节目吸引了一大批参加清晨崇拜的印度教徒，但带给他们的信息却是独一真神和祂的独生子耶稣基督带来的永生盼望。该电台播放各种传统和新颖的节目，从早到晚用将近四十一种主要的印度语言广播；电台还提供各种各样圣经函授课程作为跟进，让归信者的属灵生命得到成长。

在好多个不同语言的族群中跟进方式很新颖，就是在周末举行为期三天的"慕道友聚会"，用邮件邀请，那些真诚的慕道者就会来参加这些特殊的聚会；结果，几乎所有来的人都回应呼召，接受耶稣基督为他们个人的救主。有时候，电台会鼓励听众和当地其他人一起参加连续几个晚上一系列的"广播晚会"；在其中，我们再一次看到大部分与会者表达愿意跟随基督，甚至好几次信徒自发要求跟随主，而为他们安排洗礼。这种情况，环球广播电台会尽一切努力,安排这些新信徒进入当地已有的福音派教会,不过常常发现当地并没有教会。回应福音的人如此之多,电台就特别制定跟进的策略,培养领袖,帮助和鼓励他们建立新的教会。

在印度的某些省分,尤其是安德拉(Andhra)邦,我们发现人们普遍对福音广播响应热烈,于是制作了一个每天三十分钟的圣经学习广播节目,这成为许多家庭传福音和圣经学习的主要材料。

环球广播电台的创始人保罗·弗瑞德(Paul Freed)曾报导说:

> 数百个家庭小组已经开始聚会了,是由环球广播电台在印度的姊妹机构普世网络(Vishwa Vani)组织的。家庭小组聚会通常的程序是这样的:先是一家之长请邻舍来家里一起收听福音广播。在他们自己语言的节目结束之后,大家就节目内容展开讨论;随后,由新信徒向那些来家庭查经小组的非基督徒作见证。几乎天天如此。

当然,要到能建立聚会的地步,必是到了一定的时候,有足够多训练有素的传道者,能在这些新建教会中肩负起牧养的责任。多年来,这种拓展所结出的属灵果子使得印度环球广播电台必须进一步发展这项事工;由普世网络的同工为后续跟进而做系统的训练,为之后建立教会做准备。而为了适应这些发展,电台新建了一

> **家庭小组聚会开始时,先由一家之长请邻舍来家里一起收听福音广播。**

个分支机构,称为"印度信徒团契"。这个机构将成熟的家庭聚会小组组成教会,让新信徒有全面的教会生活。最近,在瓦拉纳西(Varanasi)这个印度教圣城中,便有这样一个教会在印度教徒聚居区建立起来。每当有九十个人以上在听福音广播受洗归主后,普世网络的同工就开始建立一个新的团契。

这个案例和许多其他的例子中,福音广播奠定了完整事工流程的基础:从传福音,听众有所回应,后续跟进,圣经学习(经由广播,也透过当地的平信徒领袖和同工),最后建立起崇拜中心——教会。

第122章 波斯教会的复苏

吉伯特·霍夫斯潘（Gilbert Hovsepian）、克里克·马卡里安（Krikor Markarian）

长久以来，许多基督徒把伊朗视为当今对基督福音最为封闭的国家之一。然而，事实上在我们这一代，一波教会稳步倍增的浪潮正在整个伊朗涌现！这些真实故事引人入胜，说明了神的主权掌管一切，成就祂在万民中永不更改的旨意。

1960年代初，也就是伊朗对现代宣教事工完全封闭之前二十年，来自美国的一个宣教团队开始在德黑兰的波斯亚美尼亚人（Armenian）社区中开展宣教工作。他们大多数是1604年被迫流亡到伊朗的亚美尼亚人的后代，历经几个世纪，已经融入这个东道主国家，而形成了独特的文化、方言，甚至外貌特征。宣教士意识到这些波斯亚美尼亚人可以作为伊斯兰教和基督教之间的桥梁，于是开始在这群人中展开宣教事工。

我们来看宣教士努力的成果，但若要真正理解神在这个激动人心的故事中的奇妙作为，首先必须回到一千五百多年前，也就是古代波斯教会诞生的时候。

直到公元第三世纪晚期，波斯帝国的多数信徒都是犹太裔或者亚述裔。但大约在公元300年，人们看到圣灵也在本土波斯人中间兴起巨大的工作；三世纪晚期亚美尼亚教会的建立就是圣灵在波斯人中这场复兴的结果。启明者贵格利（Gregory the Illuminator）是这个古代波斯教会差派出去的跨文化宣教士，推动亚美尼亚成为全世界最早的基督教国家之一；公元301年，亚美尼亚成为东方第一个全国都接受基督教的王国。这段历史深入亚美尼亚人身分认同的核心，他们永远也不会忘记一位来自波斯的跨文化宣教士在他们当中所做的工作，如何塑造了亚美尼亚的历史。

不幸的是，福音在波斯人中间的这次突破只是昙花一现。公元312年，罗马将军君士坦丁觉得他应该以十字架的名义去争战；他改信基督教，随后掌权成为罗马帝国的皇帝，这突然间对波斯人的新信仰带来了一个政治层面的影响。从此，波斯帝国中的基督徒被视为罗马帝国的潜在同盟，接着政府便开始组织新一轮迫害；到公元第四世纪末期，成千上万的基督徒被杀害。最后，随着公元第七世纪伊斯兰教的传入，羽翼未丰的波斯教会逐渐萎缩直至消失。

吉伯特·霍夫斯潘出生于伊朗，现居美国，父亲是波斯亚美尼亚教会的领袖。吉伯特继承父亲的遗愿，为波斯地下教会制作一系列"实况敬拜"广播以及五百多首诗歌。此外，他每周广播圣经教导节目，据说是该国十大最受欢迎的节目之一。

克里克·马卡里安曾任"全球族群认领运动"（Global Adopt-A-People movement）亚洲地区的研究员和顾问十年。

亚美尼亚教会的历史与波斯教会不同，尽管也遭受了迫害以及伊斯兰教的严苛控制，当波斯教会最终消失时，亚美尼亚的教会依然坚定地保存下来。耐人寻味的是，在伊斯兰教的严苛统治中幸存下来的亚洲和北非教会，都拥有自己语言的圣经译本；亚美尼亚人、叙利亚人和科普特（Coptic）人的教会就是这样的例子；然而，波斯人、柏柏尔人和阿拉伯人并没有自己母语的圣经译本，这个失误直到现代才补救过来。可见在有圣经译本的地方，教会得以再次发展起来，并非偶然。

波斯教会的复兴多年来都被视为世界历史中的非凡事件。在神的护佑下，祂让亚美尼亚教会在推进神国度的大业中扮演了非常特别的角色。

新兴的团结

现在我们回到二十世纪六〇年代早期的伊朗。上文提到的美国宣教团队最先栽培的五个门徒中，有一个是亚美尼亚人，名叫哈克·霍夫斯潘（Haik Hovsepian）；哈克在1960年代末，接受神的呼召在穆斯林中开展工作，前往伊朗北部的马赞德兰（Mazandaran）省。尽管德黑兰教会是为着这个目的正式差派他出去，但当时极少有波斯亚美尼亚人理解和支持他对穆斯林的负担，大家觉得他在浪费时间。然而，经过八年的努力，到1976年，哈克共建立了五个家庭教会，大约有二十个穆斯林背景的基督徒。尽管只是一个小小的开始，哈克却总有一种预感，神正在为更伟大的工作建立基础！哈克有音乐恩赐，他对后来波斯教会所做的重要贡献，就是翻译和创作了一百五十多首波斯语的敬拜诗歌。当时熟悉他的人说，他希望将来有一天能有数百万的信徒唱这些诗歌。

1981年，马赞德兰省的波斯教会已经增长到大约六十人，并且正在兴起许多领袖。那一年，哈克应邀回到德黑兰，成为更正教牧师理事会（一个大致相当于美国全国福音派协会的组织）的领袖。他的到任对于教会来说是及时雨，当时正是伊朗的最高精神领袖阿亚图拉·霍梅尼（Ayatollah Khomenei），一位非常有影响力的穆斯林神职人员，接手伊朗政府的两年之后，希望整个国家彻底伊斯兰化；因此，刚刚兴起的伊朗教会马上遭到充满敌意的政府的不断施压。

然而，伊朗的教会并不是在新政权统治下唯一受到压迫的团体。波斯人民自己也开始以消极的方式去应对伊斯兰教法律强加在他们身上的严苛限制；一种无声的反抗在年轻人（伊朗有七成的人口在三十岁以下）中间蔓延开来，暗暗积蓄能量。凡是政府反对的，年轻人就拥护它；当政府焚烧美国国旗时，他们就将它裹在身上以示抗议。最重要的是，政府越没收圣经，他们越是迫不及待地要去弄到一本。

受迫害的亚美尼亚基督徒和"被压

迫"的伊朗年轻人开始团结起来，步伐虽然缓慢，态度却十分坚定。哈克公然挑衅法律，开始鼓励亚美尼亚福音派教会对波斯人敞开大门，并且在聚会讲道等服事中使用波斯语。当新归主的波斯信徒开始涌入教会时，政府发出最后通牒，要求上报所有信徒名单；哈克勇敢地鼓励教会联合起来，一致坚决地回应政府：我们绝不会答应这样的要求！

转折时刻

到了1980年代晚期，有穆斯林背景的波斯信徒数目已经发展到了好几千人。接着到了九〇年代，有两股巨流汇合到一起，孕育了波斯基督教历史上最重大的转折性事件。

第一股巨流就是政府组织的一波波镇压基督徒、刺杀基督教领袖的行动（包括1994年哈克·霍夫斯潘遇害，他为制止政府判处一名波斯信徒死刑而发起一场运动，引起了国内外的关注）；结果，数以百计的平信徒领袖兴起来，接替那些被害的领袖继续事奉，并掀起了一场全国范围的家庭教会运动。事实上，哈克和其他殉道者（包括波斯人和亚美尼亚人）的勇气和胆识，在福音派教会里产生了深远的影响，但受影响最大的还是那些波斯信徒！在哈克的葬礼上，尽管政府要求每一个参加的人都要登记，还是有数百位波斯新信徒到场悼念他。

这一切都是神在为那将要成就的大事奠定基础。公元2000年时，基督教卫星广播开始将福音的大好消息传进伊朗的千家万户；虽然伊朗政府明令禁止私人拥有卫星电视接收器，但是政府当中有些腐败的官员还是设法把成千上万的卫星天线走私运进伊朗。基督教卫星广播节目成了伊朗教会的生命线！而且，当伊朗人民知道政府试图干扰这些广播时，这些节目反而声名大噪，更多人知道有基督教的广播。最近的全国调查表明，有超过七成的人会看基督教卫星节目。还有一些类似的调查指出，至少已经有一百万人成为了基督徒，有数百万人在接受主的边缘。

信徒人数增长得如此之快，以至于地下教会的数量跟不上信徒人数的增长。举个例子，一个家庭教会最初在几年前才有两个人，现在发展出二十个团契小组。这个教会的负责人说："在伊朗建立教会很容易！不论你到哪个地方布道，那里随时都有人准备好接受福音，或者他们已经通过卫星广播成为基督徒了。"

另一个负责人说，培训教会带领者也很容易。政府已经让年轻人无事可做，所以信徒就可以每天相聚。他们经常聚集一起祷告，学习圣经和福音布道。一个小组超出二十五人，他们就分出一半，去建立新的小组；差不多两年时间，一个新信徒就有可能成为一个新的家庭团契的带领者，甚至去培训新的带领人。现在伊朗基督徒非常多，所以卫星广播作出调整，增加更多的门徒培训节目。

就像在中国的情形一样，借着"细胞分裂"策略快速倍增起来的家庭教会，产生了组织良好的教会网络。德黑兰至少有一千个小组，大多是海克·迈克哈茨（Haik Makhaz）在八〇年代末到九〇年代初的波斯教会培训出来的几十名核心领袖所结的果子。例如，其中一个领袖带领137个家庭教会团契。

这些组织良好的教会网络无视来自政府的强大压力，依然蓬勃发展。在2008年初，政府情报人员冒充慕道者向卫星广播表达对信仰的兴趣，得以潜入一个大约有五十个教会组成的网络中，从那里开始，他们渗入整个网络，然后把和这些团契小组有关的基督徒都招聚到一起，强迫他们签署同意书，上面列出了如果再参加聚会就会受到相应惩罚的条款。形势越来越严峻，地下教会和卫星广播事工部门之间的协调与安全越来越困难，许多人正在寻求突破性的办法来解决这个问题。

这些家庭教会网络的带领人一再表示，他们最大的需要就是更多的波斯语圣经。神如何使用圣经在伊朗这块土地上，带领一个个家庭归入耶稣基督，这样的故事还在持续不断上演。这里的百姓对圣经有极大的渴求和需要！由同样是一个波斯亚美尼亚人创建的以拦事工（Elam Ministries）协调出版的新译本，已经产生了深远的影响；吉伯特·霍夫斯潘（Gilbert Hovsepian，哈克·霍夫斯潘之子）现在正准备在年内发行圣经的语音版。据说今天伊朗即便有一千万本圣经，也可以很快发光！一位女士就亲手分发了两万本圣经，她说没有一个人拒绝她，绝大多数人还认为这是他们收过最有价值的宝贝。

波斯教会的复兴

几个世纪以来，人们将种族和宗教背景等同来看：如果某人是亚美尼亚人，就认为他一定是基督徒；假如某人是波斯人，就认为他一定是穆斯林。但在过去的十年，一个新名词 *"farsimasihi"* 传遍了整个伊朗，字面意思是"波斯基督徒"，或者意译为"穆斯林基督徒"。以前如果人们看见你挂着十字架饰品，他们可能会问："你是亚美尼亚人吗？"或者"你成了亚美尼亚人吗？"但是今天就不会这么问了，有更多人会问新信徒是不是波斯基督徒（不是亚美尼亚人），这是几个世纪以来从未有过的，一个人可以作基督徒，而不被广大的波斯人视为民族叛徒。

这个新身分具有非常重大的意义，足以说明伊朗存在着一场真正从本土发起的归主运动。长期以来，人们都认为若是在波斯人中有福音突破，对周边中亚和中东的人们一定会有显著影响，伊朗自身的状况就充分证明了这一点。波斯宣教士现在已经走出去，到附近阿塞拜疆人、卢里人和库尔德人等少数民族中传福音，而且宣教资金全由波斯基督徒自己提供。

自从公元第四世纪以来，伊朗从未发生过如此大规模的归主运动；这一切都让人欣喜感恩。我们还是不应忘记从前这里就有波斯教会存在，正如一千六百年前一样，政府开始以强硬的行动来阻止这股风起云涌的归主浪潮，而且目前正进入新的试炼时期！但这一次他们周围有一个由基督徒、教会和宣教事工队伍集成的强大国际性网络，时刻准备好予以援助；另外还包括了波斯语圣经、本土化的敬拜诗歌、领袖栽培项目和卫星广播。最后也是最重要的一点，就是他们拥有耶稣的应许！耶稣说过："我要建造我的教会。"毫无疑问，圣灵在伊朗的工作，证明了这一应许最终将完全实现。

第123章 南亚——
蔬菜、鱼和弥赛亚清真寺

沙赫・阿里（Shah Ali, 化名）、达德利・伍德伯理（J. Dudley Woodberry）

沙赫・阿里（化名）是南亚一个归信基督的穆斯林，他的身分现已隐藏（目前，基督徒在他的国家受到逼迫）。他已用穆斯林术语将新约圣经翻译成他本国的语言。

达德利・伍德伯理现任富勒神学院跨文化研究系伊斯兰研究资深教授和荣休系主任。他曾在巴基斯坦、阿富汗以及沙特阿拉伯服事。著有 *Muslims and Christians on the Emmaus Road* 和《开花结实》（*From Seed to Fruit*）等书。本文摘自"South Asia: Vegetables, Fish and Messianic Mosques", *Theology, News and Notes*（March 1992）, pp. 12-13。版权使用蒙富勒神学院许可。

我将古兰经和圣经两相比较后，下定决心跟随耶稣。我的父亲是个穆斯林，他得知此事后差点儿用刀杀了我！他认为我的决定不只背弃了原有的信仰，也背弃了我们的家庭和文化。在历史上，曾有大批的人从印度教回转归主，他们将印度教用语结合了西方形式来敬拜。

在表达自己的信仰时，我遇到了两方面的难题。其一，如前所述，基督教看上去是个外国的宗教；其二，基督徒为了满足当地人群庞大的需求，通常只吸引来投机取巧、肤浅的归信者，因此招致当地主流人群穆斯林的憎恨。

保持穆斯林色彩的基督信仰

有一个宣教士雇请我翻译新约圣经，让我用穆斯林的词汇、而非印度教的词汇来翻译，并取了一个穆斯林的书名：《引支勒・沙里夫》（*The Injil Sharif*，意为"尊贵的福音"）。未料成千本引支勒销售一空，买的人大多数是穆斯林，他们现在把这本书看作是古兰经中所说的福音书。这一做法从实用的角度来看是可行的，引支勒的销售情况就是证明；更重要的是，这一做法从神学理论的角度来说也是可取的。古兰经和印度教经典不同，因为古兰经里面有大量的内容和圣经相同；事实上，穆斯林大部分的神学术语是借用犹太教和基督教术语。[1]

随后，有一个富勒宣教学院的毕业生，请我去训练二十五对夫妇，教导他们如何在穆斯林村子里生活，同时开展农业发展计划。这二十五对夫妇中，仅有一对有穆斯林背景，其他那些没有这个背景的夫妇都遇到了麻烦。因为，穆斯林会和他们互相串门，但是执意不肯吃他们的食物，直到他们开始改在早上洗澡，情况才有所变化。这是因为穆斯林教法规定，和配偶同睡之后，必须行沐浴洁净之礼。

人们看这些基督徒夫妇像天使一般，为人和蔼可亲、诚实可信，富有牺牲精神，而且还向神祷告。然而，他们不像穆斯林那样一天祷告五次，还不能算是真正敬虔的信徒。

从那以后，我们只雇请有穆斯林背景的基督徒夫妇，也慢慢形成了一套例行的礼拜仪式，保留穆斯林和基督徒共有的礼仪和内容，但用圣经中的经文取代古兰经的部分。略为调整是必要的，因为早期伊斯兰教也大量借用了犹太教和基督教的做法，据以形成穆斯林宗教功课的支柱（认信、礼拜、施舍、斋戒和朝圣）。[2]

我们那些穆斯林邻居朋友把基督教定义为"背道者的外国宗教"，所以我们自称"穆斯林"，字面的意思是"顺服神的人"。必须顺服于神当然是基督徒的概念（参雅各书第四章7节），按古兰经中所说，耶稣的门徒也自称"穆斯林"（5:111）。[3]

当一些村庄的人决定跟随基督后，继续在清真寺敬拜神，只是如今透过基督来敬拜神。若条件允许，原来在清真寺带领大家作礼拜的伊玛目，可以在经过培训后继续担任属灵领袖的角色。

以真理服人、神的大能、归信的人

神不仅使用不同的处境，也使用各种方式使穆斯林归信基督。有几次，我在不同的场所和穆斯林的教师（malvis）公众讨论，指出古兰经并没有像他们所认为的那样称穆罕默德为中保，而是说，在审判日"在那日，除至仁主所特许而且喜爱其言论者外，一切说情，都没有功效。"（马坚教授版古兰经译解20:109）。但根据古兰经，《引支勒》（福音书）是来自于神，其中不仅说神喜悦耶稣（如马太福音第三章17节），且耶稣是**唯一**的中保。

神也借着应允祷告来彰显祂的能力，诸如：医生断言只能活几个钟头的三岁女孩病得痊愈；降下沛雨、止住洪水；众人一心要杀一位跟随基督的伊玛目时，一位不知名的好汉突然现身拦阻了暴行……。

我们特别注意推动整个群体归信基督，而不是个别带领；只有当家中作头的受洗后，我们才会为这家其他人安排洗礼。我们也竭力帮助领袖们明白真道，有一位穆斯林神秘派的筛海（苏菲派领袖）得知圣殿的幔子从上到下裂为两半时，一把摘下了自己的礼拜帽，不仅自己跟随了基督，众弟子也都同他一起跟随了基督。

因为村民的文化水准都不高，很多人不识字，我们就把圣经和培训材料做成录音带，并给村民提供便宜的录音机。

迫害一直都有的。我们的培训中心被迫关门，还有人把我和三名同工告上了法庭；领袖之间同样有摩擦，也遭到其他基督徒团体的误解。然而，大批归主的情势却一直持续着。大多数新信徒留在独立的敬拜弥赛亚的清真寺，有些处境化的堂会加入了主流宗派，还有一些人则进入传统印度教背景的教会。

自给自足、自我承担

我们除了采取各种有意义的文化形式来表达信仰外，还一直试着满足周围人们实际的需求。我们既期望宣扬神的国度，又想彰显神国的价值，但这种鱼和熊掌兼得的想法总有一些困难。

首先，利用人们的需求来实现传福音的目的就是个问题。这样难免有操控之嫌，且会招来心口不一的归信者！所以，我们对所有村民一视同仁，无论他们信奉什么宗教，都予以帮助；但对于弥赛亚清真寺和他们的伊玛目，则不予任何经济上的支持。

其次，先前的殖民者与受统治者之间的依附心态，极易转化为捐赠者和受益者的依赖关系。

其三，国外捐助的食物因运送过程困难，大部分在城市分发；而且人为的降价，致使农民毫无努力生产的动力。

第四，科技的引进所帮助的，可能只是那些具有相关技能或是有经济实力的人；而那些最穷困的人，只能眼睁睁地看着贫富差距越来越大。

我们采用了一些常见的做法来应对这些问题。例如把贷款给农民买种子，收成后再还；给农民提供抽水机，等生产力提高后再付购置抽水机的钱。不过，我们现在改进了东南亚开发的一个项目；这个项目既处理好前述问题，又确保了当地教会的自给自足，反映出基督徒对全人关怀的重视。

这个项目包括：训练本地工人建立处境化的教会，以及掌握鱼蔬结合的农耕体系。受训的工人轮流派往贫困的地区，培训当地的农民学习简单易行的科技，使他们自给自足。因为人口的增长使耕地越来越少，交通设施落后就必须在消费地就近生产食粮。

这种密集型的食物生产体系，我们也在别的地方开发。发展这个体系的步骤是：先开挖一些鱼塘，把掘出的泥土整理成菜地，不要的蔬菜茎叶就用来喂鱼，鱼粪用作蔬菜的肥料。这些食物生产中心与市区各销售中心相距不远，步行可达，便于每日销售，场地还可以为当地农民和弥赛亚清真寺领袖作培训用。

弥赛亚清真寺和纯粹的穆斯林（即仿效弥赛亚会堂和纯粹犹太人的模式）这一概念仍然在其他基督徒中引起极大的误解。同一群人既负责宣教又开展人道主义事工，也引起一些人的担心，因为他们认为基督教机构只应专注于其中一个。

不管怎样，我们发展形成的模式一直为神所用，不仅兴起了许多新的门徒，同时表达了神对人身体和属灵需求的全面关切。而经由亲戚之间互相走动，跟随弥赛亚的穆斯林归主运动又扩展到邻国。最近，我和同工走访了一个东南亚国家，亲眼见证了整个穆斯林村庄一起归主的奇事。

附注

1. 见 Arthur Jeffery, *The Foreign Vocabulary of the Qur'an* (Oriental Institute, 1938)。
2. 有关这一论证的详情，见 J. D. Woodberry, "Contextualization Among Muslims: Reusing Common Pillars," *The Word Among Us*, ed. Dean S. Gilliland (Word Publishers, 1989), pp. 282-312。
3. 在这样的处境下，他们借着相信神和使者（显然是尚未诞生的穆罕默德）表明了他们的顺服之心。

Part 5
胸怀普世宣教的门徒

第124章　神爱圣子
——岂只神爱世人？

大卫·布莱恩特（David Bryant）

作者是国际协力祷告会（Concerts of Prayer International）的创建人，目前领导Proclaim Hope机构。他是一位牧师，后来任美国基督徒学生团契巡回牧师，也做过"宣教心视野"课程第一位全国负责人。著有许多以祷告、复兴和宣教为主题的书，近作为*Christ is All! A Joyful Manifesto on the Supremacy of God's Son*（2004年）。本文摘自*Christ is All!* 版权使用承蒙New Providence Publishers Inc（New Providence, NJ）许可。

我经常听到基督徒中间有这样的说法："神爱你，并为你的人生有个美好的计划。"此话不错，但我认为，在本书《宣教心视野》快要结束之时，我想你会发现另一种说法更为恰当："**神爱圣子，为祂有个美好的计划，要把万族都带到祂脚前，尊祂为万主之主。祂又是如此爱你爱我，让我们有分于这个计划。**"现在，让我们来详细地查考这个应许。

我们习惯把神对世人的爱认为是最完全的爱。毕竟在大多数信徒看来，约翰福音第三章16节已经总结得非常楚清：因神对世人的大爱，祂将自己的独生爱子赐给了人。但请再细查约翰福音第三章，我们在第35节看到"父爱子，已经把万有交在祂手里。"贺思德这样解释这一节："不错，神爱世人，甚至将祂的独生子赐给他们，但神还有更深的爱——祂爱圣子，甚至将所有世人都赐给祂。"

投身这一宏大故事

在鲁益师（C. S. Lewis）所著的《纳尼亚传奇——狮子、女巫、魔衣橱》（*The Lion, The Witch and the Wardrobe*）中，佩文西家的四个小孩彼得、苏珊、爱德蒙和露西在他们英国乡村庄园捉迷藏，无意中发现衣橱里悬挂着的破旧大衣后面隐藏着一个神奇的魔法王国——纳尼亚王国。随即，他们就卷入白女巫（她将纳尼亚置于永恒的冬季之中，从来没有庆祝圣诞节）和一只叫阿斯兰（Aslan）的伟大狮子（鲁益师奇幻小说中所描绘的基督形象）的斗争中。四个孩子不仅神奇地进入纳尼亚的奇幻世界，还跟随阿斯兰拯救纳尼亚人民脱离女巫的魔咒，成为转变纳尼亚恢复成王国原貌的关键人物。他们这一脚踩进衣柜，就与阿斯兰的命运紧密相系了！

每一个脱离"黑暗的权势"而"迁入祂爱子的国里"的人也是如此（西1:13）！我们都蒙召成为远超过我们所能想像之宏大叙事的一部分；这个故事的目标更大，为时更长，呼召更为崇高。我们已经步入一个伟大的王国；这个王国深植于远古的历史，与更为强大的仇敌抗争，要完成更荣耀的目标，邀请世上各族进入永恒的新生命中。我们故事的主角是主宰一切的狮王，祂又被刻画为坐在宇宙宝座上的羊羔（启5:5-14）。

神爱圣子，为祂有个美好的计划……祂又是如此爱你，让你有分于这个计划。

1948年，艾森豪威尔（D. Eisenhower）总统写了另一个故事，是他对二战的回忆录，名为《欧洲十字军》（*Crusade in Europe*）。他当时身为盟军总司令，面对许多压力，几乎放弃以诺曼底海滩作为大举进攻纳粹帝国的首要目标，但以下两句话可以看出他的决心：

> 历史证明，战争中最困难的是始终坚守一项战略计划。一面是无法预见却大有可能实现的希望，另一面是始料未及的困难和危险；正值进退维谷之时，会受诱惑让你想要放弃既定的行动计划，而去采取别的方案。

同样，我们的总司令始终目标明确，就算四面楚歌，也从不动摇，绝不放弃在万国中掌权的雄心。祂"唯一的战略计划"就是让跟随者以无私的爱宣扬祂的荣耀，吸引每一个族群的人甘心乐意服事祂，直到整个历史彰显出祂的爱和荣耀，印证拒绝神的人终受审判。万膝将俯伏跪拜，无论蒙救赎的、还是受审判的，都要承认祂的王权统管一切（赛45:22-24；腓2:9-11）！

神的宣教计划如滔天巨浪拍打岸边，一波一波虽有起落，却无人能够阻止。神的心意只有一个，两千年以来，基督的普世救赎工作一直在万族中推进，从未停止、虚度一天；祂的应许从不失信，与所差派的人同在，"直到这世代的终结"（太28:20）。所差之人去哪里，祂就在哪里，并且总在他们前头行，用祂所赐的所有权柄，为他们预备道路；只要奉祂的名说话行事，祂就透过他们动工，即使祂的仆人离开移往他方，祂仍然在当地掌管继往开来的工作。

在这个时代，这位差传的神已经定意将期待的眼光集中到我们身上。神看到仍有几十亿人尚未听闻福音，还没听说过祂独生爱子的名，只因为他们身边没有人，也没有跟他们一样的人去告诉他们，祂绝不愿把这些族群撇弃在绝望之中。那么，神在历史中的目标是什么呢？就是将最大的荣耀赐给祂的独生爱子，接受普天下万民万族的爱戴和服事，与他们建立荣耀的团契关系；世人爱祂，永远赞美神爱子的奇妙救恩、弥赛亚的至高无上！

神爱圣子，为祂有个美好的计划……祂又是如此爱你，让你有分于这个计划。

胸怀普世的基督徒：走出井底，进入神的广阔天地

虽然每一个基督徒都蒙召参与基督的普世救赎工作，但很多基督徒并没有如神所愿积极参与其中。有的沉睡，有的退后，但有的却决心过有意义、有价值的人生。有些人生活在不信的阴影中，可是有人却在场上赛跑，全然甘心让神使用，不问去哪儿、怎么做。还有人决心以基督普世救赎工作作为自己关注的焦点，作为人生的一致目标，甘愿被神破碎陶造，投身基督的普世宣教大工，奔赴任何战场，只要能产生具战略性的影响。

有些基督徒如火如荼地开展向外拓展的门徒训练，而有些似乎仅仅满足于坐在（我称之为）"弹丸之地"的基督教礼拜堂里；这两群基督徒的真诚和所信仰的教义或许没什么两样，但基督徒要为了成就神救赎万族之工而活，这一点是确定无疑的。我们称这群特别的基督徒为"胸怀普世宣教的基督徒"（World Christians）。

为了传福音给那些无法听到福音的人群，有些胸怀普世宣教的基督徒甘愿跨越文化和地域的藩篱，成为宣教士。但每一个基督徒都本当成为胸怀普世的基督徒，即使身处本地、"留在"家园，仍能够以牺牲的爱、祷告、培训、金钱和好的教会生活来支持受差"出去"的宣教士。

胸怀普世宣教的基督徒每天都紧紧跟随主，以基督的普世大工为超越一切的首要任务，并以此作为生活的准则。他们是天国的侨民，安营在最能服事神国的地方，由神分散他们到全世界，向未得之民传福音，将属天的福分带给地上的万族。

"主"导人生

最近，牧养超大型教会的华理克牧师在他所写《标竿人生》中提到"目标导向的人生"（the purpose-driven life）一词，是从另一个角度描述基督徒如何以胸怀大使命心志为人生意义；这是一个热切专注于神普世心意的理念，激励了许多人。但从长远来看，要想有个标竿人生，就首先需要明白如何活出"主导人生"（Person-driven life），让"主"来主导你的人生！实际上我们要反省，可能我们所有活动和对天国事工的支持，并非如自以为的，是从受基督驱策的人生发出。

胸怀普世宣教的基督徒确信，万族最终要爱耶稣，高举耶稣为主，因此他们心中满有喜乐，深知自己是历史浪潮冲向荣耀顶峰的一朵浪花，每一个族群的故事终将圆满结束，在基督里汇集成一个故事。就是日常生活中的平凡琐事，也能让胸怀普世的基督徒浅尝将要来临的日子有多美好，因为耶稣基督就在他们当中，成为那将来荣耀盼望的确据（西1:27）。他们继续活在复活之主双手之荫蔽下，领受神所赐之福，欢欢喜喜地在祂充满关爱和威严的注目中勉力事奉（路24:50-53）。

胸怀普世宣教的基督徒把自己的盼望全然寄托于基督身上，忠心顺服祂。**神爱圣子，为祂有个美好的计划……并且祂又是如此爱你，让你有分于这个计划。**

胸怀普世宣教的基督徒：
尊祂为王，不是吉祥物

许多教会把耶稣当作看美式橄榄球比赛时的吉祥物，按时出场，鼓舞一下我们生活上的挣扎。我深以为忧。每主日去一次教会，看耶稣像吉祥物般耍老把戏，再一次让我们振作起来，补充体力，带来动力，重新肯定自己还很"重要"，因为我们要给神做大事，请求祂来支援、加油打气，重建我们的信心，向我们保证一切安好。我们觉得有祂真好！开开心心承认祂的名，再度热心、充满活力——但就那么一会儿！

然后，从周一到周六，耶稣几乎被踢到球场的边线上。在现实生活中，我们掌控一切，争夺第一个十码得分，困难时刻也是依靠自己的临场发挥。即便是以祂的名义做事，我们也极少依靠祂，一点也看不出，我们离了祂就无法完成任何有永恒价值的事。

这看起来似乎有点矛盾，但很多人确实一边敬重耶稣，一边又忽略了祂！耶稣像随叫随到的吉祥物，虽然值得夸耀，但祂只是在那里随时待命，以备不时之需！

若我们老是把耶稣当成赛局和险境的救星，难怪祂像极了我们的吉祥物。胸怀普世宣教的基督徒同样把耶稣看作帮助者，但他们是对基督警醒待命，以随时参与祂的宏大战局。

诗篇一一〇篇：圣经如何刻划胸怀普世宣教的基督徒

诗篇一一〇篇是新约作者最常引用的旧约经文。为什么在旧约所有的应许当中，耶稣的门徒反覆强调这篇诗篇呢？答案很清楚，这篇诗篇比其他大多数旧约经文更多谈论到耶稣升天之后的身分和去向，同时，本篇也清楚谈到神的仆人甘愿投身在大争战中：

耶和华对我主说："祢坐在我的右边，等我使祢的仇敌作祢的脚凳。"

耶和华必使祢从锡安伸出能力的权杖，祢要在祢的仇敌中掌权。

在祢争战的日子，祢的人民都乐意投身；祢的少年人以圣洁为装饰，好像清晨的甘露，到祢那里。

耶和华起了誓，就决不反悔；他说："祢永远作祭司，是照着麦基洗德的体系。"

主在祢右边，在祂发怒的日子，必剿灭列王。

祂必在列国中施行审判……

诗篇一一〇篇准确地指出今天人类面对的最重要现实：耶稣基督的王权！报纸的头条新闻和宣教前线所发生的事情，都能从耶稣基督国度扩张的角度找到答案。根据诗篇一一〇篇，无论人们知道与否，无论在何方，所有的人和事件，耶稣都在掌权；举凡财政、经济、娱乐、教育、工业、工作、艺术、科学、君王以及政府，祂都掌管；地上没有一寸土地、一个领域不在祂的权柄之下。

耶稣是弥赛亚，祂所应许的普世重建工作正在展开，因着神透过自己的百姓动工，耶稣的王权在万民中不断得以彰显。因着耶稣，我们经历神的荣耀，全地都要欢呼，都要述说！

这篇诗篇明确道出耶稣已经被高举，不是像世上开疆拓土的君王击败了仇敌而被高举那样；祂乃是一直被高举，即使是在强大的敌对势力中仍然掌权作王。祂完全可以击溃仇敌、不费吹灰之力，但祂没有在这个世代动用武力征服和镇压敌人；末世的时候才是"祂发怒的日子"（5节），那时祂要胜过所有反抗势力；但目前，我们正处于祂"争战的日子"（3节，另译"掌权的日子"），为祂在万族中的荣耀而发动的争战。因着祂无上的尊贵、无比的公义和无尽的大爱，无数的人甘心乐意服事祂，日以继夜、赴汤蹈火也在所不惜。祂最终将统管一切的至高权柄，激励他们放开胆量，为祂的名和极大的荣耀，以爱心服事地上的万民。

胸怀普世的基督徒效法诗篇一一〇篇，每天起来事奉祂，甘之如饴，"好像清晨的甘露"一样预备好，跟随基督来到天涯海角，完成普世心意；并非出于奉

命,真是心甘情愿。

打从根本,我们不是服从一个"宣教异象",而是顺服基督自己。我们绝不效忠那些只是与基督普世工作有关的什么课程、什么项目、何许知名人物。往往这些事物的焦点和作用,好的话尚有基督的样式,但是糟糕的话,几近羞辱主名。胸怀普世的基督徒一心向着基督——将一切丰功伟业都归给至高神的儿子。我们不只是在效法基督,做祂所要做的;而是下定决心,参与到祂正在做的,推进祂的国度,就在此时此刻。

神爱圣子,为祂有一个美好的计划,要把万族都带到祂脚前,尊祂为万主之主。并且祂又是如此爱你,让你有分于这个计划。

研习问题

1. 作者对众所周知的"神爱你,并为你的人生有个美好的计划"这一观念的新解,对"神爱圣子"这个主题有何重要意义?
2. 何谓胸怀普世宣教的基督徒?
3. 作者提到我们不当将耶稣当作赛场中的"吉祥物",那么请简述我们可以如何尊耶稣为"君王"?
4. 诗篇一一〇篇如何鼓励胸怀普世宣教的基督徒更加认定基督的主权?

第125章 再度献上自己
——如同战时共体时艰

温德（Ralph D. Winter）

> 美国在第二次世界大战期间发起了一场空前的全民运动，以支持前线军人战胜世界公认的邪恶。在本文中，温德回忆了他在二战时期的生活经历，设想今天基督徒若能像二战时期的人们那样认真投入大使命这场持久的属灵争战，将会出现什么样的局面。

§ § §

作者（1924-2009）任加州帕萨迪纳市前线差传团契总干事，曾在危地马拉高原的玛雅印第安人当中宣教十年，之后受邀担任富勒宣教学院宣教学教授，又十年后，和妻子萝勃塔创办了前线差传团契，由此又成立了美国普世宣教中心及克里威廉国际大学，二者都服事那些从事前线宣教工作的人员。

静卧在加州长堤港口上的玛丽皇后号（Queen Mary）游轮，有三个足球场加起来那么长，可谓一座迷人的历史博物馆。她既是和平时期一艘豪华游轮，又是二战期间一艘运兵船，展现了和平时期和战争时期的生活方式之间惊人的对比。

玛丽皇后号一边是改造的餐厅，目的是为呈现和平时期的原貌，餐桌的摆设完全按照富豪赞助商的高品质标准，从摆放整齐、闪闪发光的刀叉和勺匙便一目了然；隔舱的另一边则留下战时艰苦生活的印记，船舱的两边于是形成了鲜明的对比。这里，从战前十五个盘子和茶托，到战时只剩一个残缺的金属托盘；从原本的双层铺到后来的八层铺，可以看出，在和平时期承载三千人的玛丽皇后号，在战时不得不运载一万五千人。对于当年那些和平时期的船主来说，真是情何以堪啊！当然，在国家生死存亡的非常时期，这一切便无可厚非了。让我想到，千百万人灵魂的归宿全仰赖今天大使命的成败，我们不同样要共体时艰吗？

但是一直以来，没有什么比富足安舒的生活更为严重地蚕食着人们顺服大使命的心志。唯一的解药就是"再度献上自己为祭"（reconsecration）。这样的"献祭"（consecration）一词的意思是"为特殊之用而分别为圣"。当年，耶鲁大学的博德恩（William Borden，另译：威廉·波顿）就是为此情愿舍弃富足的生活，把生命舍在埃及；富足也无法阻止圣方济起来力挽狂澜，与他的时代

抗衡。

说来也奇怪，一直以来美国更正教的传统几乎不能与天主教修会同日而语（除了近期出现的校园学生福音团契、学园传道会、基督教导航会等校园福音组织外）！但是，整个更正教宣教传统在宣教士圈子中却不一样，强调生活简约朴素、消费不奢侈浪费。在当今重视生活品质、讲究生活方式的时代，如果信徒不发展出与近两百年更正教宣教运动相当的生活方式，那么怎能谈得上"再度献上自己为祭"，像战时大后方，为宣教使命而共体时艰呢？

只要愿意，有志者事竟成。但如果在下列情况中，我们无法看到有志之士全力以赴：

● 如果人们认为大使命不可能实现；

● 如果人人都认定世界的问题令人绝望透顶，或者反过来，认为单靠政治或技术就能解决；

● 如果我们认为自家的问题比其他人的都重要；

● 如果人醉心东方文化，可是不理解中国人和穆斯林完全可以像保罗时代的希腊人一样，无需放弃自己的文化，便能成为福音派基督徒；

● 如果现代信徒像古代的希伯来人那样，认为神只关心自己民族的福祉；

● 如果薪酬优厚的福音派信徒，无论是牧师还是会众，认为钱是神给他们的礼物，可以随心所欲地花费，而不在属灵和经济方面奉献，尽自己助人的责任；

● 如果我们不懂得"凡爱惜生命的必丧掉生命"之意义。

今天的美国是一个彻头彻尾"只要救自己"的社会。但真的能这样吗？当有那么多不发达的社会饱经肺结核、营养不良、肺炎、寄生虫、伤寒、霍乱以及斑疹伤寒症等疾病之苦时，富裕的美国却制造出奇奇怪怪的疾病，诸如：肥胖、动脉硬化、心脏病、中风、肺癌、性病、肝硬化、毒瘾、酒精中毒、离婚、虐待儿童、自杀及谋杀等等。你作何选择？节省劳力的机器却成了健康的杀手，优渥富足使得小家庭可以自由迁移、把自己孤立起来……结果离婚率飙升，监狱和精神病院人满为患。我们本来是想救自己，结果却迷失了自己。

那么**我们究竟在救人的事情上付出了多少**？事实上，如果任由美国福音派基督徒自我选择，那么"祷告、给予、前往"的呼召就会只停留在祷告的层面上。相反，印度南部的"宣教士之友祷告团"（The Friends Missionary Prayer Band）拥有八千多名祷告同工，支持着八十名在印度北部全时间服事的宣教士。如果我所属的宗派也如此行的话（人均财富是那些印度人的无数倍），我们所能差派的宣教士就不止五百名，而是两万六千名。尽管印度南部的信徒十分贫穷，但他们差派出去的跨文化宣教士人数是我们的五十倍！这一事实让我想起一本书《贫穷者付出得多》（*The Poor Pay More*）。虽然贫穷者购买东西相对困难很多，但他们为自己所相信的，更是愿意付出一切！难怪不冷不热、不愿牺牲的信徒，在神的鼻孔里只是一股臭气。路易士·包乐（Luis Palau，译注：南美知名布道家）根据今天美国人的这种心态，创造出"宁为平庸"（studied mediocrity，1977）一词。与坐在黑暗中的人相比，神的怒气会更多地倾倒在那些拒绝与他人分享的人身上，我们何时才会认识到这一点呢？

我们究竟在救人的事情上付出了多少？美国福音派基督徒每年给宣教机构奉献将近二十亿美元，只不过是他们花在减肥上的四分之一。一个人每个月至少要多吃两美元的食物才能使体重增加一磅，但九成的基督徒每个月奉献给宣教的钱还不到两美元；若每个宣教支持者超重仅五磅，这就意味着，他花在（对他的身体不利的）食物上的费用，至少是宣教的五倍。如果他选择简单的食物（同样也不摄取过量），那么他就能奉献十倍的金钱用来支持宣教，而不需改变他的生活品质。

这样的推算能得出什么结论呢？答案是，美国人的总体生活方式已经让他们走到一个境地，不仅使自己的心地刚硬，同时也使自己的动脉硬化。以赛亚所描述的不就是我们这样的国家吗？

"枝条枯干了……这人民愚昧无知……耶和华要借着外族人的嘴唇和外族人的舌头，对这人民说话。祂曾对他们说：'这就是安息之处，你们若使疲乏的人得安息，就必得着这安息的地方。'但他们不肯听从。"（赛27:11，28:11-12）

或听听以西结是如何说的：

"他们成群来到你那里，坐在你面前，像是我的子民一样。其实他们听了你的话，却不去行；他们只是用口表示爱慕，他们的心却是追随不义之财。"（结33:31）

"我指着我的永生起誓，我的羊因没有牧人，就成了猎物，作了田野一切走兽的食物。我的众牧者不寻找我的羊；他们只顾牧养自己，却不牧养我的羊。这是主耶和华的宣告……因此，主耶和华对它们这样说：'看哪！我必亲自在肥羊与瘦羊之间施行审判……所以我必拯救我的羊，使牠们不再作猎物。我要在羊与羊之间施行审判。'"（结34:8, 20, 22）。

我们必须清楚，耶稣说这话十分严肃："多给谁就向谁多取，多托谁就向谁多要。"（路12:48）我相信，**神期待我们作为基督徒为挽救其他国家所作的，远超战争时期国家要求我们所作的贡献**。圣经清楚地教导说："行在黑暗中的人民，看见了大光；住在死荫之地的人，有光照耀他们。"（赛9:2）也就是说，如果我们要完全遵行圣经的教导，让黑暗中、住在死荫里的人得见真光，那就必须愿意节制过战时的生活方式。

基本策略就是要有建立拓荒宣教的视野，简单却费点心思，学习过战时的生活方式。一方面，有一些从我们时代的麻痹和昏迷中苏醒过来的人，可以走出去成为宣教士；但还有很多人可以**留守本土，无论收入多寡，立志刻意过一个与宣教士筹款限度相当的生活标准以及生活方式**！这样就可以腾出一大笔资金用于宣教。实际上，若有一百万普通的长老会的家庭，愿意以普通长老会牧师的收入水准来生活，那么一年至少能省下二十亿美元。要是把这些钱用于精心筹划的宣教事工上，对世上的万民来说会是多大的祝福啊！

长老会世界福音协会（Presbyterian Order for World Evangelization）及姐妹宗派的世界福音协会（Order for World Evangelization）有一个双重目标：（1）让每个人及其家庭对传福音给未得之民产生负担；（2）帮助他们以切实可行的方法，根据现有宣教拟定的生活水准，过一种最低限度开销的生活。

为了帮助这些家庭学过节约的战时生活方式，这两个组织曾提出一个六步计划。他们借着教育和指导，引领许多家庭按照现存宣教机构的工资规定生活。扣除开销余下的部分，经谨慎考量后，投入到他们认为最重要的宣教事工中。

宣教士家庭需要精打细算才不会超支；但很讽刺的是，拥有两倍之多收入的人若不善理财，也同样老是感到拮据。这两个组织相信，若是与宣教士家庭的生活处境认同，一起过俭朴生活，很多家庭可以更加健康和美满。

两百年以来，这一直是所有更正教差会恪守的模式，为所有海外宣教士建立一定的标准，然后根据现有生活成本和特殊情况加以调整；有些董事会也将这一模式应用于本地同工身上，迄今为止，还没有任何差会鼓励宣教支持者也采用这一独特和久经考验的宣教模式。我们这个时代普遍对简单生活方式开始关注，我想，实践这个理念的时机已经来到。

就如以赛亚和以西结所警告的，再度委身过一种节约的战时生活方式，必定会经受挑战，但我们无需为此辩护，因为这场仗由不得我们！

第126章 使命人生

克劳德·希克曼（Claude Hickman）、贺思德（Steven C. Hawthorne）、
陶德·阿伦（Todd Ahrend）

克劳德·希克曼现任The Traveling Team执行理事，该组织从事大学生动员事工。过去十多年来，克劳德每年有十个月都在路上，向超过二十万大学生、各种会议以及美国教会演讲。他是 *Live Life On Purpose* 一书的作者。本文摘自*Live Life On Purpose*，版权使用承蒙许可。

贺思德现任宣教推广团的总干事，该组织开展宣教和祷告动员事工。在1981年共同参与编辑"宣教心视野：课程和读本后，他发起了"约书亚计划"，主要针对亚洲和中东的未得之民进行一系列研究考察。他与Graham Kendrick合著了*Prayerwalking: Praying On-Site with Insight*一书。

陶德·阿伦现任宣教推广团的国际理事。2000年，他受邀在尔班拿宣教大会上演讲，挑战所有与会学生献身于普世宣教。

散步和旅行之间大有区别。外出散步可以随意闲逛，不刻意去什么地方。然而出门旅行就不一样了，要收拾行李、选定路线，然后果断前往。出门旅行的人目标明确。

导航图

说到神的心意，许多人巴不得神提供GPS（全球定位系统）服务，最好是在人生的每个十字路口都辅以语音提示；有时候神给人很明确的带领，具体指示出未来当做的事情，但这种情况少之又少。不过，这个世界倒是喜欢制造指导地图，不断地向我们推销各种各样的成功策略、个人目标、政治议题和幸福指南。大多数地图引人追求个人的满足和地位，要不然就是使人又绕回原处。寻找方向的人当然渴望有一张地图，不过地图只是简便省事之计；神的方法是给人指出方向，而非步步导航。神不会剥夺给你造就信心的机会，祂要使你不凭眼见，单凭祂的话语顺服神，我们千万不要期待在愿意出发之前就清楚所有细节。

圣经不是一张"地图"，而是一个"指北针"。神呼召你与祂同行，踏上这条方向明确、通向祂那宏伟的普世计划的旅程。只要按指北针的指示走，沿途以祂宏大的计划来鉴别这个世界抛给我们的种种地图。

神从起初就掌管历史，朝着祂为世界所谱写的最后高潮发展，终局就是实现祂对人类的救赎计划，我们可以称之为神计划的"正北"。神满有恩典，邀请我们参与这一宏伟的旅程，祂的话语就是我们的指北针，为我们指明方向。听从这个呼召，不仅让我们进入与神的心意契合的境界，而且帮助我们踏上这条历代信徒所追寻的旅程。

地图最大的局限就是只标识出已经探明的疆土，只能指示别人到过的地方。设定好的人生计划不会推动你去开辟和探索未知的世界！可是，倘若你按照耶稣的指北针行，那你

圣经不是一张"地图",而是一个"指北针"。

就参与到推进和完成祂的普世大业之中了;要完成这一旅程,有些时候可能需要跳出地图的范围。

地图会随着时光流逝而修正,但指北针不会,而神的百姓拥有相同的指北针。虽然我们的语言、国籍、社会地位、家庭背景和能力不同,但指北针总是指向正北,这是固定的方向。基督指明正北的方向,并且赐下指北针,使我们与其他人一同思考、祷告、筹划、教导、挑战、创造、受苦以及劳力。这不是孤伶伶的天路历程,而是蒙召继往开来,承接属灵前辈已经开始的任务,又与成千上万的同路人一起追求完成的大使命。

使命人生就是以神的目标和心意,作为人生所有决定的指导原则。我们若有信心,便会欣然发现因我们的参与,这将世界历史推向顶峰的宏伟计划中,也有我们一份。

胸怀普世的基督徒旅程操练

活着就是为了实现基督普世计划的人,有时被人称为带着使命、胸怀普世的基督徒,他们以追求神的心意为人生目标;虽不一定比其他信徒优越,却誓志让神的心意来引导他们人生的每一个决定。胸怀普世的基督徒决心付上一切代价来效忠基督,为满足基督的心意活得精彩。

过去,我们习惯于认为胸怀普世的基督徒,不是受差派前往宣教者,就是差派者;以为这样的分类可以使每个人都有机会参与进来,特别是让那些不打算全职从事跨文化工作的人,找到推动神国的其他途径,例如参与差派和推动的服事。之后我们发现,越清楚地界定"受差者"和"差遣者"这两个角色,似乎就越促成人们选定其中一样来度过余生;结果,我们很快就开始印制"地图",帮助他们按照差遣者的角色"自动驾驶"人生的旅程。与此同时,有些正在准备成为宣教士的"受差者",则忽视了自己也能完成某些差遣者的工作,去动员更多人参与神的计划。我们需要超越狭隘的界定,跨过角色的限制,推动新一代胸怀普世的基督徒,以全方位的方式把福音传给万民。

多数胸怀普世宣教的基督徒会经历不同的人生阶段、体验各种人际关系、从事不同职业,甚至动机也会变化。他们需要殷勤学习以下四种方式,至少擅长其中一种方式;或者以一种为主,但也熟习其他方面。要准备好操练各种方式,这才是胸怀大使命的基督徒应有的生活方式。

1. 前往(Going):去到跨文化的环境中

基督吩咐所有跟随祂的人都参与普世福音工作。现今全球化的世界,就算从来没有机会去跨文化宣教,你也不可能一辈子都没有机会向异文化的人传讲福音;不论有没有去过别的国家,基督的吩咐都很明确:我们每个人都要把福音带给万民。

对宣教士的印象、宣教士真正做些什么,很多人还带着陈旧、异样的刻板看法。随着国际贸易和南来北往的频繁,跨文化工作的模式和形态也随之迅速改变！营商宣教、带职服事以及其他富有创意的策略，给许多信徒带来战略性的宣教机会；同时，短宣的发展如雨后春笋，投入短宣事工的机会大幅增加。如果你以胸怀普世的指北针来透视人生，很容易就发现，大多数卓有成效的事工都有宣教士多年辛勤耕耘的轨迹。所以，你所做的应尽量与长期的事工结合起来，或参与长期性的计划，尽可能走向远处，接近与基督相隔最远的人们，把福音带给他们。

某些新机会让人以为一边透过轻松的兼职工作，一边可以做好跨文化的宣教重任，事实并非这么简单。如果你的目标是以"前往"作为一生的主要服事方式，那你千万别满足于业余水平，一定要立志作专业出色的服事！你不一定要进学堂，但要尽你所能找到最优秀的宣教士并向他学习。

2. 欢迎（Welcoming）：与前来的人接触

所谓"欢迎"，就是无需远行就可以接触到不同文化的人。服事短期来访或刚搬入我们社区的人，与到远方宣教一样重要；对于看重神普世计划的人来说，向来到我们当中的外国人传福音应该是自然的举动。如果我们漠视自己周围的外国人，那就更谈不上我们的整个人生确实与神的异象相结合。

曾有一位大学生非常认真地将她对中国的负担告诉我（陶德）的妻子。她为此祷告，说神呼召她去中国，但当时没有马上退学前往中国，因为她想要先学习中文。

我的妻子问她："嗯，你们学校有中国留学生吗？"

这个女大学生有点茫然地看着她，回答说："喔！有是有，但他们结成小团体，都住在同一片宿舍区。"

我妻子继续问她："那么你去过中国留学生宿舍吗？"

"没去过，"她说，"他们的宿舍在学校的另一头，而且他们只跟自己圈子里的人来往。"

最后，我妻子委婉、温和地指出她的问题："艾美，如果你连穿过校园去接触中国留学生都不愿意，你还能飘洋过海，去向更遥远的中国人传福音吗？"

神一直关爱旅居的外族人（利19:34；申10:18-20），单单在旧约中就有四十多次提到神命令以色列人要看顾他们当中的外族人。今天，世界各地的移民现象前所未有，欢迎事工的战略性意义不容忽视；现在，单是在美国留学的外国学生就超过七十五万人，分别来自两百多个不同国家。历史上从未有过如此多的国家和民族的人口聚集在同一个国家中，所以，欢迎的工作全然值得我们投入一生的精力；与在海外的长期宣教服事一样，都需要耐心、勤恳、热情，全力以赴。你应当欢迎来访的外国人，神把他们带到你可以影响的范围内不是偶然的。

3. 差遣（Sending）：支持前往者

基督赐给一些人特别有支援恩赐，擅长作差遣者、支持者。我的意思不是时而捐献一点宣教经费或作点祷告，而是天天心系宣教、热心参与宣教，特别是专注于支持做宣教工作的人。成为一位"差遣支

> **在这个世界为神的心意而活，重要的不是在什么地方，而是顺服神的主权，过一种爱神的生活。**

持者"，需要与宣教士紧密联系，当然，更重要的是在清楚的异象带领之下来做。我们都知道祷告和奉献是支持宣教工作的方式，孰不知若有人关切完成整个全球性的任务，而将自己的经验和恩赐以富有创意的方式，聚焦在某个具体的宣教工作上，所产生的贡献也十分惊人！

支援宣教的方式可以有很多种。比如，我有一个朋友曾收到一百五十美元的宣教旅费奉献。令人感动的是，这笔钱是一个年仅七岁的孩子，他把自己每个月四美元的零用钱积攒起来，另外加上生日和圣诞节收到的红包拿出来奉献的；这对于一个小学二年级的孩子来说，真是一个不小的牺牲啊！另有一位生意人用他的专业知识，以极富创意的方式服务远方的人，还有一位弟兄用担任网络系统管理员的方式支持宣教；另有一些人及时探访宣教士，让宣教士可以进修，甚或只是让他有一段休息的时间。

每个胸怀普世的基督徒都需要参与在差遣支持者的行列。耶稣说过："你的财宝在哪里，你的心也在哪里。"（太6:21）胸怀普世的基督徒以神的心意来分配自己所有的资源。作差遣支持者需要立志体贴神的心意，把财宝投入神的使命中；不在乎投入多寡，而在乎我们是否活出里面爱基督、爱人灵魂的内在生命。

笔者（克劳德）认识一对住在洛杉矶的夫妇，名叫温蒂和斯科特。他们是十分委身的差遣支持者，工作和服事都目标明确，就是为支持宣教士，他们决定将温蒂所有的薪水都奉献到宣教工作上，只靠斯科特的薪水生活。虽然从未离开过加州，但他们却活出有使命的人生，对普世宣教产生深远的影响。在这个世界为神的心意而活，重要的不是在什么地方，而是顺服神的主权，过一种爱神的生活。

4. 动员（Mobilizing）：推动他人活出神的心意

动员就是将所领受的普世宣教异象，让其他信徒一同看见，并以各自可行的方式参与；为这个异象而积极推广宣教教育、结合有志之士、组织活动、召集动员。有些动员者特别有负担鼓励信徒成为宣教士，另一些则主要在本地教会中，激励众信徒对普世宣教有火热的心。

几乎每一个对神的普世计划有负担、有异象的人，都曾受过别人的动员和影响。无论是受邀去短宣，参加宣教会议，还是为远方的国家祷告等方式参与神的普世心意之中，多少都受到过其他胸怀异象的人的影响和鼓励。

不少基督徒将推动普世宣教作为自己一生主要的参与方式，这是非常有策略的作法，因为宣教大业需要更多基督徒参与，而动员宣教者就是用各种创意的方式招募大量有心宣教的人加入这行列。不是让更多人加入一个庞大的宣教机器，充数当个零件，而是让其他人能体尝在这行列中神爱世人、斗志激昂的喜乐。皮尔森（A.T. Pierson）说得好："正如失丧之人需要归向基督，基督徒也应当将心转向宣教。"诚然，宣教可以说是基督徒的福音，激励基督徒为基督以及祂的普世心意大发热心。

实际上，每个人都很自然地受某种事物所鼓动，"心中所充满的，口里就说出来"（太12:34），这就是动员宣教的精髓所在。神的心意在动员宣教的人心中熊熊燃烧，以致于禁不住从里到外流露出来，使他人也不能不火热。

基本操练：将宏愿转化成人生实际的决定

就是手持指北针、面对神荣耀的正北方——但寸步不移，你仍然无法到达任何地方，这和站在大商场里的大地图面前，盯着"你现在位置"这个标识没什么两样。瞄准目标非常重要，不过若是想要到达目的地，你每天都要做很多选择。

我们常忘记自己许下的新年愿望、下定的决心，可见无论愿望有多美好，决心有多坚定，都不会自动落实，而随波逐流又是多么容易啊！很多人一开始立下雄心壮志，但当现实和社会压力如波浪冲来，却发现无力对抗，只有随波逐流、得过且过、乐得轻松，成为一群碌碌无为的凡夫俗子。若想逆流而上，我们就要坚持不断地做出关键的抉择。基督徒常用"操练"一词来形容常常调整自己的过程，如何在生活上做微小但却影响深远的决定。

历代以来，许多帮助众圣徒成长进深的操练，都是很好的习惯。以下有四项活出使命人生的关键操练，希望你多多运用，让自己成长进步；否则难说与神的计划渐行渐远，甚而与祂的计划无分无关。

> "正如失丧之人需要归向基督，基督徒也应当将心转向宣教。"——皮尔森

1. 操练社群生活：与人同行

一定要与其他基督徒保持紧密联系，单枪匹马走不了太远。我们的文化中弥漫着以自我为中心的价值观，特别喜欢自立门户、自我主张；美国人推崇的英雄人物总是一个人搞定一切，但这只不过是神话罢了！事实上，重大的成就往往是靠团队、家庭、教会、团契、军队或组织等达成的。耶稣也呼召祂的百姓团结起来，像一群战友组成大军跟随祂。因此，切勿孤立自己，虚掷人生。

你要参与在一个成长兴旺的教会，尽量与群体中的其他人同受造就。建立重要的关系需要花时间操练，不要因为教会看来没有"宣教意识"就离开教会，或许正因此神要你留在那个教会。结交朋友的态度也要转变，不是结交那些能帮助你过更好生活的人，而是主动寻找机会来帮助和坚固别人，成为他们的亲密战友；当他们有需要时，你就在那里。

要与宣教机构保持联系，尝试参与一些超越自己能力范围的事工。与其他基督徒相互切磋，不论年长的、年轻的，从他们身上学习。找到一群对宣教有同样心志的同路人，互相砥砺、彼此提醒。任何大有为的成就都不是靠一己之力就可以实

现的！

2. 操练同心祷告：与神同工

胸怀普世的基督徒要操练祷告——是关注神的普世计划的祷告，不是只为自己的需要或灵命更新而祷告，虽然这些都很重要。太多的人只把祷告当作解决生活难题的途径，但胸怀普世的基督徒是为神的荣耀以及万邦得福而祷告。无论事情是大是小，他们的祷告都紧随指北针的指向，那是神心意的正北。不错，他们也会为日常困难和烦扰祷告，但一直祷告不停的主旨就是祈求神的国降临，神的名被高举。祷告于焉成为充满期盼的冒险，绝不会像例行公事枯燥无味。

常常与其他基督徒有美好团契，借着祷告一起为神的作为感恩，寻求各种方式来成就神的普世心意。这不是说就要参加更多的祷告会，重点是把祷告当作使命。透过祷告，你好像也参与了神在其他人或其他国家正在做的工作，赞叹神已经成就、还要成就的大工！

参考《普世宣教手册》（Operation World）、宣教士祷告信或宣教通讯刊物来作为祷告内容。根据这些资料，你再读神的话语一定会发出火热的祷告。可以学习用圣经经文祷告，你会感受到就在你句句倾诉之中，贴近了神爱世人的心肠。

3. 操练简约分享：为给而活

如果不坚决抗拒每年耗资亿万美元的商业广告狂轰滥炸，你很可能会被卷入美国梦之中。要以简朴的生活和有策略的奉献来抵御社会的消费风气，这在美国，或许比起跨文化的国外生活更加困难。

为给而活。理财的书籍可以说汗牛充栋，但许多基督徒却缺少一个更大的目标，使他们能持守简朴的生活方式。操练简朴不是让你体验饥饿游戏，考验你挨饿的本事，而是学习怀着感恩的心，喜乐过活。使命人生在生活上对神的供应非常知足，但是对于神将成就的大事却是雄心万丈，对他人的需要则慷慨给予。

学习定期奉献。偶尔随意捐点钱，这不叫奉献。我认识一些基督徒很有心志和目标，他们只将收入的一小部分用于生活，其余的都奉献给宣教事工，他们是我所见过的最幸福的人。

学习有策略、有目标的奉献。你可能认识一些宣教士，但眼光不要受此局限，应深入了解其他更加有需要的对象，以求得到更多推进大使命的机会。

4. 操练学习成长：增长见识

在对神的真理和神的世界的认识上要不断提升。没有新的信息更新，热情自然会慢慢消退，也容易被误导。我（贺思德）有一位朋友每年都关注一个新的国家，在这一年中，她会详细阅读和了解那个国家的历史，关注那儿的时事要闻；最重要的是，她为这国的人民祷告。一直以来，只要看到从那个国家来的人，她从未错过向他们传福音。像这样，你要找出适合自己的方式来增长见识和关怀层面。

开阔你的眼界，不断修正固有的世界观。若不在这项操练上进步，热情必然会冷淡下来，原来异象的"正北"仿佛被乌云遮蔽，你一时热情追求的，最后只剩模糊的泡影，在你原本想为神而活的生命中无足轻重了。

为值得付出生命的事业而奋斗

显然,这些操练不是让你的生活化悲为喜的秘方。用心为基督和祂的心意而活,当然可以使你因为过一个有意义的人生而喜乐,也可以大大发挥你的潜力,但这还不是人生的根本,最可贵的是你为真正重要的事业而活!

墓地是一个让人可以深思何为人生要事的地方。已故的莱昂纳德·雷文希尔(Leonard Ravenhill)是一个很有魅力的领袖,激励过许多人全然为基督而活。有一次我(克劳德)前去墓地探访,他的墓碑上只有简单一句:

你现在所追求的,
值得耶稣为此而死吗?

看了这句话我驻足沈思了好一阵,随后喜乐从我心中涌起,因为我发现自己能以肯定的口吻来回答他墓碑上的问句,说:"是的!"

或许我只是一幅大图中的一小块,一场大戏中的小角色,但我愿意为此奋斗;我将用神赐给我的所有时间和力气,去实现耶稣的死所要成就的事。耶稣正是为了让每个民族都有人来敬拜神,而付出了自己的生命。为这一目标而活,是多么喜乐啊!

研习问题

1. 请指出胸怀普世的基督徒事奉的四大方式。为何作者鼓励胸怀普世的基督徒应该有计划地来操练这几种方式,至少要做到一种?
2. 请说说帮助胸怀普世的基督徒活出使命人生、防止随波逐流,以抗衡世俗潮流的四项操练。

Part 6
立志完成神的旨意

第127章　投身普世宣教运动

温德（Ralph D. Winter）

作者（1924-2009）任加州帕萨迪纳市前线差传团契总干事，曾在危地马拉高原的玛雅印第安人当中宣教十年，之后受邀担任富勒宣教学院的宣教学教授，又十年后，和妻子萝勃塔创办了前线差传团契，由此又成立了美国普世宣教中心及克里威廉国际大学，二者都服事那些从事前线宣教工作的人员。

当你决定参加"宣教心视野"课程时，可能还不清楚究竟要学些什么。事实上，与其说"宣教心视野"是一门**课程**，不如说它是一个导引，带你进入一场宣教**运动**！"宣教心视野"课程英文书名的标题为"**透视普世宣教运动**"（Perspectives on the World Christian Movement），或许你一开始并未完全领会所谓**运动**（movement）一词的意义；但现在你知道了，也清楚自己受邀投入这一普世宣教**运动**之中。

你不再是旁观者了，那接下来要做些什么呢？或许现在还不清楚神的心意，也不希望一开始就走冤枉路，总想能走得好，那接下来你需要学习什么呢？既然在后方推动宣教和到前线作宣教士都同样重要，那么二者的呼召有什么区别呢？

说到宣教，大多数人就会联想到一群宣教士赤手空拳在热带丛林里工作，这无异于把战争看成是一群小伙子拔枪相互厮杀。孰不知，战场外"为了战争的共同努力"往往比战场上更费力、要更多的人参与。诚然，前方宣教必然需要更多人在后方"共同努力"。

我举一个例子来详细地说明这一点。假设你从小就对钻探石油怀有极大的兴趣，在电视上看到一个爱冒险的年轻人偶然在某地意外发现石油，于是你立志将来要成为一个石油钻井工人。

然而，你越深入研究这个科目，你才真正发现"石油工业"这一行是怎么回事。你开始学习了解炼油厂的运作、石油外交官如何与外国政府谈判的技巧，看懂地质物理学家对地底深处做出的精确勘测后发回的报告等知识。后来你就改变想法，决定要做一个地质物理学家！但倘若你所知道的只有招钻井工的机构，那你肯定不会想到还有地质物理学家这回事。

同样，普世宣教运动已经成为一个高度发达的全球事业，成千上万成熟的机构和专业人才，构成这一具有历史意义的全球福音运动的核心。把普世宣教运动的核心比作一个"宣教事业"并无不妥，仅美国一年就至少投入五十亿美元在宣教上，其影响力远远超出资金本身在任何商业运作中所产生的效益。

在前线做跨文化工作的人，我们称为"宣教士"；在后方支援他们的，我们称作"推动者"或"动员者"，这样的划分法对我们投人这一事业很有帮助。无论你是宣教士还是动员者,你都需要和宣教事业中的其他人建立同工关系,即便是现代宣教之父克里威廉,也不是孤军作战。

如果因对这宣教伟业无知而与委身宣教工作失之交臂,那就太可惜了!多少前车之鉴、多少智慧精华,都让我们鉴古励今;若无视摆在我们面前,那成熟的策略、坚毅的勇气、可靠的理念以及各个时代衷心的祷告等如云见证,那么无异与空气斗拳,绝非宣教生手、初创的机构可以独挑大梁。

千万不要胸无大志,这一辈子做点区区小事就聊以自慰;投身到神早就计划好、又将持续成全的宣教伟业吧!神已经特别造就你、预备你了。要多多学习,不能一知半解,这才是投身普世宣教运动的最佳途径。

宣教差会

首先要多去认识宣教差会。宣教差会有许多类型。有"后备服务性质",专为服务其他宣教差会而设立的。其中有以技术服务的,比如宣教飞行团契(Mission Aviation Fellowship),以航空工具辅助所有国际宣教事工,从搭建丛林简易机场跑道到先进的网络服务;另有文字事工、录音专业、广播媒体以及圣经翻译等等。今天的宣教广播,其幅员之广和专业之深都超过一般世俗的广播系统。

还有"标准传统性质"的差会,专门从事诸如医疗、教育和建立教会等针对人类全方位需要的工作。

这些组织弥足珍贵,不能等闲视之,我们不需要从头摸索。差会是团队工作,积累承传历来多少年、多少人的丰富经验,在差会运作、工场、工人等知识上,足以帮助新手好好上路。

培训机构

宣教培训机构、神学院以及圣经学校本来源自差会,之后回过头来反哺差会。这些机构长期提供的许多课程,例如神学、语言学、人类学、宣教历史学等等,使宣教学具体而微地训练了许多人才。除了常见提供学位的全日制学校之外,近年延伸制神学教育,将神学训练延伸出校园的做法越来越普遍;"网络远程神学教育"不仅能使受训者就在自己的地方一边工作一边接受训练,还提供教材,可以各自选择最合适的时间来学习。

甚至,还可以透过网络上课、由老师指导而获得学士学位和研究生学位。这是很不错的学习方式;不过,最有效的训练,仍旧是本地学习,由老师亲自指导。[1]

宣教机构、社团以及出版物

这些在各种宣教事工和宣教学校里受过训练的基督徒,都是各类宣教事工机构和专业事工社团要网罗的人;参与他们,跟他们学习,一定受益良多。任何要作宣教士或作宣教动员者的,都不可能是独行侠,要与联合性的机构,如全球联络网(前身是跨宗派海外宣教协会,简称IFMA)以及使命交流会(前身是福音派差会团契,简称EFMA)等接洽、参与。[2] 充分利用他们召开的会议和出版的刊物,这些会充实你对宣教的认识。

想要成为宣教士或宣教动员者,一定要掌握一些专业技能,否则无异于有勇无谋。所以何不加入一个专业的宣教机构呢？或许，国际拓荒宣教学学会（ISFM）的官方期刊《前线宣教学国际期刊》可以帮助你知道如何有一个好的开始。[3]

《宣教前线》是由美国普世宣教中心资助筹办的双月刊，传递有关宣教的资讯，以通讯报导的形式，每期有八万五千份发送到全球。[4]

《福音派宣教季刊》[5]罗致了不同知名作者（有工场实务经验的以及宣教学家）的文章，从福音派的角度来介绍当代宣教事宜。也许你还没有把宣教列入你的职业规划中，但你可以从阅览这些刊物通讯开始，增进了解，得到装备，渐渐的你也可以帮助其他基督徒参与宣教。

地方教会

毋庸置疑，教会在宣教上扮演关键的角色；不少教会除了常规教导以外，还提供特殊的训练。一些有异象的教会已经尝试差派自己的宣教团队，这种超前的异象值得称赞。不过，要做得成功，必须组建新的宣教架构，而最好的方式是与现有的宣教架构结盟合作。如此，差遣和支持宣教士的教会，在宣教异象和认识上才能做好庞大复杂的宣教事工。

值得庆幸的是，相当多不相往来、属灵传统各异的教会，因为宣教事业而聚拢在一起，这是任何其他事业都无法与之相比的。很奇妙，这从宣教工场**传回来的捷报**，就可以看出这些属灵传统各异的教会对宣教的认识倒是很一致，而且在宣教工场上都有很不错的发挥。来自看来老化的传统教会的宣教士，往往在工场上表现得敬虔、能干。更稀奇的是，他们在各种联合事工中都能摒弃不同属灵传统，彼此配搭。

后方的教会信徒通常并不知道这一切，很少看到长老会信徒和拿撒勒会信徒这两个如此不同的宗派能够联合一起野餐；其实，他们的宣教士在福音工场合作配搭得非常好。

但是很可惜，教会缺少好的教导，未能多多被动员起来，参与到普世宣教运动之中。若是在宣教工场上还强调自己教会的传统文化，排斥他人，是非常缺乏远见的，成为宣教事业的一大阻碍。赖德烈（K. S. Latourette）所著的《基督教历史》（A History of Christianity）是一本讲述两千年基督教历史的书，很中肯客观。看了这本书，就会发现在每一个时代，当敬虔的人士寻求更好的事奉方式时，总会出现一些群体标榜自己。我们一方面要引以为鉴，加以"改进"；一方面也要谨防我们的基督教模式，别被各样的文化包袱所拖垮。

举例来说，宣教本身就是更正教传统中的一个"新"重点。为什么这么重视圣经的更正教领袖在圣经中却找不到大使命呢？结果却是克里威廉这个在英国乡下山沟里工作的穷小伙子，从圣经中洞察到这个神对全人类的心意！当然，他的长辈对于"正统的神学"研究颇深，至于圣经的主旨，却连最基本的知识都没有。

为什么广受重视的西敏信条（Westminster Confession of Faith）、路德宗的奥格斯堡信纲（Non-altered Augsburg Confession），以及我们都认信的尼西亚信经（Nicene Creed）都完全没有提到大使命呢？宣教的出现绝对是一个奇迹。鲜有基督教教会传统将大使命视为主要任务，在大多数信徒眼中所占据的地位更是微不足道了。这简直匪夷所思！

为何需要宣教动员者？

这个奇怪的现象，使我们有理由相信，宣教动员者在普世宣教运动发展中的关键作用。显然，宣教运动是在一些以宣教为中心的教会的推动下不断向前；只是几个世纪以来，教会偶尔对基督的普世宣教大业一度热情响应，不久又陷入悖逆、自我为中心的泥淖里。一心扑向其他事情上的教会需要做一次心脏移植手术！而你怎么可能愿意让一个未受过训练的人来做心脏移植手术呢？这简直难以想像！这件事太重要了，你绝对不会让一个未经妥善训练的人来做。**传福音给万民的任务，是神给祂的教会颁布的最大任务**。这个任务要做得对、做得好，教会需要移植一颗有宣教意识、宣教异象的心。宣教动员者有责任推动教会以及万民认识宣教的重要和方法，做个成功的心脏移植手术！

在宣教工场上的宣教士同样需要担负起这个责任。后方的动员者需要更加了解世界各地，宣教士则需要不同的资源，两者各司其职，但对于普世宣教都同等重要。许多人不假思索地以为"宣教"只是宣教士做的事；可是，若是没有非常委身、又经验丰富的动员者积极投入，鼓励人宣教，很难产生宣教士。

著名的"剑桥七杰"在动身前往中国之前，在家乡待了整整一年，访问英国的各所大学。或许正是因着他们在投身宣教工场之前的推动工作，另外五百多位宣教士才得以涉足海外宣教！其中一位，即施达德（C. T. Studd）的哥哥，他从来没有作过宣教士，但他周游美国各大校园，还说服了约翰·穆德（John R. Mott）参加后来影响深远的黑门山灵修会。要是没有他的努力，会出现怎样一番情形呢？**如果穆德决定作宣教士而非动员者，又会如何呢？** 历史上推动最多宣教士奔赴海外宣教的人除了穆德，应该非罗伯特·斯皮尔（Robert E. Speer）莫属，他也是学生志愿宣教运动（SVM）的学生，后来在后方做全时间推动宣教的工作。

有人或许会问，他们没有宣教工场经验，有资格做推动的工作吗？实际上，他们后来周游列国，可能比任何宣教士对世界各地需要的了解都更加全面。1910年，穆德在爱丁堡筹备和领导的宣教会议，不是任何宣教士都可以做到的。

但他们确实下定决心要出去宣教，仅仅因为他们有愿意出去的心，就足已表示他们有留守后方的资格！请注意，如果他们没有出去宣教的心志，就一定没有够属灵的生命来做后方工作。为什么呢？因为除非是神的心意，否则不愿意留守后方的人，也没有资格出去作宣教士！

成为动员者和宣教士都是从神而来的呼召。毕竟，宣教是一个事业，而不只是一个职业。所以，动员者需要了解更多宣教士所不了解的事，宣教士也要了解推动宣教者的重要。

不过要谨慎！宣教士在跨文化工作中会面临特殊的难题，推动者也会遇到难处。从某些方面而言，推动者需要面对的困难更多。大多数教会不会固定支持推动宣教的同工；更糟的情形是，教会觉得自己"受得了"远方宣教士寄来的宣教代祷信，但是"受不了"在本地推动宣教的人，老是提醒他们要尽到普世宣教的责任。

我们进一步来探讨普世宣教运动中**动员者和宣教士**这两种不同的工作。

动员者和宣教士

这两者你会从事哪一种工作呢？神当然不会要所有的人都去海外宣教。在学生志愿宣教运动中，愿意到世界各地宣教的学生中有五分之四最后都留在本地。是的，在十万个决志的学生当中，正是**因为五分之四的学生愿意继续留在后方为宣教大业效力**，才使得另外两万人能够前往外地。推动教会有持久的宣教异象，可以说比直接投身前线工作更为任重道远。

宣教推动者和宣教士一样，若要讨神所喜悦，一定得切实委身基督、勤读圣经、常常祷告，这是必须的，无论是全时间还是兼职的推动工作。大多数人认为宣教工作是神的"呼召"，推动宣教就不算！牧师是许多善工的推动者，一定也可以成为很好的宣教推动者，他们当然值得支持。还有，通常我们认为音乐事工者和青年工作者值得支持，那为什么宣教推动者就不需要支持呢？

从自己开始

如果你自己没有宣教的负担与感动，怎能去推动别人呢？这是再基本不过的道理了。但是你又如何产生宣教负担呢？

1. **培养宣教意识**。参加宣教会议，订阅期刊，阅读宣教方面的书，学习相关课题；不然神怎能使用你成为推动者？

   [6]在神国临到世上倒数计时的紧迫时程中，要抓紧时间参与神的计划；仅仅追求本地自己教会下一年的目标是不够的。

2. **支持宣教**。"你的财宝在哪里，你的心也在哪里。"（太6:21）

3. **为宣教祷告**。每天根据《全球祷告文摘》[7]之类的宣教代祷资料，与好友、家人为特定的宣教士、宣教事工祷告。要每天祷告，才会成为你生活中的一部份；口说自己是胸怀普世的基督徒，没有多大价值，真的，除非你每天去实践！为宣教祷告远比一、两次挑旺宣教心志而后渐渐淡化的经历要实际得多。更新异象、持续成长，这些都要假以时日。

4. **与宣教士通信**。写信关心他们的问题和需要，或许他们需要你帮忙办事、购物。若他们回国，或路经你的地方，邀请他们到家里住；请他们以及家人、孩子吃吃饭，听听他们分享故事，也让他们了解你的状况，交换意见。还迟疑什么呢？现在就在你的教会中推动宣教。你也可以去拜访其他地区的教会，有机会时参与制定你所属宗派的宣教策划，并关心跨宗派的宣教事工。

那么，你呢？

你对自己是否有清楚的认识呢？俯伏在神面前求问祂你合适做什么吧！也许神让你成为有全球眼光的主日学老师，还是要你成为有普世胸怀的传道人——这样的传道人比许多宣教士在推动宣教上，可以发挥更大的影响力。神也很可能让你去从事难以承担的艰难任务！

关键是，你需要明白最应该关注的是

神的**宣教大业**，而非自己的**人生规划**。二者孰重孰轻，你必定会在心中反覆思量；耶稣会告诉你"先求神的国，你的前途规划神必看顾"。我们已经谈过很多关于预备的事宜，有些可以立刻着手进行。倘若你愿意在你的生涯中边预备、边进行，神可能为你的人生有意想不到的安排——虽然**不一定让你马上知道具体步骤**。

有人说过："神把最好的预留给那些把选择权交给神的人。"导航会的创始人道森·特罗曼（Dawson Trotman）曾说："去做那些别人做不了或不去做的事情，不要去做别人可以做或会做的事情。"靠着努力不懈去得到你想要的东西，不是基督徒的行事准则。耶稣以完全颠覆的方式说："凡是想救自己生命的，必丧掉生命；但为我牺牲自己生命的，必救了生命。"（路9:24）神的旨意不是**建议**我们该怎么做，好像"随便我们"，相反，我们"唯有接受"祂的命令。

毫无疑问，若有人看重神的事过于自己的事，神必看重这样的人。我们有一个同工曾说："现在我终于了解什么是信心；信心不是相信神会**为我们**做想要祂成就的事情，而是确信我们可以做祂要我们**为祂**做的事情，并把结果交给神。"

你感到无法看到遥远的未来而惶惑不安吗？正如特罗曼说的："若你无法看得很远，那么你能看多远就向前走多远。"

很多人希望神早早指示祂将要我们做什么奇妙的事、将来会有什么赏赐，好欢然向前跟随祂。但请记住创世记第十二章1节的意思，**基督徒人生的特点，就是顺服神，哪怕神没有告诉我们结果**！这不是说神不讲道理、做事随机应变。实际上，我们的人生是凭着信心、靠着一点点光亮向前行，回顾过去神的带领，几乎许多事都不是我们预期到的，不是吗？

踏出信心的脚步，而不是坐等下一步的来到，才会有意外的惊喜；不迈出第一步，不可能知道下一步。我再说，我们基督徒人生的一个特点就是不去猜测遥远的未来！事实上，你若以为自己可以规划接下来的年日，那你很可能想错了，或许你还只是在筹划如何得到神的祝福。

神的心意不是要你"竭诚为主，追求神的至高荣耀"吗？这个问题不是问我们可以撤弃多少自己的意念。有些年轻人在挣扎中终于决定"成为一个宣教士"，但很快便开始挑去哪个气候最好的地方。如果不愿顺服神要你去哪里、做什么，不能算是坚定的基督徒。神要求的是什么呢？不过就是我们的所是和所有，这就是祂要的。祂不要我们去做觉得轻松简单的事，祂挑战我们去做我们觉得难以胜任的事，却不是做不到的，神的恩典会帮助我们。神不是暴君，不管我们能否胜任，每当我们愿意凭信心担当最困难的事，反而很奇妙地发现情况开始好转。的确，宣教士会害病、受苦，但是为了逃避这一切而躲在家里的人，难道不会生病、受痛苦煎熬？

耶稣说："你们所有劳苦担重担的人哪，到我这里来吧！我必使你们得安息。我心里柔和谦卑，你们应当负我的轭，向我学习，你们就必得着心灵的安息。我的轭是容易负的，我的担子是轻省的。"（太11:28-30）耶稣自己"因为那摆在面前的喜乐，就忍受了十字架，轻看了羞辱，现在就坐在神宝座的右边"（来12:2）。

然而，我们有时更愿意凭自己的意思

做到"最好",而不是耐心寻求神,用心尽力为神国"至高的荣耀能力"而委身,让万族早日归向神的国度,神的权能、荣耀早日降临。请注意,选择为神活、非为自己活其实不难,只要我们撇弃世俗的愿望,全力寻求神给我们的新的献身祭坛。将生命献给基督,不是投己所好,必然发现,顺服祂的心意所带给我们的喜乐和满足远超我们自己所选择的。

在一封著名的宣教士(译注:法国的圣方济·沙勿略)写给本国学子的信中,情词恳切地呼吁他们:"放弃你们的小野心,到东方来宣讲基督荣耀的福音吧!"我想"为神至高荣耀献上我最好的"不能保证一定健康、富有、幸福、顺遂(谁不愿意选择这些呢?),但是成千上万神的儿女已经做了更重要的选择,回应最艰苦、也最喜乐的呼召。跟随神的道路,你不会有损失;唯有愿意舍弃,才能紧随神的心意!

附注

1. World Christian Foundations 提供学士或硕士学位的课程,无论学生在世界上的任何地方,都可以一边工作一边攻读。每周一次的辅导课是主要的授课时间,这样使得学生的工作和学习两不误。有关课程的最新详情,见 www.worldchristianfoundations.org。

2. 全球联络网(CrossGlobal Link)和使命交流会(The Mission Exchange)各自属下都有大约一百个宣教差会。全球联络网有些加拿大成员机构,但使命交流会只是代表了美国的福音派全国联合会(National Association of Evangelicals)。最近,在灵恩传统的圈子里出现了 AIMS(国际宣教策略促进联盟〔Accelerating International Mission Strategies〕)。宣教学教授协会(Association of Professors of Mission, APM)主要是由神学院和大学里的教授组成。美国宣教学协会(American Society of Missiology, ASM)建立之初的目的就是着意容纳任何对宣教学有着真正兴趣的人,不管其宗派倾向。ASM 出版一个学报,名为 *Missiology, An International Review*。任何加入该协会的人自动成为该学报的订阅者。普通人的会员费是每年 37 美元,学生是 27 美元,邮寄到 12330 Conway Road, St. Louis, MO 63141 即可。福音派宣教学协会(Evangelical Missiological Society, EMS)由福音派宣教学教授联合会(Association of Evangelical Professors of Missions)演变而来,目的是欢迎差会领导人和宣教学领域之外的教授参与其中。出版业务通讯,但不出版学报,每年向会员免费赠送一本或两本由福音派宣教学协会出版的专著。

3. 国际拓荒宣教学学会(The International Society for Frontier Missiology, ISFM)选择专注于今天世界上仍然余下的任务,要完成这些任务就需要早期类型的"开拓性"工作,例如初期突破性的宣教活动。年费为 18 美元,其中包括《前线宣教学国际期刊》(*International Journal of Frontier Missiology*)(www.ijfm.org)杂志的订阅费。年费可寄至 IJFM, 1605 E. Elizabeth St., Pasadena, CA 91104。

4. 订阅《宣教前线》(*Mission Frontiers*)(www.missionfrontiers.org)请联系 1605 E. Elizabeth St., Pasadena, CA 91104。免费订阅。

5. 订阅《福音派宣教季刊》(*Evangelical Missions Quarterly*),将费用 28.95 美元寄至 Box 794, Wheaton, IL 60189。

6. 若需动员的资源和鼓励信息,请访问 www.perspectives.org,关注最新动态。

7. 订阅《全球祷告文摘》(*Global Prayer Digest*)(www.global-prayer-digest.org),请将年费 12 美元寄至 1605 E. Elizabeth St., Pasadena, CA 91104。

第128章　用心的人生

卡洛琳·鲍尔（Caroline D. Bower）、琳妮·艾理斯（Lynne Ellis）

卡洛琳·鲍尔以她四十年在多国服事的经验来发掘、动员、训练和辅导领袖。

二十年以来，琳妮·艾理斯在一个当地教会专门从事推动信徒和其他教会向世界鲜闻福音者和失丧者宣教。她现任宣教牧师、团队教练和生命导师，致力于将职业和热情应用到福音运动中。

当今社会，大多数的人在做一件重要的事情之前，一定会订定明确的目标，并且事先计划，比如职业、孩子的成长、健康管理和技能精进等等。那么，我们为何不能刻意为属灵的事和宣教做些什么计划呢？这个世界已经向全球化全速前进，来自世界各地的人如今得以比邻而居、彼此交流、相互依赖；在这样的情形下，完成基督托付给我们的使命，应当指日可待！许多人问："需要什么条件才能完成这一任务？"但我们想问的却是："需要**什么人**去完成这一任务？"

自小，我（卡洛琳）就强烈感受到神给我的宣教呼召，并梦想为完成宣教大业能有些许贡献。后来，我几次在人生的不同阶段尝试进入宣教工场，但都没有成功。别人也认为我没有具备作宣教士的条件，例如，我受的训练不符合宣教需要、丈夫是工程师而不是传道人，而且孩子还小。现在我回想起来才明白，神给我的宣教呼召其实不是到某个地方宣教，而是推动其他人前往各个不同的宣教禾场。

我之所以能胜任现在这项服事，并非因为我有什么学位，乃在于神给我许多特殊的经历、机会和技能，并使我有开拓的魄力，得以在这变化多端的世界中参与神的计划。从我的教会开始，神的国可以借着众人有策略地参与，而在全世界遍地开花。事实一次又一次地证明，本地各种连结关系可以为全球性的事工促成无以计数的契机。后来，我们竟然与几年前没有接受我申请的那个差会成为配搭伙伴，真是奇妙！

现在我们重新来审视这个问题：究竟该由什么样的人来完成这项任务？在当今的世界：

● 有些地方不欢迎宣教士，许多未得之民所在之地，绝少批准宣教士签证；

● 有些地方，全职宣教士或本国基督徒很难接触到有影响力的领袖和广大民众；

- 许多地方，一般信徒可以受邀以工作技能和专业知识来参与建设、保姆，或是其他劳动人口不足的工作；

- 有些地方，基督徒借工作机会接触当地人，与他们交往、建立关系，还有工资可领；

- 有些地方，基督徒从来往家乡、工作的旅行中就有传福音的机会；

- 有些福音未得之民所住的地方，人们与来自非西方国家的人相处比较自在，也愿意回应他们所传的。

这任务需要什么人才能完成？

再来谈谈需要**什么人**才能完成这一任务。值此天时地利之际，还有什么比推动全世界全体教会都加入宣教大军更好的策略吗？每位信徒、每间教会、每个民族，不分男女老幼和专业群体，都能作出独特的贡献。

有些人长驻宣教工场，有些人短暂停留服事，有些人在后方支援，有些人则随时待命，以自己最适合的角色、根据需要进出禾场。总而言之，各人都当**用心**思想如何回应普世宣教的呼召。

我们受造，是借着神也**为了**神和祂在万邦中得荣耀。就在我们的这一生、我们的这一代，不要坐等别人或后辈来完成。不要划地自限，任由世俗的条条框框把我们的生活分割得支离破碎，也不要让教会中例行的服事局限了我们的视野，乃要将自己所有的恩赐、特长、资源、机会、影响力、工作头衔、社会关系、家庭关系、专业知识、或好或糟的经历献上，让这一切为神使用。神把这一切托付我们来管理，还要加倍托付我们。

神渴望你：

- **将你的技能献给祂**。无论是专业技能或生活经验，你所拥有的天赋和能力都非常有帮助。

- **将你的属灵恩赐献给祂**。你若愿用这些恩赐祝福万邦，神会用超乎你想像的方式成就。

- **将你的热情献给祂**。你对什么事最感兴趣？你又对什么事最感到气愤？从这两个问题的答案，就能看出你热情的所在。

- **将你的经历献给祂**。美好的经历、不幸的经历，神都能使用；那些负面的经历已经被神转变，因着神国使命而赋予了新的意义。你要把哪些经历交给神使用呢？

- **将你归主后的经历献给祂**。好多北美基督徒，单单从教会生活得到的神学装备，就比发展中国家的传道人还要多。你已经掌握的知识要如何用出来呢？

- **将你的人际关系献给祂**。联络邻舍、家庭、同事、公会、一起运动的朋友，甚至你常光顾的商店，这一切关系网络都可以为神国事业效力。

- **将你的职业献给神**。如何运用你的职业、行业和专业协会来祝福万邦呢？

- **将你的社区献给神**。你所在或邻近的市镇，或许与世界上某个城市建立了友好的邦交，可以如何运用这样的关系呢？

如何把我们全部的能力、才干献予神？答案很简单，就是"刻意用心"与"主动积极"。

刻意用心

你无需有宣教学位才能参与神的普世工作，但要日渐清楚自己的恩赐所在，有没有热情？人际关系网如何？这些都可以为神的计划带来不可思议的贡献。请看看下面这些人，神透过他们完成了多么奇妙的事：

- 有一名**工程师**，他注意到某个非西方国家有一种农业副产品会被浪费。于是，他召集家乡的同行，设计出一种把该农业废弃物加工成建筑材料的技术，为那里的农民创造一笔稳定的收入。

- 有一名**青年工作的传道人**，在一次短宣后大受感动，回来不到几个月，就促成教会认领了这个未得之民群体，而他自己也变卖家当，与家人搬到这极度缺乏福音的地区，开始做小买卖。

- 有位**年轻的母亲**一手抱着小婴儿，一手拉着蹒跚学步的孩子，在妇女查经小组大力推动关注性奴贩卖的社会问题。后来，小组人数增加到四十人，还为预防和解救亚洲孩童筹集资金。

- 有一位**教授**带领他的研究生到某个发展中国家，为当地的一个贫穷聚落架桥，用当地材料设计、建成了一座悬索吊桥，给这个聚落带来贸易和发展的机会。

- 有一位**退休牧师**精于木工，他制造了三千个鸟笼，把贩售所得的八万五千美元，用于东欧一些牧师和教会领袖的训练课程。

- 有一位**女教师**推动她教书的那所小学筹集资金，为中亚一个遭受战争蹂躏的村子重建学校。

- 有一位**技术专家**主动请调所属公司在亚洲海外联络处的职位，一边工作，一边建立起多间教会。

- 有一个**小组**决意关怀一群未得之民。他们为此祷告，并且组建短宣祷告队深入他们当中；又与当地领袖会面，协议携手向这个族群的人传福音。六年后，那里有了三百间教会，而且仍在继续增长。

- 有一个**十几岁的女孩**向同学和自己的青年团契出售价值二十美元的母亲节礼券，然后把筹集来的资金捐献给小额贷款银行，以帮助第三世界那些为家庭的需要而奔波的母亲。

- 有一名**主修影像制作的学生**，录制了一部有关非洲儿童流浪街头的纪录片，获得奖项，因而得与当地教会建立关系，启动帮助流浪儿童的事工，他的父母也深受感动，领养了两个年幼的孤儿。

- 有一位**牧师**向某个共产国家里的一个群体，表达帮助他们国家的意愿，进而促成那个群体也愿意贡献自己的力量，投入公共基础设施的建设。后来，政府还批准并协助开办了一所神学培训学校。

主动积极

你可能不认识上述造桥的教授、有影响力的技术专家这类重要人士，你或许更像下列这些人：全心照顾孩子的母亲、有梦想却又身负助学贷款的大学生、面临人生下半场却又想做出贡献的专业人士、有想法的创业人士，但组织里面的束缚使你屡屡受挫。我们给你一些挑战和具体建议，希望你确认神在你生命中早已设定的美好计划。

- **聆听神的计划**。你听过神在你的生命中说话吗？神从起初就一直在对跟随祂的人说话，有时细语、有时呼唤。试着以宣教的角度阅读圣经，学习聆听神的声音，边读边思考："这段经文有哪些部分告诉我有关神和祂的计划？"然后再问自己："如何将这些信息应用在实际生活中？"花点时间安静，把心里涌现的想法、重复的问题、沮丧和热情都写下来。这些经历经常能显明神要你在哪些方面与祂同工。

- **观看神的工作**。收看国际新闻，思考神如何开启大门，让教会可以进入新的工场传扬好消息。有的地方没有人带领、没有可持续发展的资源，有些饱受自然灾害和战争的蹂躏，有的则是人口随处迁徙流动，这些地方的庄稼都已经熟了。评估自己的专业技能、资源条件和关系网络，然后判断到什么地方去荣耀神、服事神。

- **参与神的工作**。很简单，你只要挺身站出来，找到伙伴一起行动！多明白神的普世心意，寻求如何用一生最有效地来成就神的计划。或许你犹豫没有看到事情的全貌，也还没有清楚的启示，然而，神赐给你的可能只是圣灵轻轻的触动。不要消灭圣灵的感动，立即行动吧！神经常在我们顺服之后，才逐步向我们揭示祂的心意。

- **制定全年计划**。仔细做好整年的安排，用你今年的假期去完成一件合神心意的事情，让你的交际圈也能祝福神国事业，像为家人一样殷勤地为世界的需要祷告。别用活动填满你的时间表，留一些余裕，好给神机会向你说话，"打扰"你的生活。

- **邀请别人参与**。当有目标而且刻意地与人建立关系，才容易邀请他人和你一同参与服事。询问他们想为神做什么，邀请他们参与神带领你要去做的事情，或认真思索如何参与你教会的其他事工，想想如何为正在进行的宣教工作贡献自己的力量。神一向要我们与他人群策群力、同心合意兴旺福音。

神希望我们**所有的人**，付出自己的**所有**来参与祂的计划。这个梦想或许过于遥远，这个使命或许过于庞大，但只要我们愿意将微不足道的五饼二鱼交给耶稣，祂就会祝福、擘开，变成百倍千倍，为神的国产生无远弗届的影响！

第129章 只要愿意

凯西·摩根（Casey Morgan）

神国的服事归根结底就是"一颗愿做的心"。

2002年夏天，我和妻子决定搬到东亚的"水泥森林"中。家人和朋友对我们这么做感到不可思议，称我们为"超级基督徒"。当时，我们有两个孩子，一个两岁，另一个九个月大，并预计在圣诞节迎来第三个孩子。我们才刚买下平生第一栋房子，在德州老家所参与的事工也做得很好，可以说生活一切都十分惬意。那么，我们为什么要做如此巨大的变动呢？

因为，我们的视野被改变了，我们知道生命从此不可能再一样。

那是2000年秋天，一场"作胸怀普世宣教的基督徒"讲座，四十八小时内，我们的眼界被彻底改变！第一次直接接触跨文化宣教、了解圣经的宣教依据、世界现状以及怎样才算作真正参与在向万民传讲耶稣的大业中；也是第一次，有人对着我们的双眼，挑战说："在你的生命中，有什么地方反映出神渴望世上每个族群都认识祂的名？"我们所能回答的，就是"没有"。

接下来，我们一直思索在讲座中学到的东西，无法忽视这些信息而继续过着原来的生活，我们必须做出某些重要决定，改变以往的生活方式，甚至考虑连住的地方都要改变。

作者和他全家已在东亚服事六年。目前，他带领一个事工，挑战当地信徒投身于大使命基督徒的生活方式。

请别忘了，我们俩之前可从来没有参与过跨文化宣教。说实话，想到要跑到距离半个地球那么远的地方去，就不寒而栗。我们想办法拚命说服自己留在本地，因为这里的人也需要耶稣；然而，再仔细思想神放在我们身上的感动，就越来越清楚，神的心意确实是要我们前往没有福音的偏远之地。于是，我们下定决心奔赴神要我们去的地方。这时，人们知道我们真的改变了。

周围的人常说："哇！你们清楚了海外宣教的呼召啊，但我想，我应该永远也不会去的。"我和妻子不知该如何回答。我们不能明白，我们和他们明明是一样的人，为什么所做的选择天差地远？还有人称赞我们的委身和献身精神，把我们看成属灵伟人。

但是近来，我发现使我们和留在家乡的基督徒唯一不同的，就是一颗愿意的心。

我们从来没有得到过什么"去宣教"的特别呼召，也绝不比你或你教会的会友更加属灵，我们只不过有一颗愿意的心而已。

读到这篇文章时，你可能已经开始过一个胸怀普世宣教的基督徒的生活，感谢神！我们需要差遣者、欢迎者以及推动者留守后方。但如果你满足于留下，却从未问过自己"是什么使我不去到福音的地极？"你可能最终要想："如此裹足不前，不去冒险，是否值得"的问题。

附篇
129-1 一试定终身？

葛雷格·李文斯顿（Greg Livingstone）

不久前，要是背井离乡前往巴格达、文莱以及孟加拉宣教，是一个"终身"的决定。没有回头的余地，没有改变主意的机会，一去就定终身，只有义无反顾，没有退路。

1963年起，难以想象的事情发生了，航空旅行使"短宣"成为可能。你可以参与两年、一年甚至是一个夏天的短期宣教；不过有些人只去一星期，恕我直言，我不认为这是宣教。

就是很关心灵魂失丧者的人也经常坦言："我对穆斯林没有负担。"他们当然不会有！我们比较容易热情地去对待一起聚餐、交流和谈笑的人，怎么会对从来没有遇见过的人有负担呢？如果你只了解自己的家乡或和你文化相近的人，那么当然很难体会神对那些你素未谋面之人的心意；如果没去过巴基斯坦，你如何能确信自己会服事那里的人？

为何不花时间到帕坦（Pathans）人、俾路支（Baluch）人或吉尔吉特（Gilgitis）人中间，然后求神让你以祂的眼光看待他们？我认为这样问问自己是很好的。

到一个没有教会的族群中生活，哪怕就一个月，可能就会激励你跃跃欲试去"加入"到神在那里的工作中。

我是作宣教士的料吗？

你能否承受到异地宣教的苦？那么大的需要、那么贫困的人，谁能解决得了？这时，要当心不要错问："我是作宣教士的料吗？我有什么条件可以在印度教徒、穆斯林或是佛教徒当中，去拓荒建教会呢？"这样问，大多数人只会给自己下结论说："我大概不具备这些条件。我在家乡都没有给非基督徒传讲耶稣，我肯定不是作宣教士的料啊！"

如果成为宣教士是你所等候的呼召，我们现在就呼唤你："来吧，与我们一道来吧！"我们住在东亚已有六年了，在2000年那个关键的周末所听到的统计数字，如今是天天亲眼目睹数字背后的真人真事。事实是：有数十亿的人口以及成千上万的族群没有机会听到耶稣的救恩，而你已经听到了。

现在我们不会再选择其他的生活方式，因确知自己已跟随耶稣到最需要福音的地方，这给我们带来的满足难以言喻，任何属地的欢愉都无法比拟。你愿意加入我们吗？

你愿意吗？

若你一直想着自己是否有恩赐、异象是否够清楚、负担是否够强，那你将始终陷入非此即彼的错误二分法。如果你认为自己必须像德蕾莎修女那样心甘情愿过穷日子，或成为电影《法柜奇兵》(*Indiana Jones*)的主角印第安纳·琼斯那样冒险传道，就只好自动放弃了。所以，不要问自己是不是适合做教会拓荒，而要问："我能为教会拓荒团队有点什么贡献？"不是问："我缺少什么？"只问："我能给团队增添些什么？"

我软弱，但神刚强

为何神告诉伟大的宣教士保罗"我的恩典是够你用的，因为我的能力在人的软弱上显得完全"？因为神总是使用那些软弱的人，愿意借他们彰显大能大力！

宣教史是由许许多多软弱、能力有限的宣教士，因着信靠神而谱写而成的。他们相信，即使是透过像他们这样的人，那差遣他们的神仍然能够实现祂的计划！世界上只有两种人：一种人软弱，但愿意献上自己为神所用；另一种人也软弱，但不把自己给神使用。

安舒的人生，还是有意义的人生？

世上少有伟大的成就是靠个人独力完成的，伟大的事往往是众人通力合作的成果。打开视野，把你的抱负投向实现神国的大工程，与朋友们一起为那些尚未开始敬拜耶稣，遭人忽视的人群或城市祷告。放弃你那些小小的抱负，从神的异象中寻求智慧吧！求神向你显明，如何在尚未认识耶稣的族群里书写全新的历史篇章。

四十多年以来，作者致力于亚非两大洲穆斯林族群的福音工作。他在创建世界福音动员会和前线差会(Frontiers)上发挥了重要的作用，担任过阿拉伯世界事工(Arab World Ministries)的北美主任。葛雷格是一个团队组建的教练，致力于推动许多国家差遣开拓团队前往穆斯林世界。

第130章 宣教之途的十步锦囊

史蒂夫·霍克（Steve Hoke）、比尔·泰勒（Bill Taylor）

史蒂夫·霍克现任Church Resource Ministries (CRM) 人员发展部副主席。他在日本长大，父母都是宣教士，现为活跃的宣教推动者和宣教教练。四十多年来，他担任的职务有牧师、教授、短期宣教士、训练干事和宣教执行者。

比尔·泰勒在拉美长大，父母都是宣教士。他在危地马拉的十七年中，不仅教授领导力发展，而且在专业人士阶层中建立了一间教会。1985 年至 2006 年，他担任普世福音联盟宣教委员会主任。目前，他周游世界向各地教会、宣教工作和培训学校提供咨询。本文摘自Send Me! Your Journey to the Nations（1999 年）•World Evangelical Fellowship Missions Commission 出版。版权使用已蒙作者许可。

我们要培养出胸怀普世宣教的"视野"（如本书英文名 Perspective），最关键的是要以神的眼光来看世界。但合乎圣经的视野却不是像看一种静态的东西，只要站在一个有利的制高点放眼瞭望，就能观察神在世界中的作为。关注神所关注的，重视神所重视的，这非同小可，因为站在这个视野所看见的宏伟异象，如此激动人心，令人向往；因此若选择无动于衷、毫不作为，就再危险不过了。你不知道，这样的异象会把你推入神历世历代在世上不断进行的宣教大业中啊！

你们当中有些人将成为"受差者"，盼望在普世宣教的版图中尽快就位，扮演一个比过去更加活跃的角色；另外一些人则会成为"栽培者"，委身于支持、服事到宣教前线去的人。无论神分配给你什么样的角色，你都需要按部就班地预备自己。

以下十个步骤有助于筹划、祷告与清楚自己的定位，帮助你积极参与到向世上万民宣教的事工中。这些步骤先后有一定的道理，但也不是一成不变。这十个步骤的主要对象是"受差者"，那么对"栽培者"有没有用呢？实际上，栽培者更需要了解这个过程！因为日后你会被神使用，差遣许多人奔赴前线。

每一个阶段都包含几个步骤，这些步骤的先后顺序并不要紧，你可以按个人情况调整，但不能漏掉任何一项。这是一条成长和顺服的道途，不要一发现自己无法完成某个步骤就放弃；这也像一趟长征，既然开了头，就不当再犹豫，大胆地前行，完成神给你的异象吧！从今天起，有目标、按步骤，勇往直前！

阶段一：热身预备——蓄势待发 (Getting Ready-Stretching)

步骤一：个人灵命塑造

身为耶稣基督的门徒，你是怎么样的一个人？你的品格和灵命如何，是宣教事工中最为关键的一环。彻底委身于神、了解属灵恩赐、清楚神的呼召、充满服事热情是必要的第一步。在踏上宣教旅途之初，就要找到属灵导师，这能为将来的服事打下坚实的基础。

步骤二：好的肢体归属

灵命主要在群体生活中塑造而成，离群索居难有好灵命。人际关系很重要，是你跨文化宣教的属灵根据地。了解自己教会特有的异象，如何开展宣教事工，也要明了自己在推动参与跨文化宣教方面的恩赐和位置，这对于你将来的工作果效将大有裨益。在家乡即学习培训门徒，一方面能磨练事工技巧，二方面有助发现自己的属灵恩赐。支持工场中的宣教士，因为将来成为宣教士后，也要如此依靠他人。我再强调一次，要在你的教会中找到爱主、关心你的生命导师或属灵长辈，向他求教，这对你能一直走在服事的道路上必大得鼓励。求神赐下年长和智慧的前辈来指导你。

步骤三：接触其他文化

在单一文化的环境中成长，会限制我们对其他文化的了解，让我们无法欣赏文化多样性以及学习其他语言的能力。坦白说，在今天多元文化社会里作为一个全球化公民，只懂一种文化是非常不足够的；因此，应当多去涉猎跨文化知识，多学习理解和接纳其他文化的人；不论本国不同文化或世界其他国家文化，都有助于锻炼我们的大脑、身体以及属灵的肌肉。有许多教会和差会提供一、两周的跨文化短宣体验，或是三到六个月的短期宣教服事，你可以挑选一个参与。但是再好的"短宣"也不能替代"长宣"的迫切需要。在外国进修学习是另一种好方法，不仅能获得知识，还能拓宽世界观，又可以看看你的恩赐是否合适，是否真有热情和梦想，可以真的参与"长宣"。

步骤四：基本教育装备

不论"短宣"或"长宣"，你需要依据个人的经历、技能和恩赐来决定学业上要做到什么程度的装备。在这一阶段，你可以采取哪些步骤来拓宽世界观，丰富基础教育背景呢？不是每一个人都必须要有大学学历才可以为神所用，但是也千万别一股热心而缩短正规的学历教育！大学的学习不仅可以开阔你的视野，还能提供一个环境，帮助你培养关系，学习在群体中生活、配搭。也不妨了解出国进修的机会，特别是签证受到限制的国家，这些国家只提供签证给访问学生或语言学习者。这样，出国不仅不会阻断接受教育的机会，还可以帮助你完成更好的教育。

阶段二：
准备前往——联络布局
(Getting There-Linking)

步骤五：联系机构

你适合加入什么样的差会或团队呢？不作独行侠，孤军作战，当然不是为事业有成，而是为多结果子。你需要操练有活力且多结果子的教会生活，参与在教会或团契，这能够帮助你与差会建立合作关系。想想你需要什么样的团队，可有最大的工作果效，帮助你的生命结出最多果子？你需要什么样的团队领导，好使你专心有效作工？通常，有历史渊源、跨文化事奉经验的，是比较强大坚实的团队，

因为跨文化事工也是品格塑造的地方。如果你加入的是一个成熟和有爱心的团队，你在属灵生命、人际关系、事工发展等方面，能够较为放心并长期委身。

当今有成千上万不错的教会和差会都对跨文化事工有异象，并且都有或多或少的宣教士，对初出茅庐的你，该如何选择呢？首先，应当从参与本地教会开始，配搭你最熟悉的差会，了解他们的组织文化、神学、事工模式、异象、特性、领导风格，以及是否重视宣教士的个人关怀和发展；在前往海外之前，就要清楚这诸多方面的运作情况。每一个差会各有特点，要主动查询差会的资料和最新资讯，做好功课后可以联系几个差会，看看哪些与你的负担和关注较有共识。

有些差会深入参与教会拓荒，有些则服事现有教会，有些关注某个特定的族群，如穆斯林、佛教徒等等，也有许多差会的工作广泛而全面，包括援助事工、社区发展和神学教育等等。你可以关注一些重要机构的资讯，例如最新一版的《美加基督新教海外宣教手册》(The Mission Handbook Canada & North American Protestant Ministries Overseas)。

要采取主动。请记得，神对你的一生有一个特别的计划，包括引导你去祂要你去的地方。为此，值得你凭信心去好好寻求。

步骤六：事工角色派任

在了解各种差会的同时，你会发现自己也越来越了解所关注的人群、城市以及国家，并且逐步明白自己比较适合在哪个拓荒团队或其他事工中胜任什么角色。借着不停地求问神：我要服事哪一个群体？怎么样的群体？我的恩赐如何能在已有团队中得到发挥，以便向那个群体传福音或者建造那里的本土教会？那么你一定会越来越清楚合适的事工角色。笔者在此提醒一句，"寻找"不表示"挑选我喜欢做的"。往往，成熟和敏锐的年长领袖所安排的任务可能是最适合你的，在最初的派任中，我们会渐渐清楚自己的定位，对之后进入更重要的事奉阶段很有帮助。

我们几乎都是从自己原先有负担的工作中被神呼召出来的，但生命丰盛的弟兄姐妹往往不会坚持要做自己认定的工作，而是顺服！然后会逐渐发现，自己对所交付的工作越来越有负担。换句话说，在经历波折中依然献身于一个民族或地方，是活出丰盛生命的表现。重要的是，一开始就要清楚神的作为，并且知道你在神总体计划中的角色。一旦神的恩赐和任务显明出来，你已经预备好成为一个顺服且委身的人，能够与团队配搭完成任务。

步骤七：实际宣教训练

我们先假定你已经完成基本的正规训练，也在自己的教会接受过很好的事工操练；那么，到此你大概已经在另一个文化处境中至少生活了一小段时间，差不多有了两年的跨文化事工经验。这一切经历使你更成熟、坚强。

现在你该做的，是找出自己需要哪些更具体的宣教训练，或其他更深入的装备。如果对将来你要担负的宣教角色、前往的大洲、国家，以及神要求你服事的民族群体有基本的认定，你便知道要补强什么特定的装备。这时有三个基础面向，你要用大量时间和实际的服事经验来提升自己，分别是品格和灵命塑造、事工训练（技能）和知识；这都需要时间积累和实际的服事经验。

如果是跨文化作建立教会的事工，去之前就要做好相关的预备。最好是在家乡深入参与和负责一个团队，操练建立基督徒群体或教会的工作。其他如带领福音性查经、建立细胞小组、在新生基督徒中培养领袖，支持新信徒建立第二代、第三代教会等等，都是重要的拓植教会的操练。你可以先在自己的教会累积经验，若是有机会与将来可能加入的差会合作更好。

学习外语和认识文化也是宣教士"基本装备"的一部分，如能先在本国修习外语入门和语言学课程，那么等到进入宣教工场时，便能更快学会新的语言。

阶段三：
扎根稳住——建立连结
(Getting Established-Bonding)

步骤八：师徒实习训练

单单靠课堂教育无法培养出有能力的宣教士，无论是在本地还是工场上，在职训练都能检验我们学到多少知识。边做边学的方式，让你可以找到效法的榜样，并发展出自己的事工模式。所以，到了事奉工场按部就班跟人家学习，是一个新宣教士在新文化环境中熟悉做事原则、工作规范的最好方式。经验老道的宣教士或当地牧师，都可以成为你适应文化的最佳导师。不要独来独往，特别是头几年，跟着"老师傅"学习请教，将来必能服事得好。

> 谁不切望在行到旅程的尽头时，发现自己比出发时更热爱耶稣。

步骤九：终身学习不懈

停止学习就失去了活力。早早建立起终身学习不懈的习惯，帮助你慎始善终。每年制定阅读和自学的计划，并为你个人灵命、事工以及策略的各方面订定发展目标，这将使你的人生日新又新。若是有知己诤友或属灵导师，请他们给你勉励督责，这样一定会成长！也可以学习授予学位的课程，提升工作技能和事工活力，最重要的是要不断追求长进。

步骤十：圆满完成善工

这趟宣教之旅犹如天路历程，丰富浩瀚。谁不切望在行到旅程的尽头时，发现自己比出发时更热爱耶稣。既明白终身成长的重要，清楚要努力提升属灵生命，那么你在跨文化服事中必将历练得成熟茁壮，但这并不是说你必须终身在同一个地方服事。

整本圣经和教会历史告诉我们一个可悲的事实，就是鲜有领袖能慎始善终。"圆满善终"的一个方面就是帮助其他人有"好的开头"！也就是要作他人的榜样和导师，宁为他们铺平道路，超越你的梦想。

下一步怎么走？

神在世界各地工作，要完成祂的宏伟蓝图。筹划宣教之旅绝不像计划去加勒比海乘船度假，而是要刻意用心参与神在普世的计划。要花时间祷告，好好计划如何积极参与，然后勇敢向前，不要被同辈朋友和职业压力所束缚，要从远远的看台起身，直接步入场上。无论你最终成为栽培者还是受差者，归根结底是要成为"传神荣耀的人"。

本文摘自《差遣我！踏上宣教之旅》，这是一套互动性很强的工具书，参阅此书能帮助你继续详加探索这十个步骤。[1]

请记得：你的旅程与众不同，筹划你的宣教之旅是一个改变人生的过程。万民在等你，你不也在等待走向他们吗？

附注

1. 《差遣我！踏上宣教之旅》(Send Me! Your Journey to the Nations) 是专为两种人量身订做的：那些内心深深渴望以跨文化方式事奉神的人（受差者），以及那些想帮助他们的人（培养者）。书中列出了比本文提及的十个步骤更为详尽的探索，包括精选的资源，对于教育、宣教士培训，以及宣教机构的联络方式都提供了更为丰富的信息。

研习问题

1. 请仔细思考在事工中与其他基督徒保持不断深入的关系的必要性。比你早踏入宣教旅程的人，在哪些方面能给你提供有益的帮助？
2. 为什么说属灵导师是宣教预备的一个关键组成部分？
3. 你在哪些领域感觉到圣灵提醒你要更深并更多地依靠祂？

第131章 教会惊人的宣教潜力

乔治·米利（George Miley）

今天，神的教会在宣教上所发挥的潜能前所未有，神正召唤全地属祂的百姓一起来彰显神的荣美和大能。

长久以来，普世宣教的重任一直落在极少数人身上，但这个使万民都来称颂、信靠、敬拜耶稣的艰巨任务，非得需要所有基督徒运用各种属灵恩赐和专业才能一同参与其中。

地方教会最大的资源就是有一群会众，他们都是神所宝贝、蒙神救赎而聚在一起的，只要弟兄姊妹同心合意，汇集神所赐的各种独特恩赐，我们的服事果效将难以估计。

神的众教会、属祂的百姓中，拥有许多丰富的属灵恩赐和人生经验，举凡行政管理和推动异象的恩赐；善用财力、物力的恩赐；牧养、医治、引导人参与有效事工的能力；还有众多企业管理人士……若是能好好将各种专长投入天国事业，能为天国的拓展开辟多少管道呢？事实上，我们所有的职业专长都是宝贵的大使命资源，在思想向未得之民传福音时，应当将如何善用这些专长考虑进来。

有的教会已经在多方面参与宣教，或为所属宗派的经费奉献，或提拨预算直接支持宣教士。会众忠心地为这些宣教士祷告、多方面鼓励他们。这一切都是可喜且正确的。

但有的教会还盼望做得更多，因为他们认识到普世宣教工场的需要太大，要为此做更大的事。他们看到，只有当更多新的宣教士进入未得之民中建立教会，普世福音化才能够完成；还有那么多族群仍然没有教会，若不亲自参与、积极投身，那股宣教的渴望就难以满足。他们会很自然地想"我能做些什么，帮助这个族群产生教会呢？"而向神祷告，求神施行只有神自己才能行的奇事时，就禁不住受感动思想他们自己也该做些什么，进而寻求神，在成就神普世心意的过程中可以扮演怎样的角色。

像这样使徒般的热诚经常以传统的宣教方式呈现出来，但有时，整个教会逐渐看到神托付给他们的是某种特殊的宣教策略。比如聚焦于某个族群，要想方设法在这个族群中建立教会，再带动建立更多教会的风潮。一旦这样的策略思维弥漫在教会中，必然唤起

作者参与世界福音动员会（Operation Mobilization）事工三十年：在印度服事五年，担任OM福音船真道号（M. V. Logos）和忠仆号（M. V. Doulos）总主任十五年。1987年，他创建了安提阿网络（Antioch Network）。该网络是一个国际领导团队，参与的工作是和解、敬拜、祷告、布道、鼓励教会宣讲天国的福音以及使万民作主的门徒。

整个教会的使命感，使全体会众都愿意起来参与宣教。

有了神所赐下的异象和目标，整个教会就会一起动起来。会众都以宣教为己任；不是往外去找为宣教奉献的支持者，他们觉得自己就是主人翁。他们好像已经看到那最终的结果和价值，于是受神感召，各行各业的人纷纷奉献出他们历经岁月淬炼的智慧，在宣教上充分发扬创新精神。

我看到，许多本地教会承担起从神而来针对某个民族、地方、城市、语言或部落宣教的任务。很特别的是，教会的雄心不是只希望看到一、两个宣教士的工作结出硕果，而是整体教会都怀有一种从神而来的神圣使命感，一同参与在完成神所托付给他们的圣工中。

几年前，亚特兰大北部郊区的一间教会感到神呼召他们向波斯尼亚（Bosnia）穆斯林宣教。在此之前，他们一直在宣教事工上寻求神的带领，尽心尽力发挥他们在普世宣教中的角色，也致力于在国内外未得福音之民中建立教会。后来他们除了在亚特兰大建立教会以外，也开始在波斯尼亚积极建立教会。这充分说明他们愿意做个合神心意的教会。

他们先向本宗派宣教领袖咨询，又寻求其他差会以及该地区一些教会领袖的意见。他们在教堂前放了一个很大的标语，写着"迈向萨拉热窝（Sarajevo）"，以加强这个信念和心志。1992年南斯拉夫（Yugoslavia）内战爆发，他们认为这是神开启的一扇门。于是开始差派团队到难民营中服事，从这些短宣队中慢慢显出敬虔爱主、刻苦能干的领袖人才，也培养了一些后来继续拓植教会的长宣同工。他们在新兴的波斯尼亚教会管理之下，谦卑配搭。当地教会领袖夸赞这些从亚特兰大教会差派过来的同工是他们波斯尼亚最有成效、最受人尊重的工作人员。

聚焦致力于某一族群的宣教工作相当不简单，因为没有一个固定章法可循，每一个教会都不同，每一个族群也都需要用不同的方式来接触他们。许多方式效果不错，但也有不少方式效果欠佳。

效果欠佳的族群宣教策略

有时教会的意图固然良好，但也可能在实际事奉的过程中没有发挥预期的效果。以下五点是教会需要谨记的：

1. 切忌独来独往

教会好像启动神国事工的跳板，具有不可估量的潜能，但若心态上是完全靠自己而无需他人，显然与福音不相称。神不喜欢我们独来独往，这只会滋长骄傲，演变成展现一己的抱负。神的大能在哪里作工，哪里就应该有谦卑与合一，总是看别人比自己强。

2. 没有估算代价

决心于未得之民中推动神国，每一步都会受到撒旦的敌挡，这可不是闲着没事、玩玩票，以为靠着匹夫之勇就能成事。要想想：我们真的预备好为梦想付出代价了吗？如果一间教会决心在未得之民中建立教会，特别是打算差遣本教会的人出去（等于让他们置身于一个属灵、情感以及身体上都很容易受到攻击的境地），该教会的领导层也应该和受差的人一样长期而深度地委身于这一计划。

3. 切忌"短宣"心态

"短宣"做得好的话,可以带来极好的效果,让人更深入地了解在未得之民中所做的工作,又能激发异象、推动祷告,使宣教工作做得长久。但是"短宣"不能只求当下的益处,而要为长期工作带来不可或缺的帮助,这样才看得出"短宣"的价值,甚而多多传递"短宣"的效用。如果地方教会一心认为一、两年就能完成对某个族群的宣教,这样的教会宣教工作必然失败。

4. 切忌缺乏培训

地方教会在传福音、门徒训练、服事以及品格塑造方面,是一个极佳的非正式指导和带领的环境,这种生活中自然的指导对于建立拓植教会运动至关重要。耶稣是在日常生活中教导门徒,门徒可以从祂身上看见与神同行的原则,也在师徒间共同生活的亲密互动中,传承这些原则;尽管如此,没有任何一间教会拥有宣教工场所需的所有资源和经验。基督的身体大过任何一个教会,所以众教会必须为他们的工人寻求各种最佳的宣教训练途径,无论是正式的、非正式的,还是非正规的;如此,也可以引导他们与其他胸怀普世宣教的教会建立好的关系。

5. 切忌缺乏关怀

健康的地方教会在关怀自己会众方面有着良好的实力,透过团契培养了很多愿意牧养、照顾、关怀以及医治弟兄姊妹的人。所以要从一开始就注重对宣教工人的关怀,并做长期关怀的计划,不能随性随机而做。

效果良好的族群宣教策略

我也看到一些教会在这些方面做得很好,他们的事工通常总有以下几个显著的特征:

1. 学习祷告

宣教事工做得好的教会都学会了等候神的功课。他们在神面前安静等候,让神对他们说话,察验神的带领,并多花时间代求,不仅为自己所支持的宣教士祷告,也特地为自己宣教的族群代祷。

2. 长期委身

宣教做得好的教会通常会制定长期、几十年的服事计划。他们委身在长远的宣教项目,在教会倍增潮出现或耶稣再来(无论哪一件在先)之前绝不停止。如此从长计议,使宣教工作有充裕的时间好好执行,为教会的孩子们留有时间,种下未来宣教的憧憬,也给准备退休的中年夫妇提供了新的方向,教会本身也有时间与其他教会和差会建立稳固的伙伴关系。

3. 视为己任

当教会中的每一个会众,都觉得投入宣教计划是分内之事,教会领袖和会众自然愿意长期委身其中。如此,"短宣"不再是唯一的方式,大家明白,无论利用去拜访宣教地的旅行为那族群祷告,或花时间探访鼓励他们的宣教士,都是在为自己的教会和宣教工作的未来投资;异象因而得到坚固,全体会众也被更新了。

4. 运用组织

拓植教会如有果效，在宣教的组织架构上通常会采取下列途径中的一项：第一，自己组建新的宣教组织，根植在信徒的肢体生活中。这样的组织结构和教会联系紧密，使会众的属灵恩赐和职业技能得到充分发挥；第二，教会和有经验的差会发展好的伙伴关系，携手并进。无论哪一种情况，宣教需要实体组织，作为实现教会宣教异象、善用能力资源的良好管道。

附篇
131-1 与教会恳切低语

拉瑞·沃克（Larry Walker）

电影《马语者》（*The Horse Whisperer*）改编自一个蒙大拿（Montana）牛仔的真实生活经历。

承继家族世代驯马的传统，他也是先赶拢野马，然后"驯服"。这个过程要花几天时间，对牛仔和马匹来说都是一场痛苦的经历。据说，这个牛仔偶然发现马是群居的动物，如果马脱离群体，就会变得虚弱！因着对马的天性这一机敏的发现，他在驯马的技巧上发生翻天覆地的改变。他牵着一匹野马进入马圈，但不去理睬那匹马，尽可能远避它，也不与之对视。奇妙的是，牛仔越不理会那匹马，那匹马越想靠近牛仔。由于群居的天性，马为了不被孤立，甚至会靠近自己的敌人。一个小时不到，牛仔便跳到马背上，骑上骏马，绝尘而去。我们可以向这个蒙大拿牛仔学习。

我是一个乐于与教会恳切低语的人，我一直都在学习向教会心灵深处低语感化的艺术。乔治·米利说得对："我们以尊敬妥当的方式推动教会参与宣教，温柔地争取她，给她时间考虑，最后做出决定。这将为她能够完全将自己交托给基督打下基础。她是基督的新妇，不是我们的。"

是的，要充满爱意地争取她！有太多的人批评教会，但教会需要的是懂她的贴心人。地方教会需要人花时间和努力来了解她的性情，然后接纳这样的性情，帮助她成全她的宣教使命。

以下是争取教会参与宣教的几个诀窍：
- 耶稣使用的方式是建立关系。关系至上！
- 不要批评、论断或自义。总要正面积极！
- 专注于你有影响力的领域和能发挥关键影响的人。
- 要想改变你的教会，你需要先做出榜样，然后邀请其他人效法。
- 从你教会最成功的事工中学习功课。
- 向别的教会学习，但不要抄袭她们的作法，将所学到的运用到你的教会中。

自1981年起，作者参与ACMC（现属先锋差会〔Pioneers〕）工作，1989年起担任区域主管。

教会需要建立使徒式的宣教结构，方能向未得之民宣教。一般地方教会的体系主要都是牧养结构，目的是栽培会众，关注于如何让会众像羊群受到保护，远避危险，而有属灵成长、延续福音影响。这样的结构被称为"静态架构"（modality）。使徒式组织结构的目的，则是实践拓展神国的大使命，致力于开辟新的福音领地、不畏艰难、冒险前进。这类结构通常称为"动态架构"（sodality）。静态架构和动态架构可以建立富有活力的伙伴关系，也可能再促成新的动态架构产生。

印第安那州有一间教会，筹组了一支团队到中亚穆斯林族群中建立教会，为完成使命创立了一个独立的使徒式宣教组织，就是一家非营利机构。主任牧师和教会里其他领袖参与理事会，主席由教会一名经商的会友担任，并邀请其他教会有宣教经验的基督徒来作理事。

这个机构以其医疗和教育专长参与对这个族群的宣教，提供很好的服务，同时也让本地教会有机会参与教会以外的资源分享，学习征询教会之外的意见与经验。

越来越多的当地教会与现有的差会建立起有效的伙伴关系。可以由任一方发起，比如差会寻找有活泼宣教异象的教会，表达乐意服事教会之意；或者由教会主动提出自己需要的外援，寻找有经验的差会合作。待双方谨慎交流和规划，厘清教会的责任以及差会可以提供的帮助后，就可以签署书面契约，正式建立伙伴关系协定。合作顺利的话，双方都能从这种爱中彼此谦让、顺服的美好关系中获益，当然，未得之民会得到更大的帮助，基督也就从祂的子民中得着荣耀。

我们看到，世界各地涌现出许多关心族群宣教的本地教会。印度教会正差派宣教士前往印度的其他地区；中美洲的教会也差遣团队去到北非；美国明尼阿波利斯（Minneapolis）的教会也将宣教士差往中亚。这一切真激动人心！

两种架构之间有很多值得向彼此学习的地方。教会之间要相互学习，也要向有长年跨文化事工经验的差会学习；这些差会也因透过与教会的合作积累更多丰富的经验。重视教会的差会，事工会更加壮大，扩展神国度的影响力，使全地充满神的荣耀。

第132章 打开家门,迎接万族

道格拉斯·肖(Douglas Shaw)、鲍勃·诺斯沃西(Bob Norsworthy)

道格拉斯·肖曾是一名国际学生,现任科泉市国际学生会(International Students, Inc·ISI)主席。他从加尔各答来到美国,目的是为获得高等学位,后来继续从事顾问、制片人和作家的工作,直到2002年受邀带领ISI。

鲍勃·诺斯沃西是纽曼家族基金会(Newman Family Foundation)执行董事。十四年以来,他一直参与ISI的领导工作。在参与ISI之前,他同时以牧师和商人身分服事。本文摘自The World at Your Door(1997)。版权使用承蒙Baker Book House (Grand Rapids, MI)许可。

我们从大使命可以清楚看到,神甚愿祂的教会传福音到地极,但这只是神得着未识福音之民计划的一半。几个世纪以来,基督徒几乎错过了神计划中同等重要的另一个部分,那就是向神带到家门口的外族人传福音。新约使徒行传的开头记载到,外族人聚集在耶路撒冷,听到福音后回到自己的家乡成为基督的使者。

今天,美国有726,000多名来自世界各国出类拔萃的学生、学者以及研究人员,他们住在离附近教会不过几分钟路程的地方。这些进入美国高等教育机构的国际学生,不是为淘金置产而来,而是为着美国教育的名望或西方应用技术的领先地位而来到我们国家。当他们回到自己的国家后,许多人将成为各领域的领袖,把所学应用到未来地缘经济的竞争中;有些人则会留在美国,加入每年大批新进永久居民的行列中,在商业或教育等领域发挥领导作用。据移民统计局报导,仅2006年就有1266,000多名外国人移民到美国,成为合法的永久居民;这一资料不包括临时工人或非法劳工。虽然国际学生的人数在911事件后有所减少,但现已稳定,从前几年开始又继续增长。

这些来到美国的学生和新移民,都有特定受教育和就业的目标规划,但大多不知道神在他们生命中也有神圣的计划。若是有充满爱心和委身的基督徒前来与他们建立友谊,这些外国人士便可以认识到他们最好的朋友——耶稣基督。

国际学生和新移民远离家人亲友,进入一个新文化,人生地不熟、孤独迷茫;要适应陌生的人事物和环境谈何容易,难免迷失和焦虑。就算像找房子、办理银行业务、出门购物等这么简单的事,都会感到巨大压力、不知所措,必须独自面对挑战,更会带来挫折感和不满。

贝弗莉·沃特金斯(Beverly Watkins)在《美国高等教育记事》(*The Chronicle of Higher Education*)中提到:"在美国接受教育的外国学生总数比世界其他任何国家都多。全球各地的海外留学生中,几乎三分之一在美国的教育机构中深造。"根据国际教育研究所的理查·克拉斯诺(Richard Krasno)的调查,这些学生和学者留美期间的经费来源，近七成半来自家庭或其他非美国的资金管道，这表示他们是来自各国的高收入家庭。传统的宣教士很难在这些学生、学者的母国接触到他们；但是，现在这些世界各国未来的精英已经云集在美国，就住在我们当中。他们年轻、敏感、友善，也很有知恩之心，却不见得知道自己有潜能成为未来的领袖，他们看起来入境随俗，也穿运动鞋、牛仔裤和开领的T恤，很有礼貌，但内在仍有脆弱的一面。试想，远离了传统的同辈压力、家庭压力、政治压力以及宗教压力，他们在此得到千载难逢的探寻真理的机会，我们基督徒有责任去接触这些外国留学生以及其他移民到美国的人，奉耶稣的名来爱他们。

最近有一个基督徒志工认识了几名国际学生，有一天发现他们中有一名学生不见了，于是就打听那位年轻人的下落，结果其他学生告诉他："哦，他被召回了，因为他们考虑让他当总统。"

二十世纪二○年代，一位名叫山本五十六（Matsuoki）的日本学生在美国留学。他在美国短暂停留的那段经历非常孤独、不愉快，在返回日本二十年后，他协助策划了珍珠港袭击事件；这都记录在他的回忆录里。如果当时有充满爱心的基督徒与他作朋友，历史或许会重写！

还好，很多国际学生的经历和山本五十六的经历恰恰相反。曾有一名国际学生受到美国基督徒的友好接待，现在他是世界顶级的风险投资家，又是极具影响力的基督徒，甚至与世界上最大的电脑公司的总裁分享福音。另外一位是亚洲某国的现任教授，他也在美国留学期间归主，现在则是伊斯兰国家几位首脑三个孩子的博士导师！

另外一个例子，从一位美国伊斯兰毛拉的忧心，可以间接看出接受信仰的国际学生带来何等积极的影响。这位毛拉坚持认为，基督信仰的复兴即将席卷伊朗，其中一股主要力量便来自海外留学归国的这批人，他们的影响力越来越大，他甚至担心伊朗快要变成基督教国家了！而这些"海归"就是在留美期间成为基督徒的！

我们无需神学训练就可以与住在我们当中的国际学生和移民建立友谊，在日常生活中所流露出的友善和款待胜过千言万语。建立友谊后，我们要抓住机会谦恭地表达基督的爱、作见证、呼召他们信主、回答他们的疑问，帮助他们增加对基督信仰的认识。

透过爱心和分享福音去接触国际学生和新移民，你可以为普世宣教的计划带来很大的贡献。许多来我们国家留学的，在回国后与人分享自己的信仰；而新移民留下来，不就代表以往只能靠差派宣教士才能触及到的族群已经来到我们国家了吗？

世上万族已经来到我们的家门口了，敞开心胸，欢迎他们进来吧！

研习问题

1. 为什么国际学生在留学期间更容易接受福音？
2. 为什么接触国际学生是一种深具战略意义的传福音方式？

第133章　神的使命还是"我的宣教"？——短宣在普世宣教中的作用与定位

罗格·彼得森（Roger Peterson）

作者现任STEM International 的执行董事，该机构旨在北美教会中推动和增进宣教活动。STEM开展和提供跨文化短宣项目的训练。他也是卓越短宣联盟（Alliance for Excellence in Short-Term Mission, AESTM）的主席。

如果我们可以用美国国家航空暨太空总署（NASA）的哈伯太空望远镜来观察地球的话，会看到每年都有不少于两百万人在神所造的地球上，参与到所谓的"短宣事工"（short-term missions, STMs）中。2005年，有一百六十万美国基督徒参与**海外**"短宣"。[1] 2005年到2007年，每年有五十万到一百万美国基督徒在**国内**"短宣"（主要针对市中心的贫民区、贫困乡村地区、印第安人以及遭受卡特里娜〔Katrina〕飓风重创的地方）。[2]

就在这几年，从哈伯二三九厘米的镜头中，我们还能看到基瓦尼（Kiwanis）工商俱乐部、狮子会、扶轮社、教育组织、医师协会、兽医协会、运动协会、广播站、商业人士、律师音乐家、演员、其他个人、其他团体以及一般"世俗"组织也前往世界各地。其中不乏基督徒会员，但他们没有计入上述资料中。同样，来自澳大利亚、新加坡、南非、欧洲、拉丁美洲以及其他重要国家不断增长的"短宣"队也没有计算在内。

四张中解析度快照

我们将镜头拉近来看"短宣"。

1. 姑且就以美国差派的短宣队来说，哈伯望远镜所捕捉到的镜头是这样的：在2005年卡特里娜飓风发生之前，大约三分之一的短宣队前往海外，另外三分之一到国内（在美国和加拿大）其他地方，最后三分之一去了墨西哥。但在卡特里娜飓风之后，大约三分之一的短宣队前往海外，有一半到国内其他地方，剩下只有六分之一前往墨西哥。[3]

2. 第二张照片聚焦于福音未得之民：至少五分之四的短宣队前往已

有教会或已闻福音的族群，前往未得之民或鲜闻福音族群的短宣队不到五分之一。[4]

3. 第三张照片有些模糊。据估计，大约四分之三的短宣队"果效不佳"，剩下的四分之一"果效良好"。[5]

4. 第四张照片聚焦于价格标签。每年花在短宣的费用大约是二十亿美元，这使得对短宣事工的果效评估变得比"长宣"更为重要。

某些"高解析度"的问题

你参与过短宣吗？可能还没有，但或许你将来会参加。现在全世界的基督徒有越来越多的机会，从事这三种角色的服事：**差遣者**（senders，支持和差派）、**前往访客**（goer-guest，前往宣教工场，作客服事）和**接待来访者**（host-receivers，接待前来工场的短宣客人）。这么多的参与者和数量庞大的队伍，引发了以下重要问题：短宣能为神的普世计划带来显著的贡献吗？短宣可以为整个国度的投资带来回报吗？我们能够使越来越多的短宣行之有效吗？短宣能在未得之民或鲜闻福音族群中产生有效的事奉吗？

短宣如何能为神古往今来的普世宣教旨意作出长久贡献，是个备受争议的问题，恐怕最先进的哈伯快照也无法帮助我们解决。神普世旨意的拉丁语是"*missio Dei*"，指神的宣教大业，[6] 几千年来已经在全球逐步展开。我们可以用另一个词来表示劣质的短宣，就是"*missio me*"，指"我的宣教"；我们的短宣若是变质为"我的宣教"就可悲了。短宣能否与"神的宣教"同步，有所贡献，就看我们对神过去的作为有多少理解。

短宣的定义

上一代多数的宣教士认为，"短宣"是指委身去海外从事二至四年的事工；但今天，短宣可以是一个青年小组周末的出国旅行，也可以是成人主日学进入市中心贫民区的一日事工。在上一代人心中，"短宣"这个术语是由传统差会定义的，但今天"短宣"一词的定义变得非常宽泛，凡有参与其中的各地教会都可以自行定义。事实上在美国，就有三十五万间教会按着自己的需要，给短宣下了各式各样的定义。

与其界定短宣，不如描述短宣，因为描述清楚有助于我们评估短宣、做好短宣。简单说，快速、短暂和自愿，这三点就概括了短宣的特点。换言之，短宣与传统的长期宣教或全职宣教有很大差异。

1. 通常，短宣是面向大众推动的，可以**快速差派**，无需专业的教育或要求至少委身一、两年。

2. 短宣是**短暂**的（通常两周到一个月）。

3. 参加短宣的通常是**志愿者**，他们奉献时间去短宣，通常都不是专业宣教人士。

可是这三点里欠缺了宣教的要素。长期以来，主办短宣的领袖喜欢根据参加短宣者的期望（如想做的服事、想关怀的对象）来定位自己的短宣。然而，短宣最好能和其他宣教事工一样，与"神的宣教"同步，以能否完成神所要成就的使命来定义和评估。

> 短宣最好……与"神的宣教"同步，以能否完成神所要成就的使命来定义和评估。

造成不良短宣的三个因素

幸好，导致短宣效果不彰的因素是可以改进的，其中最重要的是主办者是否有改变的意愿。以下是三个常见的错误：

1. 未能认识、理解神的宣教，而使短宣与神的普世宣教旨意相连。如果不明白宣教工作往往需要好几代人才能成就，那就很容易把宣教看成是去帮助有需要的人；虽然这样的情操高尚，但可能导致参与短宣者因而沉醉于他们所做的，以及靠自己所得的成果，而贬低了宣教的意涵。

2. 不顾久经考验的差会、接待者（如当地教会）的意见，独自计划和行动。短宣队要知道哪些信徒、宣教士或教会会延续这项宣教事工，要懂得与神的这些仆人相互合作，才能得心应手地参与"神的宣教大工"。可惜，虽然许多有活力、敬虔热心的差派教会立意良好，却不知道如何与其他差派单位、当地的伙伴和接待者配搭。没有与现有宣教事工和教会建立好的联系，短宣队员回家后可能都还没有意识到，自己可能反而在当地敏感的处境中加重为负担，甚至是伤害。短宣队节目满档、行程紧凑，返乡后又有说不完的见闻趣事，但谁知很可能因为事工缺乏连贯性，只是重复作工，至终徒劳无益。

有两个例子可以说明这点：曾有六个不同的短宣队，帮墨西哥的同一间教会刷了六次墙；一家巴西孤儿院的负责人发现，有一间教会差派的短宣队，在孤儿院的足球场正中央砌了一道简易但非常漂亮的水泥墙，只因为该短宣队的领袖教导他们的年轻人，短宣就是去砌墙。

3. 把短宣当作门徒培训。人们经常将短宣视为"短宣之旅"（short-term trips），而非宣教。这一简单的词汇改变可能反映出，许多主办短宣的领袖主要目的与其说是宣教，不如说是安排一些行程来培养参与者成为长进的门徒。若培养自己教会的信徒成为明言或暗含的目标，而不是使万民成为耶稣门徒的话，也难怪最后我们把这么重要的"神的宣教"当成"我的宣教"了。

当然训练短宣队队员是好事，但不能以错失神的心意为代价。若短宣关注的是建造信徒，或其他个人的祝福，那就是本末倒置，不过是花大钱买来昂贵的"时差反应"而已。

在讨论完以上三个因素后，我们可以看出，不是许多短宣者本身做得不好，而是策略和方向错误，使短宣的效果不佳。筹办短宣的同工应该更努力，让短期宣教的行动密切配合神正在进行的、同时又贯穿古今的普世宣教旨意，如此才能产生真正的贡献。

产生良好短宣的三个因素

今天，神依然在执行祂的宣教计划；每年，我们依然看到数百万人参与无数的短宣。我们如何才能让短宣与神一贯的宣教心意配合呢？

1. **筹备短宣的领袖和参加短宣的人都需要明白，并不是我们"发动了"宣教行动**。若我们的教会、青年团契、学校或差会组建的短宣团队，前往某地帮助当地人，带来巨大且深远的影响，仍不能说是我们"发动了"宣教行动。这一切虽然精神可嘉，也是值得敬佩的善举，但应该将荣耀全都归给神；是祂自己持续不断、主动地要得着世界上每一个国家和民族，祂从未忽略一个国家、一个部落、一种民族语言群体。筹办短宣的领袖，有事先熟悉神过去在某个处境中所作的工作的责任，再思想如何参与到神已经推动的工作中；然后，必须与经验丰富、曾在此地宣教（不论是长宣还是短宣）的人或团体培养好的关系。更重要的，要来到神的面前，谦卑地请求祂亲自教导我们如何投身到祂的宣教大业中，这样才能为短宣打下良好的基础。

> 若培养自己教会的信徒成为明言或暗含的目标，而不是使万民成为耶稣门徒的话，也难怪最后我们把这么重要的"神的宣教"当成"我的宣教"了。

2. **我们要悔改，摒弃自我依靠的态度**。我们美国人总是喜欢高举自己的独立性！为了神正在推行的普世计划，让我们放下个人主义，去寻找久经沙场、经验丰富的差会领袖来帮助我们筹办、带领合神心意的短宣。还要与那些长年委身在某个文化和民族中的教会和宣教事工建立紧密的连结关系。

3. **不再筹组"短宣之旅（trips）"**，而要参与真正连结于神普世宣教心意的短期宣教（missions）。提高标准和要求才能达到这一点，有七个关键指标：以神为中心、互助互利、共同计划、综合管理、领导有方、完备训练以及全面跟进（参考附篇〈美国短宣评估标准〉）。照着这些指标去做，加上大约每三年，主办者与相关有经

验的同工召开检讨会，必能提高短宣的品质。

"百万像素" 大总结

在未来，基督徒将会比以往任何时代有更多参与短宣的机会。无论你是筹办短宣的、短宣领队还是队员，是短宣过程中担任差派、接待或是前往的角色，都要对短宣抱有积极的异象，并尽一切努力来实现神的使命。要一心渴望向那在东道主环境中生活的基督徒学习，用心了解神在那里进行的工作，寻找外来的志愿者可以采用的事奉方式，分担长期在那里宣教的同工所做的、服事他们，以致带来特别的祝福……，像是靠近灵魂失丧的人、捐衣给缺衣受寒的人、医治病患、建造房屋、教导实用的技能、安慰受欺压和受伤的人们等等，或许神还会为你开启其他意想不到的宣教之门。这就是进入神所谱写的宏大故事，就是参与 "神的宣教"！

附注

1. 普林斯顿大学社会学家Robert Wuthnow（根据 *Mission Maker Magazine* 2007, Minneapolis MN: STEM Press, p. 13, "GodSpace07" 的注脚中的评述）。

2. 根据本文作者与David Armstrong之间的讨论而作的粗略估计（没有确定的支援性资料）。David Armstrong是Agency Services, Mission Data International和ShortTermMissions.com的主任。这个估计也是根据Armstrong从三百多个非宗派的宣教差会收集而来的资料所作的概括性观察。作者和Armstrong将这些观察应用到上述Wuthnow所提及旅行到国外进行短宣的一百六十万美国教会成员，推算出国内短宣的人数为五十万到一百万。

3. David Armstrong的概括性估算。他是Agency Services, Mission Data International和ShortTermMissions.com的主任，根据从三百多个非宗派的宣教差会收集而来的资料。

4. 这个 "少于五分之一" 的数字只是一个粗略的估计，基于Roger Peterson自己的观察。然而，与他粗略估计相仿的是最近芝加哥三一神学院的跨文化宣教博士课程主任Robert J. Priest报导说："只有13%的短宣人员去到10/40之窗中的国家。" 见 "They See Everything, and Understand Nothing: Short-Term Mission and Service Learning," *Missiology: An International Review*, XXXVI:1, January 2008, p. 64。

5. 这是另一个概括性的粗略估计（没有确定的支援性资料）。这个估计是Seth Barnes大约于2006年向本文作者Roger Peterson提出来，Seth Barnes是Adventures in Missions的执行主任。Roger感到Seth的估计非常准确，自此将这一个七十五比二十五的估计资料与宣教学家和其他与宣教相关的人士分享；有意思的是，竟然尚未有人挑战这个粗略估计的准确程度。看来大多数参与宣教的人赞同这个估计；此外，"差劲" 和 "优秀" 本身并不能百分之百地量化。

6. 译注："missio Dei" 的定义，可参见《更新变化的宣教：宣教神学的典范变迁》（*Transforming Mission: Paradigm Shifts in Theology of Mission*），大卫•博许（David Bosch）著（中华福音神学院出版社，1996）。

美国短宣评估标准

我们知道,许多人因我们参与"短宣"事工而受到影响,有的是积极的,也有的是消极的,他们当中有些甚至与我们素不相识。而"参与"短宣事工的,不仅包括受差者,还包括差遣者(约 1:5-8)和接待者(太 10:40-42);"短宣"不是一个孤立的事件,而是随着时间的推移而影响所有参与者的一个综合过程。这一过程包括"短宣前"、"短宣中"、"短宣后"三方面。

我们作为美国实践宣教相关的机构,非常希望透过采用和实践以下七个评估标准,提升我们在全球短宣事工的果效。

1. 神为中心

卓越的"短宣"务必先求神的国和神的荣耀,且在以下三方面体现出来:
- 目标:在整个短宣的过程中都专注于神的荣耀和目的
- 生活:有合乎圣经的纯正教义、不住的祷告、敬虔的心思意念和言行
- 方法:找出有智慧、合乎圣经和切合文化的方式,而结出属灵果实

2. 互助互利

卓越的"短宣"在差派者和接待者之间会建立健康、互助和持续的伙伴关系,借着以下三方面体现出来:
- 主要关注所去之地接受服事的人
- 短宣计划的制订有益于所有参与者
- 相互信任,彼此负责

3. 共同计划

卓越的"短宣"为着所有参与者的益处而群策群力,共同计划每一个具体的外展事工,由以下三方面看出来:
- 短宣在工场上的做法和活动,都应当与长期伙伴单位的策略相互配合
- 受差者——访客,具有执行计划中他们这部分的能力
- 东道主——接待者,具有执行计划中他们这部分的能力

4. 综合管理

卓越的"短宣"能够管理得当,为所有参与者所信赖,可从以下三方面体现出来:
- 在宣传、财务和结果报告上都真实可靠
- 合理的风险管理
- 高品质的项目实施和后勤支持

5. 领导有方

卓越的"短宣"为所有参与者进行筛选、训练和培养领袖的工作,做到以下三方面:
- 品格上:有灵命成熟的领导力
- 技能上:充分预备、能够胜任、组织能力强、可靠的领导才能
- 价值观:推动和装备领导素质

6. 训练得好

卓越的"短宣"为共同计划的事工而预备和训练所有参与者,注重以下三方面:
- 合乎圣经、恰当且及时的训练
- 持续不断的训练和装备(短宣前、短宣中、短宣后)
- 合格的训练者

7. 全面跟进

卓越的"短宣"为所有参与者提供整个事工说明、回顾和适当的跟进,做到以下三方面:
- 在"短宣前"、"短宣中"、"短宣后"都有综合的事工报告
- 再进入工场上的预备
- 短宣后的跟进和评估

以上"短宣评估标准"是由四百多位短宣带领人,三年来(截至 2003 年)在美国的各个公开会议中渐次拟定的。他们花了许多时间来研讨和祷告,汇总出这些指南,希望能够帮助基督徒短宣事工能有良好效果。这些从事短宣的人员包括来自教会、差会和学校等差传机构的领袖;来自教会、差会和其他接待组织的协调者;以及为短宣提供服务支援的非营利机构代表。详情请参 www.STMstandards.org、www.AESTM.org、www.FSTML.org。

本文摘自"Maximum Impact Short-Term Mission"(Peterson, Sneed, Aeschliman, Minneapolis MN: STEM Press, 2008, pp. 277–279),版权使用承蒙 SOE(U.S. Standards of Excellence in Short-Term Mission)许可。

第134章 营商宣教，正本清源

史蒂夫·朗德尔（Steve Rundle）

作者现任拜欧拉大学经济学副教授，专门从事国际经济和普世宣教交汇领域的教学和研究。著有 *Great Commission Companies: The Emerging Role of Business in Missions* 一书。他与别人合建了几家机构，旨在帮助欠发达国家的基督徒企业能够繁荣发展。本文摘自作者与Tom Steffen 合著的 *Great Commission Companies*（版权所有，2003 年），克里威廉图书馆。版权使用承蒙 Inter Varsity Press 许可。本文也摘自Business as Mission (2006)。

公司老总杰夫有一名刚信主的员工，遭到一群恶棍毒打，杰夫借着这个机会来帮助他，引导他明白圣经上"爱你的仇敌"的含义；之后，他们一起祷告，求神祝福那群殴打他的年轻人。另一位叫帕特里克的企业家，帮助他的一名穆斯林员工了解"恩典"这一不可思议又不合常理的概念；还有一次，他解释为何公司把三分之一的利润，经由员工管理的基金会捐献给当地的慈善机构。韩国企业家正赫（Jung-Hyuk）相信神要他把公司从韩国搬到中国，五年后，公司两千多位员工，有五百多位决志跟随主了；许多员工在公司提供的课程学习电脑、英语、韩语、营养常识、音乐、舞蹈课程，有些员工甚至得到企业设立的奖学金，去接受正式的牧师训练。

以上只是几个例子，说明商业人士如何在鲜闻福音的地区推进基督的普世宣教大业，换言之，这也说明了全球化如何将商业和宣教结合起来。

宣教是每一个信徒的呼召

一谈到全球化，许多人就想到，那些曾经阻隔国与国、文化与文化之间的政治、社会以及经济屏障正日益减少。但实际上，还有一个障碍也正在逐渐消除，这对教会理解自己和如何履行应有的职责，有着深远的影响。

这一障碍就是不成文的"属灵与职业的等级概念"，影响许多人如何看待自己在基督徒事工中的角色。这种概念意谓，把某些职业看得比其他职业更蒙神喜悦、更加尊贵；例如，牧师比工程师更为神所看重、护理工作比营销业务更体面……诸如此类。这种根深蒂固的观念，致使那些完全委身基督的人另外跑去接受特殊的职业训练，或者一味改换职业，一心想要进入"全职事奉"的岗位。

这种思维缺乏圣经依据。神学家保罗·史提芬斯在其所著《另外六天：职业、工作与宣教的圣经观点》中指出："宣教是神的每一个子民必需从事的职业，并且是首要的职业！它不是单属于少数被选召的代表人物，或受正式差派的宣教士的专业。"[1] 我们每个人的呼召和恩赐可能不同，但无论如何，宣教是整个基督身体最核心的目标。将职业划分为"好"和"更好"的等级成为一股破坏教会的力量,使得许多基督徒无可奈何地把自己降到次等地位,或者更糟糕,因此完全脱离任何事奉。艾德·史福索用世界杯足球比赛为例,解释这种脱离真正事奉的状态:

> 一群足球运动员在球场上奋力拼搏,累得要命,非常需要休息,而成千上万的观众坐在舒适的看台上观看球赛。这些球员代表了疲惫不堪的全职事奉者,观众则代表非全职事奉的人,他们的参与是次要的,好像他们的主要功用就是让整场比赛有足够的资金来运作。[2]

职场上的基督徒,希望不只是观看宣教比赛,也不只是捐一点经费来维持比赛运作,**他们也想要上场比赛**。他们可能已经在教会委员会服事,在自己的工作场所中彰显基督,也参与过短宣;但他们所接收到的概念是:要想更深入地参与事工,就必须转换职业。这对于天生机敏且富有创造力,并享受职场挑战的人来说,真是难以入口的苦药。感谢神,他们不再需要吞咽这粒苦涩的药丸了!因为今天对于主内的从商人员来说,想更积极主动地参与宣教,不仅**可能**,而且是**必要**的。

这个世界许多地方正遭受苦难,没有基督的福音,而且越来越排斥宣教士介入;但一场根本性的改变正悄然而至,商业活动实际上在任何地方都受欢迎。商界的基督徒若是得到适当的鼓励和装备,不仅可以产生经济影响力,而且在社会、文化,甚至**属灵**方面也能发挥影响;看明自己能有天国影响力的商务人士就明白,神已经特意呼召他们进入职场。他们与员工、客户和供应商的互动,不仅不会削弱事工,反而带出神所安排、圣灵所赐下的宣教机会,在生活中建立关系、发挥影响力;因而发现,他们所事奉的神不单关心人类的属灵境况,还深切关心人类生活的每一个层面。如此看来,营商在神整全的救赎计划中扮演着重要的角色。

一个说新也不新的理念

以商业活动作为宣教和事工的工具,已经不是什么新鲜事。使徒保罗就是个好例子,他在大部分旅行布道期间,是一个全职皮匠。从他的书信可以看出,他把自己的日常工作当作建立教会的策略中不可或缺的一部分,工作的见证和他的讲道一样重要(在下一部分将列举出更多相关的例子)。中世纪的修道士将种田、伐木和修路等工作与事工结合,同时也护理病人,照顾孤儿、囚犯,保护穷人,教导孩童,久而久之就带来显着的社会变革;当修道院周围涌现出乡村和城镇,周边社会也随着参与到这些社会关怀活动中。[3] 即使到了十九世纪,许多早期更正教徒,包括莫拉维亚弟兄会、巴色会(Basel Mission Society)和宣教之父克里威廉等等,也是将商业活动、其他世俗行业与他们的宣教策略结合起来。[4]

那么为什么这种结合在今天却觉得新鲜又陌生呢?现今的宣教团体一直不愿将经商活动与宣教事工结合在一起,理由至少有三。第一,近来普遍的观念是"工作"占据了"服事"的时间。但是又很讽刺的是,如青年使命团的迈克尔·麦克罗

林指出的："一旦基督徒辞掉工作进入全职服事，他们便和曾经天天接触的人失去联络！"⁵ 第二，与前者相仿，认为经商要么造福社会，要么挣钱，但总不能二者兼得。这种观点认为，有高度社会价值或属灵价值的，即教育、医疗保健和人道关怀等与营利不可相容。第三，在近代历史中，某些国家因为经商和宣教结合起来而产生的税务纠纷使得二者分道扬镳。显然，任何人想要把非营利和营利活动结合起来，必须得到足够的法律和税务咨询。

但是，那些想当然尔将非营利方式"定型"的人，根本不了解宣教历史，还失去了一个参与事工的有力工具。

同一主题，不同面向

描述经商和宣教事工相结合的一些术语，经常被当作同义词互换使用，但思绪清楚的人会注意到彼此之间的重要区别，避免混为一谈。⁶

● **带职事奉**（Tentmaking）：经常用于描

附篇
134-1 祝福万民——另类宣教

尼克尔·傅希尔（Nicole Forcier）

我们的朋友放下手中的茶杯，靠近我和丈夫，郑重地催促我们说："我希望你们做点与别人不同的事儿，来我们这里创办公司吧！"他是他们族群中最早一批跟随基督的人，也是当地教会界的一名重要领袖。这些教会经过数年的挣扎求生，在这个穆斯林国家刚刚起步；他继续说："有太多人来这里建立教会，但他们在我们的国家中没有什么影响力。"

他的一番话正好肯定了我丈夫约拿单和我在这几年不懈的努力：我们以商人的身分来到这个穆斯林国家，就是为了基督的名在此得尊荣，为了从属灵和经济两方面祝福这里的人民而辛勤工作。我们本质上是要建立教会，但我们不单是为得到签证而进入这个国家从商，还希望当地人认

可我们是有进取心的商人，看到我们为这个穆斯林国家的人民带来有价值的东西。

母会在我们预备的四年期间给了全力支持，弟兄姐妹经常和我们一同为这个穆斯林国家祷告，教会的长老也鼓励我们。当商业计划逐渐成形的时候，我们感到神针对我们的异象向我们说话；我们要成立一个神所差遣的企业，而不是以宣教为副业的公司。整个计划都带有使徒行传十三章的味道。

我们在这个穆斯林国家度过了头六个月后，就准备启动商业计划。首先与母会的领袖坐下来探讨将教会的宣教和企业联系起来的细节，以及我们如何成为他们理想中的宣教士。在过程中，我们发现，就商人在像这样的穆斯林国家能有效地推动福音，教

会方面和我们打算采取的模式有根本的不同。我们需要面对两方面的问题：

谁来控制和所有权属谁

我们的商业计划是用先前独立筹集的资金来启动业务，这表示营利和风险都由我们承担，并没有请求教会或其他肢体给予资金支持。

为了让我们成为"名副其实的宣教士"，教会领袖提出教会在某种程度上要拥有这企业的所有权。美国国税局对捐赠和非营利项目有明文规定，但对于管理所有权和企业运作的复杂事宜并没有明确的解决方案。

"全时间"服事

我们计划立即启动这个商业计划，并在头几年里投入大量时

述基督徒个人在跨文化处境中就业，例如在学校、医院或商界的工作。不过，这不是一个具体的营商术语。

● **职场事奉**（Marketplace Ministry）：指福音机构培养基督徒商务人士作门徒，并指导他们在职场上更有效地作见证。现在越来越多的人使用"职场事奉"一词，以至扩大了定义范围，囊括所有的职场专业人士。

● **营商宣教**（Business as Missions, BAM）：指在鲜闻福音的地区或未发达地区，为推进基督的普世计划，特地创办和营运企业（通常称为"大使命公司"或"天国企业"）。

● **基督徒微型企业发展计划**（Christian Microenterprise Development, MED）：以发放小额贷款给最贫穷的群体，帮助他们经营好荣耀神的小生意。

"带职事奉"一词由来最久。这个术语所指显然是从基督徒宣教的开拓者使间使自己能流利地使用当地语言，可以在日常生活中与当地人沟通。我们并不打算把自己关闭在美国已创立的公司，因为这样才能让人看出我们是真要在那里成为成功的商人；所以必须把一年的大部分时间用在这个穆斯林国家，只回美国大约两三趟，以便与新聘请的员工保持稳定的联系。我们发现这种方法有它的优缺点。

教会坚持认为，如果我们要作教会正式的宣教士，就必须作"全时间"的工人。因此，头两年我们不能做别的，只需要学语言；之后，我们就可以自由经商。但依我们看，他们并没有认真考虑到如何增强我们在这个穆斯林国家发挥的影响力。

这些张力使我们在不得已的情况下，心碎地离开了母会。虽然仍然尊敬和爱他们，我们还是加入了另一间对宣教更有洞见、更会变通的教会。我们感到受伤，但更让我们难过的是，许多和我们同属一家教会且很有能力的商人，觉得自己不可能在大使命中发挥作用，也不适合作传统的宣教士。

开始结果子

我们继续义无反顾地前进，把才建立不久的家搬到这个穆斯林国家。果如所料，到了那里我们经历到各种现实的麻烦和属灵的艰难考验；但过了几个月，我们创办的企业就开始有些起色，迅速发展起来，还赢得这个穆斯林国家领袖们的称道。这企业所提供的服务使我们有许多机会与无数家庭建立关系，其中不少还是富有和有影响力的家庭。

我们一直都有一些忠心的穆斯林员工，帮助企业打下扎实的基础；另外，那些来自美国、经验丰富的同事也在这项事业中扮演重要的角色。我们与周边越来越多的人建立起关系，有些穆斯林朋友开始在日常生活中听到和看到福音见证；与当地信徒一同事奉，也渐有一些成果。我们可以见证，这个穆斯林国家的部分人民，因为跟随耶稣，生命正在发生巨大的转变！

作者和她的丈夫约拿单以及两个年幼的孩子已经在 Berabistan 服事四年。她在一座人口一百万的城市里，同许多商业领袖和贵族家庭保持良好的关系。本文所有人名均已改动。

徒保罗开始的，他以制造帐棚为业（徒18:3）。仔细研究保罗书信会发现，工作对他来说并非一个"必要之恶"，或是为"掩人耳目"；而是他宣教策略的一个关键部分，原因有几方面：叫人白白得福音（林前9:12-18），使他所传的信息更为可信（林后2:17；多1:10-11），并为归信者树立服事的楷模。全球机遇（Global Opportunities）的戴夫・英格利希提到："保罗靠做工生活，给每一个定期参与事奉的平信徒建立了美好的见证和事工模式"，并"为每个基督徒都要带领人作门徒树立了典范"。[7] 保罗与当地人并肩工作也给他创造机会，向当时的异教徒展现敬虔的职业道德和以基督为中心的生活方式（帖后3:7-9；弗4:28-32；林前4:12, 16）。

附篇 134-2 带职事奉——工作与见证的巧妙结合

路得・西门斯（Ruth E. Siemens）

要完成普世福音化的重任，教会需要各种专业人士，例如工程师、科学家、商人、保健工作者、运动员、农业专家、电脑技术人员、媒体专家以及各类的教育工作者。他们就如第一世纪带职事奉的保罗，在当今二十一世纪把工作和见证巧妙结合起来。

保罗为何要工作？

在写给帖撒罗尼迦教会的两封精简的书信里，保罗说他"日夜"工作，意即从早班做到晚班。在哥林多，保罗因为与来自罗马的犹太难民亚居拉和百基拉是同业，所以就与他们同住做工（徒18:3）；"织帐篷者"不是织布工人，而是做动物皮革制品加工的工匠，生产包括帐篷在内的制品。保罗做这份体力活儿基于三个理由：

1. 赢得信任。保罗两次表示（林前9:12；林后6:3及其后），他工作的目的是不要成为基督福音的"阻碍"，免得外族人对他的动机和所传的信息产生怀疑。保罗自给自足的生活方式表现出他的诚心诚意，并没有接受他人任何经济上的资助。

2. 得到认同。保罗的社会地位和教育背景在任何地方都容易博得上层阶级的尊重，但被工人阶级认同接纳就难得多了；所以他做手工活儿来养活自己（参林前9:19及其后），衣食住行都和工人一致。这其中毫无虚假，他和他的团队完全是靠自己劳力得食；那么，为何受过高等教育的保罗选择与社会和经济地位低下的工匠认同呢？因为在罗马帝国，百分之七十至八十的人属于奴隶阶层，是社会底层的人！

3. 树立榜样。保罗写道："我们辛苦劳碌，昼夜作工，免得加重你们任何一人的负担，而是要给你们作榜样，好让你们效法我们"（帖后3:8-9）。保罗为平信徒传福音树立了一个好榜样（帖前1:5-8）。归信基督的人很快就成为他们社会圈子中全时间、不用人支持的布道者，同胞们对他们生命改变、满怀盼望的生活感到好奇时，可以随时解答人家提出的问题。他们不需要急着改变自己的生活处境，可以渐渐影响家人、家族、朋友、邻居、同事，带领他们归主（林前7:17-24）。

谁是今天的带职事奉者？

带职事奉者（"织帐棚的"）是指那些有宣教负担的基督徒，他们边做跨文化福音工作，边从事一般的工作来供应自己的需要。他们或许是商人、领薪的专带职事奉和营商宣教（BAM）有一个相似点，就如保罗一样，主要关注的是未得之民（罗15:20）。职场事奉和营商宣教有一个共同的信念，就是经营良好的企业自身就能对社会产生救赎性的影响；他们相信"信徒皆祭司"的教义，热心爱神，鼓励基督徒商务人士看经商就是自己的服事，把自己的员工、同事、供应商以及客户当作"羊群"。但若要作一个简单的区别，那就是职场事奉强调向近邻作工，营商宣教则主要关注跨文化事工。

比起其他几个术语，或许营商宣教和微型企业发展计划（MED）更经常被交替使用，因为皆致力于使最贫穷和鲜闻福音地区的商业繁荣起来。但是二者之间还是有着重要的区别，值得分开看待。

业人士、职员，自愿者或是从事专业交流、获得资金支援项目的研究员、到海外实习或留学的基督徒，基本上或完全不需要教会的经济支援。

另一类是常规的宣教士。他们得到差会或教会的经费支持。哪怕他们运用例如护理或教育的技能，他们仍被界定为宗教工作者，因为他们是在基督教机构的支持下工作的。

在这两种同等卓越的事工模式之间有一些交会处，只要事工模式公开诚信，二者都很好。有些带职事奉者接受一点奉献来填补微薄的收入，而有些宣教士为了得到额外的生活收入，或为了与未信者接触，而选择在学校或大学等一般世俗单位里兼职。差会有时会调派一些工作人员做这种兼职工作，以证明本机构的可靠度。神在不同的时期，也会带领某些基督徒在带职事奉与得到奉献支持之间做出不同选择。

可惜，大多在海外有工作的基督徒并不是这种意义上的带职事奉者。他们在家乡的时候就很少服事、或根本没有服事，就是漂洋过海也依然如此。他们参与的是由自己同胞组成的国际教会，例如美国人参加英语聚会，很少有侨居海外的基督徒向所在国的人们、或来到当地工作的外国人传福音。真正的带职事奉者很可能还不到百分之一。

我所有的时间都属于神

在宣教的圈子里，有一个严重的错误观念，就是带职事奉者给事工留下的时间和精力太少。一些基督徒工人不断地问我："你花这么多时候在世俗的工作上，只剩余一丁点时间给神，不觉得懊恼吗？"但我相信我所有的时间都属于神！神引导我到秘鲁利马的一般双语学校，然后又带领我到另外一所在巴西圣保罗的学校；这是神给我的令人兴奋的事工，我可以接触到秘鲁和巴西这两个国家的教师、中学生、小学生，以及他们社会的上层家庭。除此之外，我还可以接触到学校的护士、门卫、巴士司机、厨师。宣教事工就在我的工作中紧紧围绕着；而透过招待客人、在家里查经，又延伸到我的私人生活中。

在空余的时间，我在当地教会做教导和培训，并开始了在大学生中的团契；在大学校园里的事工成为我三十年来的主要事工。我先后在秘鲁、巴西、葡萄牙和西班牙带动学生福音事工兴起，继而在其他几个国家培训国际基督徒学生福音团契（International Fellowship of Evangelical Students，IFES）的学生和同工。不论我在做全职学校里的工作，或是到后期我接受别人经济上的支持，其实都是在做全时间的事工——因为我将工作和见证巧妙地结合在一起！

已故的路得·西门斯曾在秘鲁、巴西、葡萄牙以及西班牙服事二十一年，为 IFES 从事校园团契开拓工作。在头六年，为了支持自己的服事，她在几所国际学校教书，将见证融合到工作当中。她还创建了全球机遇（Global Opportunities），该机构从事咨询和连结的工作，将国际就业机会介绍给为基督作见证的工人。

举例来说，MED专注于帮助当地人民开创小本生意，而营商宣教通常涉及的是更大的企业（有时甚至是跨国集团），由外派人员与当地人员合作营运。MED几乎都是由慈善捐赠而建立，并且通过例如环球伙伴（Partners Worldwide）和机会国际（Opportunity International）等非营利组织来管理；相比之下，多数从事或宣导BAM的人期望以私人投资商来建立企业。[8] 在四个类别中，MED对宣教推动的关注度最低。

宣教圈子中对带职事奉和营商宣教有一种普遍的担忧，就是工作占去大半时间，而留给事工的时间太少了；然而，这种观点是因未能了解保罗带职事奉典范的美妙和力量。透过经商与当地人一同工作，真诚服事人，还有什么能比这更好地融入社会中呢？进入职场，特别是在那些充满压力甚至不友好的社会处境中，还有什么能比这种身体力行的方式，更能有力地彰显福音的真实价值呢？当然，说来容易做起来难，而且要想做得好，就需要训练、经验和诚信的督责，这些就是我们接下来要提到的主题。

间谍、恐怖分子还是宣教士？

"宣教士乔装身分"是最受批评的作法，一些对商业没什么兴趣的宣教士只是用经商做"掩护"，借以进入传统宣教士被禁止进内的国家，只干最起码的一点点工作，使自己有个正当的身分（这是在他们看来如此，其实很少人会这么轻易被愚弄过去）。虽然以这种方式也建立起来一些教会，但现在许多基督徒发现，这种"为达目的而不择手段"的事工方式有严重的诚信问题，不是好见证。

没有给当地社会带来明显贡献的商业活动很快就会引起怀疑。就像间谍经常以商人身分作掩饰，在已经对基督教宣教士充满敌意的国家里，外国人经常会被视为潜伏的间谍或危险人物，因此这样的公司难免会被驱逐出境；这真叫人遗憾，因为这些国家十分愿意包容基督徒运作的合法企业。我们发现，很成功的天国企业，实际上可以非常公开自己的信仰，甚至因福音工作而得到好名声；是什么让他们免于遭到逼迫或驱逐呢？答案是他们给社会带来的价值。最安全的经商"平台"，毫无疑问就是那些有利润可赚、提供就业机会，又规规矩矩纳税的公司。

尚待解决的问题

营商宣教有个绝妙之处，就是圣灵感动了全世界的基督徒商务人士，将自己的企业和才干作为普世宣教的工具。在过去，人们通常建议他们放弃原来的事业，进入神学院受训；今天，他们逐渐找到一条不同的出路，跟随圣灵的带领用充满创意的奇妙方式来事奉。这实在是值得欢喜，但还是需要留意某些潜在的问题。

1. 督责问题

我经常来往奔走在宣教团体和商业人士之间，我可以很有把握地说：**差会和教会并不了解营商宣教所发生的许多令人兴奋的事情**。当然原因很多，我在此稍作概括：第一，专职经商者看到一个机会，无论是新的市场还是新的事工机会，通常没有预先请教牧师或差会的习惯。

第二，许多经商人士学会对自己的事

工目标保持低调，因为有些专职做宣教事工的人喜欢将自己的事工强加于他们，这样更不好。

结果很不幸的，许多基督徒商业人士只好自谋出路，没有吸取到整个宣教运动的洞见和经验。在缺少事工专业人士参与的情况下，商业人士会忽视某些重点（很讽刺，这又是前述问题的反面）。

传统宣教背景的基督徒通常认为解决这一问题的方法，是让商业人士进入差会系统。但我不能确信这种做法是否可行；我认为需要建立新式宣教机构，不仅能提供差会的服务，还能专门针对营商者提供更多有价值的特殊服务。这样，他们也可以为营商宣教发挥督责作用。

2. 需要训练

另一个重要的需要是训练，即便在理想情况下，建立成功的企业困难也不小。在一个欠发达的国家开办一家公司难度已经够大，还要把人吸引到基督的面前，这样的挑战可想而知，难怪有些宣教学者对营商宣教是否能达到预期的目标表示怀疑。

很明显，我们的宣教教育和训练还未跟上变化的需要，目前很少为基督徒商业单位规划在跨文化事工中需要的训练。[9] 然而，即便没有这些帮助，我们还是可以尝试一些做法；从一些研究看出，以下几项原则可以帮助带职事奉者或营商宣教人士做有成效的事奉：

- 明白神颁布给祂子民的宣教使命的精髓
- 认识成功的事工和成功的商业可以巧妙连结
- 乐于分享信仰并使人们作主的门徒
- 积极参与当地教会的事奉
- 喜欢和其他文化的人相处和建立社会联系，并乐意尝试异域食物。初到跨文化处境中，在遭遇尴尬或失败后不轻易放弃
- 刻意学习语言和其他所需要的技能

这些技能、经验和态度无需接受正式的教育就可以获得，在自己家乡教会就可以培养起来。

未来大有可为

越来越多的事例使我们知道，单靠专职宣教士是不能把福音传遍全世界的，而且从来都不是如此。我相信，神正在使用全球化把整个教会和教会所有的资源带回宣教之中。因为大大小小的商家企业不得不从全球的角度来考虑他们的市场和供应链；而长久以来因着圣俗之分的观念使许多基督徒靠边站的状况，现在也已被打破。这为渴望在教会宣教事业中发挥更大作用的基督徒商业人士创造了新的机会。这是全球化的意义所在吗？像初期教会的信徒，今天基督徒商业人士同样被推上场，不再只是"奉献和祷告后就靠边站"（pay, pray, and stay out of the way）的观众。对于看重大使命的基督徒来说，这真是激动人心的好消息啊！

附注

1. 保罗・史提芬斯（Stevens, R. Paul），《另外六天：职业、工作与宣教的圣经观点》（*The Other Six Days: Vocation, Work, and Ministry in Biblical Perspective*）(Eerdmans, 1999), p. 208。

2. 艾德・史福索（Ed Silvoso），《商场恩膏》（*Anointed for Business*）（黎珊黛译，台北：天恩出版社，2003）。

3. Edmund Oliver, *The Social Achievements of the Christian Church* (Board of Evangelism and Social Service of the United Church of Canada, 1930), pp. 67-68。

4. 例子请见 William Danker, *Profit for the Lord* (Grand Rapids: Eerdmans, 1971)；及维沙尔・曼格尔迪（Vishal Mangalwadi）与露丝・曼格尔迪（Ruth Mangalwadi）的《克里威廉的属灵遗产：文化转化的模范》(*The Legacy of William Carey*)（Wheaton, IL: Good News Publishers, 1999）。

5. Michael McLoughlin, "Back to the Future of Missions: The Case for Marketplace Ministry," *Vocatio*, (December 2000), pp. 1-6。

6. 有关这一区别的透彻讨论，见 C. Neal Johnson and Steve Rundle, "The Distinctives and Challenges of Business as Mission," in Steffen, Tom and Mike Barnett, eds., *Business as Mission: From Impoverished to Empowered*. (Pasadena, CA: William Carey Library, 2006), pp. 19-36。

7. Dave English, "Paul's Secret: A 1st-Century Strategy for a 21st-Century World," *World Christian* 14, no.3 (2001): 22-26。

8. 有关这一作法的例外，见黎基传（Patrick Lai），*Tentmaking: Business as Missions* (Waynesboro, GA: Authentic Media, 2005)。

9. 一个例外应当是拜欧拉大学的国际商业学位，这个学位要求这方面的三门课。无可否认，这不算多，但是一个很好的开始。学生们至少开始了解他们还不知道的情况，这已经比其他人所了解的多得多了。

第135章 洛桑信约

洛桑世界福音委员会 (The Lausanne Committee for World Evangelization)

洛桑世界福音会议于1974年七月十六日至二十五日在瑞士的洛桑市召开，来自一百五十多个国家的四千多名代表出席了会议，他们当中有布道家、宣教士、宣教领袖、神学家、牧师和各国的教会领袖。斯托得所带领的一个宣言草拟委员会徵集并整合了大会主要讲员和几百位与会者的意见，最后整理成一个信约。在大会的最后一天，葛培理与各位领袖和与会者出席了一个感人的公开典礼，共同签署了这份文件。到1980年，北美几乎每一个主要的福音派差会以及其他国家的许多差会都公开支持这一信约，以之取代或补充各个机构的信仰宣言。因此，洛桑信约十五条紧凑的宣言将洛桑世界福音会议的精髓，即圣经有关普世福音化重任的信息迅速传播开来，掀起了举世闻名的"洛桑运动"。有一位亚洲神学家如是说："历史会显明，洛桑信约将是有史以来众教会对传福音最重大的联合宣认。"

《洛桑信约》(The Lausanne Covenant) 是第二届世界福音洛桑会议的宣言，也是与会者在主面前所立的信约：为福音齐心努力。本文由香港代表团中的唐佑之博士，与数位华人代表合作译出。

§ § §

引言

我们这些主耶稣基督教会中的肢体，来自一百五十多个国家，共同参加洛桑世界福音国际会议。我们同心赞美上帝，因祂赐给我们极大的救恩，也因祂赐给我们与祂相交的喜乐和彼此相交的喜乐。我们为上帝在这个时代的作为深感兴奋；我们也为我们在宣教工作上的不足而忏悔；我们也深受未完成的宣教使命的挑战。我们相信，福音是上帝赐给全世界的好信息。我们决心凭借上帝的恩典，顺服基督的命令，向全人类传福音，使万民作主的门徒。因此，我们在此宣告我们的信仰与决心，并将此信约公诸于世。

一、上帝的目的

我们确信，独一永恒的上帝是创造世界的主宰，圣父，圣子与圣灵三位一体的上帝，照祂旨意统管万有。祂已从世界里呼召人作祂的子民，又差遣祂的子民回到世界中，作祂的仆人与见证人，扩展祂的国度，建立基督的身体，荣耀祂的圣名。我们感到羞愧，因我们常常违背上帝的呼召，或随从这个世界，或在这个世界面前退缩，没有承担起我们的使命。然而，我们感到欢欣的是，福音即使是放在我们这些瓦器里，仍然是宝贝。我们愿意重新奉献自己，借着圣灵的能力，将这宝贝显明出来。

赛40:28；太28:19；弗1:11；徒15:14；约17:6, 18；弗4:12；林前5:10；罗12:2；林后4:7

二、圣经的权威与能力

我们确信，整本圣经，包括旧约与新约，都是上帝的默示，完全可靠，绝对权威。整本圣经是上帝唯一的成文话语，它所宣告的毫无错误，它是我们信仰与实践中绝对可靠的准则。我们也确信，上帝的话语满有能力，能成就救恩的目的。圣经的信息是对全人类宣讲的，因为上帝在基督里和圣经中的启示是不可更改的，现今圣灵仍借着圣经说话。圣灵在各种文化中光照属上帝的子民的心智，使他们透过自己的眼睛，重新得见其中的真理，从而使全教会更多地看到上帝诸般的智慧。

提后 3:12；彼后 1:21；约 10:35；赛 55:11；林前 1:21；罗 1:16；太 5:17-18；弗 1:17-18；犹 3

三、基督——世界唯一的救主

我们确信，我们虽有各种不同的布道方法，却只有一位救主，只有一个福音。我们承认，人类借着上帝的自然启示，对上帝有一些知识，但我们否认这些知识能使人得救，因为人行不义阻挡真理。我们也反对贬低基督及祂的福音的各种类型的宗教混合主义和对话，它们认为基督在一切宗教及意识形态里都有同等的启示。耶稣基督是唯一的神而人者，祂舍己作罪人的唯一赎价，祂是上帝与人之间独一的中保。没有任何别的名，我们可以靠着得救。人人都因罪而灭亡，但上帝爱所有的人，不愿一人沉沦，乃愿人人都悔改。然而凡拒绝基督的，就是弃绝救恩之乐，他们就被定罪，永远与上帝隔绝。我们传扬基督为世人的救主，并不是认为人人都可以自然得救或最终得救，更不是认为一切宗教都能提供基督里的救恩。相反地，我们传福音是向世上的罪人宣告上帝的爱，并呼吁每个人回应祂，全心全意地悔改、相信、接受祂为救主和主。耶稣基督的名超乎万名之上，我们盼望主的日子，那时万膝都要跪拜，万口都要承认，祂是主。

加 1:6-9；罗 1:18-32；提前 2:5-6；徒 4:12；约 3:16-19；彼后 3:9；帖后 1:7-9；约 4:42；太 11:28；弗 1:20-21；腓 2:9-11

四、布道的性质

布道就是将福音传扬出来。这福音是照经上所记：耶稣为我们的罪而死，从死里复活，掌权的主使我们的罪得赦，而且将释放我们的圣灵赐给所有悔改相信的人。我们基督徒在世上的存在对于福音布道是必须的，与非信徒对话也是必须的。因为要了解他们，我们就必须倾听他们。但布道本身是传扬圣经上所记载的历史上的基督是救主和主，劝导人们亲自信靠主，并且与上帝和好。我们发出福音的邀请时，不能向人隐瞒作门徒的代价。基督依然在呼召所有跟随祂的人要舍己，背起十字架，与教会认同。福音布道的结果包括顺服基督、融入教会和在世上尽责地服事。

林前 15:3-4；徒 2:32-39；约 20:21；林前 1:23；林后 4:5，5:11，20；路 14:25-33；可 8:34；徒 2:40, 47；可 10:43-45

五、基督徒的社会责任

我们确信，上帝是全人类的创造者及

审判者，所以我们应当共同负担起祂对人类社会的公义及和好的关注，以及对那些受各种压迫的人的自由的关注。因为每个人都是按上帝的形象造的，不论种族、宗教、肤色、文化、阶层、性别或年龄，每个人都有内在的尊严，所以应当受到尊重及服事，而不应受到剥削。我们在此表示忏悔，因我们忽略了社会关怀，有时认为布道与社会关怀是互相排斥的。尽管与人和好并不等同于与上帝和好，社会关怀也不等同于布道，政治解放也不等同于救恩，我们还是确信：福音布道和社会政治关怀都是我们基督徒的责任。因为这两方面是我们在神论和人论的教义上，以及我们对邻舍的爱和对基督的顺服的必要体现。救恩的信息也包含对各种形式的疏离、压迫及歧视的审判。无论何处有罪恶与不公正的事，我们都要勇敢地斥责。当人们接受基督时，他们就得以重生，进入祂的国度；他们不仅必须努力在这不义的世界中彰显上帝的公义，还要传扬祂的公义。我们所宣告的救恩应当在个人生命和社会生活各方面都改变我们。信心没有行为就是死的。

徒 17:26, 31；创 18:25；赛 1:17；诗 45:7；创 1:26-27；雅 3:9；利 19:18；路 6:27, 35；雅 2:14-26；约 3:3, 5；太 5:20；太 6:33；林后 3:18

六、教会与布道

我们确信，基督差遣祂所救赎的子民到世上，正如父差遣子一样，这就呼召我们要付相似的代价深入到世界上。我们需要突破教会狭窄的藩篱，进入非基督徒的社会。在教会牺牲的事奉中，布道是首要的。普世宣教事工需要普世教会将全备的福音带给全世界。教会在上帝的宇宙计划的中心，是祂命定的传福音的途径。然而，传讲十字架的教会本身必须有十字架的印记。如果教会背叛福音，对上帝缺乏活泼的信心，对人缺乏真诚的爱心，在凡事上，包括在晋升和财务方面，缺乏完全的诚实时，就会成为布道的绊脚石。教会是上帝的子民的团契，而不是一个机构，不可与任何特定文化、社会或政治制度，以及人类的意识形态等同。

约 17:18，20:21；太 28:19-20；徒 1:8，20:27；弗 1:9-10，3:9-11；加 6:14, 17；林后 6:3-4；提后 2:19-21；腓 1:27

七、布道的合作

我们确信，上帝的旨意是要教会在真理中有可见的合一。布道也要求我们联合，因为合一能增强我们的见证，而分裂有损于这和好的福音。然而，我们承认，组织的合一可以采取多种形式，组织的合一也未必会促进布道的事工。我们有相同圣经信仰的人，应该在团契、事奉以及见证上紧密联合。我们承认，我们的见证有时会因混杂的个人主义及不必要的重复事工而受损。我们承诺，要在真理、敬拜、圣洁及宣教上寻求更深的合一。我们呼吁大家，开展地区性和功能性的合作，制定策略性的计划，增进相互间的勉励，加强资源的共用与经历的分享，使教会的使命得以进展。

约 17:21, 23；弗 4:3-4；约 13:35；腓 1:27

八、教会在布道工作上同工

我们感到欢喜的是，一个新的差传时代已经开始。西方教会在宣教中的主导作用正在迅速消失。上帝正从新兴的教会中兴起强大的新生力量，致力于普世宣教，这表明布道的责任是属于基督的整个身体。因此，所有教会应当求问上帝，并且自问，应当如何得着当地的人以及如何差派宣教士到世界其他地方。我们对差传的责任及角色应当不断地反覆评估。教会间的彼此协作会因此而不断加强，而基督教会的普世性也会更清楚地体现出来。我们也为那些从事圣经翻译、神学教育、大众传播、文字事工、布道、差传、教会复兴及其他专门事工的所有机构感谢上帝。他们亦当不断地自我省察，评估自己在教会宣教中的果效。

罗 1:8；腓 1:5，4:15；来 13:1-3；帖前 1:6-8

九、布道任务的紧急性

世界上还有超过全人类三分之二，共计二十七亿多人口尚未接触福音。这么多人被忽略，我们对此深感羞愧。这对我们及全教会是一种持久的谴责。然而，现在世界上有许多地方正以前所未有的程度接受主耶稣基督。我们深信，教会和宣教机构现在就该为尚未听闻福音的人的得救恳切祷告，并且尽快开展新的努力，实现普世宣教。有时我们有必要在已福音化的国家减少外国宣教士及资金的数量，这有利于促进当地教会的自立，从而将资源分配到福音未及之地。宣教士应以谦卑服事的精神，更加自由地往返于六大洲之间。我们的目的是以一切可行的方法，尽早使每一个人都有机会听到、明白并接受好信息。我们不能期待不付什么代价就能达到此目的。我们为千千万万的人仍生活在贫困之中而震惊，也为造成贫困的不公平而难过。我们当中生活在富裕环境中的人们，生活应当尽量简朴，好使我们更慷慨地为救助和布道奉献。

约 9:4；太 9:35-38；林前 9:19-23；可 16:15；赛 58:6-7；雅 1:27，2:1-9；太 25:31-46；徒 2:44-45，4:34-35

十、布道与文化

普世宣教策略的发展，要求创造性与先锋性的方法。在上帝引导之下的结果将会是，各个兴起的教会既深深地植根于基督，又与各教会所处的文化息息相关。文化必须始终以圣经真理为检验的标准。既然人类是上帝所造的，人类的文化中就富含美善的内容。然而，由于人类已经堕落，所以文化都被罪所玷污，部分甚至含有魔鬼的成分。福音并没有预先假定，某种文化比其他文化更优越，而是根据福音的真理和公义原则来评估一切的文化，且在各种文化中坚持道德的绝对性。宣教工作常将异国的文化与福音一起输出，导致教会受制于文化，而不是服膺于圣经的真理。传扬基督的人必须谦卑地倒空自己，但仍保持以他们的真诚去服事别人。教会也必须致力于改造并且充实文化，这一切都是为了上帝的荣耀。

可 7:8-9, 13；创 4:21-22；林前 9:19-23；腓 2:5-7；林后 4:5

十一、教育与领袖

我们承认,我们有时追求教会的成长而忽略了教会的深度,并且把布道与培灵分开了。我们也承认某些宣教团体,在装备和鼓励当地领袖担当责任方面的行动过于迟缓。然而,我们的原则是使教会本色化,我们渴望每个教会都有自己的领袖,表明基督徒领袖的风范不在于辖制人,而在于服事人。我们认识到,提高神学教育是当务之急,这对教会领袖更是如此。

在每个国家和文化中,应当为教牧人员与平信徒提供在教义、门徒训练、布道、培灵及事奉方面有效的培训计划。这些培训计划不必依靠任何一成不变的方法,而应按照圣经的准则,采用当地创造性的构想来开发培训计划。

西 1:27-28;徒 14:23;多 1:5, 9;可 10:42-45;弗 4:11-12

十二、属灵的争战

我们深信我们一直在与执政的、掌权的恶魔进行属灵的争战。它们恣意要推翻教会,挫败普世宣教的任务。我们知道我们需要穿戴上帝所赐的全副军装,以真理和祷告为属灵的武器来争战。我们发现仇敌不仅在教会外传播错谬的理论,也在教会内散布歪曲圣经、以人取代上帝的假福音。

我们需要儆醒,以分辨的心,维护圣经的福音。我们承认,我们会受世俗思想及行为的影响,向世俗投降。比如,虽然从数字方面和属灵方面细心研究教会的成长很有价值,但我们有时却忽略了这方面的努力。有时候我们太过于追求传福音时别人有所回应,就在福音信息上打了折扣,用各种方法向福音对象施加压力,过分注重数目统计,甚至谎报数目。这些都是属世的作法。教会必须进入世界,然而世界却不可混入教会。

弗 6:12;林后 4:3-4;弗 6:11, 13-18;林后 10:3-5;约一 2:18-26, 4:1-3;加 1:6-9;林后 2:17, 4:2;约 17:15

十三、自由与逼迫

上帝赋予每个政府的责任是维护和平、公正与自由,使教会可以顺服上帝、服事主基督、不受拦阻地宣扬福音。所以我们要为国家的领袖祈祷,并且呼吁他们根据上帝的旨意和《世界人权宣言》的声明,确保思想与良知的自由,以及实践和传扬宗教信仰的自由。我们也深切地关注那些遭受不公正囚禁的人,尤其是那些为耶稣作见证而受苦的人。我们承诺,要为他们的自由而祈祷和努力;同时,我们也不因他们的遭害而胆怯。上帝正帮助我们,不管要付多大的代价,我们都要反对不公正的事,并且忠于福音。我们也不可忘记耶稣的警告:逼迫是不可避免的。

提前 2:1-4;徒 4:19, 5:29;西 3:24;来 13:1-3;路 4:18;加 5:11, 6:12;太 5:10-12;约 15:18-21

十四、圣灵的能力

我们深信圣灵的大能。父上帝曾差遣圣灵为圣子作见证,若无圣灵的见证,我们的见证也就徒然。圣灵叫人知罪,信服基督，得以重生及长进，这些都是祂的工作。并且圣灵是宣教的灵，所以布道应当在圣灵充满的教会中自然地兴起。一个教会若不宣教，她就是自相矛盾，且是消灭圣灵的感动。普世宣教要落到实处，必须先有圣灵在教会中作更新的工作，在真理、智慧、信心、圣洁、仁爱与能力中更新。所以我们呼吁所有的信徒祈祷，求上帝的灵来复兴教会，使所有子民结出祂的所有果子，使基督的身体充满祂的所有恩赐。只有这样，普世教会才能在上帝的手中成为合用的器皿，使全地听见主的声音。

林前 2:4；约 15:26-27，16:8-11；林前 12:3；约 3:6-8；林后 3:18；约 7:37-39；帖前 5:19；徒 1:8；诗 85:4-7，67:1-3；加 5:22-23；林前 12:4-31；罗 12:3-8

十五、基督的再来

我们相信，耶稣基督必会在权能及荣耀中再来，这是位格性的和可见的，是为成全祂的救恩及审判。这再来的应许更加激励我们去传福音，因我们记念祂的话说，这天国的福音必先传给万民。我们相信，应当以教会的布道事工充满基督升天及再来之间的间隙，所以我们未到终点决不停歇。我们也记得祂的警戒说，在那最终的敌基督到来之前，会有假基督和假先知出现。因此我们拒绝人类的狂傲及自信的梦幻，以为人能在地上建立乌托邦。我们基督徒确信，上帝必成全祂的国度，我们也热切期待那日子的来到，就是新天新地，有义居住在其中，上帝要作王直到永远。同时，我们也重新奉献自己，乐意一生完全顺服上帝的主权，服事基督和世人。

可 14:62；来 9:28；可 13:10；徒 1:8-11；太 28:20；可 13:21-23；约一 2:18，4:1-3；路 12:32；启 21:1-5；彼后 3:13；太 28:18

结语

因此，我们以信心和决心，郑重地与上帝立约，也与众弟兄姊妹坚立此约。让我们为了普世宣教而一同祷告、共同计划、合力事奉。我们呼吁其他人与我们一起同工，愿上帝以祂的恩惠为祂的荣耀，帮助我们，使我们誓忠于此信约。阿们，哈利路亚！

第136章　华福宣言

世界华人福音事工联络中心（Chinese Coordination Centre of World Evangelism）

"世界华人福音会议"（简称"华福"），开始于一个异象，当1974年七月"世界传道大会"举行于瑞士洛桑时，来自世界各地的华人代表六十余人，借此良机，朝夕祈祷交通，认为中国教会，际此主来前夕，应当及早醒悟，在真道根基上合一，集中运用诸般恩赐，作整体有效之发挥，主动接起传福音至地极之重任，完成末世宏道救灵的大使命。于是决定召开一个全球性的华人福音会议，即以"异象与使命"为主题，并选出工作人员积极展开筹备事宜。

前言

感谢主的带领，"华福"业于1976年八月十八至二十五日在香港举行。全球二十七个地区选出之出席人一千五百人，参加了会议，经过八天不住的祷告、灵修、交通、讨论，决定针对若干具有时代性的关键问题，作出实际的贡献：

1. 建立两代之间的桥梁：际此末后时代，社会发生严重的"代沟"问题，教会有时亦难例外。我们应本圣经明训：长幼有序，相爱无间。父老欣赏青年人的单纯干劲，年幼的尊重年长的属灵阅历，去除成见，各尽本分，以所得恩赐相互服事，活出和睦同居的美善光景。教牧并应注重培养接棒的同工，尽量提供进修机会，全力造就牧会专才，两代之间，借此打成一片，同心合意，兴旺福音。

2. 建立东西之间的桥梁：一般说来，东方教会注重灵命之深度，西方教会注重工作的效果。今日华人信徒，遍布东西各国，自易吸收双方之长，蔚为主用。"华福"应使本身成为中西媒介，助长双方优点的发挥，促成双方均衡的运用，使福音工作越过一切的界限，达到前所未有的功效。

3. 建立新旧之间的桥梁：神的话语安定在天，福音真理亘古常新，我们对基本要道的信仰，永远不能改变，但我们对世局的观察，对思潮的了解，对年轻一代知识分子的带领，以及对恩惠福音传

1974年，圣灵感动七十余位华人教会领袖于"洛桑世界福音会议，"领受"华人教会，天下一心，广传福音，直到主临"的异象，发起"世界华人福音运动"（华福运动）。当时，四千所海外华人教会中，约一百所积极参与差传事工，如今全球海外华人教会九千余所，约一千所教会以不同形式参与普世差传事工。另一方面，自首位宣教士于1807年来华，华人教会茁壮成长。目前中国内地信徒已逾千万，海外华人信徒至少两百〇八万。华人教会和信徒应当体贴神的心意，责无旁贷地将福音传到地极，成为万民蒙福的渠道。"华福运动，"回应神对华人的托付，呼吁普世华人教会和各地信徒配搭，同心担负传福音的责任。

扬的策略方法等等，却必须跟上时代，采取因时制宜之方，借收立竿见影之效。"华福"应在各方面善尽铺路作用，以促进新旧思想的交流与了解，扩展福音领域，多多为主得人。

4. 建立宗派之间的桥梁：教会历史指出，撒但往往借着教会分裂拦阻教会在主里的合一与真诚的合作。它知道，当教会联手一致对外，福音就会传遍地极，主就要再来，它就要被毁灭。为此，"华福"应努力于消除各宗派之间的隔阂，促进了解，加强交通，使华人教会在人力物力的集中运用上，发挥最大潜能，借此荣神益人。

基此，我们谨将信仰的根基、教会的圣工、合一的立场、神学的研究等等，分别条陈于后，作为"华福"对全世界之宣告：

一、圣经

包括新、旧两约六十六卷的全部圣经，都是神所默示的话语：完全无讹，绝对可靠，是基督教会信仰和生活的准则，是人类救恩真理的依据，圣经的内容确然建立在历史事实的根基上，但其中心却是那位超自然、有位格的神，降卑自己进入人类的历史，道成肉身的耶稣基督，和祂的救赎。因此，人不可单凭理智和逻辑方法去研究，而必须借着圣灵在人心中运行，给予属灵的光照，方能领受圣经的真理。教会既然诚信圣经是神的话语，就必须清楚有力地传讲全部圣经的教训，不可以偏概全，更不可断章取义，避免高举某一教义真理；尤当透彻明了圣经的原意，以免谬解经文，引入异端。今后华人教会应采取必要步骤，同心合意，对圣经从事更直接深入的研究，作出最充分正确的阐释，使神的话语在神的光中，显出祂的奇妙，俾有助于读者或听者生命的长进。

二、耶稣基督

耶稣基督是人类独一无二的救主。祂本是神，为了完成天父拯救罪人免于沉沦的旨意，甘心离弃天上的荣耀，借童贞女马利亚由圣灵感孕而道成肉身。祂是完全的神，也是完全的人，在地上过了三十多年无罪的生活，最后被钉在十字架上，舍身流血，满足了天父公义的要求，也成全了天父慈爱的救赎。祂死后第三天复活，然后升天坐在天父右边为我们代求，不久还要再来地上，审判世界。祂今天是掌管天地万物的主宰，有权赦免人的一切罪孽。凡凭信心接受耶稣作救主的人，必蒙恩得救；但凡不接受主耶稣的人，绝不能得救，因为除祂以外，别无拯救之道。

三、人的堕落和神的救赎

始祖亚当是照着神的形象造的，被造之初与神有完全自由的交通，后被撒但试探，违背神的命令，吃了分别善恶树的果子，而被定罪。因此，所有亚当的后裔都成了罪人，要受永火的刑罚！耶稣基督降世为人，完成了神的救赎大功，但人必须悔改，认罪，相信耶稣基督是神的儿子，接受祂作救主，方能重生得救。凡不肯悔改相信耶稣基督的人必定永远灭亡。救恩绝对是个别的，接受救恩是每人必须作的自我决定，获得重生也是每一信徒必须有的个人经验。

四、福音的性质

福音是神永远计划的中心,是圣父、圣子、圣灵三位一体的真神基于祂的预知,在创造世界时,早已安排好的。神创造人来享受祂的爱,和祂有交通,但因人的悖逆与神隔绝,面临永远的刑罚。神就差遣祂的独生子,我们的主耶稣基督来到世上,为罪人受死、复活、升天、再来,完成了神为世人所预备的救恩,叫凡凭信心接受耶稣作救主的人,都得到新的生命,成为神选召的儿女,同享神家永远的福乐。

这福音本是神的大能,要拯救所有死在过犯罪恶之中的世人;但人蒙昧无知,不会寻求救恩,教会必须主动的传扬耶稣基督恩惠的福音,拯救失丧的灵魂。耶稣基督离世之前一再叮嘱门徒:"你们往普天下去,传福音给万民听!"所以传福音是神给众教会的使命,也是每一个基督徒的天职。

五、基督再来

在今世的末了,耶稣基督必亲自在荣耀里降临。祂再来的目的是:叫活在世上的圣徒,身体得赎,叫已睡的圣徒复活,一同被提空中与主相见,永远同在;至于不信主的无论活人死人,基督要审判他们,使之进入永远的刑罚。基督再来的确定日期,无人知道,因此信徒要时刻儆醒准备,把福音传遍天下,迎见主来!

六、教会

教会是基督的身体,基督是教会的头,凡重生得救享有基督生命的信徒,都是这身体上的肢体。虽然因历史背景、地理环境、信仰重点、工作方式等区别,导致了不同宗派与教会组织的存在;但基督的身体仍然只是一个,所以基督徒彼此之间应有正常的属灵交通。以往中国教会由于观念不够正确,在这方面多有亏欠,愿主帮助我们今后捐弃人为的门户之见,建立更深的情谊。另一方面,因为教会是主的身体,没有基督的生命,就不是身体上的肢体,也就不能有属灵的交通。

教会的职责有二:对内来说,教会是信徒敬拜、交通、学习及事奉的所在。因此教会必须为信徒的敬拜、交通、真理的学习与事奉的操练,作适当的安排。

对外来说,教会是传福音的据点。在神的永远计划中,祂只借着教会把福音传到地极。教会中每一基督徒的存在、见证、生活和工作,都是神所使用广传福音的工具。因此,为了宏道救灵,基督教会的存在是绝对必须的。

七、教会的合一

教会在真道上同归于一,是神既定的目的,正如耶稣基督在约翰福音第十七章所求的,信徒已在基督里合而为一。而真正的教会合一,必须是基于内在生命的合一,不是外表组织的联合;若无同一生命,合一是不可能的。

无庸讳言,以往具有此同一生命的信徒,曾被局限于各自为政的宗派组织之内,加上对次要事物的不同看法的偏见,妨碍了教会的合一。这种分门别类的现象,不仅严重影响了福音工作的开展,抑且破坏了教会在人前的见证。我们呼吁一切同有基督生命,同被一灵所感的同道,

今后应重视在主里的合一关系，进行更敞开的交通，安排更有效的配搭，俾能更积极地在生活、工作、事奉上表现出合而为一彼此相爱的荣耀见证。

八、福音事工

教会向世人传福音，是责无旁贷的，不传福音有亏职守，必定得不到上头来的能力和赐福！传福音的基本意义是本着圣经，阐明人的罪恶，神的公义，以及耶稣基督的救赎。虽然其他附属性事工，如医疗、赒济、社会福利及教育事业等等，兼有助于福音的广传；但绝不可代替传福音的基本工作。

使万民作主的门徒，是主亲自赐给教会的命令，也是传福音的目的。但作主的门徒，并不止于信靠耶稣基督重生得救为已足，更要学习对主完全顺服，在生活中尊主为大为圣，在真道上追求成长进深，在教会圣工中善尽个人本分，在敬拜交通事奉各方面维持均衡发展，渐渐长成基督的身量，彰显神家中和睦同居的美善！

传福音欲求良好果效，须在圣灵引导下，利用现代科技知识，争取广大对象，多多为主得人。对福音对象的深入分析，教会增长的各种方法，大众传播的诸般工具，以及传道策略的研究等等，都应尽量采用。福音工作的真正价值不是看表面的果效如何，要看是否合乎圣经的教训，有无圣灵的同工，以及能否彰显基督。但无论运用任何方法，必须遵照圣灵启示的原则，不能有损于基本要道的内容；倘只注重方法而忽略福音内容及神学根基，就是本末倒置，必难结出荣神益人的果实。

九、海外宣教事工

耶稣基督给祂教会清楚的使命，是要到普天下去传福音作见证，使万民作祂的门徒。主这使命，不是单给几个体制完善、发展成熟的教会，乃是给祂的众教会的！在此，华人教会不能否认过去的失职。由于没有异象，缺少使命感，结果故步自封，失去神的许多福分！靠着主的恩典，今后华人教会应在这方面尽心协力，补偿以往的亏欠，注重海外宣教的事工。

近年来神特别恩待华人教会，使能持守纯正的信仰，为真道打美好的胜仗，全球各地区的学生团契和大学查经班也都被神兴起，相当蒙福。神如此赐福华人的教会团体，必有祂荣耀的目的，要我们去完成祂特定的计划。

华人教会今天面临历史性的挑战，在两方面负有宣教的责任：一方面是向世界各地的中国同胞，尤其是中国大陆的八亿同胞；另一方面是向全人类。因为今日华人遍处全地，使我们拥有一个独特的机会向各地华人传福音，已有许多华人教会个别地朝这方面努力，但所有华人教会应当联手配搭，从事有系统的调查，建立有机体的联系，全面推动向全球各地华人传福音的工作。

另一方面，基督给教会的宣教使命，乃是向普天下传福音。今后华人教会也必须就此方面善尽职责，接起福音的火炬，把基督恩惠的福音传向地极，迎接主来！

基此，中国教会必须有计划的联合起来，集中受过专门训练的人才，认真发掘教会潜在的力量；并借助西方差会的宣教经验和技巧，展开对别种民族的宣教工作；更当用祷告和财力支援此项重大事工，鼓励青年人接受基督的呼召，奉献自己从事远方宣教工作。同时各神学院也当配合差传事工的需要，着重宣教士的训练过程，造就青年人到别种文化的民族中间去传福音。

十、神学研究与写作

教会对圣经知识领受的程度，常能反映出教会成长的光景，中国教会已有将近二百年历史，一般来说，对神的话语的认识，仍嫌不够深入。直到如今，基督教的著作，特别在研究性的论述和参考性的工具各方面，绝大部份是来自西方。由此显出中国教会始终未能恰如其分地以自己的文化来发扬光大神的话语。近年来华人教会知识分子普遍增加，受过高等神学教育的信徒渐多，对神学和圣经有造诣的亦颇不少；但著作的出版却如凤毛麟角，这是"华福"应当重视的一个问题。今后华人教会应当采取有效的联合，倡导对圣经和神学的积极研究，物色对中国文化思想有见地和对神学及圣经知识有造诣的人选，预备适于写作的环境，鼓励广泛而有深度的写作，俾有更多中国学人信徒的著作问世，以提高中国教会属灵的水准。

十一、教会与社会的责任

教会的基本责任是传福音救灵魂，但要让世人明白神无限的爱，教会亦当以身作则，显出爱心的见证，扩大对社会的影响。因此教会对当前社会的需要漠不关心是不应当的，特别是华人教会散处在世界许多地区，对所居留的国家有责任善尽我们的本分。所以社会福利工作，有的是教会可以作的，有的是站在基督徒公民立场应当作的，不论是教会或是基督徒个人，都可借着对社会的关怀，为福音铺路，加强教会对社会的影响。这样，当福音广泛传开，信徒人数增加时，也就转移了社会的风气，使教会更受到尊重，使福音更有效地展开。

结语

"华福"在主的恩待与怜悯之中，与会代表业已成功地致力于一项历史性的突破，在同一异象与大使命的激励下，挑旺了华人教会的复兴之火，竖立了中国教会史上一个崭新的里程碑。今天华人教会努力的方向，就是勇往直前，义无反顾，同心合意，广传福音，以基督之心为心，以天父之事为念。我们愿效法士每拿的教会，如同馨香的没药，至死忠心；我们也愿效法非拉铁非的教会，以弟兄相爱之诚，尽福音推广之责；我们更愿效法天上的教会，口唱心和地不断颂赞至高的神。

唯一美中不足的，是大会限于环境，不能广泛邀请更多的同道出席。许多有恩赐有负担有影响力的主内同道，不能和我们坐在一起商讨重要事工，我们深引为憾，我们深信若无他们以祷告与捐献的支持，不可能有今天这些成果的献陈！为此，我们除了感谢天父的保守和引导之外，要求主记念这些此可敬爱的同道，基于"上阵的得多少，看守器具也得多少"的圣经原则，他们必定也分享了大会的成果和喜乐！今后尚有许多会后拓展性的实质工作，更需要大家提供属灵的智慧与经验，在这异端充斥，风雨飘摇的末世，为福音齐心努力，补偿以往的亏欠。

　　我们对于西差会近二百年来差遣大量宣教士在中国历尽艰难，不辞劳苦，到处播下福音种子，费财费力，乃至以身殉道，实在感动和感激，相信主必厚厚报答他们。这次大会的出席人名额中，特别留出百分之五，邀请西方宣教士为正式出席人。我们从他们身上学了不少功课，今后我们仍要向他们伸出友谊的手，在主里彼此掬诚合作，使福音果效获致应有的延长和普及。愿主使用我们，在末后的岁月中，作光明勇敢的见证，完成大使命，迎接主的再来！

信徒神学丛书 24

宣教心视野第四册：策略视野

编 著 者：	温德（Ralph D. Winter）、贺思德（Steven C. Hawthorne）
编　　译：	宣教心视野研习课程中文编译团队
总 编 辑：	金玉梅
责任编辑：	陈郁文
校　　对：	林碧芬
出 版 者：	橄榄出版有限公司
	新北市中和区连城路 236 号 3 楼
	电话：(02)8228-1318　　传真：(02)2221-9445
	网址：http://blog.yam.com/cclmolive

发 行 人：	李正一
发　　行：	华宣出版有限公司 CCLM Publishing Group Ltd.
	新北市中和区连城路 236 号 3 楼
	电话：(02)8228-1318　　邮政划拨：19907176 号
	传真：(02)2221-9445　　网址：www.cclm.org.tw
香港地区：	橄榄（香港）有限公司　Olive Publishing (HK) Ltd.
总 代 理	中国香港荃湾横窝仔街 2-8 号永桂第三工业大厦 5 楼 B 座
	Tel: (852)2394-2261　　Fax: (852)2394-2088　　网址：www.ccbdhk.com
新加坡区：	锡安书房 Xi-An Bookstore
经 销 商	212, Hougang Street 21 #01-339, Singapore 530212
	Tel: (65)62834357　　Fax: (65)64874017　　E-mail: gtdist@singnet.com.sg
	Tel: 6343-0151　　Fax: 6343-0137　　Website: www.edenresource.com.sg
北美地区：	北美基督教图书批发中心 Chinese Christian Books Wholesale
经 销 商	603 N. New Ave #A Monterey Park, CA 91755 USA
	Tel: (626)571-6769　　Fax: (626)571-1362　　Website: www.ccbookstore.com
加拿大区：	神的邮差国际文宣批发协会 Deliverer Is Coming International Publishing
经 销 商	B109-15310 103A Ave. Surrey BC Canada V3R 7A2
	Tel: (604)588-0306　　Fax: (604)588-0307
澳大利亚地区：	佳音书楼 Good News Book House
经 销 商	1027, Whitehorse Road, Box Hill, VIC3128, Australia
	Tel: (613)9899-3207　　Fax: (613)9898-8749　　E-mail: goodnewsbooks@gmail.com

美术设计：	戴芯榆
承 印 者：	橄榄印务部
行政院新闻局登记证局版台业字第 2600 号
出版时间：2017 年 1 月初版 1 刷
年　　份：	21　20
刷　　次：	05　04　03　02

著作权所有、翻印必究

Copyright©1981, 1992, 1999, 2009 by the Institute of International Studies
Perspectives on the World Christian Movement
Published in English by William Carey Library.
This translation published by arrangement with William Carey Library.
Chinese Edition copyright©2017 by Olive, a division of CCLM
All Rights Reserved.
Cat. No. 02424
ISBN 978-957-556-846-7（平装）　　　　　　　　　　　　　　　Printed in Taiwan
本书经文一律采用环球圣经公会新译本。蒙允使用。

国家图书馆出版品预行编目资料

宣教心视野. 第四册, 策略视野 / 温德(Ralph D. Winter),
贺思德(Steven C. Hawthorne)编著；宣教心视野研习课程中
文编译团队编译. -- 初版. -- 新北市：橄榄出版：华宣发行，
2017.01
　　　面；　公分. -- (信徒神学丛书；24)
简体字版
译自：Perspectives on the world Christian movement
ISBN 978-957-556-846-7(平装)

1.教牧学

245.6　　　　　　　　　　　　　　　　　　　105004171